学数学丛书

学数学

第 4 卷

单壿

顾　问（按姓氏拼音排序）

常庚哲　陈　计　陈传理　冯跃峰
李尚志　林　常　刘裕文　单　壿
史济怀　苏　淳　苏建一　张景中
朱华伟

主　任　费振鹏
副主任　李　红
主　编　李　潜

编　委（按姓氏拼音排序）

安振平　蔡玉书　程汉波　傅乐新
甘志国　顾　滨　顾冬华　韩京俊
雷　勇　李昌勇　刘凯峰　刘利益
卢秀军　吕海柱　彭翕成　王慧兴
武炳杰　肖向兵　闫伟锋　严文兰
杨　颉　杨全会　杨志明　张　雷
赵　斌

中国科学技术大学出版社

图书在版编目(CIP)数据

学数学. 第 4 卷/李潜主编. ——合肥:中国科学技术大学出版社,2016.6
(学数学丛书)
ISBN 978-7-312-03944-7

Ⅰ. 学… Ⅱ. 李… Ⅲ. 中学数学课—教学参考资料 Ⅳ. G634.603

中国版本图书馆 CIP 数据核字(2016)第 088034 号

出版 中国科学技术大学出版社
安徽省合肥市金寨路 96 号,邮编 230026
http://press.ustc.edu.cn
http://shop109383220.taobao.com
印刷 合肥市宏基印刷有限公司
发行 中国科学技术大学出版社
经销 全国新华书店
开本 787 mm×1092 mm 1/16
印张 17.25
字数 366 千
版次 2016 年 6 月第 1 版
印次 2016 年 6 月第 1 次印刷
印数 1—4500 册
定价 38.00 元

序

自今年开始,《学数学》以《学数学丛书》的形式,改由中国科学技术大学出版社出版发行. 改变出版发行形式后,依然是每个季度出版一册,却可以借助出版社的发行平台和途径,拓宽市场,提升发行量,使得更多的读者获益,也可降低图书成本,实是多赢之举. 这一步走得好,将会使《学数学》办得更好、走得更远、前景更明亮!

《学数学》曾是一份深受读者喜爱的刊物,它来自于数学人,为数学人服务,受数学人支持.《学数学》没有专职编辑人员,几位在职中学教师和一位在读博士研究生,自己组稿,自己编辑,自己联系印刷,还要自办发行,十分辛苦,却又无钱可赚. 然而它却办得有声有色,颇具品位. 这是一种什么样的精神,一种什么样的境界! 这里面除了对数学的热爱,对事业的追求和对工作的高度责任感之外,还能有什么别的解释?

《学数学丛书》以普及中等数学知识为己任,服务于广大的中学数学教师,以及关心和热爱中等数学的其他人群. 它面向中学数学教学,却不局限于中学数学教学,它不讨论教材教法,却鼓励对延伸出的中等数学问题作深入的讨论. 它的版面生动活泼,报道国内外中学数学界的各种活动,及时发表有关资料. 它的内容生动有趣,使人感觉时读时新. 李克强总理号召全民阅读,他说:"书籍和阅读是文明传承的重要载体."《学数学丛书》为全民阅读提供了一份优秀的读物.

数学之于国民经济的重要性不言而喻. 对于我们这样一个经济总量已达全球第二的大国而言,提升经济的知识含量,改变经济增长方式,实现经济发展转轨,已经是摆在眼前的任务. 拿出更多更好的原创性产品,是中国经济发展的必由之路. 任何一项原创性产品的研发和生产都离不开数学! 更何况需要持续不断地推出新产品,持续不断地更新换代,没有一代接一代的科学人持续不断地努力,何以为继?为了国家,为了民族,我们需要锻造出一批批科学人才,一批批能够坐得住冷板凳、心无旁骛、一心只爱钻研的人,其中包括那些一心痴迷数学的人才.

《学数学丛书》愿为这一目标尽心尽力.

苏 淳

目　录

序 ·· (i)

第一篇　名家讲堂

谈第三届"学数学"数学奥林匹克邀请赛(秋季赛) ························ 单　墫 (2)

一个初等数论问题的多种解法 ··· 朱尧辰 (7)

第二篇　命题与解题

一个不等式的证明 ·· 小　月 (18)

第 56 届 IMO 试题之观感 ·· 田廷彦 (21)

两道试题的另解 ·· 韧　吾 (31)

2015 年全国高中数学联赛加试第三题的另证 ····························· 曹珏赟 (33)

半凹半凸定理及其应用 ·· 赵　斌 (34)

解题小品——按图索骥 ·· 李　炘 (41)

一道全俄竞赛题的另解 ·· 王云崧 (45)

三角代换的简单应用 ·· 宋若宇 (47)

第三篇　试题汇编

第三届"学数学"数学奥林匹克邀请赛(秋季赛) ·························· (52)

2015 年全国高中数学联赛(A 卷) ·· (65)

2015 年全国高中数学联赛(B 卷) ·· (75)

2015 年全国高中数学联赛江苏赛区复赛 ···································· (83)

2015 年全国高中数学联赛安徽赛区初赛 ···································· (91)

2015 年全国高中数学联赛山东赛区预赛 ···································· (95)

2015 年中国女子数学奥林匹克 ·· (102)

2015 年中国西部数学邀请赛 ··· (110)

第12届中国东南地区数学奥林匹克(2015) ································ (118)

第11届中国北方数学奥林匹克邀请赛(2015) ···························· (129)

第41届俄罗斯数学奥林匹克(2015) ·· (137)

第78届莫斯科数学奥林匹克(2015) ·· (152)

第66届罗马尼亚数学奥林匹克(决赛)(2015) ······························ (171)

2015年美国哈佛—麻省理工数学竞赛 ·· (175)

2014—2015年度美国数学人才搜索 ·· (220)

清华大学2015年优秀中学生数学科学体验营试题 ······················ (232)

第四篇　模拟训练

《学数学》高中数学竞赛训练题 ·································· 李　红 (244)

第五篇　探究问题与解答

探究问题与解答——2015年第四季 ·· (252)

读书要细心 ·· 单　墫 (265)

第三届"学数学"数学奥林匹克邀请赛(秋季赛)获奖名单 ············ (266)

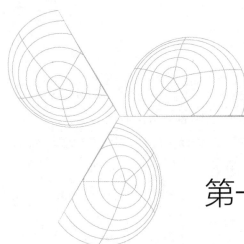

第一篇　名家讲堂

谈第三届"学数学"数学奥林匹克邀请赛（秋季赛）

一个初等数论问题的多种解法

谈第三届"学数学"数学奥林匹克邀请赛(秋季赛)*

第 一 试

填空题第 1 题涉及力学,第 2 题涉及数据处理,都是数学应用的好题.

第 5 题 $z-(-z)=2z=(z^2+z+1)-(z^2-z+1)$,所以 $AB\;//\;DC$.$|AB|=4$,$|BC|=|(z^2-z+1)-(-z)|=|z^2+1|$ 也为 4,所以
$$a^2+b^2=|z|^2=4,$$
且
$$16=|z^2+1|^2=|(a+bi)^2+1|^2=|a^2+1-b^2+2abi|^2$$
$$=(a^2+1-b^2)^2+4a^2b^2=(2a^2-3)^2+4a^2(4-a^2)=4a^2+9.$$

从而 $a^2=\dfrac{7}{4} \Rightarrow |a|=\dfrac{\sqrt{7}}{2}$,$b^2=\dfrac{9}{4}\Rightarrow|b|=\dfrac{3}{2}$,故
$$|a|+|b|=\dfrac{\sqrt{7}+3}{2}.$$

本题不需要用对角线交点,也不需要用复数的三角表示.

第 6 题 圆心 $(1,0)$ 到曲线 $y=\sin x$ 的最短距离为 r,这也就是点 $(0,1)$ 到点 $(\alpha,\sin\alpha)$(圆与 $y=\sin x$ 的唯一的公共点)的距离.点 $(0,1)$ 与点 $(x,\sin x)$ 的距离的平方为
$$d^2=x^2+(\sin x-1)^2.$$

导数
$$(d^2)'=2\big(x+(\sin x-1)\cos x\big),$$
而 $(\alpha,\sin\alpha)$ 是 d' 的零点,即
$$\alpha+(\sin\alpha-1)\cos\alpha=0. \qquad\qquad ①$$

所以
$$\dfrac{2\sin2\alpha\cos\alpha-4\cos^2\alpha}{\alpha\cos\alpha}=\dfrac{2\sin2\alpha-4\cos\alpha}{\alpha}=\dfrac{4\cos\alpha(\sin\alpha-1)}{\alpha}=-4$$

(最后一步用到式①).

本题不必求切线斜率,题中 $\dfrac{2\sin2\alpha\cos\alpha-4\cos^2\alpha}{\alpha\cos\alpha}$ 的分子分母显然可以约去 $\cos\alpha$,不知为

---

* 题目见本书第 52-54 页.

何不索性改为求 $\dfrac{2\sin 2\alpha - 4\cos\alpha}{\alpha}$ 的值?

第 9 题 本题中的 $f(x)$ 显然可以为 $\sin x$,但不能肯定一定有 $f(x)=\sin x$. 所以只能利用性质(a)、(b)、(c)、(d) 去做.

本题不难,但需小心,每步都要有根有据.

第 11 题 本题颇为有趣,由于 a_n 是正整数,所以 b_m 也是正整数.

第(1)小题中,无穷的正整数数列 $\{b_m\}$ 是等差数列,公差 d 当然不能小于 0. 如果 $d>0$,那么 $\{b_m\}$ 严格递增,$\{a_n\}$ 也严格递增,所以 $a_n \geqslant n$,

$$b_n = \sum_{i=1}^{a_n} a_i \geqslant \sum_{i=1}^{n} a_i \geqslant \frac{n(n+1)}{2}. \qquad ①$$

当 n 充分大时(例如 $n>2(a_1+d)$)

$$b_n \geqslant \frac{n(n+1)}{2} > b_1 + (n-1)d = a_1 + (n-1)d,$$

矛盾(矛盾的产生即在等差数列的项只是 n 的一次函数,而式①表明 b_n 至少是 n 的二次函数). 从而,$d=0$,$\{b_m\}$、$\{a_n\}$ 都是常数数列.

第(2)小题稍有难度,可从简单情况做起. $\{b_m\}$ 严格递增,$\{a_n\}$ 也严格递增,

$$a_1 = b_1 = (2-1)^2 = 1, \quad a_2 \geqslant 2.$$

如果 $a_2 = 2$,那么

$$9 = b_2 = \sum_{i=1}^{a_2} a_i = \sum_{i=1}^{2} a_i = a_1 + a_2 = 1 + 2, \qquad ②$$

矛盾.

如果 $a_2 \geqslant 4$,那么

$$9 = b_2 = \sum_{i=1}^{a_2} a_i \geqslant \sum_{i=1}^{4} a_i \geqslant 1 + 4 + 5 + 6, \qquad ③$$

矛盾.

因此,$a_2 = 3$.

然后用归纳法,设 $a_n = 2n-1$(前面的奠基,用 $n=1$ 即可,但不易发现证明的线索,所以又做了 $n=2$ 的情况. 如果仍然心中没有底,还可再考虑 $n=3,4,\cdots$). 下面证明,$a_{n+1} = 2n+1$.

如果 $a_{n+1} \geqslant 2n+2$,那么 $a_{2n} \geqslant 2n+2+n-1 = 3n+1$,

$$(2n+1)^2 = b_{n+1} = \sum_{i=1}^{a_{n+1}} a_i \geqslant \sum_{i=1}^{2n+2} a_i = \sum_{i=1}^{2n-1} a_i + a_{2n} + a_{2n+1} + a_{2n+2}$$

$$\geqslant (2n-1)^2 + (3n+1) + (3n+2) + (3n+3)$$

$$> (2n+1)^2,$$

矛盾(这里的证明与式③差不多).

如果 $a_{n+1} = 2n$,那么

$$(2n+1)^2 = b_{n+1} = \sum_{i=1}^{a_{n+1}} a_i = \sum_{i=1}^{2n} a_i = (2n-1)^2 + a_{2n}, \qquad ④$$

$$a_{2n} = (2n+1)^2 - (2n-1)^2 = 8n.$$

但

$$(4n-1)^2 = b_{2n} = \sum_{i=1}^{a_{2n}} a_i = \sum_{i=1}^{8n} a_i \geqslant \sum_{i=1}^{8n} i = \frac{8n(8n+1)}{2} > 16n^2, \qquad ⑤$$

矛盾（这里的证明比式②复杂,主要由式④导出 a_{2n} 很大,从而 $\sum_{i=1}^{a_{2n}} i$ 很大,导出矛盾的式⑤）.

第 二 试

第一题 可以先做一个特例,即 M、N 与对角线交点 O 重合的情况（见图1）.

这时,设 OW、OZ 分别交 AD、CD 于 W_1、Z_1,因为 $\angle OW_1D$、$\angle OZ_1D$ 都是直角,所以 W_1、Z_1 都在以 OD 为直径的圆上,从而 $\angle ODW_1 = \angle OZ_1W_1$,而 $Z_1W_1 // ZW$,所以

$$\angle OZW = \angle OZ_1W_1 = \angle ODW_1. \qquad ①$$

又 $AX = AO = AW$,A 是 $\triangle OWX$ 的外心,OD 与半径 OA 垂直,所以 OD 是切线,

$$\angle OXW = \angle WOD. \qquad ②$$

式①、式②相加,得

$$\angle OZW + \angle OXW = 90°. \qquad ③$$

同理,

$$\angle OXY + \angle OZY = 90°. \qquad ④$$

式③、式④相加,得

$$\angle YXW + \angle YZW = 180°. \qquad ⑤$$

所以,X、Y、Z、W 四点共圆.

一般情况与之类似（见图2）,有

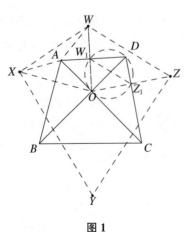

图1

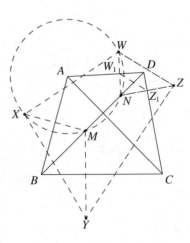

图2

$$\angle NZW = \angle NZ_1W_1 = \angle NDW_1. \qquad ⑥$$

由对称性，X、M、N、W 四点在以 A 为圆心的圆上，所以

$$\angle MXW = \angle WND. \qquad ⑦$$

式⑥、式⑦相加，得

$$\angle NZW + \angle MXW = 90°. \qquad ⑧$$

同理，

$$\angle MXY + \angle NZY = 90°. \qquad ⑨$$

式⑧、式⑨相加，即得式⑤，所以，X、Y、Z、W 四点共圆.

一般情况只是将一个点 O 分成两个对称的点 M、N.

这样的题目当然用角的关系较好.

第三题 本题的题目我不太赞成，条件太多了. 题目（或命题）最好简短些，显得优雅.

这道题要求证明满足某些要求的数列**不存在**. 证明当然得用反证法，假设有满足条件 (a)、(b)、(c)、(d) 的非负数列 $a_1, a_2, \cdots, a_n$ 及非零实数数列 $x_1, x_2, \cdots, x_n$ 存在，然后利用这些条件导出矛盾.

条件 (d) 是 $\sum_{i=1}^{n} a_i$ 的上界估计，条件 (b)、(c) 是 $a_i (1 \leq i \leq n)$ 的下界估计，应结合起来.

由条件 (d)、(b) 及 a_i 非负，得

$$m + 1 - \frac{1}{m} \geq a_i > m + 1 - \frac{x_{i+1}}{x_i} \quad (1 \leq i \leq n-1),$$

所以

$$\frac{x_{i+1}}{x_i} > \frac{1}{m} \quad (1 \leq i \leq n-1), \qquad ①$$

从而 $x_i (i = 1, 2, \cdots, n)$ 同号.

接下去，做一个标准化，即用

$$x_i' = \frac{x_i}{x_n} \quad (i = 1, 2, \cdots, n)$$

代替 x_i. 为节省符号起见，不妨仍用原来的记号 x_i.

现在的 x_i（即 x_i'）都是正的，而且 $x_n = 1$.

当原来的 x_i 全为负时，现在的 x_n 为最小，即条件 (a) 应改为 (a')：$1 = x_n = \min\{x_1, x_2, \cdots, x_n\}$，而 (b)、(c)、(d) 不变，从而式①也不变.

由式①，得

$$\frac{1}{x_{n-1}} > \frac{1}{m},$$

所以

$$x_{n-1} < m. \qquad ②$$

由条件 (b) 及 (a')，得

$$a_{n-1} > m + 1 - \frac{1}{x_{n-1}} > m + 1 - 1 = m.\qquad ③$$

由条件（b）及式②，得

$$a_{n-2} > m + 1 - \frac{x_{n-1}}{x_{n-2}} > m + 1 - x_{n-1} > m + 1 - m = 1.\qquad ④$$

由式③及式④，得

$$a_{n-1} + a_{n-2} > m + 1.\qquad ⑤$$

式⑤与条件（d）矛盾.

当原来的 x_i 全为正时，同样可设 $x_n = 1$，并且条件（a）、（b）、（c）、（d）全成立. 由条件（d）、（c）得

$$m + 1 - \frac{1}{m} > a_n > m + 1 - \sum_{i=1}^{n-1} x_i,$$

所以

$$\sum_{i=1}^{n-1} x_i > \frac{1}{m}.\qquad ⑥$$

由条件（b）去分母，得$\left(\dfrac{x_{i+1}}{x_i}\text{没有上界，所以要去掉分母以便估计}\right)$

$$a_i x_i > (m+1) x_i - x_{i+1}\quad (i = 1, 2, \cdots, n-1).\qquad ⑦$$

又

$$a_n x_n > (m+1) x_n - \sum_{i=1}^{n-1} x_i,\qquad ⑧$$

于是

$$m + 1 - \frac{1}{m} \geqslant \sum_{i=1}^{n} a_i \geqslant \sum_{i=1}^{n} a_i x_i \quad （利用条件(d)、(a)）$$

$$> (m+1) \sum_{i=1}^{n} x_i - \sum_{i=1}^{n-1} x_{i+1} - \sum_{i=1}^{n-1} x_i \quad （式⑦、式⑧ 相加）$$

$$> (m+1) \sum_{i=1}^{n} x_i - 2 \sum_{i=1}^{n-1} x_i - 1$$

$$= m + (m-1) \sum_{i=1}^{n-1} x_i$$

$$> m + \frac{m-1}{m} \quad （利用式⑥），$$

矛盾.

因此不存在同时满足条件（a）、（b）、（c）、（d）的数列.

本题条件已经够多，要善于应用，不必想入非非，引入不必要的东西.

（单 墫）

一个初等数论问题的多种解法

下面是一个初等数论问题,因曾被选作第 10 届美国数学奥林匹克试题而流行.

题目 设实数 $x > 0$,n 是正整数,证明:
$$[nx] \geqslant \frac{[x]}{1} + \frac{[2x]}{2} + \cdots + \frac{[nx]}{n}.$$

本文将给出 7 个不同解法,供读者参考.这些解法大体分为 3 种类型:

(1) 非归纳证明(解法一、二、三),其中解法一用到函数 $[nx]$ 的一个简单性质,解法二用到排序不等式;

(2) 归纳证明(解法四、五、六),其中解法五和解法六在推理中分别涉及递推关系和反证法;

(3) 用到一点非初等数学知识的(非归纳)证明(解法七),这里所谓非初等数学知识是指关于矩阵的一些基本概念,但数学实质是一种组合构造.

解题中涉及的某些数学知识将在相应解法后的注中予以补充.总体来看,解法一最简单和直接,所应用的引理 2 的证明相当机巧.解法七,若承认引用的矩阵结果,则也够得上简洁.

证明 **法一** 若 x 是整数或 $n = 1$,则题中不等式成为等式.下面设 $x > 0$ 不是整数,并且 $n \geqslant 2$.依据函数 $[nx]$ 的一个简单性质(见解后注中的引理 2),存在有理数 θ 使得 $[kx] = [k\theta]$ ($k = 1, 2, \cdots, n$),并且 $[nx] = n\theta$.于是

$$[nx] = n\theta = \frac{\theta}{1} + \frac{2\theta}{2} + \cdots + \frac{n\theta}{n}$$

$$\geqslant \frac{[\theta]}{1} + \frac{[2\theta]}{2} + \cdots + \frac{[n\theta]}{n}$$

$$= \frac{[x]}{1} + \frac{[2x]}{2} + \cdots + \frac{[nx]}{n}.$$

注 我们证明下列两个初等结果,直观地看几乎是显然的.

引理 1 设 $a \leqslant x < b$,$b - a \leqslant 1$,则 $[x] \geqslant [a]$.并且若区间 (a, b) 不含整数,则 $[x] = [a]$;若 (a, b) 含整数,则 $[x]$ 取值为 $[a]$ 或 $[a] + 1$.

引理 1 的证明 若区间 (a, b) 不含整数,则 $[a] \leqslant a < x$.因为在 $[a]$ 和 a 之间,以及 a 和 x 之间不含任何整数,所以 $[a]$ 和 x 之间不含任何整数,可见 $[a]$ 是不超过 x 的最大整数,于是 $[x] = [a]$.

若 (a, b) 中含整数,则因为区间 (a, b) 的长度 $b - a \leqslant 1$,所以 (a, b) 只可能含一个整

数,我们将此整数记为 ξ. 于是 $[a] \leqslant a < \xi$,并且在两个整数 $[a]$ 和 ξ 之间没有任何整数,可见

$$\xi = [a] + 1.$$

如果 $\xi \in (a, x]$,那么 ξ 与 x 之间没有任何整数,所以 ξ 是不超过 x 的最大整数,从而 $[x] = \xi = [a] + 1$. 如果 $\xi \in (x, b)$,那么 $[a]$ 与 x 之间没有任何整数,所以 $[x] = [a]$.

合起来可知 $[x] \geqslant [a]$,并且 $[x]$ 的取值只可能是 $[a]$ 或 $[a] + 1$.

引理 2 设整数 $n > 1$,$x > 0$ 不是整数,则存在有理数 $\theta = \theta(n)$ 使得 $[nx] = n\theta = [n\theta]$,并且当 $k < n$ 时,$[kx] = [k\theta]$.

引理 2 的证明 因为 $[x] \leqslant x < [x] + 1$,所以若 n 等分区间 $([x], [x] + 1)$,则 x 将落在所得 n 个小区间之一中,所以

$$[x] + \frac{r}{n} \leqslant x < [x] + \frac{r+1}{n}, \qquad \text{①}$$

其中 $r \in \{0, 1, \cdots, n-1\}$. 令

$$\theta = \theta(n) = [x] + \frac{r}{n}.$$

我们来证明 θ 合乎要求.

(i) 由不等式①得到

$$n\theta \leqslant nx < n\theta + 1.$$

因为 $n\theta = n[x] + r \in \mathbf{N}$,所以 $[nx] = n\theta \ (= [n\theta])$.

(ii) 现在设 $k < n$. 由不等式①得到

$$k\theta \leqslant kx < k\theta + \frac{k}{n}.$$

区间 $\left(k\theta, k\theta + \frac{k}{n}\right)$ 的长度小于 1.

如果 $r = 0$,那么 $k\theta = k[x]$,$k\theta + \frac{k}{n} = k[x] + \frac{k}{n} < k[x] + 1$,因此区间 $\left(k\theta, k\theta + \frac{k}{n}\right)$ 不含整数. 于是依引理 1 可知 $[kx] = [k\theta]$.

如果 $r = n - 1$,那么

$$k\theta = k[x] + k - \frac{k}{n}, \quad k\theta + \frac{k}{n} = k[x] + k,$$

所以区间 $\left(k\theta, k\theta + \frac{k}{n}\right)$ 包含在区间 $(k[x] + k - 1, k[x] + k)$ 中. 因为后者以整数为端点,长度等于 1,所以区间 $\left(k\theta, k\theta + \frac{k}{n}\right)$ 不含整数. 于是依引理 1 也得到 $[kx] = [k\theta]$.

最后设 $0 < r < n - 1$,那么可以证明此时区间 $\left(k\theta, k\theta + \frac{k}{n}\right)$ 不含任何整数. 事实上,若此区间含有某个 ξ,则必唯一(因为区间长度小于 1). 因为 $[k\theta]$ 与 $k\theta$ 之间,以及 $k\theta$ 与 ξ 之间没有任何整数,所以 $[k\theta]$ 与 ξ 之间没有任何整数,从而 $\xi = [k\theta] + 1$;类似地,ξ 与 $k\theta + \frac{k}{n}$ 之

间,以及 $k\theta + \dfrac{k}{n}$ 与 $\left[k\theta + \dfrac{k}{n}\right] + 1$ 之间都没有任何整数,我们推出 $\xi = \left[k\theta + \dfrac{k}{n}\right]$. 因此 $[k\theta] + 1 = \left[k\theta + \dfrac{k}{n}\right]$,于是

$$\left[k[x] + \dfrac{kr}{n} + 1\right] = \left[k[x] + \dfrac{kr}{n} + \dfrac{k}{n}\right].$$

将它改写为

$$\left[\left[\dfrac{k(r+1)}{n}\right] + \left\{\dfrac{k(r+1)}{n}\right\} + \dfrac{n-k}{n}\right] = \left[\dfrac{k(r+1)}{n}\right],$$

可见

$$\left[\left\{\dfrac{k(r+1)}{n}\right\} + \dfrac{n-k}{n}\right] = 0,$$

从而

$$\left\{\dfrac{k(r+1)}{n}\right\} + \dfrac{n-k}{n} < 1,$$

也就是

$$\left\{\dfrac{k(r+1)}{n}\right\} < \dfrac{k}{n}.$$

特别令 $k = 1$,则有

$$\left\{\dfrac{r+1}{n}\right\} < \dfrac{1}{n}.$$

因为 $0 < r < n-1$ 蕴含 $0 < \dfrac{r+1}{n} < 1$,所以由上述不等式得到 $\dfrac{r+1}{n} < \dfrac{1}{n}$,我们得到矛盾. 这证明了区间 $\left(k\theta, k\theta + \dfrac{k}{n}\right)$ 确实不含任何整数. 于是仍然由引理1推出当 $0 < r < n-1$ 时也有 $[kx] = [k\theta]$.

法二 存在整数 $k > 1, n \geq 1$ 使得

$$\dfrac{k-1}{n} \leq x < \dfrac{k}{n}.$$

设 $(n, k) = d$,则 $n = n_1 d, k = k_1 d, (n_1, k_1) = 1$,并且 $\dfrac{k}{n} = \dfrac{k_1}{n_1}$. 设对于 $i < n_1$,

$$ik_1 \equiv a_i \pmod{n_1},$$

其中 $a_i \in \{1, 2, \cdots, n_1\}$. 那么当 $i < n_1$ 时,

$$[ix] \leq \left[i \cdot \dfrac{k}{n}\right] = \left[i \cdot \dfrac{k_1}{n_1}\right] = i \cdot \dfrac{k_1}{n_1} - \dfrac{a_i}{n_1} = i \cdot \dfrac{k}{n} - \dfrac{a_i}{n_1}. \qquad ②$$

又因为 $n_1 k_1 \equiv n_1 \pmod{n_1}$,所以 $a_{n_1} = n_1$. 又由 $x < \dfrac{k}{n}$ 可知 $n_1 x < \dfrac{n_1}{n} \cdot k \leq k$,于是推出

$$[n_1 x] \leq k - 1 \leq n_1 \cdot \dfrac{k}{n} - 1 = n_1 \cdot \dfrac{k}{n} - \dfrac{a_{n_1}}{n_1},$$

这表明式②对于 $i = n_1$ 也成立. 于是我们有

$$\sum_{i=1}^{n}\frac{[ix]}{i} = \sum_{i=1}^{n_1}\frac{[ix]}{i} + \sum_{i=n_1+1}^{n}\frac{[ix]}{i}$$

$$\leq \sum_{i=1}^{n_1}\frac{1}{i}\left(i\cdot\frac{k}{n} - \frac{a_i}{n_1}\right) + \sum_{i=n_1+1}^{n}\frac{[ix]}{i}$$

$$\leq n_1\cdot\frac{k}{n} - \frac{1}{n_1}\sum_{i=1}^{n_1}\frac{a_i}{i} + \sum_{i=n_1+1}^{n}\frac{ix}{i}$$

$$= n_1\cdot\frac{k}{n} - \frac{1}{n_1}\sum_{i=1}^{n_1}\frac{a_i}{i} + (n-n_1)x. \quad ③$$

因为集合$\{1,2,\cdots,n_1\} = \{a_1,a_2,\cdots,a_{n_1}\}$,所以由排序不等式(见解后注中的引理3)得到

$$\sum_{i=1}^{n_1}\frac{a_i}{i} = \sum_{i=1}^{n_1}\frac{1}{i}\cdot a_i \geq \sum_{i=1}^{n_1}\frac{1}{i}\cdot i = n_1.$$

由此及式③立得

$$\sum_{i=1}^{n}\frac{[ix]}{i} \leq n_1\cdot\frac{k}{n} - \frac{1}{n_1}\cdot n_1 + (n-n_1)\frac{k}{n} = k - 1 = [nx].$$

注 引理3 (排序不等式)设$n \geq 2$,实数$x_1, x_2, \cdots, x_n$和$y_1, y_2, \cdots, y_n$满足

$$x_1 \leq x_2 \leq \cdots \leq x_n, \quad y_1 \leq y_2 \leq \cdots \leq y_n;$$

还设$z_1, z_2, \cdots, z_n$是$y_1, y_2, \cdots, y_n$按任意顺序的一个排列,记

$$\mathscr{A}_n = x_1 y_n + x_2 y_{n-1} + \cdots + x_n y_1,$$
$$\mathscr{B}_n = x_1 y_1 + x_2 y_2 + \cdots + x_n y_n,$$
$$\mathscr{C}_n = x_1 z_1 + x_2 z_2 + \cdots + x_n z_n.$$

(它们分别称为两组实数x_i和y_i的反序和、顺序和及乱序和).则

$$\mathscr{A}_n \leq \mathscr{C}_n \leq \mathscr{B}_n,$$

并且当且仅当$x_1 = x_2 = \cdots = x_n$或$y_1 = y_2 = \cdots = y_n$时,$\mathscr{A}_n = \mathscr{C}_n = \mathscr{B}_n$.

这个不等式可用数学归纳法证明,或参见(例如)朱尧辰著的《极值问题的初等解法》(中国科学技术大学出版社,2015)第201页.

法三 记$\varphi(k) = [kx] (k\in\mathbf{N}), \varphi(0) = 0$.由不等式

$$[a+b] \geq [a] + [b], \quad ④$$

可知

$$\varphi(k) \geq \varphi(i) + \varphi(k-i) \quad (0 \leq i \leq k). \quad ⑤$$

在其中令$i = 0, 1, \cdots, k$,将得到的$k+1$个不等式相加,有

$$(k+1)\varphi(k) \geq 2(\varphi(1) + \varphi(2) + \cdots + \varphi(k)),$$

于是

$$\frac{k+1}{2}\varphi(k) \geq \varphi(1) + \varphi(2) + \cdots + \varphi(k). \quad ⑥$$

将等式

$$\frac{1}{k(k+1)} = \frac{1}{k} - \frac{1}{k+1} \ (>0).$$

与上述不等式(边边)相乘,得到

$$\frac{1}{2k}\varphi(k) \geqslant \left(\frac{1}{k} - \frac{1}{k+1}\right)\left(\varphi(1) + \varphi(2) + \cdots + \varphi(k)\right).$$

在此不等式中令 $k = 1, 2, \cdots, n$,将所得 n 个不等式相加,有

$$\frac{1}{2}\sum_{k=1}^{n} \frac{1}{k}\varphi(k) \geqslant \sum_{k=1}^{n} \left(\frac{1}{k} - \frac{1}{k+1}\right)\left(\varphi(1) + \varphi(2) + \cdots + \varphi(k)\right)$$

$$= \sum_{k=1}^{n} \frac{1}{k}\left(\varphi(1) + \varphi(2) + \cdots + \varphi(k)\right)$$

$$- \sum_{k=2}^{n+1} \frac{1}{k}\left(\varphi(1) + \varphi(2) + \cdots + \varphi(k-1)\right)$$

$$= \sum_{k=1}^{n} \frac{1}{k}\varphi(k) - \frac{1}{n+1}\left(\varphi(1) + \varphi(2) + \cdots + \varphi(n)\right),$$

由此解出

$$\sum_{k=1}^{n} \frac{1}{k}\varphi(k) \leqslant \frac{2}{n+1}\left(\varphi(1) + \varphi(2) + \cdots + \varphi(n)\right). \qquad ⑦$$

又在不等式⑥中令 $k = n$,然后两边乘以 $\frac{2}{n+1}$,得到

$$\varphi(n) \geqslant \frac{2}{n+1}\left(\varphi(1) + \varphi(2) + \cdots + \varphi(n)\right),$$

由此不等式及式⑦立知

$$\varphi(n) \geqslant \varphi(1) + \frac{1}{2}\varphi(2) + \cdots + \frac{1}{n-1}\varphi(n-1) + \frac{1}{n}\varphi(n).$$

法四 对 n 用数学归纳法. 当 $n = 1$ 时命题显然成立. 设命题对于不超过 n 的正整数成立,即

$$\varphi(k) \geqslant \varphi(1) + \frac{1}{2}\varphi(2) + \cdots + \frac{1}{k}\varphi(k) \ (k = 1, 2, \cdots, n-1),$$

要证明对于正整数 n 命题也成立. 为此在式⑤中令 $k = n, i = 1, 2, \cdots, n-1$,将由此得到的 $n-1$ 个不等式相加,有

$$(n-1)\varphi(n) \geqslant 2\left(\varphi(1) + \varphi(2) + \cdots + \varphi(n-1)\right) = 2\Phi,$$

其中 $\Phi = \varphi(1) + \varphi(2) + \cdots + \varphi(n-1)$. 由归纳假设,

$$\Phi \geqslant \varphi(1) + \left(\varphi(1) + \frac{1}{2}\varphi(2)\right) + \left(\varphi(1) + \frac{1}{2}\varphi(2) + \frac{1}{3}\varphi(3)\right)$$

$$+ \cdots + \left(\varphi(1) + \frac{1}{2}\varphi(2) + \cdots + \frac{1}{n-1}\varphi(n-1)\right),$$

所以

$$2\Phi = \left(\varphi(1) + \varphi(2) + \cdots + \varphi(n-1)\right) + \varphi(1) + \varphi(2) + \cdots + \varphi(n-1)$$

$$\geqslant n\varphi(1) + \left(1 + \frac{n-2}{2}\right)\varphi(2) + \left(1 + \frac{n-3}{3}\right)\varphi(3) + \cdots$$
$$+ \left(1 + \frac{1}{n-1}\right)\varphi(n-1)$$
$$= n\left(\varphi(1) + \frac{1}{2}\varphi(2) + \cdots + \frac{1}{n-1}\varphi(n-1)\right)$$
$$= n\left(\varphi(1) + \frac{1}{2}\varphi(2) + \cdots + \frac{1}{n-1}\varphi(n-1) + \frac{1}{n}\varphi(n)\right) - \varphi(n).$$

于是
$$(n-1)\varphi(n) \geqslant 2\Phi$$
$$\geqslant n\left(\varphi(1) + \frac{1}{2}\varphi(2) + \cdots + \frac{1}{n-1}\varphi(n-1) + \frac{1}{n}\varphi(n)\right) - \varphi(n).$$

从而
$$n\varphi(n) \geqslant n\left(\varphi(1) + \frac{1}{2}\varphi(2) + \cdots + \frac{1}{n-1}\varphi(n-1) + \frac{1}{n}\varphi(n)\right).$$

由此立得所要证明的不等式. 于是完成归纳证明.

法五 令
$$x_k = \frac{[x]}{1} + \frac{[2x]}{2} + \cdots + \frac{[kx]}{k} \quad (k \geqslant 1),$$

则有递推关系式
$$x_k = x_{k-1} + \frac{[kx]}{k} \quad (k \geqslant 2). \tag{⑧}$$

题中的不等式可改写为
$$x_n \leqslant [nx]. \tag{⑨}$$

我们来对 n 用数学归纳法证明不等式⑨. 当 $n=1$ 时，显然 $x_1 = \frac{[1 \cdot x]}{1}$. 设
$$x_k \leqslant [kx] \quad (k = 1, 2, \cdots, n-1). \tag{⑩}$$

要证明当 $k=n$ 时不等式也成立. 依递推关系式⑧，有
$$nx_n = nx_{n-1} + [nx] = (n-1)x_{n-1} + x_{n-1} + [nx],$$
$$(n-1)x_{n-1} = (n-2)x_{n-2} + x_{n-2} + [(n-1)x],$$
$$(n-2)x_{n-2} = (n-3)x_{n-3} + x_{n-3} + [(n-2)x],$$
$$\cdots\cdots,$$
$$3x_3 = 2x_2 + x_2 + [3x],$$
$$2x_2 = x_1 + x_1 + [2x].$$

将上列各式相加，得到
$$nx_n = x_{n-1} + x_{n-2} + \cdots + x_2 + x_1 + x_1$$
$$+ [nx] + [(n-1)x] + \cdots + [2x].$$

应用归纳假设⑩，由此推出

$$nx_n \leqslant [(n-1)x] + [(n-2)x] + \cdots + [2x] + [x] + [x]$$
$$+ [nx] + [(n-1)x] + \cdots + [2x]$$
$$= ([(n-1)x] + [x]) + ([(n-2)x] + [2x]) + \cdots$$
$$+ ([2x] + [(n-2)x]) + ([x] + [(n-1)x]) + [nx].$$

由此及式④可知
$$nx_n \leqslant [nx] + [nx] + \cdots + [nx] + [nx] + [nx] = n[nx],$$
因此 $x_n \leqslant [nx]$. 此即不等式⑨. 于是完成归纳证明.

法六 对 n 用数学归纳法. 当 $n=1$ 时命题显然成立. 现在进行归纳证明的第二步. 设对于每个 $k=1,2,\cdots,n-1$ 有
$$\varphi(k) \geqslant \varphi(1) + \frac{1}{2}\varphi(2) + \cdots + \frac{1}{k}\varphi(k). \qquad ⑪$$

如果存在某个 $k \in \{1,2,\cdots,n-1\}$ 有不等式
$$\varphi(n) \geqslant \varphi(k) + \frac{1}{k+1}\varphi(k+1) + \cdots + \frac{1}{n}\varphi(n),$$

那么由此及式⑪中对应于此 k 值的不等式，立即推出题中的不等式对于 n 也成立. 下面设对于任何 $k=1,2,\cdots,n-1$, 有
$$\varphi(n) < \varphi(k) + \frac{1}{k+1}\varphi(k+1) + \cdots + \frac{1}{n}\varphi(n). \qquad ⑫$$

要证明题中的不等式对于 n 也成立, 用反证法. 设
$$\varphi(n) < \varphi(1) + \frac{1}{2}\varphi(2) + \cdots + \frac{1}{n}\varphi(n),$$

那么
$$2\varphi(n) < 2\left(\varphi(1) + \frac{1}{2}\varphi(2) + \cdots + \frac{1}{n}\varphi(n)\right).$$

在不等式⑫中取 $k=2,3,\cdots,n-1$, 总共得到 $n-2$ 个不等式, 将它们与上式相加, 得到
$$n\varphi(n) < 2\left(\varphi(1) + \frac{1}{2}\varphi(2) + \cdots + \frac{1}{n}\varphi(n)\right)$$
$$+ \left(\varphi(2) + \frac{1}{3}\varphi(3) + \cdots + \frac{1}{n}\varphi(n)\right)$$
$$+ \left(\varphi(3) + \frac{1}{4}\varphi(4) + \cdots + \frac{1}{n}\varphi(n)\right)$$
$$+ \cdots + \left(\varphi(n-1) + \frac{1}{n}\varphi(n)\right).$$

因为上式右边等于(首先将各括号中的第一加项相加)
$$\left(2\varphi(1) + \varphi(2) + \cdots + \varphi(n-1)\right)$$
$$+ 2\left(\frac{1}{2}\varphi(2) + \frac{1}{3}\varphi(3) + \cdots + \frac{1}{n}\varphi(n)\right)$$

$$+ \left(\frac{1}{3}\varphi(3) + \frac{1}{4}\varphi(4) + \cdots + \frac{1}{n}\varphi(n)\right)$$

$$+ \left(\frac{1}{4}\varphi(4) + \cdots + \frac{1}{n}\varphi(n)\right) + \cdots + \frac{1}{n}\varphi(n)$$

$$= \left(2\varphi(1) + \varphi(2) + \cdots + \varphi(n-1)\right)$$

$$+ 2 \cdot \frac{1}{2}\varphi(2) + (2+1) \cdot \frac{1}{3}\varphi(3) + (2+2) \cdot \frac{1}{4}\varphi(4) + \cdots$$

$$+ \left(2 + (n-2)\right) \cdot \frac{1}{n}\varphi(n)$$

$$= 2\left(\varphi(1) + \varphi(2) + \cdots + \varphi(n-1)\right) + \varphi(n),$$

所以

$$n\varphi(n) < 2\left(\varphi(1) + \varphi(2) + \cdots + \varphi(n-1)\right) + \varphi(n). \quad ⑬$$

又在不等式⑤中取 $k = n, i = 1, 2, \cdots, n-1$，然后将所得 $n-1$ 个不等式相加，有

$$2\left(\varphi(1) + \varphi(2) + \cdots + \varphi(n-1)\right) \leqslant (n-1)\varphi(n).$$

由此及不等式⑬推出

$$n\varphi(n) < (n-1)\varphi(n) + \varphi(n) = n\varphi(n),$$

于是得到矛盾，从而完成归纳证明．

法七 由式④可知，当 $i + j \leqslant n, i, j \geqslant 0$ 时，有

$$\varphi(i+j) \geqslant \varphi(i) + \varphi(j).$$

因此，若

$$i_1 + i_2 + \cdots + i_n = n, \quad 0 \leqslant i_k \leqslant n,$$

则

$$\varphi(n) \geqslant \varphi(i_1) + \varphi(i_2) + \cdots + \varphi(i_n).$$

由一个关于矩阵构造的结果（见解后注中的引理4）可知，存在 $n! \times n$ 矩阵 $\boldsymbol{A}^{(n)} = (a_{jk})$，其所有元素 a_{jk} 属于集合 $\{0, 1, \cdots, n\}$，每行元素之和等于 n，即

$$a_{j1} + a_{j2} + \cdots + a_{jn} = n \quad (j = 1, 2, \cdots, n!),$$

所以

$$\varphi(n) \geqslant \varphi(a_{j1}) + \varphi(a_{j2}) + \cdots + \varphi(a_{jn}) \quad (j = 1, 2, \cdots, n!).$$

将此 $n!$ 个不等式相加，注意（依上述引理4）在全部 $n \times n!$ 个元素中，恰有 $n!$ 个 1，$\frac{n!}{2}$ 个 $2, \cdots, \frac{n!}{n}$ 个 n，所以

$$n!\varphi(n) \geqslant n!\varphi(1) + \frac{n!}{2}\varphi(2) + \cdots + \frac{n!}{n}\varphi(n).$$

由此立得所要的不等式．

注 我们在此给出上文引用的一个关于矩阵构造的结果和证明(这个证明仅供感兴趣的读者参考,一般读者可省略).

设 m、n 为正整数.由 mn 个数排成的 m(横)行 n(纵)列的表

$$A = \begin{pmatrix} a_{11} & a_{12} & \cdots & a_{1n} \\ a_{21} & a_{22} & \cdots & a_{2n} \\ \vdots & \vdots & & \vdots \\ a_{m1} & a_{m2} & \cdots & a_{mn} \end{pmatrix}$$

称为一个 $m \times n$ 矩阵.其中

$$\begin{pmatrix} a_{11} & a_{12} & \cdots & a_{1n} \end{pmatrix} \quad \text{和} \quad \begin{pmatrix} a_{11} \\ a_{21} \\ \vdots \\ a_{m1} \end{pmatrix}$$

分别称作矩阵的第 1 行和第 1 列(余类推).

引理 4 设 $n \geq 1$.那么存在 $n! \times n$ 矩阵 $\boldsymbol{A}^{(n)} = (a_{jk})$,其所有元素属于集合 $\{0,1,\cdots,n\}$,每行元素之和等于 n,并且在全部 $n \cdot n!$ 个元素中,恰有 $n!$ 个 1,$\dfrac{n!}{2}$ 个 2,$\cdots$,$\dfrac{n!}{n}$ 个 n.

引理 4 的证明 对 n 用数学归纳法.显然 $1! \times 1$ 矩阵 $\boldsymbol{A}^{(1)} = (1)$ 合乎要求.$2! \times 2$ 矩阵

$$\boldsymbol{A}^{(2)} = \begin{pmatrix} 1 & \boldsymbol{A}^{(1)} \\ 2 & 0 \end{pmatrix} = \begin{pmatrix} 1 & 1 \\ 2 & 0 \end{pmatrix}$$

也合乎要求.设 $n! \times n$ 矩阵 $\boldsymbol{A}^{(n)} = (a_{ij})$ 具有性质:

(i) 所有元素属于集合 $\{0,1,\cdots,n\}$;

(ii) 各行元素之和等于 n;

(iii) 在全部 $n \cdot n!$ 个元素中,恰有 $n!$ 个 1,$\dfrac{n!}{2}$ 个 2,$\cdots$,$\dfrac{n!}{n}$ 个 n.

(iv) 第 1 列出现元素 $1,2,\cdots,n$ 恰好各为 $(n-1)!$ 次.

其中性质(iv)是我们附加的,显然 $\boldsymbol{A}^{(1)}$ 和 $\boldsymbol{A}^{(2)}$ 具有此性质.设 $\boldsymbol{a}_i = (a_{i1}, a_{i2}, \cdots, a_{in})$ 是 $\boldsymbol{A}^{(n)}$ 的第 i 行,定义

$$\widetilde{\boldsymbol{a}}_i = (a_{i1}+1, a_{i2}, \cdots, a_{in}) \quad (i = 1,2,\cdots,n!).$$

令 $(n \cdot n!) \times n$ 矩阵

$$\widetilde{\boldsymbol{A}}^{(n)} = \begin{pmatrix} \widetilde{\boldsymbol{a}}_1 \\ \vdots \\ \widetilde{\boldsymbol{a}}_1 \\ \vdots \\ \widetilde{\boldsymbol{a}}_{n!} \\ \vdots \\ \widetilde{\boldsymbol{a}}_{n!} \end{pmatrix},$$

其中每个 $\widetilde{\boldsymbol{a}}_i$ 重复 n 次. 记 $n! \times (n+1)$ 矩阵

$$\boldsymbol{P} = \begin{bmatrix} 1 & & \\ \vdots & \boldsymbol{A}^{(n)} \\ 1 & & \end{bmatrix}$$

以及 $(n \cdot n!) \times (n+1)$ 矩阵

$$\boldsymbol{Q} = \begin{bmatrix} & & 0 \\ \widetilde{\boldsymbol{A}}^{(n)} & & \vdots \\ & & 0 \end{bmatrix},$$

那么矩阵

$$\boldsymbol{A}^{(n+1)} = \begin{bmatrix} \boldsymbol{P} \\ \boldsymbol{Q} \end{bmatrix}$$

就是具有相应性质的 $(n+1)! \times (n+1)$ 矩阵.

事实上,性质(i)和(ii)(其中 n 换成 $n+1$)显然成立,性质(iv)(其中 n 换成 $n+1$)也容易直接验证. 我们来证明该矩阵满足相应的性质(iii). 因为矩阵 $\boldsymbol{P}$ 中第1列含 $n!$ 个元素1,由归纳假设可知第2列到第 $n+1$ 列(即矩阵 $\boldsymbol{A}^{(n)}$)含 $n!$ 个元素1,所以矩阵 $\boldsymbol{P}$ 中元素1的个数是 $2n!$. 对于矩阵 $\boldsymbol{Q}$, 由于 $\boldsymbol{a}_i$ 换成 $\widetilde{\boldsymbol{a}}_i$ 共被换掉 $n \cdot (n-1)!$ 个元素1,所以 $\boldsymbol{Q}$ 中剩下的元素1的个数为 $n \cdot n! - n \cdot (n-1)!$. 于是在矩阵 $\boldsymbol{A}^{(n+1)}$ 的元素中1出现的次数等于

$$2n! + n \cdot n! - n \cdot (n-1)! = n! + n \cdot n! = (n+1)!.$$

对于值为 $k(\geqslant 2)$ 的元素个数,由归纳假设可知,在矩阵 $\boldsymbol{P}$ 中为 $\dfrac{n!}{k}$,类似于刚才的推理可知在矩阵 $\boldsymbol{Q}$ 中为

$$n \cdot \frac{n!}{k} - n \cdot (n-1)! + n \cdot (n-1)!,$$

因此在矩阵 $\boldsymbol{A}^{(n+1)}$ 中元素 k 的个数为

$$\frac{n!}{k} + n \cdot \frac{n!}{k} - n \cdot (n-1)! + n \cdot (n-1)!$$
$$= (n+1) \cdot \frac{n!}{k} = \frac{(n+1)!}{k}.$$

因此矩阵 $\boldsymbol{A}^{(n+1)}$ 具有所有要求的性质. 于是完成归纳证明.

(朱尧辰)

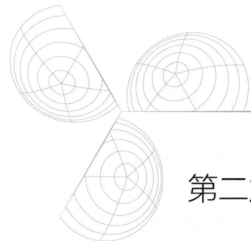

第二篇　命题与解题

一个不等式的证明

第56届IMO试题之观感

两道试题的另解

2015年全国高中数学联赛加试第三题的另证

半凹半凸定理及其应用

解题小品——按图索骥

一道全俄竞赛题的另解

三角代换的简单应用

一个不等式的证明

设 x_1、x_2 是正整数,$x_1 < x_2$,并且
$$\frac{1}{x_1} + \ln x_1 = \frac{1}{x_2} + \ln x_2 = a. \qquad ①$$
求证:

(1) $x_1 + x_2 > 2$;

(2) $3e^{a-1} - 1 > x_1 + x_2$.

这道题据说是某市高考模拟题,应当说过分难了. 有人问我,我一时也无从下手(可以证明第(1)问). 问了陈计,知道有种证法. 我也得到一种,写在下面.

首先,$y = \frac{1}{x} + \ln x$ 的导数 $y' = -\frac{1}{x^2} + \frac{1}{x} = \frac{x-1}{x^2}$. 当 $x = 1$ 时,$y' = 0$;当 $0 < x < 1$ 时,$y' < 0$;当 $x > 1$ 时,$y' > 0$. 所以函数 $y = \frac{1}{x} + \ln x$ 先减后增,在 $x = 1$ 处取最小值 1,函数图像呈单钩形,如图 1 所示. 当 $x \to +\infty$ 和 $x \to 0$ 时,$y \to +\infty$.

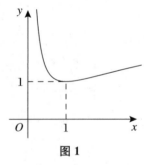

图 1

于是,对于 $a > 1$,有 $0 < x_1 < 1 < x_2$,满足式①. 而对于 $a < 1$,不存在 x 满足 $\frac{1}{x} + \ln x = a$;对于 $a = 1$,满足 $\frac{1}{x} + \ln x = a$ 的 x 只有一个,即 $x = 1$.

证明(1)、(2) 两问需要用一个引理.

引理* 设 $m > n > 0$,则
$$\sqrt{mn} < \frac{m-n}{\ln m - \ln n} < \frac{m+n}{2}. \qquad ②$$
或等价地(令 $\beta = \ln m, \alpha = \ln n$),当 $\beta > \alpha$ 时,
$$e^{\frac{\alpha+\beta}{2}}(\beta - \alpha) < e^\beta - e^\alpha < \frac{e^\beta + e^\alpha}{2}(\beta - \alpha). \qquad ③$$

引理的证明 我们证明式③,当 $\beta = \alpha$ 时,式③中的不等号均为等号. 设 $\beta > \alpha$,对 β 求导,得
$$\left(e^{\frac{\alpha+\beta}{2}}(\beta-\alpha)\right)' = e^{\frac{\alpha+\beta}{2}}\left(1 + \frac{\beta-\alpha}{2}\right) < e^{\frac{\alpha+\beta}{2}} \cdot e^{\frac{\beta-\alpha}{2}} = e^\beta = (e^\beta - e^\alpha)'.$$

---

* 引理中的结论即为几何—对数—算术平均不等式.

所以当 $\beta > \alpha$ 时,式③左边成立.

又
$$\left(\frac{e^\beta + e^\alpha}{2}(\beta - \alpha)\right)' = \frac{e^\beta + e^\alpha}{2} + \frac{\beta - \alpha}{2}e^\beta.$$

当 $\beta = \alpha$ 时,上式与 $e^\beta = (e^\beta - e^\alpha)'$ 相同. 再对 β 求导,得
$$\left(\frac{e^\beta + e^\alpha}{2}(\beta - \alpha)\right)'' = e^\beta + \frac{1}{2}\beta e^\beta > e^\beta = (e^\beta - e^\alpha)'',$$

所以,当 $\beta > \alpha$ 时,式③右边成立.

当然式③还有很多证法. 如图 2 所示,显然曲边四边形 AA_1B_1B 的面积小于梯形 AA_1B_1B 的面积,这就是式③右边的几何解释,也可用积分来证明:

$$e^\beta - e^\alpha = \int_\alpha^\beta e^x dx < A_1B_1 \cdot C_1D = \frac{e^\beta + e^\alpha}{2} \cdot (\beta - \alpha).$$

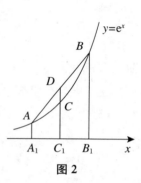

图 2

现在证明第(1)问,由式②的左边($m = x_1, n = x_2$),得

$$x_1 + x_2 > 2\sqrt{x_1 x_2} = \frac{2x_1 x_2}{\sqrt{x_1 x_2}} > 2x_1 x_2 \cdot \frac{\ln x_2 - \ln x_1}{x_2 - x_1}$$
$$= \frac{2x_1 x_2}{x_2 - x_1}\left(\frac{1}{x_1} - \frac{1}{x_2}\right) = 2.$$

第(1)问也可用其他方法来证明. 如设 $x_1 = 1 - b, x_2 = 1 + c, 0 < b < 1, c > 0$. 因为
$$\frac{1}{x_1} + \ln x_1 = \frac{1}{x_2} + \ln x_2,$$

所以,
$$0 = \ln x_2 - \ln x_1 + \frac{1}{x_2} - \frac{1}{x_1} = \int_{x_1}^{x_2}\left(\frac{1}{x} - \frac{1}{x^2}\right)dx = \int_{x_1}^{x_2}\frac{x-1}{x^2}dx = \int_{-b}^{c}\frac{t}{(1+t)^2}dt$$
$$= \int_0^c \frac{t}{(1+t)^2}dt + \int_{-b}^0 \frac{t}{(1+t)^2}dt = \int_0^c \frac{t}{(1+t)^2}dt - \int_0^b \frac{t}{(1-t)^2}dt.$$

即
$$\int_0^c \frac{t}{(1+t)^2}dt = \int_0^b \frac{t}{(1-t)^2}dt,$$

显然,$\frac{t}{(1+t)^2} < \frac{t}{(1-t)^2}$,所以 $c > b$. 故
$$x_1 + x_2 = (1+c) + (1-b) = 2 + c - b > 2.$$

现在证明第(2)问.

令 $x_0 = e^{a-1}$,则因为 $x_1 < 1 < x_2$,所以 $e^{a - \frac{1}{x_1}} < e^{a-1} < e^{a - \frac{1}{x_2}}$,即 $x_1 < x_0 < x_2$.

由式②的右边(取 $m = x_2, n = x_0$),得
$$\ln x_2 - \ln x_0 > \frac{2}{x_2 + x_0}(x_2 - x_0),$$

即

$$\left(a - \frac{1}{x_2}\right) - (a-1) = 1 - \frac{1}{x_2} > \frac{2}{x_2 + x_0}(x_2 - x_0),$$

两边同乘 $x_2(x_2 + x_0)$,整理得

$$x_2^2 - (3x_0 - 1)x_2 + x_0 < 0. \qquad ④$$

同样由式②的右边（取 $m = x_0, n = x_1$）,得

$$x_1^2 - (3x_0 - 1)x_1 + x_0 > 0 \qquad ⑤$$

（即将式④中的 x_2 换为 x_1,同时不等式反向）. 式④减式⑤,得

$$(x_2 - x_1)(x_2 + x_1) < (3x_0 - 1)(x_2 - x_1),$$

所以

$$x_2 + x_1 < 3x_0 + 1,$$

即（2）成立.

注 宁波大学数学系陈计先生对本题的证明如下.

（1）用对数 - 几何平均不等式,得

$$0 = \frac{\frac{1}{x_1} + \ln x_1 - \frac{1}{x_2} - \ln x_2}{x_1 - x_2} = \frac{\ln x_1 - \ln x_2}{x_1 - x_2} - \frac{1}{x_1 x_2} \leqslant \frac{1}{\sqrt{x_1 x_2}} - \frac{1}{x_1 x_2},$$

从而

$$x_1 + x_2 > 2\sqrt{x_1 x_2} > 2.$$

推广 若正数 $x_1、x_2$ 不等,则

$$x_1 + x_2 > 2 + \frac{2}{x_1 - x_2}\left(\frac{1}{x_1} + \ln x_1 - \frac{1}{x_2} - \ln x_2\right).$$

（2）令 $x_2 = kx_1 (k > 1)$,则由

$$\frac{1}{x_1} + \ln x_1 = \frac{1}{x_2} + \ln x_2 = \frac{1}{kx_1} + \ln k + \ln x_1,$$

得

$$x_1 = \frac{k-1}{k \ln k}, \quad x_2 = \frac{k-1}{\ln k}.$$

设 $f(k) = \frac{1}{x_2} + \ln x_2 - 1 - \ln \frac{1 + x_1 + x_2}{3}$,用对数 - 几何平均不等式,得

$$f'(k) = \frac{1}{k^2 - 1 + k \ln k}\left(1 - \frac{k \ln^2 k}{(k-1)^2}\right) > 0,$$

从而 $f(k) > f(1) = 0$,即

$$a > 1 + \ln \frac{1 + x_1 + x_2}{3}.$$

推广 若正数 $x_1、x_2$ 不等,则

$$\max\left\{\frac{1}{x_1} + \ln x_1, \frac{1}{x_2} + \ln x_2\right\} + \frac{x_1 + x_2}{3(x_1 - x_2)}\left(\frac{1}{x_1} + \ln x_1 - \frac{1}{x_2} - \ln x_2\right) > 1 + \ln \frac{1 + x_1 + x_2}{3}.$$

（小 月）

第56届IMO试题之观感

2015年在泰国清迈举行的第56届IMO中,中国队取得了仅次于美国队的优异成绩,不料这却成了大新闻,因为在人们印象中,中国队既然来了,就是要得第一的(像乒乓球队一样).本文自然不去触及人们热议的话题——中国式奥数教育的利弊,只谈具体试题的解法.诚如一位资深奥数教练、也是解题的顶尖高手对笔者说的,今年IMO并非某些人吹嘘的"迄今最难的一届",而是本届比赛涉及不少复杂的计算或讨论,中国队在有限时间内似乎不是很适应.此前笔者试着做了下,表示完全赞同他的这番话.当然,难题年年有,今年不例外,但也稍弱于以往最难的某些题,所谓"最难",就是毫无思路,今年没有这样的题.以下的解答敬请行家批评指正.

第1题 我们称平面上一个有限点集 $\mathscr{S}$ 是平衡的,如果对 $\mathscr{S}$ 中任意两个不同的点 A、B,都存在 $\mathscr{S}$ 中一点 C,满足 $AC = BC$.我们称 $\mathscr{S}$ 是无中心的,如果对 $\mathscr{S}$ 中任意三个不同的点 A、B、C,都不存在 $\mathscr{S}$ 中一点 P,满足 $PA = PB = PC$.

(1) 证明:对每个整数 $n \geqslant 3$,均存在一个由 n 个点构成的平衡点集.

(2) 确定所有的整数 $n \geqslant 3$,使得存在一个由 n 个点构成的平衡且无中心的点集.

解 显然,当 n 为不小于3的奇数时,正 n 边形就是一个平衡且无中心的点集.

当 n 为不小于3的偶数时,先构造一个由 n 个点 $A_1, A_2, \cdots, A_n$ 构成的平衡点集如下: A_1 是一个圆的圆心,其余的 $n-1$ 个不同的点均在圆上,满足:$\triangle A_1 A_2 A_3$ 和 $\triangle A_1 A_3 A_4$ 均为正三角形,其余的点在 A_2 和 A_4 之间,满足 $\triangle A_1 A_{2i-1} A_{2i}$ ($i = 3, 4, \cdots, \frac{n}{2}$) 均为正三角形.易知这种构形就满足条件.

但是,当 n 为不小于3的偶数时,不存在由 n 个点构成的平衡且无中心的点集.用反证法.如果这种点集存在,对于点集中任意两点 A_i 和 A_j,对应点集中一点 A_k 到其距离相等(如果不止一点,则任意指定取一点),$A_i A_j$ 称作 A_k 的关联线段,反之称为关联点.由条件,全体 $C_n^2 = \frac{n(n-1)}{2}$ 条线段均有关联点,因此存在一点 A_k,至少对应 $\frac{n-1}{2}$ 条关联线段,但 n 是偶数,因此,A_k 至少对应 $\frac{n}{2}$ 条关联线段.由条件,这些关联线段是无公共端点的,否则 A_k

就到 3 个点距离相等了,因此这些关联线段的端点就有 n 个,加上 A_k,就至少有 $n+1$ 个点,矛盾.因此,不存在由偶数个点构成的平衡且无中心的点集.

评注 本题在许多人眼里几乎是道陈题,其关键词是"存在"与"构造".既然是第 1 题,一般而言不会难,其策略是可以拿数量较少的点先来试一试,然后形成可信度较高的猜测并试图给予证明.

第 2 题 确定所有三元正整数组 (a,b,c),使得 $ab-c$、$bc-a$、$ca-b$ 都是 2 的方幂(2 的方幂就是形如 2^n 的整数,其中 n 是一个非负整数).

解 易知 a、b、c 均不小于 2,设 $ab-c=2^x$,$bc-a=2^z$,$ca-b=2^y$.

先证明:若 a、b、c 中有两数相等,不妨设 $b=c$,则 $b=c=2$.

这是因为

$$\begin{cases} b(a-1)=2^x, \\ b^2-a=2^z. \end{cases}$$

设 $a=2^s+1$,$b=2^t$,s、$t \geq 0$.于是 $2^{2t}-2^s-1=2^z$.

显然有 $2t>s$.若 $z=0$,$2^{2t}-2^s=2$,易知 $s=t=1$,$a=3$,$b=c=2$.

若 $z>0$,$2|2^z$、$2^{2t} \Rightarrow s=0$,$2^{2t}-2^z=2$,易知 $z=t=1$,$a=b=c=2$.证毕.

以下不妨设 $a<b<c$,易知 $x<y<z$.

易知有

$$\begin{cases} (c-1)(a+b)=2^y(2^{z-y}+1), \\ (c+1)(b-a)=2^y(2^{z-y}-1). \end{cases}$$

由于 $c-1$ 和 $c+1$ 中至少有一个数不被 4 整除,因此 $a+b$ 或 $b-a$ 中至少有一个要被 2^{y-1} 整除,由于 $b-a>0$,因此总有 $a+b \geq 2^{y-1}$.于是有

$$2a+2b \geq 2^y = ac-b,$$

故得

$$5b > 2a+3b \geq ac > ab \Rightarrow a < 5 \Rightarrow a = 2,3,4.$$

(1) 若 $a=2$,当 $x=0$ 时,

$$c = 2b-1, \quad 2^z = b(2b-1)-2 = 2b^2-b-2,$$

$$2^y = 2(2b-1)-b = 3b-2 \geq 7,$$

易知 $y>3$,$2^z = 2\left(\dfrac{2^y+2}{3}\right)^2 - \dfrac{2^y+2}{3} - 2$,化简得

$$2^{2y+1} + 5 \cdot 2^y = 16 + 9 \cdot 2^z,$$

易知若 $y>4$,则 $z>4 \Rightarrow 32|16$.矛盾.

故 $y=4$,$z=8$,$b=6$,$c=11$.

当 $x > 0$ 时,由 $\begin{cases} 2b-c=2^x, \\ 2c-b=2^y, \end{cases}$ 故

$2^x \mid b+c \, , 3(c-b) \Rightarrow 2^x \mid b+c \, 、c-b \Rightarrow 2^{x-1} \mid b,c$,

由于 $bc-2=2^z$,故 $2^{2x-2} \mid 2^z+2$,易知有 $x=1$ 或 $x=2,z=1$(后者与 $x<z$ 不符,舍去).

当 $x=1$ 时,

$$c=2b-2, \quad 2^z=bc-2=2(b^2-b-1),$$

只能 $b^2-b-1=1$,即 $b=2$,舍去.

(2) 若 $a=3$,由 $6+3b=2a+3b \geq 3c \Rightarrow b+2 \geq c > b, c=b+1$ 或 $b+2$.

如果 $c=b+1$,那么 $2b-1=2^x, x=0, b=1$,舍去.

如果 $c=b+2$,那么 $8=(a+1)(c-b)=2^y-2^x, x=3, y=4, 2b-2=2^x=8, b=5, c=7$.

(3) 若 $a=4, 8+3b=2a+3b \geq 4c \geq 4(b+1) \Rightarrow b \leq 4=a$,不满足.

综上,(a,b,c) 为 $(2,2,2)、(2,2,3)、(2,6,11)、(3,5,7)$ 及其排列.

评注 本题其实就是不等式在数论中的运用,其"基本不等式"是 $2a+3b \geq ac$(当然因式分解也重要,得"优先考虑"). 难度虽不很大,但十分典型,讨论起来需仔细,也费时. 当然,也许上述证明还可被"压缩"得更为简洁,但笔者觉得这并无本质区别. 本题的关键词是"估计""分类"和"整理".

第3题 在锐角 $\triangle ABC$ 中,$AB > AC$,设 Γ 是它的外接圆,H 是它的垂心,F 是由顶点 A 处所引高的垂足,M 是边 BC 的中点,Q 是 Γ 上一点,使得 $\angle HQA = 90°$,K 是 Γ 上一点,使得 $\angle HKQ = 90°$,已知 $A、B、C、K、Q$ 互不相同,且按此顺序排列在 Γ 上. 证明:$\triangle KQH$ 的外接圆和 $\triangle FKM$ 的外接圆相切.

证明 先证明一个结论:$Q、H、M$ 共线.

设 AA' 是直径. 于是易知四边形 $HCA'B$ 是平行四边形. HA' 经过 M. 若设射线 $A'H$ 交外接圆 Γ 于 Q',则 $\angle HQ'A = 90°$,由于以 AH 为直径的圆与 Γ 的交点除了 A 还有一点,因此 Q 与 Q' 是同一点,结论得证.

如图1,设 Γ 的圆心为 O,易知 $AH = 2OM$,设 AH 的中点为 E. 于是得平行四边形 $OEHM$,而 $QE = HE$,由引理得四边形

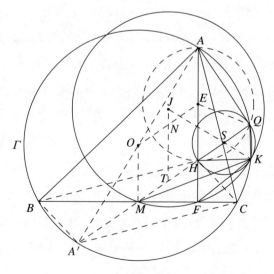

图1

$QEOM$ 为等腰梯形.

设 QH 的中点为 S,易知 $SQ=SK$,则 $\triangle OSQ \cong \triangle OSK$.且 SE 垂直平分 QH,$SE \perp EO$.

设 KS 延长后,与 FM 的垂直平分线的交点为 J,易知 SO 平分 $\angle JST$.这里 T 在 FM 的垂直平分线上,亦为 HM 之中点.

易知直线 JT 与 EO 之交点 N 为 EO 之中点.

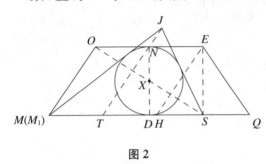

图 2

如图 2,设 SO 的中点为 X.易知可作一 $\odot X$ 分别与 EO、QM 相切于 N、D(D 是 QM 中点),而且由前面的结论——SO 平分 $\angle JST$,$\odot X$ 与 SJ 也相切.

设 $\triangle JSM_1$ 以 $\odot X$ 为内切圆,M_1 在直线 QM 上.由于 ND 是 $\odot X$ 的垂直于底边 SM_1 的直径,JN 延长交 SM_1 于 T,由位似知有一众所周知结论——$M_1 T = SD$.

而由 $\triangle ONX \cong \triangle SDX$,$NT \parallel OM$,$NO \parallel TM$ 知
$$TM = NO = SD,$$
于是 M_1 与 M 重合.

由四边形 $ENTH$ 是平行四边形,知 $SD = EN = HT$,$SH = DT$.

由熟知结论 $SD = TM = \frac{1}{2}(SJ + SM - JM)$,得 $SH = DT = JM - JS$,

于是 $JF = JM = JS + SH = JS + SK = JK$,即 J 是 $\triangle FKM$ 的外心.而 S 是 $\triangle KQH$ 的外心,连心线 JS 过两外接圆交点 K,因此两圆相切于 K.

评注 别看此题证明过程写出来有些吓人,其实本题用分析法倒推,思路是比较清晰的,其难度小于 2014 年的第 3 题.中国队就是在此题上表现欠佳而负于美国队,确实有点不应该.几何需要积累,很多小的结果是有帮助的.本题的关键词是"分析法""同一法",如果还有添加的话,就是"转化"和"重新定义",还夹杂着小规模的计算.证明也是有个人之习惯的(尤其是针对比较复杂的几何题).

第 4 题 在 $\triangle ABC$ 中,Ω 是其外接圆,O 是其外心.以 A 为圆心的一个圆 Γ 与线段 BC 交于两点 D 和 E,使得点 B、D、E、C 互不相同,并且按此顺序排列在直线 BC 上,设 F 和 G 是 Γ 和 Ω 的两个交点,并且使得点 A、F、B、C、G 按此顺序排列在 Ω 上,设 K 是 $\triangle BDF$ 的外接圆和线段 AB 的另一个交点,设 L 是 $\triangle CGE$ 的外接圆和线段 CA 的另一个交点.假设直线 FK 和 GL 不相同,且相交于点 X,证明:X 在直线 AO 上.

证明 如图 3 所示,不妨设 FK、GL 与 AO 的交点分别是 X、X',易知要证明 X 与 X' 重

合,只需证△AFX≌△AGX',这里显然已经有 $AF = AG$, $\angle FAO = \angle GAO$,故只需证明 $\angle AXF = \angle AX'G$,或者证明

$$\angle BAO + \angle AKX = \angle CAO + \angle ALX'$$
$$\Leftrightarrow \angle FDB - \angle GEC = \angle FKB - \angle GLC$$
$$= \angle CAO - \angle BAO = \angle C - \angle B.$$

若设 FD、AB 交于 S,GE、AC 交于 T,上式即变为求证 $\angle FSB = \angle ASD = \angle ATE = \angle GTC$.

易知 $\angle ABF = \angle ACG$,又由 F、B、C、G 四点共圆和 F、D、E、G 四点共圆知

$$\angle BFD = \angle FDE - \angle FBC$$
$$= (180° - \angle FGE) - (180° - \angle FGC)$$
$$= \angle FGC - \angle FGE = \angle EGC,$$

于是由三角形内角和,立刻得到 $\angle FSB = \angle GTC$. 证毕.

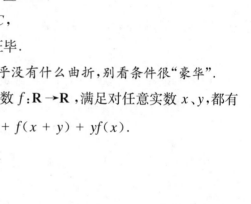

图 3

评注 本题和第1题一样较为简单,思路上几乎没有什么曲折,别看条件很"豪华".

第5题 设 **R** 是全体实数的集合,求所有的函数 $f: \mathbf{R} \to \mathbf{R}$,满足对任意实数 x、y,都有

$$f(x + f(x + y)) + f(xy) = x + f(x + y) + yf(x).$$

解 以下凡是说原式,就是指本题的函数方程.

原式中令 $y = 1$,有

$$f(x + f(x + 1)) = x + f(x + 1),$$

即

$$f(f(x) + x - 1) = f(x) + x - 1.$$

又原式中令 $x = 0$,有

$$f(f(y)) + f(0) = f(y) + yf(0).$$

令 $y = f(x) + x - 1$ 代入上式,有

$$f(0) = (f(x) + x - 1)f(0),$$

若 $f(0) \neq 0$,则 $f(x) = 2 - x$,经检验知满足要求.

若 $f(0) = 0$,则由前知有

$$f(f(x)) = f(x). \qquad ①$$

原式中令 $y = 0$,有
$$f(x + f(x)) = x + f(x), \qquad ②$$

原式中再令 $y = -x$,有
$$f(x) + f(-x^2) = x - xf(x), \qquad ③$$

再在上式中用 $-x$ 替代 x,有
$$f(-x) + f(-x^2) = -x + xf(-x), \qquad ④$$

两式相减,得
$$(x+1)f(x) + (x-1)f(-x) = 2x, \qquad ⑤$$

此外,由式③还特别有
$$f(1) + f(-1) = 1 - f(1), \qquad ⑥$$

式⑤、式⑥表明,如果 x' 是 f 的不动点,那么 $-x'$ 也是.

下面断言:若 $y = f(x) - x$,则 $x+y$、$x+f(x+y)$、$-x-y$、$-x+f(-x-y)$ 都是 f 的不动点.

由上面论证的式①～⑥,可知这都是显然.

于是便有 $f(xy) = yf(x)$,用 $-x$、$-y$ 分别替代 x、y,有
$$f(xy) = -yf(-x) = yf(x).$$

若此处 $y = 0$,则 $f(x) = x$.若 $y \neq 0$,则
$$f(-x) = -f(x),$$

代入式⑤有 $f(x) = x$,矛盾.

综上,$f(x) = x$ 或 $2 - x$.

评注 本题的关键词是"不动点"和"抵消",或许还有"奇函数".同样的曲折,做此题的感觉是有点盲目试探,不如第6题那般有想法(做这两题花费的时间都明显超过前四题的总和).当然这并不是说函数方程不深刻、没思想,而是对之尚不够熟悉.本题在 IMO 历史上属困难的函数方程.

第6题 整数序列 $a_1, a_2, \cdots$ 满足下列条件:

(i) 对每个整数 $j \geq 1$,有 $1 \leq a_j \leq 2015$;

(ii) 对任意整数 $1 \leq k < l$,有 $k + a_k \neq l + a_l$.

证明:存在两个正整数 b 和 N,使得

$$\left|\sum_{j=m+1}^{n}(a_j-b)\right|\leq 1007^2$$

对所有满足 $n>m\geq N$ 的整数 m 和 n 均成立.

分析 乍一看本题结论很强,形式也比较复杂,如何确定 b 就不是件好办的事.

经过一段时间的思想空白后,一个"天真"的想法蹦了出来:如果这个数列从某一项开始不减了,由于它有上界,又是取整数值,所以一定从某项开始就变成了常数——那太好了,因为显然 b 就可以取作这个常数.当然,这种想法只能让我们有片刻的自我陶醉:不对头吧,这个想法如果有理,似乎也太容易了! 毕竟是 IMO 第 6 题啊,命题人脑子不会进水的! 当然,我不是说这个想法本身是对的,因为很容易举出反例,数列是"振荡"的,即无穷多次地"时大时小",却仍然满足条件;关键在于,这个想法有多大价值? 即能通往最终的解决之路吗?

答案是:可以!

解此题的思路是,虽然数列可能会有无穷多次振荡,但可以通过局部"调整"(当然在调整过程中条件不变),将其变成不减数列,此时 b 的意义就定下来了.但问题的难度在于,光有条件不变还不够,所以还有一些困难需要克服.此外,1007 一看就差不多是 2015 的一半,所以这个 1007 的含义也必须揭示出来.

证明 我们用坐标系中的格点来揭示这个问题.

首先,定义一些(无穷多个)运动的格点 $A_i(i=1,2,3,\cdots)$,A_i 的横坐标永远是 i,纵坐标可变,但始终在 $1\sim 2015$ 范围内,并且一开始时 A_i 的坐标是 (i,a_i),$i=1,2,3,\cdots$.

对任意整数 $1\leq k<l$,有 $k+a_k\neq l+a_l$ 又是什么意思呢? 它就是 $\dfrac{a_l-a_k}{l-k}\neq -1$,或者说,对于任何整数 $1\leq k<l$,A_kA_l 的斜率不等于 -1.

今把经过某格点 A 的斜率为 -1 的直线称为过 A 的特征线.把所有经过 (i,a_i) 的特征线 $(i=1,2,3,\cdots)$ 构成的集合称为 $\mathfrak{I}$.显然,这些直线中每条只经过恰好一个 A_i.等会把数列朝不减方向调整,确保这个 $\mathfrak{I}$ 是不变的.

调整是这样的一个过程:调完 A_i 后,接着调 $A_{i+1}(i=1,2,3,\cdots)$,即从左到右依次调整每一个格点,这些格点始终像算盘上的珠子一样上下移动.而且每次调整可能会影响一部分左侧已调过的格点,这些格点的移动也称为被动调整,凡(主动)调整的格点都是上升的,而凡被动调整的格点都是下降的.这个操作无限进行下去,任何格点不会被动"折腾"无穷次,至多有限次(读者可知不会超过 2015 次)后,就再也不动了.

接下去,就按图 4 给出具体的调整方案:

具体如下:

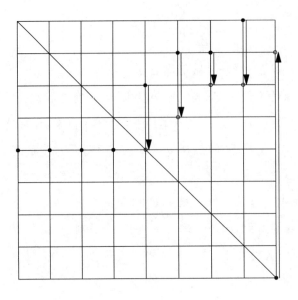

图 4

假定 $A_1, \cdots, A_{i-1}$ 已经调好(A_1 显然不用主动调),且 $A_1, \cdots, A_{i-1}$ 的纵坐标 $a'_1, \cdots, a'_{i-1}$(此时未必是 $a_1, \cdots, a_{i-1}$)依次不减,而且 $\mathfrak{H}$ 没有改变. 接下去调整 A_i, 如果 A_i 的纵坐标不小于 A_{i-1} 的(即不"矮于"A_{i-1}),那么什么都不用做,继续调整 $A_{i+1}, A_{i+2}, \cdots$.

如果 A_i 的纵坐标小于 A_{i-1} 的,考虑过 $A_i(i, a_i)$ 的特征线,这条直线之"上"以及 $x = i$ 及其"左"这块"三角区域"内,有一些格点,将随着 A_i 的调整而调整,再左边的格点就不动了.

由于 $A_1, \cdots, A_{i-1}$ 纵坐标不减,易知"三角区域"中格点的横坐标一定是连续整数,不妨设是 $A_k, \cdots, A_i$,在调整 A_i 前,$A_k, \cdots, A_{i-1}$ 的坐标分别为 (j, a'_j), $j = k, \cdots, i-1$, $a'_k \leqslant \cdots \leqslant a'_{i-1}$.

接下去这些格点都要移动了.

A_i 从 (i, a_i) 移到 $(i, a'_{i-1} - 1)$, A_j 从 (j, a'_j) 移到 $(j, a'_{j-1} - 1)$, $j = k+1, \cdots, i-1$, 最后, A_k 则从 (k, a'_k) 移到 $(k, a_i - k + i)$.

这些格点移动之后,有三个"不变"之事实必须予以承认:

(1) 它们纵坐标之和为 $(a'_k - 1) + \cdots + (a'_{i-1} - 1) + a_i - k + i = a'_k + \cdots + a'_{i-1} + a_i$(注意 a_i 不带撇),是一个不变量.

(2) 原来经过 A_j 的特征线,现在经过 A_{j+1} 了,此处 $j = k, \cdots, i-1$,而原来经过 A_i 的特征线,现在经过 A_k. 搞了一个竖琴轮换,因此,这一调整保证 $\mathfrak{H}$ 不变.

(3) 这一调整还能确保 $A_1, \cdots, A_i$ 纵坐标不减,"三角区域"内的格点 $A_k, \cdots, A_i$ 当然

没问题,那么添加进"三角区域"以左的那些不动的格点呢? 这很重要,否则 b 就没法确定了,然而这也很容易,因为只要比较调整后的 A_k 和 A_{k-1} 即可. 而由 A_k 的定义,必然知道 $a_i - k + i \geq a'_{k-1}$. 得证.

于是,我们一路无限地调整下去,得到的数列即格点的纵坐标不减,且格点所占据的特征线集合 $\mathfrak{I}$ 不变,也就是原题的条件满足,于是当这个数列(或格点纵坐标)变成常数时,就令这个常数为 b,而且我们还得到一个关键性的结论:调整之后格点迟早变成纵坐标相同,那么它们的特征线就是连续的. 因此, $\mathfrak{I}$ 中的特征线从某一条起向右一直是连续的.

这些结论也成为确定 N 的依据,以及 1007 的来历说明. 首先说一下 N, $N - 2015$ 就约定为无限调整之后那些纵坐标为 b 的格点中最左边的那个格点的横坐标, 此处减去 2015 是为了叙述的方便.

接下去,我们将每次调整某格点后,那些其左侧"三角区域"内被动调整的格点称为受影响格点. 前面说过,由于每个格点在调整时,"三角区域"内的"受影响格点"不会超过 2015 个,所以,随着我们一路调整下去,每个格点迟早不受"任何影响",也就是说它不动了. 还有一点,每个调整格点和受其影响格点的纵坐标之和不变.

对所有满足 $n > m \geq N$ 的整数 m 和 n,假定 $A_1, \cdots, A_m$ 已经调完(所谓调完,不是指纵坐标已经是 b,而是指已经主动调整过),今开始从 A_{m+1} 一直调到 A_n 时, 在直线 $x = m + 1$ 以左(不含 $x = m + 1$)某些格点会被动调整, 在开始调 A_{m+1} 时, 不妨设 $A_s, \cdots, A_m$ 的纵坐标大于 b (s 可以等于 $m+1$, 即这样的点有 0 个), 而 A_{s-1} 的纵坐标是 b, 不再动了(其左侧的点当然也不再动). 于是由特征线的连续性, 在直线 $x + y = s + b$ 上还有一个待调的格点 A_r, 易知 $r \geq m + 1$.

由前知, $A_s, \cdots, A_n$ 在调至 A_n 时, 纵坐标非但不减, 而且左边一些格点的纵坐标都变成了 b (允许 0 个), 右边的一些则可能大于 b, 不妨设是 $A_t, \cdots, A_n$ (允许 $t = n + 1$, 此时纵坐标大于 b 的格点不存在).

$A_s, \cdots, A_n$ 在调至 A_n 时, 纵坐标为 $b = a'_s = \cdots = a'_{t-1} < a'_t \leq \cdots \leq a'_n$. 易知
$$a'_s + \cdots + a'_n = a_s + \cdots + a_n.$$
记 $S = (a_s - b) + \cdots + (a_m - b)$, $T = (a'_t - b) + \cdots + (a'_n - b)$, 则
$$(a_{m+1} - b) + \cdots + (a_n - b) = T - S.$$
由于被动调整点总是下降, 因此 S、$T \geq 0$, 于是
$$|(a_{m+1} - b) + \cdots + (a_n - b)| = |T - S| \leq \max(S, T).$$
由 $r \geq m + 1$, 有 $s + b = r + a_r \Rightarrow m - s + 1 \leq r - s = b - a_r \leq b - 1$, 因此

$$S \leq \underbrace{(2015-b)+\cdots+(2015-b)}_{m-s+1\text{个}} = (m-s+1)(2015-b)$$

$$\leq (b-1)(2015-b) \leq \left(\frac{2015-1}{2}\right)^2 = 1007^2,$$

同理，$T \leq 1007^2$. 于是有

$$\left|\sum_{j=m+1}^{n}(a_j-b)\right| = |(a_{m+1}-b)+\cdots+(a_n-b)|$$

$$= |T-S| \leq \max\{S,T\} \leq 1007^2.$$

评注 本题乍一看数学分析味道十足，但在解题过程中，除了 b 的确定之外，基本上与数学分析没有关系．此处给出的是一个带有几何味道的解法．本题像是一个精彩的研究小课题，很有想法，解这种题会很有收获，即使难免"钻牛角尖"，也会为最后看到本质、迎接胜利曙光而高兴．本题的关键词是"调整"和"不变性（量）"．虽然和第5题看起来大相径庭，实际上也有相通之处，就是在错综复杂的关系中寻找某种不变性，这是问题的本质，很神奇，不过也必须承认，寻找这样一个解答真有点辛苦！

总结 解数学题遇到障碍时千万不能"硬碰硬"，而是要寻求"绕过"或"抵消"的灵活战术，否则会付出高昂的计算代价（比如对于几何），更多情形是头破血流仍毫无办法（如数论和组合）．本届 IMO 前四题可以在一两个小时内搞定，第5题、第6题当然是难题，但也是有思路的．

（田廷彦）

两道试题的另解

2015年的IMO试题被称为史上最难,第3题几何题导致中国队屈居第二.但仔细看看,其中也只有第3、5、6题较难,而且并非最难.第3题,我提供了一个解,与参考解答不一样.简介如下.

题目 在锐角△ABC中,AB > AC.设Γ是它的外接圆,H是它的垂心,F是由顶点A处所引高的垂足.M是边BC的中点.Q是Γ上一点,使得∠HQA = 90°,K是Γ上一点,使得∠HKQ = 90°.已知点A、B、C、K、Q互不相同,且按此顺序排列在Γ上.

证明:△KQH的外接圆和△FKM的外接圆相切.

解析 如图1所示,设O为圆Γ的圆心,P为AH的中点,R为HQ的中点.易知 $\overrightarrow{PH} = \overrightarrow{OM}$,MH过点Q,R是△KQH的外接圆的圆心,PR // AQ,OR // HK.

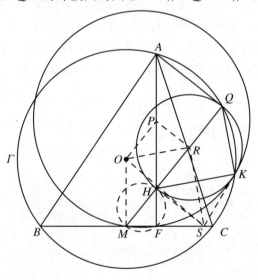

图1

过H作△KQH的外接圆与△MFH的外接圆的切线,交BC于S.关键即证明SR⊥HK,从而SK也是△KQH的外接圆的切线(又因为 $SK^2 = SH^2 = SF \cdot SM$,知SK也是△MFK的外接圆的切线).因此,只需证明∠ORS为直角.

这一结论的证法很多,例如运用勾股定理及其逆定理:

$$SR^2 + OR^2 = (SH^2 + RH^2) + (OP^2 + PR^2) = (SH^2 + OP^2) + (RH^2 + PR^2)$$
$$= (SH^2 + MH^2) + PH^2 = SM^2 + OM^2 = SO^2.$$

今年全国高中数学联赛加试第二题是一道与集合族有关的问题,原题如下.

题目 设 $S=\{A_1,A_2,\cdots,A_n\}$,其中 $A_1,A_2,\cdots,A_n$ 是 n 个互不相同的有限集合($n\geqslant 2$),满足对任意 A_i、$A_j\in S$,均有 $A_i\cup A_j\in S$. 若 $k=\min\limits_{1\leqslant i\leqslant n}|A_i|\geqslant 2$. 证明:存在 $x\in\bigcup\limits_{i=1}^{n}A_i$,使得 x 属于 $A_1,A_2,\cdots,A_n$ 中的至少 $\dfrac{n}{k}$ 个集合(这里 $|X|$ 表示有限集合 X 的元素个数).

解析 结论的 $\dfrac{n}{k}$ 可加强为 $\dfrac{n+k-1}{k}$.

不妨设 $|A_1|=k$.

如果 S 中每个集合 $A_1,A_2,\cdots,A_n$ 均与 A_1 至少有一个公共元素,那么 A_1 中的元素在 $A_1,A_2,\cdots,A_n$ 中至少共出现 $n-1+k$ 次,所以 A_1 中至少有一个元素 x 属于 $A_1,A_2,\cdots,A_n$ 中的 $\dfrac{n+k-1}{k}$ 个.

设 S 中与 A_1 没有公共元素的集合是 $B_1,B_2,\cdots,B_t$,其中 $B_1,B_2,\cdots,B_t$ 互不相同,所以

$$A_1\cup B_1,\quad A_1\cup B_2,\quad \cdots,\quad A_1\cup B_t$$

也互不相同,而且由 S 的性质,它们是 S 中的集合. 这 t 个集合,每个都含有 A_1 中的 k 个元素. S 中其余的 $n-1-2t$ 个集合(去掉 $A_1,B_1,B_2,\cdots,B_t,A_1\cup B_1,A_1\cup B_2,\cdots,A_1\cup B_t$),每个至少含 A_1 的一个元素,所以 A_1 中的元素在 $A_1,A_2,\cdots,A_n$ 中至少共出现

$$(n-1-2t)+k+kt=n+(k-2)t+k-1\geqslant n+k-1$$

次. 从而,A_1 中至少有一个元素 x 属于 $A_1,A_2,\cdots,A_n$ 中的至少 $\dfrac{n+k-1}{k}$ 个.

解法开头一段(如果 S 中的每个集合均与 A_1 相交)可以作为 $t=0$ 的特例,不一定写出.

(韧 吾)

2015年全国高中数学联赛加试第三题的另证

题目 如图1所示，$\triangle ABC$ 内接于圆 O，P 为 $\overparen{BC}$ 上一点，点 K 在线段 AP 上，使得 BK 平分 $\angle ABC$. 过 K、P、C 三点的圆 Ω 与边 AC 交于点 D，联结 BD 交圆 Ω 于点 E，联结 PE 并延长与边 AB 交于点 F. 证明：$\angle ABC = 2\angle FCB$.

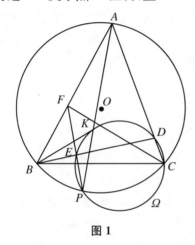

图1

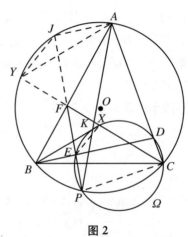

图2

证明 如图2所示，设直线 BK 与圆 Ω 相交于点 $X(X \neq K)$. 首先证明 B、K、X 三点共线.

设射线 CX、PE 分别与圆 O 交于点 Y、J，则由两圆相交的性质，知 $EX \parallel JY$，$EB(ED) \parallel JA$，$KX \parallel AY$，于是

$$\frac{YF}{FX} = \frac{JF}{FE} = \frac{AF}{FB} \Rightarrow AY \parallel BX.$$

而 $KX \parallel AY$，故 B、K、X 三点共线.

于是，要证 $\angle XCB = \dfrac{1}{2}\angle ABC$，只需证明 $\angle FXB = \angle ABC$. 事实上，$\angle FXB = \angle FXK = \angle KPC = \angle APC = \angle ABC$. 从而结论成立.

（曹珏赟）

半凹半凸定理及其应用

本文将介绍关于凹凸函数的半凹半凸定理. 笔者在 2006 年时已在 Mathlinks(由罗马尼亚人创办的数学论坛网站)上发表该定理, 但事实上这种处理问题的方法本就比较自然, 相信其他人在解决一些相关问题时也用到过此类处理方法, 就好比配方法(S.O.S)一样, 很难说清楚此种方法的最先使用者到底是谁. 但其实对于我们学数学、做数学来说这些事情也是不重要的. **特别提醒**: 读者在学习这些定理的同时要学会这种用在凹凸函数中调整变量的手段, 这样遇到一个问题, 就可以脱离这些定理, 来直接解决所要做的问题了. 现先介绍半凹半凸定理的四种形式.

1. 半凹半凸定理及其证明

定理 1 已知 $a < c < b$ 为固定的实数, 设 $x_1, x_2, \cdots, x_n$ 为 n 个实数, 满足:

(i) $a \leqslant x_1 \leqslant x_2 \leqslant \cdots \leqslant x_n \leqslant b$;

(ii) $x_1 + x_2 + \cdots + x_n = C$($C$ 是一个常数).

f 是定义在区间 $[a,b]$ 上的函数, 如果 f 在 $[a,c]$ 上是上凸的, 在 $[c,b]$ 上是下凸的, 设 $F = f(x_1) + f(x_2) + \cdots + f(x_n)$, 则 F 的最小值必然会在 $x_1 = x_2 = \cdots = x_{k-1} = a, x_{k+1} = \cdots = x_n (k=1,2,\cdots,n)$ 时取到; F 的最大值必然会在 $x_1 = x_2 = \cdots = x_{k-1}, x_{k+1} = \cdots = x_n = b$ ($k=1,2,\cdots,n$) 时取到.

证明 只证取最小值的情况(最大值的情况类似可证).

我们采用数学归纳法证明, 对变量 $x_1, x_2, \cdots, x_n$ 属于 $[a,c)$ 的变量个数进行归纳. 如果不存在 $x_1, x_2, \cdots, x_n \in [a,c)$ 或仅有 $x_1 \in [a,c)$, 则定理显然是正确的. 这是因为 $x_2, x_3, \cdots, x_n \in [c,b]$, 从而由琴生不等式我们可以得到

$$f(x_1) + f(x_2) + \cdots + f(x_n) \geqslant f(x_1) + (n-1)f\left(\frac{x_2 + x_3 + \cdots + x_n}{n-1}\right).$$

如果存在 $x_1, x_2, \cdots, x_i \in [a,c)$, 若 $x_1 + x_2 + \cdots + x_i - (i-1)a < c$, 那么我们有

$$f(x_1) + f(x_2) + \cdots + f(x_i) \geqslant (i-1)f(a) + f(x_1 + x_2 + \cdots + x_i - (i-1)a).$$

否则不妨设 $m (1 \leqslant m \leqslant i)$ 是最小的满足 $x_1 + x_2 + \cdots + x_m - (m-1)a \geqslant c$ 的正整数, 则

$$f(x_1) + f(x_2) + \cdots + f(x_i) \geqslant (m-2)f(a) + f(x_1 + x_2 + \cdots + x_{m-1} - (m-2)a) + f(x_m)$$

$$\geqslant (m-2)f(a) + f(x_1 + x_2 + \cdots + x_{m-1} + x_m$$

$$- (m-2)a - c) + f(c).$$

故我们转化为了 $i-1$ 的情形. 故定理 1 得证.

完全类似地, 我们可得到定理 2.

定理 2 已知 $a < c < b$ 为固定的实数, 设 $x_1, x_2, \cdots, x_n$ 为 n 个实数, 满足:

(i) $a \leqslant x_1 \leqslant x_2 \leqslant \cdots \leqslant x_n \leqslant b$;

(ii) $x_1 + x_2 + \cdots + x_n = C$ (C 是一个常数).

f 是定义在区间 $[a,b]$ 上的函数, 如果 f 在 $[a,c]$ 上是下凸的, 在 $[c,b]$ 上是上凸的, 设 $F = f(x_1) + f(x_2) + \cdots + f(x_n)$, 则 F 的最大值必然会在 $x_1 = x_2 = \cdots = x_{k-1} = a, x_{k+1} = \cdots = x_n$ ($k = 1, 2, \cdots, n$) 时取到; F 的最小值必然会在 $x_1 = x_2 = \cdots = x_{k-1}, x_{k+1} = \cdots = x_n = b$ ($k = 1, 2, \cdots, n$) 时取到.

下面再来介绍半凹半凸定理的无穷形式.

定理 3 设 $x_1, x_2, \cdots, x_n$ 为 n 个实数, 满足:

(i) $x_1 \leqslant x_2 \leqslant \cdots \leqslant x_n$;

(ii) $x_1 + x_2 + \cdots + x_n = C$ (C 是一个常数).

f 是定义在 **R** 上的函数, 如果 f 在 $(-\infty, c]$ 上是上凸的, 在 $[c, +\infty)$ 上是下凸的. 设 $F = f(x_1) + f(x_2) + \cdots + f(x_n)$, 则 F 的最小值必然会在 $x_2 = x_3 = \cdots = x_n$ 时取到; F 的最大值必然会在 $x_1 = x_2 = \cdots = x_{n-1}$ 时取到.

证明 只证取最小值的情况 (最大值的情况类似可证).

因为 f 在 $(-\infty, c]$ 上是上凸的, 我们有

$$f(x_1) + f(x_2) + \cdots + f(x_i) \geqslant (i-1)f(c) + f(x_1 + x_2 + \cdots + x_i - (i-1)c),$$

$$(i-1)f(c) + f(x_{i+1}) + f(x_{i+2}) + \cdots + f(x_n) \geqslant (n-1)f\left(\frac{(i-1)c + x_{i+1} + \cdots + x_n}{n-1}\right).$$

因此,

$$f(x_1) + f(x_2) + \cdots + f(x_n) \geqslant (n-1)f\left(\frac{(i-1)c + x_{i+1} + \cdots + x_n}{n-1}\right)$$
$$+ f(x_1 + x_2 + \cdots + x_i - (i-1)c).$$

所以定理 3 得证.

完全类似地, 我们可得定理 4.

定理 4 设 $x_1, x_2, \cdots, x_n$ 为 n 个实数, 满足:

(i) $x_1 \leqslant x_2 \leqslant \cdots \leqslant x_n$;

(ii) $x_1 + x_2 + \cdots + x_n = C$ (C 是一个常数).

f 是定义在 **R** 上的函数, 如果 f 在 $(-\infty, c]$ 上是下凸的, 在 $[c, +\infty)$ 上是上凸的. 设 $F = f(x_1) + f(x_2) + \cdots + f(x_n)$, 则 F 的最大值必然会在 $x_2 = x_3 = \cdots = x_n$ 时取到; F 的最小值必然会在 $x_1 = x_2 = \cdots = x_{n-1}$ 时取到.

2. 定理的应用

例 1 设 $\triangle ABC$ 是锐角三角形, 证明:

$$\frac{\cos^2 A}{1+\cos A} + \frac{\cos^2 B}{1+\cos B} + \frac{\cos^2 C}{1+\cos C} \geq \frac{1}{2}.$$

注 本题是 2005 年全国高中数学联赛加试第二题的等价形式.

证明 我们将证明此不等式在 $A、B、C \in \left[0, \frac{\pi}{2}\right]$ 时都成立. 为方便起见, 由对称性不妨设 $A \geq B \geq C$. 记 $f(x) = \frac{\cos^2 x}{1+\cos x}$, 则求二阶导容易得到

$$f''(x) = \frac{2\sin^2 x - \cos^4 x - 3\cos^3 x - 2\cos^2 x}{(1+\cos x)^3}.$$

由单调性及连续函数的介值定理知 $2\sin^2 x - \cos^4 x - 3\cos^3 x - 2\cos^2 x = 0$ 在 $\left[0, \frac{\pi}{2}\right]$ 上存在唯一解, 设此解为 c. 则 $f(x)$ 在 $[0, c]$ 上是上凸函数, 在 $\left[c, \frac{\pi}{2}\right]$ 上是下凸函数, 则此函数符合定理 1 的条件. 而我们要证明该不等式只需证明 $f(A) + f(B) + f(C)$ 的最小值不小于 $\frac{1}{2}$ 即可. 而由定理可得该式的最小值在 $C = 0$ (若定理中的 $k \geq 2$) 或者 $A = B$ (若定理中的 $k \geq 1$) 时取到. 而在第一种情形是显然的, 因为此时 $C = 0, A = B = \frac{\pi}{2}$. 第二种情形即化为

$$\frac{2\cos^2 t}{1+\cos t} + \frac{\cos^2 C}{1+\cos C} \geq \frac{1}{2} \quad \left(2t + C = \pi, t \in \left[\frac{\pi}{4}, \frac{\pi}{2}\right]\right)$$

$$\Leftrightarrow \frac{2\cos^2 t}{1+\cos t} + \frac{(2\cos^2 t - 1)^2}{2 - 2\cos^2 t} \geq \frac{1}{2}$$

$$\Leftrightarrow \frac{4\cos^2 t(1-\cos t) + (2\cos^2 t - 1)^2}{2 - 2\cos^2 t} \geq \frac{1}{2}$$

$$\Leftrightarrow \cos^2 t(2\cos t - 1)^2 \geq 0.$$

最后的不等式显然成立.

例 2 给定整数 $n \geq 2$, 求正整数 t 的取值范围, 使得对于所有的 $x_1 + x_2 + \cdots + x_n = n, x_i \geq 0 (i = 1, 2, \cdots, n)$, 均有以下不等式成立:

$$\sum_{i=1}^{n} \frac{x_i}{x_i^2 + t} \leq \frac{n}{1+t}.$$

(2015 年北京大学数学夏令营试题)

解 为方便起见, 由对称性不妨设 $x_1 \leq x_2 \leq \cdots \leq x_n$. 记 $f(x) = \frac{x}{x^2 + t}$, 则求二阶导容易得到

$$f''(x) = \frac{2x(x^2 - 3t)}{(t+x^2)^3}.$$

故在 $t \geq \frac{n^2}{3}$ 时该不等式显然成立, 现假设 $t \in \left(0, \frac{n^2}{3}\right)$. 由于函数 $f(x)$ 在 $[0, \sqrt{3t}]$ 上是上凸的, 在 $[\sqrt{3t}, n]$ 上是下凸的, 故符合定理 1 的条件, 而又由于 $x_1 + x_2 + \cdots + x_n = n$, 故 $k \geq n-1$, 而在 $k = n-1$ 时 $x_1 = x_2 = \cdots = x_{n-1} = 0, x_n = n$, 显然满足

$$\sum_{i=1}^{n} \frac{x_i}{x_i^2 + t} \leqslant \frac{n}{1+t}.$$

只需考虑 $k = n$ 的情形，即 $x_1 = x_2 = \cdots = x_{n-1}$ 的情形，设此数为 x. 此时只需保证

$$\frac{(n-1)x}{x^2 + t} + \frac{n - (n-1)x}{(n - (n-1)x)^2 + t} \leqslant \frac{n}{1+t}, \quad x \in \left[0, \frac{n}{n-1}\right]$$

$$\Leftrightarrow (n-1)n(x-1)^2\left((n-1)x^2 + (2t - nt - n)x + nt + t\right) \geqslant 0$$

即可. 上式等价于

$$t \geqslant \frac{nx - (n-1)x^2}{n + 1 + 2x - nx}, \quad x \in \left[0, \frac{n}{n-1}\right].$$

而容易求得 $\frac{nx - (n-1)x^2}{n + 1 + 2x - nx}$ 的最大值当 $n = 2$ 时是 $\frac{1}{3}$，当 $n \geqslant 3$ 时是

$$\frac{n^2 + 2n - 2 - 2\sqrt{(n^2 - 1)(2n - 1)}}{(n-2)^2}$$

故所求的 t 的取值范围为

$$\begin{cases} t \geqslant \dfrac{1}{3}, & n = 2, \\ t \geqslant \dfrac{n^2 + 2n - 2 - 2\sqrt{(n^2-1)(2n-1)}}{(n-2)^2}, & n \geqslant 3. \end{cases}$$

利用该定理的处理思想，我们可以解决以下问题（下例没有直接使用半凹半凸定理），这个问题是经典问题的一般化结果.

例 3 对所有的 $a、b、c \geqslant 0$ 及任意给定的实数 k，确定下式的下确界：

$$S_k(a, b, c) = \left(\frac{a}{b+c}\right)^k + \left(\frac{b}{c+a}\right)^k + \left(\frac{c}{a+b}\right)^k.$$

解 设 $S_k = \inf S_k(a, b, c)$，则

$$S_k = \begin{cases} \dfrac{3}{2^k}, & k \in (-\infty, 0] \cup (\log_2 3 - 1, +\infty) \\ 2, & k \in (0, \log_2 3 - 1]. \end{cases}$$

为书写方便，我们记 $p = \log_2 3 - 1$.

(1) 当 $k \in (-\infty, 0]$ 时，由均值不等式得

$$S_k \geqslant 3\left(\frac{b+c}{a} \frac{c+a}{b} \frac{a+b}{c}\right)^{\frac{-k}{3}} \geqslant 3\left(\frac{2\sqrt{bc}}{a} \frac{2\sqrt{ca}}{b} \frac{2\sqrt{ab}}{c}\right)^{\frac{-k}{3}} = \frac{3}{2^k}.$$

等号当且仅当 $a = b = c$ 时取得.

(2) 当 $k \in \left(0, \dfrac{1}{2}\right]$ 时，对于满足 $x + y = 1$ 的正数 x, y 都有 $x^{2k} \geqslant x, y^{2k} \geqslant y$. 从而 $x^{2k} + y^{2k} \geqslant 1$. 令 $x = \dfrac{b}{b+c}, y = \dfrac{c}{b+c}$，代入得到

$$b^{2k} + c^{2k} \geqslant (b+c)^{2k}.$$

利用均值不等式，可得

$$\frac{a^k}{(b+c)^k} = \frac{a^{2k}}{a^k(b+c)^k} \geqslant \frac{2a^{2k}}{a^{2k}+(b+c)^{2k}} \geqslant \frac{2a^{2k}}{a^{2k}+b^{2k}+c^{2k}},$$

同理,我们有

$$\frac{b^k}{(c+a)^k} \geqslant \frac{2b^{2k}}{a^{2k}+b^{2k}+c^{2k}},$$

$$\frac{c^k}{(c+a)^k} \geqslant \frac{2c^{2k}}{a^{2k}+b^{2k}+c^{2k}}.$$

将以上三式相加,即得

$$S_k(a,b,c) = \left(\frac{a}{b+c}\right)^k + \left(\frac{b}{c+a}\right)^k + \left(\frac{c}{a+b}\right)^k \geqslant 2.$$

当 $a = b = 1, c = 0$ 时等号成立.

(3) 当 $k \in \left(\frac{1}{2}, p\right]$ 时,不妨设 $a+b+c=1$,且 $a \geqslant b \geqslant c$,则 $0 \leqslant c \leqslant \frac{1}{3}, t = \frac{a+b}{2} \in \left[\frac{1}{3}, \frac{1}{2}\right]$. 此时我们有不等式

$$\sqrt{\frac{a}{1-a}} + \sqrt{\frac{b}{1-b}} \geqslant 2\sqrt{\frac{a+b}{2-a-b}},$$

这是因为由柯西不等式的推广,可得

$$\left(\sqrt{\frac{a}{1-a}} + \sqrt{\frac{b}{1-b}}\right)^2 (a^2(1-a) + b^2(1-b)) \geqslant (a+b)^3.$$

于是只需证明

$$\frac{(a+b)^3}{a^2+b^2-a^3-b^3} \geqslant \frac{4(a+b)}{2-a-b} \Leftrightarrow (a-b)^2\left(a+b-\frac{2}{3}\right) \geqslant 0.$$

上式显然成立. 于是由幂平均不等式,我们有

$$S_k(a,b,c) = \left(\frac{a}{1-a}\right)^k + \left(\frac{b}{1-b}\right)^k + \left(\frac{c}{1-c}\right)^k$$

$$\geqslant 2\left[\frac{1}{2}\left(\sqrt{\frac{a}{1-a}} + \sqrt{\frac{b}{1-b}}\right)\right]^{2k} + \left(\frac{c}{1-c}\right)^k$$

$$\geqslant 2\left(\sqrt{\frac{a+b}{2-a-b}}\right)^{2k} + \left(\frac{c}{1-c}\right)^k$$

$$= 2\left(\frac{t}{1-t}\right)^k + \left(\frac{1-2t}{2t}\right)^k = \frac{2}{(2m+1)^k} + m^k.$$

其中 $m = \frac{1-2t}{2t} \in \left[0, \frac{1}{2}\right]$,令 $f(m) = \frac{2}{(2m+1)^k} + m^k$,则有

$$f'(m) = \frac{k}{(2m+1)^{k+1}}((2m+1)^{k+1}m^{k-1} - 4),$$

令 $g(m) = (2m+1)^{k+1}m^{k-1} - 4$,则

$$g'(m) = (2m+1)^k m^{k-1}(4km + k - 1),$$

我们令 $m' = \dfrac{1-k}{4k} \in \left(0, \dfrac{1}{2}\right)$,则有

$$g'(m)\begin{cases} < 0, & m \in (0, m'); \\ = 0, & m = m'; \\ > 0, & m \in \left(m', \dfrac{1}{2}\right]. \end{cases}$$

这表明 g 在点 $m = m'$ 处取到最小值. 并且注意到

$$\lim_{m \to 0^+} g(m) = +\infty, \quad g\left(\dfrac{1}{2}\right) = 0.$$

所以存在 $m'' \in \left(0, \dfrac{1}{2}\right)$ 满足条件

$$g(m)\begin{cases} > 0, & m \in (0, m''); \\ = 0, & m = m'' \text{ 或 } m = \dfrac{1}{2}; \\ < 0, & m \in \left(m'', \dfrac{1}{2}\right). \end{cases}$$

这表明

$$f'(m)\begin{cases} > 0, & m \in (0, m''); \\ = 0, & m = m'' \text{ 或 } m = \dfrac{1}{2}; \\ < 0, & m \in \left(m'', \dfrac{1}{2}\right). \end{cases}$$

这表明 f 是先增后减的函数,从而

$$S_k(a,b,c) \geqslant f(m) \geqslant \min\left\{f(0), f\left(\dfrac{1}{2}\right)\right\} = \min\left\{2, \dfrac{3}{2^k}\right\} = 2.$$

等号在 $a = b = \dfrac{1}{2}, c = 0$ 时能取到.

(4) 若 $k \in (p, \infty)$,由幂平均不等式得

$$S_k(a,b,c) = 3\left(\dfrac{S_p(a,b,c)}{3}\right)^{\frac{k}{p}} \geqslant 3\left(\dfrac{1}{2^p}\right)^{\frac{k}{p}} = \dfrac{3}{2^k}.$$

注意到 $a = b = c$ 时可取等号.

综上我们证明了最初的结论.

练 习 题

1. 已知 a、b、$c \geqslant 0$,证明:

$$\sqrt{1 + \dfrac{48a}{b+c}} + \sqrt{1 + \dfrac{48b}{c+a}} + \sqrt{1 + \dfrac{48c}{a+b}} \geqslant 15.$$

2. 已知 a、b、$c \geqslant 0, a+b+c = 1$,求下式的最大值:

$$F(a,b,c) = \sqrt{\frac{1-a}{1+a}} + \sqrt{\frac{1-b}{1+b}} + \sqrt{\frac{1-c}{1+c}}.$$

3. 给定整数 $n \geq 2$，求所有的正实数 k，满足不等式

$$\frac{1}{1+kx_1} + \frac{1}{1+kx_2} + \cdots + \frac{1}{1+kx_n} \leq n-1$$

对所有满足 $x_1 x_2 \cdots x_n = 1$ 的正实数 $x_1, x_2, \cdots, x_n$ 都成立.

4. 设 $a_1, a_2, \cdots, a_n$ 为非负实数，且 $a_1 + a_2 + \cdots + a_n = n$，证明：

$$n^2 \left(\frac{1}{a_1^2} + \frac{1}{a_2^2} + \cdots + \frac{1}{a_n^2} - n \right) \geq 10(n-1)(a_1^2 + a_2^2 + \cdots + a_n^2 - n).$$

致谢 感谢北京大学韩京俊博士将笔者的该定理添加到他的著作《初等不等式的证明方法》中；感谢宁波大学陈计先生对本文的关注以及提出了很多富有建设性的意见.

参 考 文 献

[1] 韩京俊. 初等不等式的证明方法[M]. 哈尔滨：哈尔滨工业大学出版社，2010.
[2] http://www.artofproblemsolving.com/Forum/viewtopic.php? t=64933.

（赵　斌）

解题小品——按图索骥

现实世界的许多事情用图来描述是十分方便的,例如,在一群人中,有些人相互认识;在一些城市之间有航班等.将这类事情进行数学抽象,用点来表示人,连线表示他们互相认识;或者,用点来表示城市,用连线表示航班等.这样就产生了图论中的图.近些年的一些国内外竞赛题,利用图论知识解决是一种行之有效、事半功倍的方法.

例1 一个国家有 $n(n \geq 3)$ 座城市和两家航空公司,每两座城市之间均恰有一条双向航线,该双向航线由某家航空公司独立运营.一位女数学家想从某座城市出发,经过至少两座其他城市(每座途经城市仅经过一次),最后回到出发城市.她发现,无论如何选择出发城市与途经城市,她均无法仅乘坐一家航空公司的航班.求 n 的最大值.

(2012 年中国女子数学奥林匹克)

解 将每座城市看作一个顶点,每条航线看作一条边,每家航空公司对应一种颜色,则这个国家的航线网可以看成边被二染色的 n 个顶点的完全图.

由题设条件,知任意一个圈均包含两种颜色的边,即同一种颜色的边构成的子图不含圈,其为若干棵树组成,故其边数小于顶点数,即每种颜色的边数均小于或等于 $n-1$,进而,总边数小于或等于 $2(n-1)$.

另一方面,完全图 K_n 的边数为 C_n^2. 故 $C_n^2 \leq 2(n-1) \Rightarrow n \leq 4$.

当 $n=4$ 时,记四座城市分别为 A、B、C、D. 将 AB、BC、CD 这三条航线由第一家航空公司运营,AC、AD、BD 这三条航线由第二家航空公司运营.则每家航空公司的航线均不能形成圈,满足题目条件.

例2 设 $A = \{1,2,\cdots,n\}(n \geq 4)$,对于任意函数 $f: A \rightarrow A$ 以及任意 $a \in A$,定义
$$f_1(a) = f(a), \quad f_{i+1}(a) = f(f_i(a)) \quad (i \geq 1).$$
求满足 f_{n-2} 是常数而 f_{n-3} 不是常数的函数 f 的个数.

(2004 年 BMO 罗马尼亚队选拔赛)

分析 定义有向图 G:其顶点是集合 A 中的元素,其有向边 $\overrightarrow{xy}$ 当且仅当 $f(x) = y$.

由题设条件,知图 G 满足:

(i) 没有出度大于 1 的点;

(ii) 有长度为 $n-2$ 的链 $a_2, a_3, \cdots, a_n$,但没有长度为 $n-1$ 的链;

(iii) 其他均为链的外部边,其形式为 $a_1 a_j (3 \leq j \leq n)$;

(iv) 有一个唯一的环 $a_n a_n$.

故只需计算图 G 的个数.

解 这样得到的链有 $n!$ 种选择方法. 其外部边有 $n-2$ 种选择方法.

注意到,该图中有这样的边 a_1a_3,其被计算了两次,故其数目等于 $(n-2)! \cdot C_n^2$.

所以,问题的答案是 $n! \cdot (n-2) - (n-2)! \cdot C_n^2 = \dfrac{n! \cdot (2n-5)}{2}$.

例 3 考虑平面上 2006 个点的集合 S. 若直径为 AB 的圆盘上不包含 S 中的其他点,则称 $(A,B) \in S \times S$ 为孤立的. 求孤立点对的最大个数.   (2006 年保加利亚数学奥林匹克)

解 考虑以给定的点为顶点的图 G. 若对应的点对是孤立的,则两点之间连一条边.

首先证明:图 G 是连通的.

否则,假设图 G 有多于一个的连通分支. 从不同的连通分支中选取两点 A、B,满足 A、B 的距离是最小的,则以 AB 为直径的圆盘不能包含其他顶点(否则,与 $|AB|$ 的最小性矛盾). 因此,点 A、B 之间连有一条边,这又与 A、B 的选取相矛盾.

故图 G 是连通的.

其次,由于图 G 为连通图,且有 2006 个顶点,则图 G 中至少有 2005 条边(此时,图 G 是一棵树). 故至少有 2005 个孤立点对.

最后构造一个例子,使得恰有 2005 个孤立点对.

在一个半圆上,选取 2006 个点,使得相邻点之间的距离是相等的. 则孤立点对仅是相邻的两点.

所以,有 2005 个孤立点对.

例 4 10 名翻译被邀请参加一个国际数学会议. 每名翻译恰精通希腊语、斯洛文尼亚语、越南语、西班牙语、德语五种语言中的两种,没有两名翻译精通的是相同的两种语言. 要将翻译们分配到五个房间,每个房间住两名翻译,且这两名翻译精通同一种语言. 试问:有多少种不同的分配方案(满足要求的五对翻译被安排在五个房间中的所有可能的分配方案认为是同一种方案)?   (2009 年日本数学奥林匹克)

解 构造图 G,其中,点 $x_1, x_2, \cdots, x_5$ 分别表示五种语言,任意两点(如 x_1、x_2)间所连的边 $(x_1 x_2)$ 表示精通这两种语言的翻译.

由题设知图 G 为简单完全图(因为 $C_5^2 = 10$).

下面对图 G 的所有边按下列规则定向:

若精通语言 x_1、x_2 的翻译所在房间的公共语言为 x_1,则将边 $x_1 x_2$ 定向为 $x_2 \to x_1$,也可记为 $\overrightarrow{x_2 x_1}$.

由题设,知图 G 为简单有向图,且图 G 中各点的入度均为偶数(0 或 2 或 4).

(1) 若有两点 x_1、x_2 入度均为 4,则边 $x_1 x_2$ 既是 $x_1 \to x_2$,也是 $x_2 \to x_1$,矛盾.

(2) 若各点入度均为 2,则出度也为 2.

取其中任一点 x_1,由其引出两条边 $\overrightarrow{x_1 x_2}$、$\overrightarrow{x_1 x_3}$(设 $x_2 \to x_3$),引入两条边 $\overrightarrow{x_4 x_1}$、$\overrightarrow{x_5 x_1}$(设 $x_4 \to x_5$).

将 $x_i (i = 1, 2, \cdots, 5)$ 依次放在一个正五边形的 5 个顶点上. 由 $\overrightarrow{x_1 x_2}$、$\overrightarrow{x_2 x_3}$, 知 $x_3 \to x_4$,

$x_3 \to x_5$；由 $\overrightarrow{x_4 x_5}$、$\overrightarrow{x_4 x_1}$，知 $x_2 \to x_4$，$x_3 \to x_4$；由 $\overrightarrow{x_3 x_5}$、$\overrightarrow{x_4 x_5}$，知 $x_5 \to x_1$，$x_5 \to x_2$. 从而得到图 G'，其由两个有向圈

$$x_1 \to x_2 \to x_3 \to x_4 \to x_5 \to x_1, \quad x_1 \to x_3 \to x_5 \to x_2 \to x_4 \to x_1$$

组成，其与 5-圆排列一一对应．

故分配方案有 $4! = 24$ 种．

(3) 若存在一点 x_1 入度为 4，则必存在另一点 x_2 出度为 4，其余三点入度为 2.

显然，有边 $\overrightarrow{x_i x_1}(i = 2, 3, 4, 5)$，$\overrightarrow{x_2 x_j}(j = 3, 4, 5)$．

从而，x_3、x_4、x_5 组成有向圈，其与 3-圆排列一一对应，且 $\overrightarrow{x_i x_1}$ 分成两组，有 3 种方法．

故分配方案有 $5 \times 4 \times 2! \times 3 = 120$ 种．

综上，分配方案共有 144 种．

例 5 某次会议共有 30 人参加，其中每个人在其余人中至多有 5 位熟人；任意五人中，至少有两人不是熟人．求最大的正整数 k，使得在满足上述条件的 30 人中总存在 k 人，两两不是熟人．

(第 30 届中国数学奥林匹克)

分析 用 30 个点表示 30 个人，若两人为熟人，则在他们对应的点之间连一条蓝边；若两人不为熟人，则在他们对应的点之间连一条红边．这样得到一个以这 30 个点为顶点集的二色完全图 G，满足以下条件：

(i) 图 G 中每一个顶点至多连出 5 条蓝边；

(ii) 图 G 中不存在蓝色完全子图 K_5；

(iii) 图 G 中存在红色完全子图 K_k．

本题实质上是在附加条件(i)的约束下的拉姆塞问题：

在二色完全图 K_n 中，要么出现各边染有第一种颜色的 $K_p(p \in \mathbf{Z})$，要么出现各边染有第二种颜色的 $K_q(q \in \mathbf{Z})$．当 n 充分大时，上述性质一定满足．

运用子图、补图的概念，本题也可表述为：

在以 30 个顶点为顶点集的简单图 G 中，满足：

(i) 图 G 中任一点 v，有 $d(v) \leqslant 5$；

(ii) 图 G 中不存在完全子图 K_5；

(iii) 图 G 的补图 $\overline{G}$ 中总存在完全子图 K_k．

求 k 的最大值．

解 设图 G 的 30 个顶点为 $v_1, v_2, \cdots, v_{30}$，满足

$$d(v_1) \leqslant d(v_2) \leqslant \cdots \leqslant d(v_{30}) \leqslant 5.$$

(1) 若 $d(v_1) < 5$，取 v_1 的邻点集 A_1，则 $d_1 = |A_1| \leqslant 4 \Rightarrow V \setminus (A_1 \cup \{v_1\}) \geqslant 26$，其中 V 为图 G 的顶点集．

不妨设 $A_1 = \{v_2, v_3, \cdots, v_{d_1}\}$，再取 v_{d_1+1} 的邻点集 A_2，则 $d_2 = |A_2| \leqslant 5$．依此类推，得到 v_{d_2+2}、v_{d_3+3}、v_{d_4+4} 及 A_3、A_4、A_5．

此时，$\sum_{i=1}^{5}(|A_i|+1) \leq 5+4(5+1)=29$.

图 G 中还剩下一点 v_{30}.

故 v_1、$v_{d_i+i}(i=1,2,3,4)$、v_{30} 组成图 $\overline{G}$ 中的 K_6.

(2) 若 $d(v_1)=5$，则 $d(v_i)=5(i=2,3,\cdots,30)$.

同(1)取 v_1 的邻点集，设为 $A_1=\{v_2,v_3,\cdots,v_6\}$.

再在 $V\setminus\{v_1,v_2,\cdots,v_6\}$ 中必有一点(设为 v_7)与 A_1 中的点相邻(否则，$v_i(i=2,3,\cdots,6)$只与$\{v_1,v_2,\cdots,v_6\}$中的点相邻，由 $d(v_i)=5(i=1,2,\cdots,6)$，知这六点组成 K_6，与 G 没有完全图 K_5 矛盾). 从 v_7 出发，对 $V\setminus\{v_1,v_2,\cdots,v_6\}$ 做同(1)中 V 的操作，得到五个点两两不相邻，再加上 v_1，得到 $\overline{G}$ 中的 K_6.

综上，$k_{\max} \geq 6$.

最后构造一个满足题设条件的图 G，使得 $\overline{G}$ 不存在 K_7.

将点集 $V_1=\{u_1,u_2,\cdots,u_5,v_1,v_2,\cdots,v_5\}$ 中的点按下列方式连边，得到图 G_1.

(i) u_iu_{i+1}、$v_iv_{i+1}(i=1,2,\cdots,5)$ 连边；

(ii) u_iv_{i-1}、u_iv_i、$u_iv_{i+1}(i=1,2,\cdots,5)$ 连边，其中，$u_6=u_1$，$v_6=v_1$，$v_0=v_5$.

再将图 G_1 复制两次，得到图 G_2、G_3. 记 $G=G_1\cup G_2\cup G_3$. 显然，图 G 中任一点的度数为 5，且不含完全子图 K_5. 设图 $\overline{G}$ 中有完全子图 K_p.

只需证明 $|K_p\cap A_1| \leq 2$.

事实上，图 $\overline{G_1}$ 有两个圈 $u_1u_3u_5u_2u_4$、$v_1v_3v_5v_2v_4$ 及边 u_iv_{i-2}、$u_iv_{i+2}(i=1,2,\cdots,5)$，其中，$v_i$ 的下标是在模 5 意义下.

故 $|K_p\cap\{u_i\}| \leq 2$，$|K_p\cap\{v_i\}| \leq 2$.

若 $|K_p\cap\{u_i\}|=2$，不妨设 u_1、$u_3\in K_p$. 但 u_1、u_3 在图 $\overline{G_1}$ 中的 $\{v_i\}$ 内无公共邻点. 故 $|K_p\cap A_1| \leq 2$.

综上，$k_{\max}=6$.

(李　炘)

一道全俄竞赛题的另解

第 31 届(2004—2005 年)俄罗斯数学奥林匹克(第四轮)有如下一个问题.

题目 给定带有编号 $1,2,\cdots,N$ 的 N 个点($N \geq 3$),每两个点之间都用有向(带有箭头的)线段连接,箭头都是由号码较小的点指向号码较大的点.将每条有向线段都染为红色或蓝色.将一种染色方式称为单网的,如果其中不存在两个点 A 和 B,使得既可以沿着红色有向线段,也可以沿着蓝色有向线段,从 A 到达 B.试求单网染色方式的数目.

本题的参考答案参阅文[1],这里用分割递推的方法给出另一种解答.

解 用 A_i 表示编号为 i 的点($1 \leq i \leq n$),首先,我们考虑指向 A_n 的 $n-1$ 条边 A_iA_n($1 \leq i \leq n-1$)的染色.

将 $n-1$ 个点 $A_1,A_2,\cdots,A_{n-1}$ 分为两个集合 A、B,使 A 中的点指向 A_n 的边为蓝色,B 中的点指向 A_n 的边为红色,记 $|A|=k$,则 $|B|=n-k-1$.

考察 A、B 之间的边的颜色,容易发现,由 A 指向 B 的边为蓝色,由 B 指向 A 的边为红色.

实际上,考虑 A 中的一个点 A_i 和 B 中的一个点 A_j.

若 $i<j$,则 A_i 指向 A_j.如果 A_iA_j 为红色,则由 A_i 到 A_n 既有红色路:$A_iA_jA_n$,又有蓝色路:A_iA_n,矛盾.所以 A_iA_j 为蓝色.

若 $i>j$,则 A_j 指向 A_i.如果 A_jA_i 为蓝色,则由 A_j 到 A_n 既有红色路:A_jA_n,又有蓝色路:$A_jA_iA_n$,矛盾.所以 A_jA_i 为蓝色.

由此可见,A、B 之间的边的颜色唯一确定.于是,所有染色方法数就是指向 A_n 的 $n-1$ 条边 A_iA_n($1 \leq i \leq n-1$)及 A、B 内部之间的边的染色方法数.

下面证明引理:

引理 对于 $n-1$ 个点 $A_1,A_2,\cdots,A_{n-1}$ 的任意一种二划分 (A,B),整个 n 阶有向完全图是单网的,当且仅当 A、B 都是单网的.

引理的证明 显然,若整个图是单网的,则 A 和 B 均是单网的.下面只需证明:若 A 和 B 均是单网的,则整个 n 阶图是单网的.

用反证法.假设存在两点 A_i、A_j($i<j$),使 A_i 到 A_j 既有一条红色路,又有一条蓝色路,则 A_i、A_j 不可能同时属于集合 A 或集合 B,有如下几种情况.

(1) $j=n$,此时,若 $A_i \in A$,考察 A_i 到 $A_j(=A_n)$ 的红色路,这条链中必有 B 中的点,否则最后一段不会是红色,所以这个链中也必有一段是 A 中的点指向 B 中的点,则这一段一定是蓝色,矛盾.

若 $A_i \in B$，则类似地可推出矛盾.

(2) $1 \leqslant i < j < n$，此时，若 $A_i \in A, A_j \in B$，考察 A_i 到 A_j 的红色链，该链中必有一段是 A 中的点指向 B 中的点，则该段为蓝色，矛盾.

$A_i \in B, A_j \in A$ 也可类似地推出矛盾.

综上，引理成立.

设 n 个顶点的有向完全图的单网双染色方法数为 a_n，则当 $|A|=k$ 时，A 为单网的染色方法数为 a_k，B 为单网的染色方法数为 a_{n-k-1}，而将 $n-1$ 个点 $A_1, A_2, \cdots, A_{n-1}$ 分为两个集合 A、B，使 $|A|=k$ 的方法数为 C_{n-1}^k，注意到 $k=0,1,\cdots,n-1$，所以

$$a_n = C_{n-1}^0 a_{n-1} a_0 + C_{n-1}^1 a_{n-2} a_1 + C_{n-1}^2 a_{n-3} a_2 + \cdots + C_{n-1}^{n-1} a_0 a_{n-1},$$

其中补充规定：$a_0 = a_1 = 1, a_2 = 2$.

由数学归纳法易得 $a_n = n!$.

当 $n=0、1、2$ 时，结论显然成立. 设结论对 $n-1$ 成立，那么由归纳假设，有

$$C_{n-1}^k a_{n-k-1} a_k = \frac{a_{n-k-1} a_k}{(n-k-1)!k!} \cdot (n-1)! = (n-1)!,$$

于是，$a_n = (n-1)! + (n-1)! + \cdots + (n-1)! = n \cdot (n-1)! = n!$.

综上所述，n 阶有向完全图的单网染色方法有 $n!$ 种.

致谢 本文得到了冯跃峰先生的支持与指导.

参 考 文 献

[1] H.X.阿伽汉诺夫.全俄中学生数学奥林匹克 1993—2006[M].苏淳译.上海：华东师范大学出版社，2010.

(王云崧)

三角代换的简单应用

在数学竞赛中,在具有特定结构或变量有一定限制的情况下,借助三角代换往往可起到出奇制胜、化繁为简之效果.

一、解方程组

例1 设 x、y、z 是两两不同的实数,且满足
$$\begin{cases} y = x(4-x), \\ z = y(4-y), \\ x = z(4-z), \end{cases}$$
求 $x+y+z$ 的所有可能值.

解 易知 x、y、z 均不为 0 或 4.

由 $y = x(4-x) = -(x-2)^2 + 4 \leqslant 4$,知 x、y、$z < 4$.

若 $x < 0$,则 $y < 0, z < 0$. 此时由三式相加得 $x^2 + y^2 + z^2 = 3(x+y+z) < 0$,矛盾.

故 $0 < x$、y、$z < 4$.

令 $x = 4\sin^2\alpha$, $\alpha \in \left(0, \dfrac{\pi}{2}\right)$,则
$$y = 4\sin^2\alpha \cdot (4 - 4\sin^2\alpha) = 4\sin^2 2\alpha,$$
$$z = 4\sin^2 2\alpha \cdot (4 - 4\sin^2 2\alpha) = 4\sin^2 4\alpha,$$
$$x = 4\sin^2 4\alpha \cdot (4 - 4\sin^2 4\alpha) = 4\sin^2 8\alpha,$$

所以 $4\sin^2\alpha = 4\sin^2 8\alpha \Rightarrow \sin\alpha = \sin 8\alpha$ 或 $-\sin 8\alpha$.

当 $\sin\alpha = \sin 8\alpha$ 时,$\sin 8\alpha - \sin\alpha = 2\cos\dfrac{9\alpha}{2} \cdot \sin\dfrac{7\alpha}{2} = 0$. 所以 $\sin\dfrac{7\alpha}{2} = 0$ 或 $\cos\dfrac{9\alpha}{2} = 0$. 结合 $\alpha \in \left(0, \dfrac{\pi}{2}\right)$,得 $\alpha = \dfrac{\pi}{9}$、$\dfrac{2\pi}{7}$、$\dfrac{\pi}{3}$.

当 $\alpha = \dfrac{\pi}{3}$ 时,$x = y = z$,矛盾.

当 $\alpha = \dfrac{\pi}{9}$ 时,
$$x + y + z = 4\left(\dfrac{1-\cos 2\alpha}{2} + \dfrac{1-\cos 4\alpha}{2} + \dfrac{1-\cos 8\alpha}{2}\right)$$
$$= 6 - 2\left(\cos\dfrac{2\pi}{9} + \cos\dfrac{4\pi}{9} + \cos\dfrac{8\pi}{9}\right) = 6 - 2\left(\cos\dfrac{2\pi}{9} + \cos\dfrac{8\pi}{9} + \cos\dfrac{4\pi}{9}\right)$$
$$= 6 - 2\left(2\cos\dfrac{5\pi}{9} \cdot \cos\dfrac{3\pi}{9} + \cos\dfrac{4\pi}{9}\right) = 6 - 2\left(\cos\dfrac{5\pi}{9} + \cos\dfrac{4\pi}{9}\right) = 6.$$

当 $\alpha = \dfrac{2\pi}{7}$ 时,

$$x + y + z = 4\left(\dfrac{1-\cos2\alpha}{2} + \dfrac{1-\cos4\alpha}{2} + \dfrac{1-\cos8\alpha}{2}\right)$$

$$= 6 - 2\left(\cos\dfrac{4\pi}{7} + \cos\dfrac{8\pi}{7} + \cos\dfrac{16\pi}{7}\right)$$

$$= 6 - 2\left(\cos\dfrac{2\pi}{7} + \cos\dfrac{4\pi}{7} + \cos\dfrac{8\pi}{7}\right),$$

因为

$$\cos\dfrac{2\pi}{7} + \cos\dfrac{4\pi}{7} + \cos\dfrac{8\pi}{7} = \dfrac{1}{2\sin\dfrac{2\pi}{7}}\left(\sin\dfrac{4\pi}{7} + \sin\dfrac{6\pi}{7} - \sin\dfrac{2\pi}{7} + \sin\dfrac{10\pi}{7} - \sin\dfrac{6\pi}{7}\right)$$

$$= -\dfrac{1}{2},$$

所以 $x + y + z = 7$.

同理可处理当 $\sin\alpha = -\sin8\alpha$ 时的情况,经计算最终可得 $x + y + z = 6$ 或 7.

二、求极限

例 2 正数数列 $\{x_n\}$ 和 $\{y_n\}$ 定义如下:$x_1 = 1, y_1 = \sqrt{3}$,且对 $n = 1, 2, 3, \cdots$,有

$$\begin{cases} x_{n+1} \cdot y_{n+1} - x_n = 0, \\ x_{n+1}^2 + y_n = 2, \end{cases}$$

求数列 $\{x_n\}$ 和 $\{y_n\}$ 的极限.

解 令 $x_n = 2\sin\theta_n, y_n = 2\cos\theta_n, \theta_1 = \dfrac{\pi}{6}, \theta_n \in \left(0, \dfrac{\pi}{2}\right)$,则

$$x_{n+1}^2 = 4\sin^2\theta_{n+1} = 2 - y_n = 2 - 2\cos\theta_n = 4\sin^2\dfrac{\theta_n}{2},$$

所以

$$\sin\theta_{n+1} = \sin\dfrac{\theta_n}{2} \Rightarrow \theta_{n+1} = \dfrac{\theta_n}{2} \Rightarrow \theta_n = \dfrac{\pi}{6} \cdot \left(\dfrac{1}{2}\right)^{n-1} = \dfrac{\pi}{3 \cdot 2^n}.$$

容易验证,此时 $\{x_n\}$、$\{y_n\}$ 满足要求.所以

$$x_n = 2\sin\dfrac{\pi}{3 \cdot 2^n}, y_n = 2\cos\dfrac{\pi}{3 \cdot 2^n},$$

故 $\lim\limits_{n\to\infty} x_n = 0, \lim\limits_{n\to\infty} y_n = 2$.

三、证明不等式

例 3 已知 $a_1 = \sqrt{2}, a_{n+1} = \sqrt{2 - \sqrt{4 - a_n^2}}$.

(1) 求 a_n;

(2) 求证:$2^{n+1} \cdot a_n < 7$.

证明 (1) 令 $a_n = 2\sin\alpha_n, \alpha_1 = \dfrac{\pi}{4}, \alpha_n \in \left[0, \dfrac{\pi}{2}\right]$,则

$$a_{n+1} = 2\sin\alpha_{n+1} = \sqrt{2-2\cos\alpha_n} = 2\sin\frac{\alpha_n}{2} \Rightarrow \alpha_{n+1} = \frac{\alpha_n}{2} \Rightarrow \alpha_n = \frac{\pi}{2^{n+1}},$$

所以 $a_n = 2\sin\frac{\pi}{2^{n+1}}$.

(2) 令 $f(x) = x - \sin x$, $x \in \left[0, \frac{\pi}{2}\right]$, 则 $f'(x) = 1 - \cos x \geqslant 0$, 故 $f(x)$ 在区间 $\left[0, \frac{\pi}{2}\right]$ 内单调递增, 即 $f(x) \geqslant f(0) = 0$. 所以对任意 $x \in \left[0, \frac{\pi}{2}\right]$, $x \geqslant \sin x$ 恒成立. 故

$$2^{n+1} \cdot a_n = 2^{n+2} \cdot \sin\frac{\pi}{2^{n+1}} \leqslant 2^{n+2} \cdot \frac{\pi}{2^{n+1}} = 2\pi < 7.$$

证毕.

例 4 已知 $a_1, a_2, \cdots, a_n \in [-2, 2]$, 且 $\sum_{i=1}^{n} a_i = 0$, 求证: $\left|\sum_{i=1}^{n} a_i^3\right| \leqslant 2n$.

证明 令 $a_i = 2\cos\alpha_i$, $\alpha_i \in [0, \pi]$, 则

$$a_i^3 = 8\cos^3\alpha_i = 2(\cos 3\alpha_i + 3\cos\alpha_i),$$

故

$$\sum_{i=1}^{n} a_i^3 = 2\sum_{i=1}^{n} \cos 3\alpha_i \Rightarrow \left|\sum_{i=1}^{n} a_i^3\right| = 2\left|\sum_{i=1}^{n} \cos 3\alpha_i\right| \leqslant 2\sum_{i=1}^{n} |\cos 3\alpha_i| \leqslant 2n.$$

证毕.

注 (1) 三倍角公式: $\cos 3\theta = 4\cos^3\theta - 3\cos\theta$;

(2) 三角形不等式: $|x \pm y| \leqslant |x| + |y|$.

例 5 已知 x、y、$z \geqslant 0$ 且 $x + y + z = 1$. 求证:

$$\sqrt{\frac{x}{x+yz}} + \sqrt{\frac{y}{y+zx}} + \sqrt{\frac{z}{z+xy}} \leqslant \frac{3\sqrt{3}}{2}.$$

证明 令 $x = \cot A \cdot \cot B$, $y = \cot B \cdot \cot C$, $z = \cot C \cdot \cot A$, 且 A、B、$C \in \left(0, \frac{\pi}{2}\right)$. 则由 $x + y + z = 1$, 得 $-\tan C = \tan(A+B)$, 所以 $A + B + C = \pi$, 此时

$$\sqrt{\frac{x}{x+yz}} = \sqrt{\frac{1}{1+\frac{yz}{x}}} = \sqrt{\frac{1}{1+\cot^2 C}} = \sin C.$$

只需证当 $A + B + C = \pi$ 且 A、B、$C \in \left(0, \frac{\pi}{2}\right)$ 时, 有 $\sin A + \sin B + \sin C \leqslant \frac{3\sqrt{3}}{2}$. 事实上,

$$\sin A + \sin B + \sin C = 2\sin\frac{A+B}{2}\cos\frac{A-B}{2} + \sin C$$

$$\leqslant 2\sin\frac{A+B}{2} + \sin(A+B)$$

$$= 2\sin\frac{A+B}{2}\left(1 + \cos\frac{A+B}{2}\right)$$

$$= 2\sqrt{\sin^2\frac{A+B}{2}\left(1 + \cos\frac{A+B}{2}\right)^2}$$

$$= 2\sqrt{\left(1-\cos^2\frac{A+B}{2}\right)\left(1+\cos\frac{A+B}{2}\right)^2}$$

$$= 2\sqrt{\frac{1}{3}\left(3-3\cos\frac{A+B}{2}\right)\cdot\left(1+\cos\frac{A+B}{2}\right)^3}$$

$$\leqslant 2\sqrt{\frac{1}{3}\cdot\left(\frac{6}{4}\right)^4}=\frac{3\sqrt{3}}{2}.$$

证毕.

以上通过一些典型例题讨论了三角代换的一些常见应用,它是借助于引入新变量来实现问题转化的一种解题策略.当我们在解决问题时有意识地结合具体问题进行适当代换,则能充分领略数学之美,进而增强学习数学的兴趣及学好数学的信心.

(宋若宇)

第三篇　试题汇编

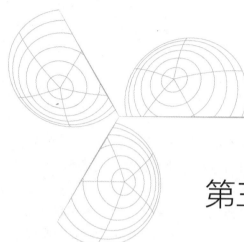

第三届"学数学"数学奥林匹克邀请赛(秋季赛)
2015年全国高中数学联赛（A卷）
2015年全国高中数学联赛（B卷）
2015年全国高中数学联赛江苏赛区复赛
2015年全国高中数学联赛安徽赛区初赛
2015年全国高中数学联赛山东赛区预赛
2015年中国女子数学奥林匹克
2015年中国西部数学邀请赛
第12届中国东南地区数学奥林匹克（2015）
第11届中国北方数学奥林匹克邀请赛（2015）
第41届俄罗斯数学奥林匹克(2015)
第78届莫斯科数学奥林匹克(2015)
第66届罗马尼亚数学奥林匹克（决赛）（2015）
2015年美国哈佛—麻省理工数学竞赛
2014—2015年度美国数学人才搜索
清华大学2015年优秀中学生数学科学体验营试题

第三届"学数学"数学奥林匹克邀请赛(秋季赛)

第 一 试

一、填空题(每小题8分,共64分)

1. 将空间中一个静止的物体用三根绳子悬挂起来. 已知三根绳子上的拉力大小分别为 1 N、2 N、3 N,且任意两根绳子之间的夹角均为 60°,则该物体所受的重力大小为_____ N.
(金 磊 供题)

2. 在数据处理时我们经常对所得的数据进行四舍五入. 对任意实数 x,定义一个精确到整数部分的四舍五入函数 $f(x)$,即若 $n-0.5 \leqslant x < n+0.5$ ($n \in \mathbf{Z}$),则 $f(x) = n$. 例如 $f(3.49) = 3$, $f(-1.2) = -1$, $f(-2.5) = -2$ 等. 那么,关于函数 $f(x)$ 的下列叙述中:
    (1) $f(x)$ 是奇函数;
    (2) $f(x)$ 是增函数;
    (3) 对任意 $m \in \mathbf{Z}$,有 $f(x+m) = f(x) + m$;
    (4) 对任意 x、$y \in \mathbf{R}$,有 $f(x+y) \geqslant f(x) + f(y)$;
    (5) 对任意 x、$y \in \mathbf{R}$,有 $f(x+y) \leqslant f(x) + f(y)$.
正确的是_____(填序号).
(金 磊 供题)

3. 已知点 M 是平面 α 内线段 AB 的中点,点 P 为平面 α 外的一点. 若 $AB = 2$,直线 PA、PM、PB 与平面 α 所成的角分别为 $30°、45°、60°$,则点 P 到平面 α 的距离为_____.
(李 红 供题)

4. 在平面直角坐标系 xOy 中,点 A、B 是双曲线 $x^2 - y^2 = 1$ 的右支上的两个动点,则 $\overrightarrow{OA} \cdot \overrightarrow{OB}$ 的最小值为_____.
(王慧兴 供题)

5. 设复数 z、$-z$、$z^2 - z + 1$、$z^2 + z + 1$ 在复平面上对应的点分别为 A、B、C、D. 已知 $|z| = 2$,四边形 $ABCD$ 为菱形,并记这样的 $z = a + bi$(i 为虚数单位,a、$b \in \mathbf{R}$),则 $|a| + |b| = $_____.
(傅乐新 供题)

6. 已知圆 $C: x^2 + (y-1)^2 = r^2$ 与函数 $y = \sin x$ 的图像有唯一的公共点,且该公共点的横坐标为 α,则 $\dfrac{2\sin 2\alpha \cos \alpha - 4\cos^2 \alpha}{\alpha \cos \alpha}$ 的值为_____.
(安振平 供题)

7. 设 n 是给定的大于 2 的整数. 现有 n 个外表上没有区别的袋子,第 k 个袋子中有 k 个红球,$n-k$ 个白球($k = 1, 2, \cdots, n$),从每个袋子中连续取出 3 个球(每次取出后不放回),并将从每个袋子中取出的第 3 个球放入一个新的袋子,则新的袋子中的白球个数的数学期望（均值）为_____.

（李　潜　供题）

8. 已知正实数 x、y $(x > y)$ 满足 $xy = 490$，且 $(\lg x - \lg 7)(\lg y - \lg 7) = -\dfrac{143}{4}$，则在十进制表示下 x 的整数部分有_____位.

（张　甲　供题）

二、解答题（共 56 分）

9. （16 分）已知定义在 **R** 上的函数 $f(x)$ 具有以下性质：

(a) 存在常数 T，使得对任意 $x \in \mathbf{R}$，均有 $f(x+2T) = f(x)$；

(b) 当 $\dfrac{T}{2} \leqslant x \leqslant T$ 时，$f(x) = f(T-x)$；

(c) 当 $T \leqslant x \leqslant \dfrac{3}{2}T$ 时，$f(x) = -f(x-T)$；

(d) 当 $\dfrac{3}{2}T \leqslant x \leqslant 2T$ 时，$f(x) = -f(2T-x)$.

证明：对任意 $x \in \mathbf{R}$，均有 $f(x) = f(T-x)$.

（单　墫　供题）

10. （20 分）如图 1 所示，已知抛物线 $D: y^2 = x$ 和 $\odot C: (x+1)^2 + y^2 = 1$，过抛物线 D 上的一点 $P(x_0, y_0)$ $(y_0 \geqslant 1)$ 作 $\odot C$ 的两条切线，与 y 轴分别相交于 A、B 两点. 试求 $|AB|$ 的最小值.

（杨志明　供题）

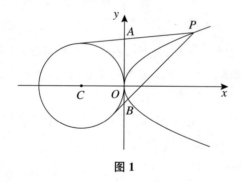

图 1

11. （20 分）已知正整数数列 $\{a_n\}$，对任意给定的正整数 m，将数列 $\{a_n\}$ 的前 a_m 项之和记为 b_m，即 $b_m = \sum\limits_{i=1}^{a_m} a_i$. 我们称数列 $\{b_m\}$ 为数列 $\{a_n\}$ 的衍生数列.

(1) 若数列 $\{a_n\}$ 的衍生数列 $\{b_m\}$ 是等差数列，证明：数列 $\{a_n\}$ 也是等差数列.

(2) 已知数列 $\{b_m\}$ 为数列 $\{a_n\}$ 的衍生数列，且对任意正整数 m，有 $b_m = (2m-1)^2$. 求数列 $\{a_n\}$ 的通项公式.

（刘凯峰　供题）

第 二 试

一、(40 分)如图 2 所示,四边形 $ABCD$ 的对角线 AC 与 BD 互相垂直,点 M、N 在直线 BD 上,且关于直线 AC 对称. 设点 M 关于直线 AB、BC 的对称点分别为 X、Y,点 N 关于直线 CD、DA 的对称点分别为 Z、W.

求证:X、Y、Z、W 四点共圆. (黄利兵 供题)

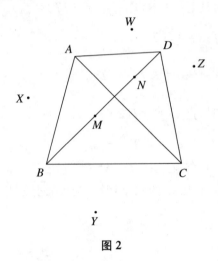

图 2

二、(40 分)称 $t_n = 1 + 2 + \cdots + n$ ($n = 1, 2, \cdots$) 为三角数. 证明:存在无穷多个有序的正整数对 (a, b) 具有以下性质:当且仅当 t 为三角数时,$at + b$ 也是三角数.

(单墫 供题)

三、(50 分)给定正整数 m. 证明:对任意正整数 n,不存在非负实数组 $(a_1, a_2, \cdots, a_n)$ 和非零实数组 $(x_1, x_2, \cdots, x_n)$,满足如下条件:

(a) $x_n = \max\{x_1, x_2, \cdots, x_n\}$;

(b) $a_i > m + 1 - \dfrac{x_{i+1}}{x_i}$ ($i = 1, 2, \cdots, n-1$);

(c) $a_n > m + 1 - \dfrac{1}{x_n} \sum\limits_{i=1}^{n-1} x_i$;

(d) $\sum\limits_{i=1}^{n} a_i \leq m + 1 - \dfrac{1}{m}$. (韩京俊 供题)

四、(50 分)一次聚会共有 $2n$ 个人参加. 如果其中某两个人在这次聚会中有相同数目的朋友,那么这两个人没有共同的朋友(朋友关系是相互的). 试问,这次聚会中最多能有多少对朋友?

(吴云建 供题)

参 考 答 案

第 一 试

一、填空题

1. 5.

设三根绳子上的拉力分别为 F_1、F_2、F_3，则 $|F_1|=1, |F_2|=2, |F_3|=3$，且 F_1、F_2、F_3 两两夹角均为 $60°$，于是 $F_1 \cdot F_2 = |F_1| \cdot |F_2| \cos 60° = 1, F_2 \cdot F_3 = |F_2| \cdot |F_3| \cos 60° = 3, F_3 \cdot F_1 = |F_3| \cdot |F_1| \cos 60° = \frac{3}{2}$. 设物体所受的重力为 F，则 $F+F_1+F_2+F_3=0$，故

$$|F| = |F_1+F_2+F_3| = \sqrt{(F_1+F_2+F_3)^2}$$
$$= \sqrt{|F_1|^2+|F_2|^2+|F_3|^2+2(F_1\cdot F_2+F_2\cdot F_3+F_3\cdot F_1)} = 5.$$

2. (3).

(3) 显然正确. 由 $f(-0.5)=0, f(0.5)=1$，知 (1) 不正确. 由 $f(0)=f(0.1)=0$，知 (2) 不正确. 令 $x=1.5, y=2.5$，可得 $f(x+y)<f(x)+f(y)$，故 (4) 不正确. 令 $x=0.3$, $y=0.4$，可得 $f(x+y)>f(x)+f(y)$，故 (5) 不正确.

3. $\frac{\sqrt{6}}{2}$.

设点 P 在平面 α 上的射影为 N，则线段 PN 的长度即为点 P 到平面 α 的距离. 设 $PN=h$，则 $NA=\sqrt{3}h, NM=h, NC=\frac{h}{\sqrt{3}}$. 在 $\triangle NAB$ 中，由中线长公式，得

$$4NM^2+AB^2 = 2(NA^2+NB^2),$$

即

$$4h^2+2^2 = 2\left(3h^2+\frac{h^2}{3}\right),$$

解得 $h=\frac{\sqrt{6}}{2}$.

4. 1.

对双曲线右支上的点 (x,y)，由 $x^2-y^2=1 \ (x>0)$，易知 $|y|<|x|=x$，故 $-x<y<x$，即 $x\pm y>0$.

设 $A(x_1,y_1)$、$B(x_2,y_2)$，则

$$x_1^2-y_1^2=1 \ (x_1>0), \quad x_2^2-y_2^2=1 \ (x_2>0),$$

即 $(x_1+y_1)(x_1-y_1)=1, (x_2+y_2)(x_2-y_2)=1$，且 $x_i\pm y_i>0 \ (i=1,2)$. 从而

$$\overrightarrow{OA}\cdot\overrightarrow{OB} = (x_1,y_1)\cdot(x_2,y_2) = x_1x_2+y_1y_2$$
$$= \frac{(x_1+y_1)(x_2-y_2)+(x_1-y_1)(x_2+y_2)}{2}$$

$$\geqslant \sqrt{(x_1+y_1)(x_2-y_2)(x_1-y_1)(x_2+y_2)}$$
$$= \sqrt{(x_1^2-y_1^2)(x_2^2-y_2^2)} = 1.$$

其中等号成立的条件是 A、B 关于 x 轴对称（即 $x_1 = x_2$，$y_1 = -y_2$）.

因此，$\overrightarrow{OA} \cdot \overrightarrow{OB}$ 的最小值为 1.

5. $\dfrac{\sqrt{7}+3}{2}$.

如图 3 所示，由对称性，易知线段 AB 是复平面上的圆 $|z|=2$ 的直径. 设菱形的对角线 AC 与 BD 交于点 E，则 $AC \perp BD$，从而点 E 也在圆 $|z|=2$ 上. 由 E 是 AC 的中点，知点 E 对应的复数为 $\dfrac{z+z^2-z+1}{2} = \dfrac{z^2+1}{2}$，故 $\left|\dfrac{z^2+1}{2}\right| = 2$，即 $|z^2+1| = 4$.

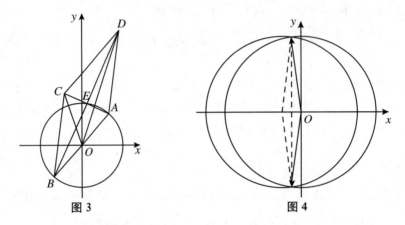

图 3　　　　　　图 4

又由 $|z|=2$，知 $|z^2|=4$，故 z^2 在复平面上对应的点是圆 $|w+1|=4$ 与 $|w|=4$ 的交点. 如图 4 所示，易知 $z^2 = 4(\cos\theta \pm i\sin\theta)$，其中 $\cos\theta = -\dfrac{1}{8}$. 又

$$\left|\cos\dfrac{\theta}{2}\right| = \sqrt{\dfrac{1+\cos\theta}{2}} = \dfrac{\sqrt{7}}{4}, \quad \left|\sin\dfrac{\theta}{2}\right| = \sqrt{1-\cos^2\dfrac{\theta}{2}} = \dfrac{3}{4}.$$

结合 $z = 2\left(\cos\dfrac{\theta}{2} + i\sin\dfrac{\theta}{2}\right)$，知

$$|a|+|b| = 2\left(\left|\cos\dfrac{\theta}{2}\right| + \left|\sin\dfrac{\theta}{2}\right|\right) = \dfrac{\sqrt{7}+3}{2}.$$

6. -4.

设该公共点的坐标为 $P(\alpha, \sin\alpha)$，由 $(\sin x)' = \cos x$，知 $y = \sin x$ 的图像过点 P 所作切线的斜率为 $k = \cos\alpha$. 显然，这条切线也是圆 C 的切线，而圆心的坐标为 $M(0,1)$，则 $k \cdot k_{PM} = -1$，即

$$\cos\alpha \cdot \dfrac{\sin\alpha - 1}{\alpha} = -1,$$

即 $\alpha = (1-\sin\alpha)\cos\alpha$. 从而

$$\frac{2\sin 2\alpha\cos\alpha - 4\cos^2\alpha}{\alpha\cos\alpha} = \frac{2\sin 2\alpha\cos\alpha - 4\cos^2\alpha}{(1-\sin\alpha)\cos^2\alpha} = \frac{4(\sin\alpha - 1)\cos^2\alpha}{(1-\sin\alpha)\cos^2\alpha} = -4.$$

7. $\dfrac{n-1}{2}$.

记新的袋子中的白球个数为 X,并对 $k \in \{1,2,\cdots,n\}$,设

$$X_k = \begin{cases} 1, & \text{若在第 } k \text{ 个袋子中取出的第 3 个球是白球}, \\ 0, & \text{若在第 } k \text{ 个袋子中取出的第 3 个球是红球}. \end{cases}$$

于是,$X = X_1 + X_2 + \cdots + X_n$.

由抽签的公平性可知,从第 k 个袋子中取出的第三个球是白球的概率为 $p_k = \dfrac{n-k}{n}$,故

$$E(X_k) = 1 \cdot p_k + 0 \cdot (1-p_k) = \frac{n-k}{n}.$$

由随机变量的线性性质,得

$$E(X) = E(X_1 + X_2 + \cdots + X_n) = \sum_{k=1}^{n} E(X_k) = \sum_{k=1}^{n} \frac{n-k}{n} = \frac{1}{n}\sum_{l=0}^{n-1} l = \frac{n-1}{2}.$$

8. 8.

由 $xy = 490 \ (x > y > 0)$,得 $\lg x + \lg y = 2\lg 7 + 1$,即

$$(\lg x - \lg 7) + (\lg y - \lg 7) = 1.$$

又 $(\lg x - \lg 7)(\lg y - \lg 7) = -\dfrac{143}{4}$,故 $\lg x - \lg 7$、$\lg y - \lg 7$ 是关于 t 的一元二次方程 $t^2 - t - \dfrac{143}{4} = 0$ 的两根. 易知 $\lg x - \lg 7$ 是其中较大的根,解得

$$\lg x - \lg 7 = \frac{13}{2},$$

即 $\lg x = \lg 7 + 6.5$. 又 $\sqrt{10} < 7 < 10$,故 $0.5 < \lg 7 < 1$. 从而

$$7 < \lg x < 7.5 \Rightarrow 10^7 < x < 10^8.$$

因此,x 的整数部分有 8 位.

二、解答题

9. 当 $\dfrac{T}{2} \leqslant x \leqslant T$ 时,已有 $f(x) = f(T-x)$ 成立.

当 $0 \leqslant x \leqslant \dfrac{T}{2}$ 时,$\dfrac{T}{2} \leqslant T - x \leqslant T$,由条件(b),得 $f(T-x) = f\big(T-(T-x)\big) = T(x)$.

当 $T \leqslant x \leqslant \dfrac{3}{2}T$ 时,$\dfrac{3}{2}T \leqslant 3T - x \leqslant 2T$,结合条件(a)、(c)、(d),可得

$$f(T-x) = f\big(2T + (T-x)\big) = f(3T-x) = -f\big(2T - (3T-x)\big)$$
$$= -f(x-T) = f(x).$$

当 $\dfrac{3}{2}T \leqslant x \leqslant 2T$ 时,$T \leqslant 3T - x \leqslant \dfrac{3}{2}T$,结合条件(a)、(c),可得

$$f(T-x) = f(2T+(T-x)) = f(3T-x) = -f(2T-x) = f(x).$$

因此，当 $0 \leqslant x \leqslant 2T$ 时，均有 $f(x) = f(T-x)$，结合条件（a）（周期性），可知对任意 $x \in \mathbf{R}$，均有 $f(x) = f(T-x)$.

10. **法一** 如图 5 所示，设直线 PA、PB 分别与 $\odot C$ 相切于点 E、F，则点 E、F 关于直线 PC 对称，点 E、O 关于直线 AC 对称，点 F、O 关于直线 BC 对称.

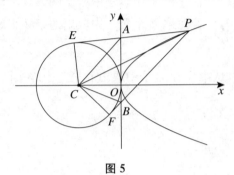

图 5

一方面，我们有 $S_{\triangle PAB} = \dfrac{1}{2}|AB| \cdot x_0$. 另一方面，

$$S_{\triangle PAB} = S_{PECF} - S_{ABFCE} = 2S_{\triangle PCE} - 2(S_{\triangle ACE} + S_{\triangle BCF})$$

$$= 2 \cdot \dfrac{1}{2}|PE| \cdot 1 - 2\left(\dfrac{1}{2}|AE| \cdot 1 + \dfrac{1}{2}|BF| \cdot 1\right)$$

$$= |PE| - (|AE| + |BF|) = |PE| - (|AO| + |BO|) = |PE| - |AB|$$

$$= \sqrt{(x_0+1)^2 + y_0^2 - 1} - |AB|.$$

故

$$\dfrac{1}{2}|AB| \cdot x_0 = \dfrac{1}{2}\sqrt{(x_0+1)^2 + y_0^2 - 1} - |AB|,$$

即

$$|AB| = \dfrac{\sqrt{(x_0+1)^2 + y_0^2 - 1}}{\dfrac{1}{2}x_0 + 1} = \dfrac{2\sqrt{(x_0+1)^2 + y_0^2 - 1}}{x_0 + 2}.$$

又 $y_0^2 = x_0 \, (y_0 \geqslant 1)$，故 $x_0 \geqslant 1$. 于是

$$|AB| = \dfrac{2\sqrt{(x_0+1)^2 + x_0 - 1}}{x_0 + 2} = 2\sqrt{\dfrac{(x_0+1)^2 + x_0 - 1}{(x_0+2)^2}} = 2\sqrt{\dfrac{x_0^2 + 3x_0}{(x_0+2)^2}}$$

$$= 2\sqrt{1 - \dfrac{x_0 + 4}{(x_0+2)^2}} = 2\sqrt{1 - \dfrac{x_0 + 4}{(x_0+4-2)^2}}$$

$$= 2\sqrt{1 - \dfrac{x_0 + 4}{(x_0+4)^2 - 4(x_0+4) + 4}}.$$

令 $t = x_0 + 4 \geqslant 5$，则

$$|AB| = 2\sqrt{1 - \dfrac{t}{t^2 - 4t + 4}} = 2\sqrt{1 - \dfrac{1}{t + \dfrac{4}{t} - 4}}.$$

由于函数 $f(t) = t + \dfrac{4}{t}$ 是 $[5, +\infty)$ 上的单调递增函数，故

$$|AB| \geqslant 2\sqrt{1 - \dfrac{1}{f(5) - 4}} = 2\sqrt{1 - \dfrac{1}{5 + \dfrac{4}{5} - 4}} = 2\sqrt{1 - \dfrac{5}{9}} = 2\sqrt{\dfrac{4}{9}} = \dfrac{4}{3}.$$

法二 设切线方程为 $y = kx + m$，则

$$k = \dfrac{y_0 - m}{x_0}. \qquad ①$$

又 $y_0^2 = x_0 (y_0 \geqslant 1)$，故 $x_0 \geqslant 1$.

圆心 $C(-1, 0)$ 到切线的距离 $d = \dfrac{|-k + m|}{\sqrt{k^2 + (-1)^2}} = 1$，即

$$m^2 - 2km - 1 = 0. \qquad ②$$

将式①代入式②，得

$$(x_0 + 2)m^2 - 2y_0 m - x_0 = 0. \qquad ③$$

设方程③的两根分别为 m_1、m_2，则由韦达定理，得

$$m_1 + m_2 = \dfrac{2y_0}{x_0 + 2}, \quad m_1 m_2 = -\dfrac{x_0}{x_0 + 2}.$$

从而，

$$|AB| = |m_2 - m_1| = \sqrt{(m_1 + m_2)^2 - 4m_1 m_2} = \sqrt{\left(\dfrac{2y_0}{x_0 + 2}\right)^2 + 4 \cdot \dfrac{x_0}{x_0 + 2}}$$

$$= \sqrt{\dfrac{4y_0^2 + 4x_0(x_0 + 2)}{(x_0 + 2)^2}} = \sqrt{\dfrac{4x_0 + 4(x_0^2 + 2x_0)}{(x_0 + 2)^2}} = 2\sqrt{\dfrac{x_0^2 + 3x_0}{(x_0 + 2)^2}},$$

以下同解法一．

11．（1）由数列 $\{a_n\}$ 的衍生数列 $\{b_m\}$ 是等差数列，不妨设其公差为 d．

若 $d < 0$，当 $m > -\dfrac{b_1}{d} + 1$ 时，$\sum\limits_{i=1}^{a_m} a_i = b_m = b_1 + (m-1)d < 0$，这与 $\{a_n\}$ 是正整数数列矛盾．

若 $d > 0$，即数列 $\{b_m\}$ 是严格单调递增数列，显然数列 $\{a_n\}$ 也是严格单调递增数列．于是易得 $a_m \geqslant m$，$m = 1, 2, \cdots$，进一步有 $a_{a_m} \geqslant a_m \geqslant m$．

当正整数 $m > d$ 时，由已知可得

$$d = b_m - b_{m-1} = \sum\limits_{i=1}^{a_m} a_i - \sum\limits_{i=1}^{a_{m-1}} a_i = a_{a_{m-1}+1} + a_{a_{m-1}+2} + \cdots + a_{a_m} \geqslant a_{a_m} \geqslant m,$$

这与 $m > d$ 矛盾．

综上所述，$d = 0$，即 $\{b_m\}$ 是常数列，易知 $\{a_n\}$ 也是常数列，即数列 $\{a_n\}$ 也是等差数列．

（2）对任意正整数，$b_m = (2m-1)^2$．下面用数学归纳法证明：$a_n = 2n - 1$，$n = 1$, $2, \cdots$．

当 $n = 1$ 时，由 $b_1 = 1$，若 $a_1 = t > 1$，由于数列 $\{a_n\}$ 前 t 项均为正整数，它们的和必大

于 1,这与 $b_1 = 1$ 矛盾. 故有 $a_1 = 1$.

假设 $a_k = 2k - 1$. 下面证明：$a_{k+1} = 2k + 1$. 显然 $\{b_m\}$ 是严格单调递增数列,则数列 $\{a_n\}$ 也是严格单调递增数列. 因此,$a_{k+1} \geq 2k$.

若 $a_{k+1} = 2k$,则

$$(2k+1)^2 = b_{k+1} = \sum_{i=1}^{a_{k+1}} a_i = a_1 + a_2 + \cdots + a_{2k} = (2k-1)^2 + a_{2k},$$

即 $a_{2k} = 8k$,

$$(4k-1)^2 = b_{2k} = \sum_{i=1}^{a_{2k}} a_i = a_1 + a_2 + \cdots + a_{8k}$$

$$\geq (2k+1)^2 + 6k \cdot a_{2k} = 52k^2 + 4k + 1,$$

矛盾.

若 $a_{k+1} \geq 2k + 2$,由 $\{a_n\}$ 是严格单调递增数列,得

$$a_{2k+2} > a_{2k+1} > a_{2k} \geq a_{k+1} + (k-1) \geq 3k + 1,$$

$$(2k+1)^2 = b_{k+1} = \sum_{i=1}^{a_{k+1}} a_i \geq (a_1 + a_2 + \cdots + a_{2k-1}) + (a_{2k} + a_{2k+1} + a_{2k+2})$$

$$= (2k-1)^2 + a_{2k} \geq (2k-1)^2 + 3k + 1 = (2k+1)^2 + k + 1.$$

矛盾.

所以,$a_{k+1} = 2k + 1$.

因此,对任意正整数 n,$a_n = 2n - 1$ 成立.

第 二 试

一、法一 如图 6 所示,易知点 X、M、N、W 都在以 A 为圆心的圆 ω_1 上,点 X、M、Y 都在以 B 为圆心的圆 ω_2 上,点 Y、M、N、Z 都在以 C 为圆心的圆 ω_3 上,点 Z、N、W 都在以 D 为圆心的圆 ω_4 上.

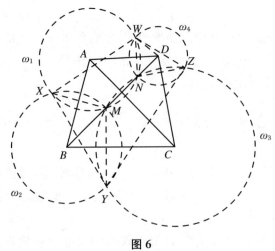

图 6

联结 XY、YZ、ZW、WX、MX、MY、NZ、NW、DW. 由 X、M、N、W 四点共圆, 知 $\angle WXM = \angle DNW$. 由 AD 是圆 ω_1 与 ω_4 的连心线, 知 AD 垂直平分 MN. 于是在圆 ω_4 中, $\angle WZN = \frac{1}{2} \angle WDN = \angle ADN$. 又 $AD \perp WN$, 故 $\angle DNW + \angle ADN = 90°$. 从而, $\angle WXM + \angle WZN = 90°$.

类似地, $\angle YZN + \angle YXM = 90°$. 因此, $\angle WXY + \angle WZY = \angle WXM + \angle YXM + \angle WZN + \angle YZN = 90° + 90° = 180°$, 即 X、Y、Z、W 四点共圆.

法二 如图 7 所示, 联结 BX、DW、XW、BY、DZ、YZ. 易知 I、J、W、X 都在以 A 为圆心的圆上, 故 $\angle BMX = \angle NWX$, $\angle DNW = \angle NXW$. 从而,

$$\angle BXW = \angle BXM + \angle MXW = \angle BMX + \angle MXW$$
$$= \angle NWX + \angle DNW = \angle NWX + \angle DWN$$
$$= \angle DWX.$$

同理, $\angle BYZ = \angle DZY$.

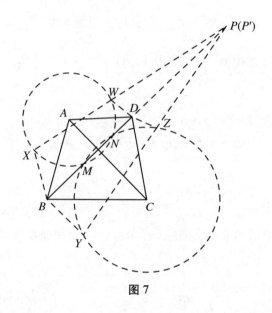

图 7

若 $XW \parallel BD$, 则由 $\angle BXW = \angle DWX$, 知四边形 $BDWX$ 是等腰梯形. 从而,

$$\angle XBD = \angle WDB \Rightarrow \angle ABD = \frac{1}{2} \angle XBD = \frac{1}{2} \angle WDB = \angle ADB,$$

即 $AB = AD$. 于是, B、D 关于直线 AC 对称, 故 $CB = CD$, 易知此时四边形 $BYZD$ 也是等腰梯形. 从而, 四边形 $XYZW$ 是等腰梯形 (或矩形), 故 X、Y、Z、W 四点共圆.

若 XW 与 BD 不平行, 记直线 XW 与 BD 的交点为 P. 易知此时 YZ 与 BD 也不平行. 设直线 XW、YZ 分别与 BD 交于点 P、P'. 记点 B 到直线 XW 的距离为 $d(B, XW)$, 其余类似, 则

$$\frac{PD}{PB} = \frac{d(D, XW)}{d(B, XW)} = \frac{DW \sin \angle XWD}{BX \sin \angle BXW} = \frac{DW}{BX}.$$

类似地,
$$\frac{P'D}{P'B} = \frac{DZ}{BY}.$$
又 $BX = BM = BY$, $DW = DN = DZ$, 故
$$\frac{PD}{PB} = \frac{P'D}{P'B}.$$
从而,点 P 与 P' 重合. 由圆幂定理,知
$$PW \cdot PX = PN \cdot PM = PZ \cdot PY,$$
故 X、Y、Z、W 四点共圆.

二、$(a,b) = (9,1)$ 满足要求:
$$9t_n + 1 = \frac{9n(n+1) + 2}{2} = \frac{(3n+1)(3n+2)}{2} = t_{3n+1}.$$
反之,若 $9t + 1 = \frac{n(n+1)}{2}$,则
$$9t = \frac{n^2 + n - 2}{2} = \frac{(n-1)(n+2)}{2},$$
因为 $\gcd(n-1, n+2) = \gcd(n-1, 3)$,所以 $3 \mid n-1, 3 \mid n+2$. 设 $n - 1 = 3k$,则 $9t = \frac{9k(k+1)}{2}$, $t = \frac{k(k+1)}{2} = t_k$.

如果 (a,b) 满足要求,那么 $(9a, 9b+1)$ 满足要求. 事实上,
$$9at_n + 9b + 1 = 9(at_n + b) + 1 = 9t_m + 1 = t_k.$$
反之,若
$$9a_t + 9b + 1 = t_k,$$
则 $9(at + b) = t_k$, $at + b = t_m$, $t = t_n$.

三、假设存在满足要求的非负实数组 $(a_1, a_2, \cdots, a_n)$ 和非零实数组 $(x_1, x_2, \cdots, x_n)$,由条件知
$$m + 1 - \frac{1}{m} \geqslant a_i > m + 1 - \frac{x_{i+1}}{x_i},$$
故
$$\frac{x_{i+1}}{x_i} > \frac{1}{m},$$
从而 $x_i (i = 1, 2, \cdots, n)$ 都是同号的.

如果 x_i 都是负数,那么设 $y_i = -x_i (i = 1, 2, \cdots, n)$. 于是,$y_n = \min\{y_1, y_2, \cdots, y_n\}$,并且有
$$\frac{1}{m} < \frac{y_n}{y_{n-1}} \leqslant 1.$$
由条件(b),得 $a_{n-1} > m + 1 - 1 = m$. 从而,由条件(d),得 $a_{n-2} \leqslant \sum_{i=1}^{n} a_i - a_{n-1} < 1 - \frac{1}{m}$.

又由条件（b），$a_{n-2} > m + 1 - \dfrac{y_{n-1}}{y_{n-2}}$，故
$$m + 1 - \dfrac{y_{n-1}}{y_{n-2}} < 1 - \dfrac{1}{m}.$$

从而，$\dfrac{y_{n-1}}{y_{n-2}} > m + \dfrac{1}{m} > m$，故有 $y_{n-2} < \dfrac{y_{n-1}}{m} < y_n$，这与 y_n 的最小性矛盾.

如果 x_i 都是正数，那么
$$a_i x_i > (m+1)x_i - x_{i+1} \ (i = 1, 2, \cdots, n-1), \qquad ①$$
$$a_n x_n > (m+1)x_n - \sum_{i=1}^{n-1} x_i. \qquad ②$$

若存在 $i \leqslant n-2$，使得 $(m+1)x_i - x_{i+1} < 0$，则可取 $x_i' > x_i$ 代替 x_i，使得 $(m+1)x_i' - x_{i+1} = 0$，此时 $(a_1, a_2, \cdots, a_n)$ 仍满足条件. 若 $(m+1)x_{n-1} < x_n$，则可取 $x_n' < x_n$ 代替 x_n，使得 $(m+1)x_{n-1} = x_n'$，此时 $(a_1, a_2, \cdots, a_n)$ 亦仍满足条件. 因此，可不妨设 x_i（$i = 1, 2, \cdots, n-1$）满足 $(m+1)x_i \geqslant x_{i+1}$. 再由齐次性，不妨设 $x_n = (m+1)^{n-1}$，则 $x_i \geqslant (m+1)^{i-1}$，结合式①、式②，得
$$\sum_{i=1}^{n} a_i x_i > (m+1)\sum_{i=1}^{n} x_i - \sum_{i=2}^{n} x_i - \sum_{i=1}^{n-1} x_i$$
$$= (m-1)\sum_{i=1}^{n} x_i + x_1 + x_n$$
$$\geqslant (m-1)\left(1 + (m+1) + \cdots + (m+1)^{n-1}\right) + 1 + (m+1)^{n-1}$$
$$= (m+1)^n - \dfrac{(m+1)^{n-1} - 1}{m}.$$

注意到
$$(m+1)^{n-1} \sum_{i=1}^{n} a_i = \sum_{i=1}^{n} a_i \cdot x_n \geqslant \sum_{i=1}^{n} a_i x_i,$$
因此，
$$\sum_{i=1}^{n} a_i \geqslant m + 1 - \dfrac{(m+1)^{n-1} - 1}{m(m+1)^{n-1}} > m + 1 - \dfrac{(m+1)^{n-1}}{m(m+1)^{n-1}} = m + 1 - \dfrac{1}{m},$$
这与条件矛盾.

综上，不存在满足条件的非负实数组 $(a_1, a_2, \cdots, a_n)$ 和非零实数组 $(x_1, x_2, \cdots, x_n)$.

四、所求朋友对数的最大值为 $\dfrac{n(n+1)}{2}$.

我们用 $2n$ 个点表示 $2n$ 个人，若两个人是朋友，则在他们对应的点之间连一条边，并称其中一个点是另一个点的邻点. 这样得到了一个以这 $2n$ 个人为顶点集的满足下面条件的简单图 G：若某两个人的邻点集中的元素个数相同，则这两人的邻点集没有公共元素.

假设 A 是图中邻点最多的点. 设 A 有 k 个邻点. 下面证明 $k \leqslant n$，并且这 k 个点的邻点数分别为 $1, 2, \cdots, k$.

设 A 的 k 个邻点分别为 $A_1, A_2, \cdots, A_k$，由于 $A_1, A_2, \cdots, A_k$ 有共同的邻点 A，因此这些点的邻点数互不相同. 又易知这些点的邻点数均至少为 1（都有邻点 A），至多为 k（A 是邻点最多的点），因此，$A_1, A_2, \cdots, A_k$ 的邻点数是 $1, 2, \cdots, n$ 的一个排列.

不妨设 A_i 恰有 i 个邻点（$i = 1, 2, \cdots, k$）. 考察 A_k. 此时，A_k 与 A 的邻点数相同，从而没有公共邻点，即 A_k 没有在 $\{A_1, A_2, \cdots, A_{k-1}\}$ 中的邻点. 从而，总人数
$$2n \geqslant 1 + k + (k-1) = 2k,$$
故 $k \leqslant n$.

设总的邻点对的个数为 S. 由前述可知，A 的邻点 $A_1, A_2, \cdots, A_k$ 分别有 $1, 2, \cdots, k$ 个邻点，分别对应 $1, 2, \cdots, k$ 个邻点对. 设 A_k 除 A 外的 $k-1$ 个邻点分别为 $B_1, B_2, \cdots, B_{k-1}$. 对除 $A, A_1, A_2, \cdots, A_k, B_1, B_2, \cdots, B_{k-1}$ 外的 $2n - 2k$ 个点，每个点至多有 k 个邻点，至多可产生 $\dfrac{k(2n-2k)}{2}$ 个邻点对. 故
$$S \leqslant 1 + 2 + \cdots + k + \frac{k(2n-2k)}{2} = \frac{k(2n-k+1)}{2}$$
$$\leqslant \frac{(k + 2n - k + 1)^2}{8} = \frac{(2n+1)^2}{8} = \frac{4n(n+1) + 1}{8}.$$

注意到 $8 \nmid 4n(n+1) + 1$，故
$$S \leqslant \left[\frac{4n(n+1) + 1}{8}\right] = \frac{n(n+1)}{2}.$$

最后说明 S 可以取到 $\dfrac{n(n+1)}{2}$.

考虑以 $2n$ 个点 $A_1, A_2, \cdots, A_n, B_1, B_2, \cdots, B_n$ 为顶点的如下简单图. 当 $i \geqslant \left[\dfrac{k}{2}\right] + 1$ 时，A_i 的邻点集为 $\{B_i, A_{n-i+1}, A_{n-i+2}, \cdots, A_n\} \setminus \{A_i\}$，$B_i$ 的邻点集为 $\{A_i, B_{n-i+1}, B_{n-i+2}, \cdots, B_n\} \setminus \{B_i\}$；当 $i \leqslant \left[\dfrac{k}{2}\right]$ 时，A_i 的邻点集为 $\{A_n, A_{n-1}, \cdots, A_{n-i+1}\}$，$B_i$ 的邻点集为 $\{B_n, B_{n-1}, \cdots, B_{n-i+1}\}$. 此时，$A_i$、$B_i$ 各有 i 个邻点（$i = 1, 2, \cdots, n$），总的邻点对数 $S = \dfrac{1}{2} \times 2(1 + 2 + \cdots + n) = \dfrac{n(n+1)}{2}$.

综上所述，所求朋友对数的最大值为 $\dfrac{n(n+1)}{2}$.

（李　潜　整理）

2015年全国高中数学联赛(A卷)

一 试

一、填空题(每小题8分,满分64分)

1. 设 a、b 为不相等的实数,若二次函数 $f(x) = x^2 + ax + b$ 满足 $f(a) = f(b)$,则 $f(2)$ 的值为_____.

2. 若实数 α 满足 $\cos\alpha = \tan\alpha$,则 $\dfrac{1}{\sin\alpha} + \cos^4\alpha$ 的值为_____.

3. 已知复数数列 $\{z_n\}$ 满足 $z_1 = 1, z_{n+1} = \overline{z_n} + 1 + n\mathrm{i}(n = 1,2,\cdots)$,其中 i 为虚数单位,$\overline{z_n}$ 表示 z_n 的共轭复数,则 z_{2015} 的值为_____.

4. 在矩形 $ABCD$ 中,$AB = 2, AD = 1$,边 DC 上(包含点 D、C)的动点 P 与 CB 的延长线上(包含点 B)的动点 Q 满足 $|\overrightarrow{DP}| = |\overrightarrow{BQ}|$,则向量 $\overrightarrow{PA}$ 与向量 $\overrightarrow{PQ}$ 的数量积 $\overrightarrow{PA} \cdot \overrightarrow{PQ}$ 的最小值为_____.

5. 在正方体中随机取 3 条棱,它们两两异面的概率为_____.

6. 在平面直角坐标系 xOy 中,点集 $K = \{(x,y) \mid (|x| + |3y| - 6)(|3x| + |y| - 6) \leqslant 0\}$ 所对应的平面区域的面积为_____.

7. 设 ω 为正实数,若存在 a、$b(\pi \leqslant a < b \leqslant 2\pi)$,使得 $\sin\omega a + \sin\omega b = 2$,则 ω 的取值范围是_____.

8. 对四位数 $\overline{abcd}(1 \leqslant a \leqslant 9, 0 \leqslant b、c、d \leqslant 9)$,若 $a > b, b < c, c > d$,则称 $\overline{abcd}$ 为 P 类数;若 $a < b, b > c, c < d$,则称 $\overline{abcd}$ 为 Q 类数.用 $N(P)$ 与 $N(Q)$ 分别表示 P 类数与 Q 类数的个数,则 $N(P) - N(Q)$ 的值为_____.

二、解答题(共56分)

9. (11分)若实数 a、b、c 满足 $2^a + 4^b = 2^c, 4^a + 2^b = 4^c$,求 c 的最小值.

10. (20分)设 $a_1、a_2、a_3、a_4$ 是 4 个有理数,使得
$$\{a_i a_j \mid 1 \leqslant i < j \leqslant 4\} = \left\{-24, -2, -\dfrac{3}{2}, -\dfrac{1}{8}, 1, 3\right\},$$
求 $a_1 + a_2 + a_3 + a_4$ 的值.

11. (20分)在平面直角坐标系 xOy 中,$F_1、F_2$ 分别是椭圆 $\dfrac{x^2}{2} + y^2 = 1$ 的左、右焦点.设不经过焦点 F_1 的直线 l 与椭圆交于两个不同的点 A、B,焦点 F_2 到直线 l 的距离为 d.如果直线 AF_1、l、BF_1 的斜率依次成等差数列,求 d 的取值范围.

加 试

一、(40分)设 $a_1, a_2, \cdots, a_n (n \geq 2)$ 是实数,证明:可以选取 $\varepsilon_1, \varepsilon_2, \cdots, \varepsilon_n \in \{1, -1\}$,使得

$$\left(\sum_{i=1}^{n} a_i\right)^2 + \left(\sum_{i=1}^{n} \varepsilon_i a_i\right)^2 \leq (n+1)\left(\sum_{i=1}^{n} a_i^2\right).$$

二、(40分)设 $S = \{A_1, A_2, \cdots, A_n\}$,其中 $A_1, A_2, \cdots, A_n$ 是 n 个互不相同的有限集合 $(n \geq 2)$,满足对任意 $A_i, A_j \in S$,均有 $A_i \cup A_j \in S$. 若 $k = \min\limits_{1 \leq i \leq n} |A_i| \geq 2$. 证明:存在 $x \in \bigcup\limits_{i=1}^{n} A_i$,使得 x 属于 $A_1, A_2, \cdots, A_n$ 中的至少 $\dfrac{n}{k}$ 个集合(这里 $|X|$ 表示有限集合 X 的元素个数).

三、(50分)如图1所示,$\triangle ABC$ 内接于圆 O,P 为 $\overparen{BC}$ 上一点,点 K 在线段 AP 上,使得 BK 平分 $\angle ABC$. 过 K、P、C 三点的圆 Ω 与边 AC 交于点 D,联结 BD 交圆 Ω 于点 E,联结 PE 并延长与边 AB 交于点 F. 证明:$\angle ABC = 2\angle FCB$.

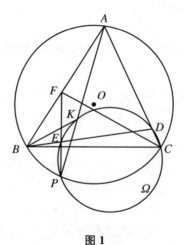

图 1

四、(50分)求具有下述性质的所有正整数 k:对任意正整数 n,$2^{(k-1)n+1}$ 不整除 $\dfrac{(kn)!}{n!}$.

参 考 答 案

一 试

一、填空题

1. 4.

由已知条件及二次函数图像的轴对称性,可得 $\dfrac{a+b}{2} = -\dfrac{a}{2}$,即 $2a + b = 0$,所以

$$f(2) = 4 + 2a + b = 4.$$

2. 2.

由条件知，$\cos^2\alpha = \sin\alpha$，反复利用此结论，并注意到 $\cos^2\alpha + \sin^2\alpha = 1$，得

$$\frac{1}{\sin\alpha} + \cos^4\alpha = \frac{\cos^2\alpha + \sin^2\alpha}{\sin\alpha} + \sin^2\alpha$$
$$= (1 + \sin\alpha) + (1 - \cos^2\alpha)$$
$$= 2 + \sin\alpha - \cos^2\alpha = 2.$$

3. $2015 + 1007\mathrm{i}$.

由已知得，对一切正整数 n，有

$$z_{n+2} = \overline{z_{n+1}} + 1 + (n+1)\mathrm{i} = \overline{\overline{z_n} + 1 + n\mathrm{i}} + 1 + (n+1)\mathrm{i}$$
$$= z_n + 2 + \mathrm{i},$$

于是 $z_{2015} = z_1 + 1007 \times (2 + \mathrm{i}) = 2015 + 1007\mathrm{i}$.

4. $\dfrac{3}{4}$.

不妨设 $A(0,0)$、$B(2,0)$、$D(0,1)$. 设 P 的坐标为 $(t,1)$（其中 $0 \leqslant t \leqslant 2$），则由 $|\overrightarrow{DP}| = |\overrightarrow{BQ}|$ 得 Q 的坐标为 $(2,-t)$，故 $\overrightarrow{PA} = (-t,-1)$，$\overrightarrow{PQ} = (2-t,-t-1)$，因此

$$\overrightarrow{PA} \cdot \overrightarrow{PQ} = (-t) \cdot (2-t) + (-1) \cdot (-t-1) = t^2 - t + 1$$
$$= \left(t - \frac{1}{2}\right)^2 + \frac{3}{4} \geqslant \frac{3}{4}.$$

当 $t = \dfrac{1}{2}$ 时，$(\overrightarrow{PA} \cdot \overrightarrow{PQ})_{\min} = \dfrac{3}{4}$.

5. $\dfrac{2}{55}$.

设正方体为 $ABCD-EFGH$，它共有 12 条棱，从中任意取出 3 条棱的方法共有 $C_{12}^3 = 220$ 种.

下面考虑使 3 条棱两两异面的取法数. 由于正方体的棱共确定 3 个互不平行的方向（即 AB、AD、AE 的方向），具有相同方向的 4 条棱两两共面，因此取出的 3 条棱必属于 3 个不同的方向. 可先取定 AB 方向的棱，这有 4 种取法. 不妨设取的棱就是 AB，则 AD 方向只能取棱 EH 或棱 FG，共 2 种可能. 当 AD 方向取棱是 EH 或 FG 时，AE 方向取棱分别只能是 CG 或 DH.

由上可知，3 条棱两两异面的取法数为 $4 \times 2 = 8$，故所求概率为 $\dfrac{8}{220} = \dfrac{2}{55}$.

6. 24.

设 $K_1 = \{(x,y) \mid |x| + |3y| - 6 \leqslant 0\}$. 先考虑 K_1 在第一象限中的部分，此时有 $x + 3y \leqslant 6$，故这些点对应于图 2 中的 $\triangle OCD$ 及其内部. 由对称性知，K_1 对应的区域是图 2 中以原点 O 为中心的菱形 $ABCD$ 及其内部.

同理，设 $K_2 = \{(x,y) \mid |3x| + |y| - 6 \leqslant 0\}$，则 K_2 对应的区域是图 2 中以 O 为中心的

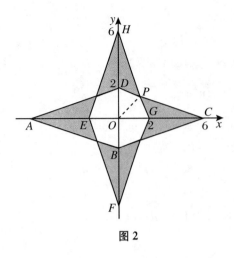

图2

菱形 $EFGH$ 及其内部.

由点集 K 的定义知,K 所对应的平面区域是被 K_1、K_2 中恰好一个所覆盖的部分,因此本题所要求的即为图2中阴影区域的面积 S.

由于直线 CD 的方程为 $x+3y=6$,直线 GH 的方程为 $3x+y=6$,故它们的交点 P 的坐标为 $\left(\dfrac{3}{2},\dfrac{3}{2}\right)$.

由对称性知,
$$S = 8S_{\triangle CPG} = 8 \times \dfrac{1}{2} \times 4 \times \dfrac{3}{2} = 24.$$

7. $\left[\dfrac{9}{4},\dfrac{5}{2}\right]\cup\left[\dfrac{13}{4},+\infty\right)$.

由 $\sin\omega a+\sin\omega b=2$,知 $\sin\omega a=\sin\omega b=1$,而 $[\omega a,\omega b]\subseteq[\omega\pi,2\omega\pi]$,故题目条件等价于:存在整数 k、$l(k<l)$,使得
$$\omega\pi\leqslant 2k\pi+\dfrac{\pi}{2}<2l\pi+\dfrac{\pi}{2}\leqslant 2\omega\pi. \quad \text{①}$$

当 $\omega\geqslant 4$ 时,区间 $[\omega\pi,2\omega\pi]$ 的长度不小于 4π,故必存在 k、l 满足式①.

当 $0<\omega<4$ 时,注意到 $[\omega\pi,2\omega\pi]\subseteq(0,8\pi)$,故仅需考虑如下几种情况.

(i) $\omega\pi\leqslant\dfrac{\pi}{2}<\dfrac{5\pi}{2}\leqslant 2\omega\pi$,此时 $\omega\leqslant\dfrac{1}{2}$ 且 $\omega\geqslant\dfrac{5}{4}$,无解;

(ii) $\omega\pi\leqslant\dfrac{5\pi}{2}<\dfrac{9\pi}{2}\leqslant 2\omega\pi$,此时有 $\dfrac{9}{4}\leqslant\omega\leqslant\dfrac{5}{2}$;

(iii) $\omega\pi\leqslant\dfrac{9\pi}{2}<\dfrac{13\pi}{2}\leqslant 2\omega\pi$,此时有 $\dfrac{13}{4}\leqslant\omega\leqslant\dfrac{9}{2}$,得 $\dfrac{13}{4}\leqslant\omega<4$.

综合(i)、(ii)、(iii),并注意到 $\omega\geqslant 4$ 亦满足条件,可知 $\omega\in\left[\dfrac{9}{4},\dfrac{5}{2}\right]\cup\left[\dfrac{13}{4},+\infty\right)$.

8. 285.

分别记 P 类数、Q 类数的全体为 A、B,再将个位数为零的 P 类数全体记为 A_0,个位数不等于零的 P 类数全体记为 A_1.

对任一四位数 $\overline{abcd}\in A_1$,将其对应到四位数 $\overline{dcba}$,注意到 $a>b,b<c,c>d\geqslant 1$,故 $\overline{dcba}\in B$. 反之,每个 $\overline{dcba}\in B$ 唯一对应于 A_1 中的元素 $\overline{abcd}$. 这建立了 A_1 与 B 之间的一一对应,因此有
$$N(P)-N(Q)=|A|-|B|=|A_0|+|A_1|-|B|=|A_0|.$$

下面计算 $|A_0|$. 对任一四位数 $\overline{abc0}\in A_0$,b 可取 $0,1,\cdots,9$,对其中每个 b,由 $b<a\leqslant 9$ 及 $b<c\leqslant 9$ 知,a 和 c 分别有 $9-b$ 种取法,从而
$$|A_0|=\sum_{b=0}^{9}(9-b)^2=\sum_{k=1}^{9}k^2=\dfrac{9\times 10\times 19}{6}=285.$$

因此,$N(P)-N(Q)=285$.

二、解答题

9. 将 2^a、2^b、2^c 分别记为 x、y、z，则 x、y、$z > 0$.

由条件知，$x + y^2 = z$，$x^2 + y = z^2$，故
$$z^2 - y = x^2 = (z - y^2)^2 = z^2 - 2y^2 z + y^4.$$

因此，结合平均值不等式可得
$$z = \frac{y^4 + y}{2y^2} = \frac{1}{4}\left(2y^2 + \frac{1}{y} + \frac{1}{y}\right) \geqslant \frac{1}{4} \cdot 3\sqrt[3]{2y^2 \cdot \frac{1}{y} \cdot \frac{1}{y}} = \frac{3}{4}\sqrt[3]{2}.$$

当 $2y^2 = \frac{1}{y}$，即 $y = \frac{1}{\sqrt[3]{2}}$ 时，z 的最小值为 $\frac{3}{4}\sqrt[3]{2}$ (此时相应的 x 值为 $\frac{\sqrt[3]{2}}{4}$，符合要求).

由于 $c = \log_2 z$，故 c 的最小值为 $\log_2\left(\frac{3}{4}\sqrt[3]{2}\right) = \log_2 3 - \frac{5}{3}$.

10. 由条件可知，$a_i a_j (1 \leqslant i < j \leqslant 4)$ 是 6 个互不相同的数，且其中没有两个互为相反数. 由此知，a_1、a_2、a_3、a_4 的绝对值互不相等，不妨设 $|a_1| < |a_2| < |a_3| < |a_4|$，则 $|a_i||a_j|$ $(1 \leqslant i < j \leqslant 4)$ 中最小的与次小的两个数分别是 $|a_1||a_2|$ 及 $|a_1||a_3|$，最大的与次大的两个数分别是 $|a_3||a_4|$ 及 $|a_2||a_4|$，从而必须有
$$\begin{cases} a_1 a_2 = -\frac{1}{8}, \\ a_1 a_3 = 1, \\ a_2 a_4 = 3, \\ a_3 a_4 = -24, \end{cases}$$

于是 $a_2 = -\frac{1}{8a_1}$，$a_3 = \frac{1}{a_1}$，$a_4 = \frac{3}{a_2} = -24 a_1$. 故
$$\{a_2 a_3, a_1 a_4\} = \left\{-\frac{1}{8a_1^2}, -24 a_1^2\right\} = \left\{-2, -\frac{3}{2}\right\},$$

结合 $a_1 \in \mathbf{Q}$，只可能 $a_1 = \pm\frac{1}{4}$.

由此易知 $a_1 = \frac{1}{4}$，$a_2 = -\frac{1}{2}$，$a_3 = 4$，$a_4 = -6$ 或者 $a_1 = -\frac{1}{4}$，$a_2 = \frac{1}{2}$，$a_3 = -4$，$a_4 = 6$. 经检验知这两组解均满足问题的条件.

故 $a_1 + a_2 + a_3 + a_4 = \pm\frac{9}{4}$.

11. 由条件知，点 F_1、F_2 的坐标分别为 $(-1, 0)$、$(1, 0)$.

设直线 l 的方程为 $y = kx + m$，点 A、B 的坐标分别为 (x_1, y_1)、(x_2, y_2)，则 x_1、x_2 满足方程 $\frac{x^2}{2} + (kx + m)^2 = 1$，即
$$(2k^2 + 1)x^2 + 4kmx + (2m^2 - 2) = 0. \qquad ①$$

由于点 A、B 不重合，且直线 l 的斜率存在，故 x_1、x_2 是方程①的两个不同实根，因此有方程①的判别式

$$\Delta = (4km)^2 - 4 \cdot (2k^2+1) \cdot (2m^2-2) = 8(2k^2+1-m^2) > 0,$$

即

$$2k^2 + 1 > m^2. \qquad ②$$

由直线 AF_1、l、BF_1 的斜率 $\dfrac{y_1}{x_1+1}$、k、$\dfrac{y_2}{x_2+1}$ 依次成等差数列知，$\dfrac{y_1}{x_1+1} + \dfrac{y_2}{x_2+1} = 2k$，又 $y_1 = kx_1 + m, y_2 = kx_2 + m$，所以

$$(kx_1+m)(x_2+1) + (kx_2+m)(x_1+1) = 2k(x_1+1)(x_2+1).$$

化简并整理得

$$(m-k)(x_1+x_2+2) = 0.$$

假如 $m = k$，则直线 l 的方程为 $y = kx + k$，即 l 经过点 $F_1(-1,0)$，不符合条件.

因此必有 $x_1 + x_2 + 2 = 0$，故由方程①及韦达定理知 $\dfrac{4km}{2k^2+1} = -(x_1+x_2) = 2$，即

$$m = k + \dfrac{1}{2k}. \qquad ③$$

由式②、式③知，$2k^2 + 1 > m^2 = \left(k + \dfrac{1}{2k}\right)^2$，化简得 $k^2 > \dfrac{1}{4k^2}$，这等价于 $|k| > \dfrac{\sqrt{2}}{2}$.

反之，当 m、k 满足式③及 $|k| > \dfrac{\sqrt{2}}{2}$ 时，l 必不经过点 F_1（否则将导致 $m = k$，与式③矛盾），而此时 m、k 满足式②，故 l 与椭圆有两个不同的交点 A、B，同时也保证了 AF_1、BF_1 的斜率存在（否则 x_1、x_2 中的某一个为 -1，结合 $x_1 + x_2 + 2 = 0$ 知 $x_1 = x_2 = -1$，与方程①有两个不同的实根矛盾）.

点 $F_2(1,0)$ 到直线 $l: y = kx + m$ 的距离为

$$d = \dfrac{|k+m|}{\sqrt{1+k^2}} = \dfrac{1}{\sqrt{1+k^2}} \cdot \left|2k + \dfrac{1}{2k}\right| = \dfrac{1}{\sqrt{\dfrac{1}{k^2}+1}} \cdot \left(2 + \dfrac{1}{2k^2}\right).$$

注意到 $|k| > \dfrac{\sqrt{2}}{2}$，令 $t = \sqrt{\dfrac{1}{k^2}+1}$，则 $t \in (1, \sqrt{3})$，上式可改写为

$$d = \dfrac{1}{t} \cdot \left(\dfrac{t^2}{2} + \dfrac{3}{2}\right) = \dfrac{1}{2} \cdot \left(t + \dfrac{3}{t}\right). \qquad ④$$

考虑到函数 $f(t) = \dfrac{1}{2} \cdot \left(t + \dfrac{3}{t}\right)$ 在 $[1, \sqrt{3}]$ 上单调递减，故由式④得，$f(\sqrt{3}) < d < f(1)$，即

$$d \in (\sqrt{3}, 2).$$

加　　试

一、法一　我们证明：

$$\left(\sum_{i=1}^{n} a_i\right)^2 + \left(\sum_{i=1}^{\left[\frac{n}{2}\right]} a_i - \sum_{j=\left[\frac{n}{2}\right]+1}^{n} a_j\right)^2 \leqslant (n+1)\left(\sum_{i=1}^{n} a_i^2\right), \qquad ①$$

即对 $i=1,\cdots,\left[\dfrac{n}{2}\right]$，取 $\varepsilon_i=1$；对 $i=\left[\dfrac{n}{2}\right]+1,\cdots,n$，取 $\varepsilon_i=-1$ 符合要求.（这里，$[x]$表示实数 x 的整数部分.）

事实上，式①的左边为

$$\left(\sum_{i=1}^{\left[\frac{n}{2}\right]}a_i+\sum_{j=\left[\frac{n}{2}\right]+1}^{n}a_j\right)^2+\left(\sum_{i=1}^{\left[\frac{n}{2}\right]}a_i-\sum_{j=\left[\frac{n}{2}\right]+1}^{n}a_j\right)^2$$

$$=2\left(\sum_{i=1}^{\left[\frac{n}{2}\right]}a_i\right)^2+2\left(\sum_{j=\left[\frac{n}{2}\right]+1}^{n}a_j\right)^2$$

$$\leqslant 2\left[\dfrac{n}{2}\right]\left(\sum_{i=1}^{\left[\frac{n}{2}\right]}a_i^2\right)+2\left(n-\left[\dfrac{n}{2}\right]\right)\left(\sum_{j=\left[\frac{n}{2}\right]+1}^{n}a_j^2\right) \quad \text{（柯西不等式）}$$

$$=2\left[\dfrac{n}{2}\right]\left(\sum_{i=1}^{\left[\frac{n}{2}\right]}a_i^2\right)+2\left[\dfrac{n+1}{2}\right]\left(\sum_{j=\left[\frac{n}{2}\right]+1}^{n}a_j^2\right) \quad \text{（利用 } n-\left[\dfrac{n}{2}\right]=\left[\dfrac{n+1}{2}\right]\text{）}$$

$$\leqslant n\left(\sum_{i=1}^{\left[\frac{n}{2}\right]}a_i^2\right)+(n+1)\left(\sum_{j=\left[\frac{n}{2}\right]+1}^{n}a_j^2\right) \quad \text{（利用}[x]\leqslant x\text{）}$$

$$\leqslant (n+1)\left(\sum_{i=1}^{n}a_i^2\right),$$

所以式①得证，从而本题得证.

法二 首先，由于问题中 $a_1,a_2,\cdots,a_n$ 的对称性，可设 $a_1\geqslant a_2\geqslant\cdots\geqslant a_n$. 此外，若将 $a_1,a_2,\cdots,a_n$ 中的负数均改变符号，则问题中的不等式左边的 $\left(\sum_{i=1}^{n}a_i\right)^2$ 不减，而右边的 $\sum_{i=1}^{n}a_i^2$ 不变，并且这一操作不影响 $\varepsilon_i=\pm 1$ 的选取，因此我们可进一步设 $a_1\geqslant a_2\geqslant\cdots\geqslant a_n\geqslant 0$.

引理 设 $a_1\geqslant a_2\geqslant\cdots\geqslant a_n\geqslant 0$，则 $0\leqslant\sum_{i=1}^{n}(-1)^{i-1}a_i\leqslant a_1$.

引理的证明 由于 $a_i\geqslant a_{i+1}(i=1,2,\cdots,n-1)$，故当 n 是偶数时，

$$\sum_{i=1}^{n}(-1)^{i-1}a_i=(a_1-a_2)+(a_3-a_4)+\cdots+(a_{n-1}-a_n)\geqslant 0,$$

$$\sum_{i=1}^{n}(-1)^{i-1}a_i=a_1-(a_2-a_3)-\cdots-(a_{n-2}-a_{n-1})-a_n\leqslant a_1.$$

当 n 是奇数时，

$$\sum_{i=1}^{n}(-1)^{i-1}a_i=(a_1-a_2)+(a_3-a_4)+\cdots+(a_{n-2}-a_{n-1})+a_n\geqslant 0,$$

$$\sum_{i=1}^{n}(-1)^{i-1}a_i = a_1 - (a_2 - a_3) - \cdots - (a_{n-1} - a_n) \leqslant a_1.$$

引理得证.

回到原题. 由柯西不等式及引理可知

$$\left[\sum_{i=1}^{n} a_i\right]^2 + \left[\sum_{i=1}^{n}(-1)^{i-1}a_i\right]^2 \leqslant n\left[\sum_{i=1}^{n} a_i^2\right] + a_1^2 \leqslant (n+1)\sum_{i=1}^{n} a_i^2,$$

这就证明了结论.

二、不妨设 $|A_1| = k$. 设在 $A_1, A_2, \cdots, A_n$ 中与 A_1 不相交的集合有 s 个,重新记为 B_1, $B_2, \cdots, B_s$,设包含 A_1 的集合有 t 个,重新记为 $C_1, C_2, \cdots, C_t$. 由已知条件, $(B_i \cup A_1) \in S$, 即 $(B_i \cup A_1) \in \{C_1, C_2, \cdots, C_t\}$, 这样我们得到一个映射

$$f: \{B_1, B_2, \cdots, B_s\} \to \{C_1, C_2, \cdots, C_t\}, \quad f(B_i) = B_i \cup A_1.$$

显然 f 是单映射, 于是 $s \leqslant t$.

设 $A_1 = \{a_1, a_2, \cdots, a_k\}$. 在 $A_1, A_2, \cdots, A_n$ 中除去 $B_1, B_2, \cdots, B_s, C_1, C_2, \cdots, C_t$ 后, 在剩下的 $n - s - t$ 个集合中, 设包含 a_i 的集合有 x_i 个 $(1 \leqslant i \leqslant k)$, 由于剩下的 $n - s - t$ 个集合中每个集合与 A_1 的交集非空, 即包含某个 a_i, 从而

$$x_1 + x_2 + \cdots + x_k \geqslant n - s - t.$$

不妨设 $x_1 = \max_{1 \leqslant i \leqslant k} x_i$, 则由上式知 $x_1 \geqslant \dfrac{n-s-t}{k}$, 即在剩下的 $n - s - t$ 个集合中, 包含 a_1 的集合至少有 $\dfrac{n-s-t}{k}$ 个. 又由于 $A_1 \subseteq C_i (i = 1, \cdots, t)$, 故 $C_1, C_2, \cdots, C_t$ 都包含 a_1, 因此包含 a_1 的集合个数至少为

$$\dfrac{n-s-t}{k} + t = \dfrac{n - s + (k-1)t}{k} \geqslant \dfrac{n - s + t}{k} \text{ (利用 } k \geqslant 2\text{)}$$

$$\geqslant \dfrac{n}{k} \text{ (利用 } t \geqslant s\text{)}.$$

三、法一 如图 3 所示, 设 CF 与圆 Ω 交于点 L(异于 C), 联结 PB、PC、BL、KL.

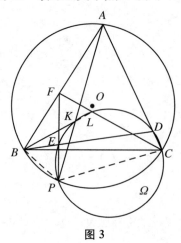

图 3

注意此时 C、D、L、K、E、P 六点均在圆 Ω 上,结合 A、B、P、C 四点共圆,可知
$$\angle FEB = \angle DEP = 180° - \angle DCP = \angle ABP = \angle FBP,$$
因此 $\triangle FBE \backsim \triangle FPB$,故 $FB^2 = FE \cdot EP$.

又由圆幂定理知 $FE \cdot FP = FL \cdot FC$,所以
$$FB^2 = FL \cdot FC,$$
从而 $\triangle FBL \backsim \triangle FCB$.

因此,
$$\angle FLB = \angle FBC = \angle APC = \angle KPC = \angle FLK,$$
即 B、K、L 三点共线.

再根据 $\triangle FBL \backsim \triangle FCB$,得
$$\angle FCB = \angle FBL = \angle FBE = \frac{1}{2}\angle ABC,$$
即 $\angle ABC = 2\angle FCB$.

法二 如图 4 所示,设 CF 与圆 Ω 交于点 L(异于 C).对圆内接广义六边形 $DCLKPE$ 应用帕斯卡定理可知,DC 与 KP 的交点 A、CL 与 PE 的交点 F、LK 与 ED 的交点 B' 共线,因此 B' 是 AF 与 ED 的交点,即 $B' = B$.所以 B、K、L 三点共线.

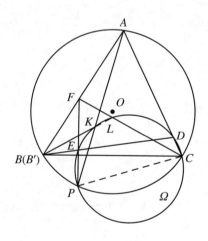

图 4

根据 A、B、P、C 四点共圆及 L、K、P、C 四点共圆,得
$$\angle ABC = \angle APC = \angle FLK = \angle FCB = \angle LBC,$$
又由 BK 平分 $\angle ABC$ 知,$\angle LBC = \frac{1}{2}\angle ABC$,从而 $\angle ABC = 2\angle FCB$.

四、 对正整数 m,设 $v_2(m)$ 表示正整数 m 的标准分解中素因子 2 的方幂,则熟知
$$v_2(m!) = m - S(m), \qquad \qquad ①$$
这里 $S(m)$ 表示正整数 m 在二进制表示下的数码之和.

由于 $2^{(k-1)n+1}$ 不整除 $\frac{(kn)!}{n!}$ 等价于 $v_2\left(\frac{(kn)!}{n!}\right) \leq (k-1)n$, 即 $kn - v_2((kn)!) \geq n - v_2(n!)$, 进而由式①知, 本题等价于求所有正整数 k, 使得 $S(kn) \geq S(n)$ 对任意正整数 n 成立.

我们证明, 所有符合条件的 k 为 $2^a (a = 0, 1, 2, \cdots)$.

一方面, 由于 $S(2^a n) = S(n)$ 对任意正整数 n 成立, 故 $k = 2^a$ 符合条件.

另一方面, 若 k 不是 2 的方幂, 设 $k = 2^a \cdot q, a \geq 0, q$ 是大于 1 的奇数.

下面构造一个正整数 n, 使得 $S(kn) < S(n)$. 因为 $S(kn) = S(2^a qn) = S(qn)$, 因此问题等价于选取 q 的一个倍数 m, 使得 $S(m) < S\left(\frac{m}{q}\right)$.

由 $(2, q) = 1$, 熟知存在正整数 u, 使得 $2^u \equiv 1 \pmod{q}$. (事实上, 由欧拉定理知, u 可以取 $\varphi(q)$.)

设奇数 q 的二进制表示为 $2^{\alpha_1} + 2^{\alpha_2} + \cdots + 2^{\alpha_t}, 0 = \alpha_1 < \alpha_2 < \cdots < \alpha_t, t \geq 2$.

取 $m = 2^{\alpha_1} + 2^{\alpha_2} + \cdots + 2^{\alpha_{t-1}} + 2^{\alpha_t + tu}$, 则 $S(m) = t$, 且
$$m = q + 2^{\alpha_t}(2^{tu} - 1) \equiv 0 \pmod{q}.$$

我们有
$$\frac{m}{q} = 1 + 2^{\alpha_t} \cdot \frac{2^{tu} - 1}{q} = 1 + 2^{\alpha_t} \cdot \frac{2^u - 1}{q}(1 + 2^u + \cdots + 2^{(t-1)u})$$
$$= 1 + \sum_{l=0}^{t-1} \frac{2^u - 1}{q} \cdot 2^{lu + \alpha_t}. \qquad ②$$

由于 $0 < \frac{2^u - 1}{q} < 2^u$, 故正整数 $\frac{2^u - 1}{q}$ 的二进制表示中的最高次幂小于 u, 由此易知, 对任意整数 i、$j (0 \leq i < j \leq t-1)$, 数 $\frac{2^u - 1}{q} \cdot 2^{iu + \alpha_t}$ 与 $\frac{2^u - 1}{q} \cdot 2^{ju + \alpha_t}$ 的二进制表示中没有相同的项.

又因为 $\alpha_t > 0$, 故 $\frac{2^u - 1}{q} \cdot 2^{lu + \alpha_t} (l = 0, 1, \cdots, t-1)$ 的二进制表示中均不包含 1, 故由式②可知
$$S\left(\frac{m}{q}\right) = 1 + S\left(\frac{2^u - 1}{q}\right) \cdot t > t = S(m),$$

因此上述选取的 m 满足要求.

综合上述的两个方面可知, 所求的 k 为 $2^a (a = 0, 1, 2, \cdots)$.

2015年全国高中数学联赛(B卷)

一 试

一、填空题(每小题8分,共64分)

1. 已知函数 $f(x)=\begin{cases} a-x, & x\in[0,3], \\ a\log_2 x, & x\in(3,+\infty), \end{cases}$ 其中 a 为实数. 如果 $f(2)<f(4)$, 则 a 的取值范围是_____.

2. 已知 $y=f(x)+x^3$ 为偶函数, $f(10)=15$. 则 $f(-10)$ 的值为_____.

3. 某房间的室温 T(单位:摄氏度)与时间 t(单位:小时)的函数关系是: $T=a\sin t+b\cos t$, $t\in(0,+\infty)$, 其中 a、b 是正实数. 如果该房间的最大温差为 10 摄氏度, 则 $a+b$ 的最大值是_____.

4. 设正四棱柱 $ABCD-A_1B_1C_1D_1$ 的底面 $ABCD$ 是单位正方形, 如果二面角 A_1-BD-C_1 的大小是 $\frac{\pi}{3}$, 则 $AA_1=$_____.

5. 已知数列 $\{a_n\}$ 是一个等差数列, 首项与公差均为整数, 且 a_2、a_5、a_9 依次成等比数列, 则使得 $a_1+a_2+\cdots+a_k>100a_1$ 的最小正整数 k 的值是_____.

6. 设 k 为实数, 在平面直角坐标系 xOy 中有两个点集 $A=\{(x,y)\mid x^2+y^2=2(x+y)\}$ 和 $B=\{(x,y)\mid kx-y+k+3\geqslant 0\}$. 若 $A\cap B$ 是单元集, 则 k 的值是_____.

7. 在平面直角坐标系 xOy 中, P 是椭圆 $\frac{y^2}{4}+\frac{x^2}{3}=1$ 上的一个动点, 点 A、B 的坐标分别为 $(1,1)$、$(0,-1)$, 则 $|PA|+|PB|$ 的最大值为_____.

8. 正 2015 边形 $A_1A_2\cdots A_{2015}$ 内接于单位圆 O, 任取它的两个不同的顶点 A_i、A_j, $|\overrightarrow{OA_i}+\overrightarrow{OA_j}|\geqslant 1$ 的概率是_____.

二、解答题(共56分)

9. (16分) 已知数列 $\{a_n\}$ 满足 $a_1=3$, 且对任意正整数 m、n, 均有 $a_{m+n}=a_m+a_n+2mn$.

(1) 求数列 $\{a_n\}$ 的通项公式;

(2) 如果实数 c 使得 $\sum_{i=1}^{k}\frac{1}{a_n}<c$ 对所有正整数 k 都成立, 求 c 的取值范围.

10. (20分) 设 a_1、a_2、a_3、a_4 是 4 个有理数, 使得

$$\{a_i a_j \mid 1 \leqslant i < j \leqslant 4\} = \left\{-24, -2, -\frac{3}{2}, -\frac{1}{8}, 1, 3\right\}.$$

求 $a_1 + a_2 + a_3 + a_4$ 的值.

11.（20 分）在平面直角坐标系 xOy 中，椭圆 $\dfrac{x^2}{a^2} + \dfrac{y^2}{b^2} = 1 (a > b > 0)$ 的右焦点为 $F(c,0)$，若存在经过点 F 的一条直线 l 交椭圆于 A、B 两点，使得 $OA \perp OB$. 求该椭圆的离心率 $e = \dfrac{c}{a}$ 的取值范围.

加 试

一、（40 分）证明：对任意三个不全相等的非负实数 a、b、c，有

$$\frac{(a-bc)^2 + (b-ca)^2 + (c-ab)^2}{(a-b)^2 + (b-c)^2 + (c-a)^2} \geqslant \frac{1}{2},$$

并确定等号成立的充分必要条件.

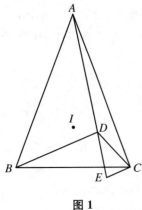

图 1

二、（40 分）如图 1 所示，在等腰 $\triangle ABC$ 中，$AB = AC$，I 为其内心，D 为 $\triangle ABC$ 内一点，使得 I、B、C、D 四点共圆. 过点 C 作 BD 的平行线，与 AD 的延长线交于点 E.

求证：$CD^2 = BD \cdot CE$.

三、（50 分）证明：存在无穷多个正整数组 (a, b, c) (a、b、$c > 2015$)，使得

$$a \mid bc - 1, \quad b \mid ac + 1, \quad c \mid ab + 1.$$

四、（50 分）给定正整数 m、n ($2 \leqslant m \leqslant n$). 设 $a_1, a_2, \cdots, a_m$ 是 $1, 2, \cdots, n$ 中任取 m 个互不相同的数构成的一个排列. 如果存在 $k \in \{1, 2, \cdots, m\}$ 使得 $a_k + k$ 为奇数，或者存在整数 k、l ($1 \leqslant k < l \leqslant m$)，使得 $a_k > a_l$，则称 $a_1, a_2, \cdots, a_m$ 是一个好排列. 试确定所有好排列的个数.

参 考 答 案

一 试

一、填空题

1. $(-2, +\infty)$.

$f(2) = a - 2, f(4) = 2a$，所有 $a - 2 < 2a$，解得 $a > -2$.

2. 2015.

由已知得 $f(-10) + (-10)^3 = f(10) + 10^3$，即 $f(-10) = f(10) + 2000 = 2015$.

3. $5\sqrt{2}$.

由辅助角公式:$T = a\sin t + b\cos t = \sqrt{a^2+b^2}\sin(t+\varphi)$,其中 φ 满足条件 $\sin\varphi = \frac{b}{\sqrt{a^2+b^2}}$,$\cos\varphi = \frac{a}{\sqrt{a^2+b^2}}$.则函数 T 的值域是 $[-\sqrt{a^2+b^2},\sqrt{a^2+b^2}]$,室内最大温差为 $2\sqrt{a^2+b^2} \leq 10$,得 $\sqrt{a^2+b^2} \leq 5$.

故 $a + b \leq \sqrt{2(a^2+b^2)} \leq 5\sqrt{2}$,等号成立当且仅当 $a = b = \frac{5}{2}\sqrt{2}$.

4. $\frac{\sqrt{6}}{2}$.

如图 2 所示,取 BD 的中点 O,联结 OA、OA_1、OC_1.则 $\angle A_1OC_1$ 是二面角 $A_1 - BD - C_1$ 的平面角,因此 $\angle A_1OC_1 = \frac{\pi}{3}$.又 $OA_1 = OC_1$,所以 $\triangle OA_1C_1$ 是等边三角形.故 $A_1O = A_1C_1 = \sqrt{2}$,所以

$$AA_1 = \sqrt{A_1O^2 - AO^2} = \sqrt{(\sqrt{2})^2 - \left(\frac{\sqrt{2}}{2}\right)^2} = \frac{\sqrt{6}}{2}.$$

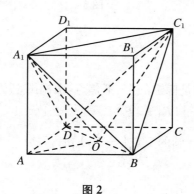

图 2

5. 34.

设数列 $\{a_n\}$ 的公差为 d,则 $a_2 = a_1 + d$,$a_5 = a_1 + 4d$,$a_9 = a_1 + 8d$.

因为 a_2、a_5、a_9 依次成等比数列,所以 $a_2 a_9 = a_5^2$,即
$$(a_1 + d)(a_1 + 8d) = (a_1 + 4d)^2.$$
化简上式,得 $a_1 d = 8d^2$.又 $d > 0$,所以 $a_1 = 8d$.由

$$\frac{a_1 + a_2 + \cdots + a_k}{a_1} = \frac{a_1 k + \frac{k(k-1)}{2}d}{a_1}$$

$$= k + \frac{k(k-1)}{16} > 100,$$

解得 $k_{\min} = 34$.

6. $-2 - \sqrt{3}$.

如图 3 所示,点集 A 是圆周 $\Gamma:(x-1)^2 + (y-1)^2 = 2$,点集 B 是恒过点 $P(-1,3)$ 的直

线 $l: y-3 = k(x+1)$ 及下方(包括边界).

作出这两个点集知,当 $A \cap B$ 是单元集时,直线 l 是经过点 P 的圆 Γ 的一条切线.故圆 Γ 的圆心 $M(1,1)$ 到直线 l 的距离等于圆的半径 $\sqrt{2}$,因此 $\frac{|k-1+k+3|}{\sqrt{k^2+1}} = \sqrt{2}$.

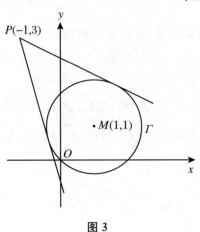

图 3

结合图像,应取较小根 $k = -2-\sqrt{3}$.

7. 5.

取 $F(0,1)$,则 F、B 分别是椭圆的上、下焦点,由椭圆定义知,$|PF|+|PB|=4$.

因此,$|PA|+|PB|=4-|PF|+|PA| \leq 4+|FA|=4+1=5$.

当 P 为 AF 的延长线与椭圆的交点 $\left(-\frac{3}{2},1\right)$ 时,$|PA|+|PB|$ 取最大值 5.

8. $\frac{671}{1007}$.

因为 $|\overrightarrow{OA_i}| = |\overrightarrow{OA_j}| = 1$,所以

$$|\overrightarrow{OA_i} + \overrightarrow{OA_j}|^2 = |\overrightarrow{OA_i}|^2 + |\overrightarrow{OA_j}|^2 + 2\overrightarrow{OA_i} \cdot \overrightarrow{OA_j} = 2(1+\cos\langle \overrightarrow{OA_i}, \overrightarrow{OA_j}\rangle),$$

故 $|\overrightarrow{OA_i} + \overrightarrow{OA_j}| \geq 1$ 的充分必要条件是 $\cos\langle \overrightarrow{OA_i}, \overrightarrow{OA_j}\rangle \geq -\frac{1}{2}$,即向量 $\overrightarrow{OA_i}$、$\overrightarrow{OA_j}$ 的夹角不超过 $\frac{2\pi}{3}$.

对任意给定的向量 $\overrightarrow{OA_i}$,满足条件 $|\overrightarrow{OA_i} + \overrightarrow{OA_j}| \geq 1$ 的向量 $\overrightarrow{OA_j}$ 的取法共有

$$\left[\frac{2\pi}{3} \div \frac{2\pi}{2015}\right] \times 2 = 1342$$

种,故 $|\overrightarrow{OA_i} + \overrightarrow{OA_j}| \geq 1$ 的概率是 $p = \frac{2015 \times 1342}{2015 \times 2014} = \frac{671}{1007}$.

二、解答题

9.(1)在 $a_{m+n} = a_m + a_n + 2mn$ 中令 $m=1$ 可以得到 $\{a_n\}$ 的递推公式:

$$a_{n+1} = a_1 + a_n + 2n = a_n + (3+2n).$$

因此 $\{a_n\}$ 的通项公式为

$$a_n = a_1 + \sum_{k=1}^{n-1}(3+2k) = 3 + \frac{(5+(2n+1))(n-1)}{2} = n(n+2).$$

事实上,对于这个数列 $\{a_n\}$, $a_1 = 1 \times 3 = 3$, 并且

$$a_{m+n} = (m+n)(m+n+2) = (m+n)^2 + 2(m+n)$$
$$= (m^2+2m) + (n^2+2n) + 2mn = a_m + a_n + 2mn,$$

所以 $a_n = n(n+2)$ 是数列 $\{a_n\}$ 的通项公式.

(2) 注意到 $\dfrac{1}{a_n} = \dfrac{1}{n(n+2)} = \dfrac{1}{2}\left(\dfrac{1}{n} - \dfrac{1}{n+2}\right)$, 所以

$$\sum_{n=1}^{k} \frac{1}{a_n} = \sum_{n=1}^{k} \frac{1}{2}\left(\frac{1}{n} - \frac{1}{n+2}\right) = \frac{1}{2}\left(1 + \frac{1}{2} - \frac{1}{k+1} - \frac{1}{k+2}\right)$$
$$= \frac{3}{4} - \frac{1}{2}\left(\frac{1}{k+1} + \frac{1}{k+2}\right).$$

故 $\sum_{n=1}^{k}\dfrac{1}{a_n} < \dfrac{3}{4}$, 并且 $\sum_{n=1}^{k}\dfrac{1}{a_n} \to \dfrac{3}{4}(k\to\infty)$, 因此 c 的取值范围是 $\left[\dfrac{3}{4}, +\infty\right)$.

10. 由条件易知, $a_i a_j (1 \leqslant i < j \leqslant 4)$ 是6个互不相同的数, 且其中没有两个互为相反数, 由此知, a_1、a_2、a_3、a_4 的绝对值互不相等, 不妨设 $|a_1| < |a_2| < |a_3| < |a_4|$, 则 $|a_i||a_j|$ $(1 \leqslant i < j \leqslant 4)$ 中最小的与次小的两个数分别是 $|a_1||a_2|$ 及 $|a_1||a_3|$, 最大的与次大的两个数分别是 $|a_3||a_4|$ 及 $|a_2||a_4|$, 从而必须有

$$\begin{cases} a_1 a_2 = -\dfrac{1}{8}, \\ a_1 a_3 = 1, \\ a_2 a_4 = 3, \\ a_3 a_4 = -24, \end{cases}$$

于是 $a_2 = -\dfrac{1}{8a_1}$, $a_3 = \dfrac{1}{a_1}$, $a_4 = \dfrac{3}{a_2} = -24a_1$. 故

$$\{a_2 a_3, a_1 a_4\} = \left\{-\frac{1}{8a_1^2}, -24a_1^2\right\} = \left\{-2, -\frac{3}{2}\right\},$$

结合 $a_1 \in \mathbf{Q}$, 只可能 $a_1 = \pm\dfrac{1}{4}$.

由此易知 $a_1 = \dfrac{1}{4}, a_2 = -\dfrac{1}{2}, a_3 = 4, a_4 = -6$ 或者 $a_1 = -\dfrac{1}{4}, a_2 = \dfrac{1}{2}, a_3 = -4, a_4 = 6$. 经检验知这两组解均满足问题的条件.

故 $a_1 + a_2 + a_3 + a_4 = \pm\dfrac{9}{4}$.

11. 设椭圆的右焦点 F 的坐标为 $(c, 0)$. 显然 l 不是水平直线, 设直线 l 的方程为 $x = ky + c$, 点 A、B 的坐标分别为 (x_1, y_1)、(x_2, y_2). 将直线 l 的方程与椭圆方程联立, 消去 x 得

$$(b^2k^2+a^2)y^2+2kb^2cy+b^2(c^2-a^2)=0.$$

由韦达定理

$$\begin{cases} y_1+y_2=-\dfrac{2kb^2c}{b^2k^2+a^2}, \\ y_1y_2=\dfrac{b^2(c^2-a^2)}{b^2k^2+a^2}=-\dfrac{b^4}{b^2k^2+a^2}. \end{cases}$$

所以

$$\begin{aligned}\overrightarrow{OA}\cdot\overrightarrow{OB}&=x_1x_2+y_1y_2=(ky_1+c)(ky_2+c)+y_1y_2\\ &=(k^2+1)y_1y_2+kc(y_1+y_2)+c^2\\ &=(k^2+1)\left(-\dfrac{b^4}{b^2k^2+a^2}\right)+kc\left(-\dfrac{2kb^2c}{b^2k^2+a^2}\right)+c^2\\ &=\dfrac{-k^2b^2(1+c^2)+a^2c^2-b^4}{b^2k^2+a^2}.\end{aligned}$$

因为 $OA\perp OB$ 等价于 $\overrightarrow{OA}\cdot\overrightarrow{OB}=0$，故由上式可知，存在满足条件的直线 l，等价于存在实数 k，使得

$$\dfrac{-k^2b^2(1+c^2)+a^2c^2-b^4}{b^2k^2+a^2}=0,$$

即

$$k^2=\dfrac{a^2c^2-b^4}{b^2(1+c^2)}. \qquad ①$$

显然，存在 k 满足式①等价于

$$a^2c^2-b^4\geqslant 0. \qquad ②$$

又 $b^2=a^2-c^2$，所以式②等价于 $a^2c^2-(a^2-c^2)^2\geqslant 0$，两边除以 a^4 得到

$$\dfrac{c^2}{a^2}-\left(1-\dfrac{c^2}{a^2}\right)^2\geqslant 0,$$

即

$$e^2-(1-e^2)^2\geqslant 0.$$

由于 $e<1$，解得 $e\in\left[\dfrac{\sqrt{5}-1}{2},1\right)$.

加　试

一、当 a、b、c 不全相等时，原不等式等价于

$$2(a-bc)^2+2(b-ca)^2+2(c-ab)^2\geqslant (a-b)^2+(b-c)^2+(c-a)^2.$$

上式可化简为

$$2a^2b^2+2b^2c^2+2c^2a^2-12abc\geqslant -2ab-2bc-2ca,$$

即

$$a^2b^2+b^2c^2+c^2a^2+ab+bc+ca\geqslant 6abc. \qquad ①$$

考虑到 a^2b^2、b^2c^2、c^2a^2、ab、bc、$ca \geq 0$,故由平均不等式,得
$$a^2b^2 + b^2c^2 + c^2a^2 + ab + bc + ca \geq 6\sqrt[6]{a^2b^2 \cdot b^2c^2 \cdot c^2a^2 \cdot ab \cdot bc \cdot ca} = 6abc, \quad ②$$
因此原不等式成立.

下面考虑等号成立的充分必要条件.

注意到式②中等号成立的充分必要条件是 $a^2b^2 = b^2c^2 = c^2a^2 = ab = bc = ca$.

若 $abc \neq 0$,则 $ab = bc = ca$,显然 $a = b = c$,与条件矛盾.

若 $abc = 0$,则 $ab = bc = ca = 0$,但 a、b、c 不全为 0,不妨设 $a \neq 0$,则 $b = c = 0$. 类似可得其余两种情况,即 a、b、c 中恰有一个非零. 这时原不等式中等式确实成立.

因此,原不等式等号成立当且仅当 a、b、c 中有两个是 0,另一个为正数.

二、如图 4 所示,联结 BI、CI. 设 I、B、C、D 四点在圆 O 上,延长 DE 交圆 O 于 F,联结 FB、FC.

因为 $BD \parallel CE$,所以 $\angle DCE = 180° - \angle BDC = \angle BFC$. 又由于
$$\angle CDE = \angle CDF = \angle CBF,$$
所以 $\triangle BFC \sim \triangle DCE$,从而
$$\frac{DC}{CE} = \frac{BF}{FC}.$$

再证明 AB、AC 与圆 O 相切.

事实上,因为 $\angle ABI = \frac{1}{2}\angle ABC = \frac{1}{2}\angle ACB = \angle ICB$,所以 AB 与圆 O 相切. 同理 AC 与圆 O 相切.

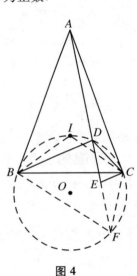

图 4

因此有 $\triangle ABD \sim \triangle AFB$,$\triangle ACD \sim \triangle AFC$,故
$$\frac{BD}{BF} = \frac{AB}{AF} = \frac{AC}{AF} = \frac{DC}{CF},$$

即
$$\frac{BF}{FC} = \frac{BD}{DC}. \quad ②$$

结合式①、式②,得 $\frac{DC}{CE} = \frac{BD}{DC}$,即 $CD^2 = BD \cdot CE$.

三、考虑 $c = ab + 1$ 的特殊情况,此时 $c \mid ab + 1$ 成立.

由 $a \mid bc + 1$ 知 $a \mid b(ab + 1) - 1$,故
$$a \mid b - 1. \quad ①$$

由 $b \mid ac + 1$ 知 $b \mid a(ab + 1) + 1$,故
$$b \mid a + 1. \quad ②$$

为满足式①、式②,取 $a = k, b = k + 1 (k \in \mathbf{N}^*)$,此时 $c = ab + 1 = k^2 + k + 1$.

当正整数 $k > 2015$ 时,$(a, b, c) = (k, k+1, k^2 + k + 1)$ 均符合条件,因此满足条件的正整数组 (a, b, c) 有无穷多个.

四、首先注意,"存在 $k \in \{1,2,\cdots,m\}$ 使得 $a_k + k$ 为奇数"是指存在一个数与它所在的位置序号的奇偶性不同;"存在整数 k、$l(1 \leqslant k < l \leqslant m)$,使得 $a_k > a_l$"意味着排列中存在逆序,换言之,此排列不具有单调递增性.

将不是好排列的排列称为坏排列,下面先求坏排列的个数,再用所有排列数减去坏排列数.注意坏排列同时满足:(1)奇数位必填奇数,偶数位必填偶数;(2)单调递增.

下面来求坏排列的个数.设 P 是坏排列全体,Q 是在 $1,2,\cdots,\left[\dfrac{n+m}{2}\right]$ 中任取 m 项组成的单调递增数列的全体.

对于 P 中的任意一个排列 $a_1,a_2,\cdots,a_m$,定义

$$f(a_1,a_2,\cdots,a_m) = \left(\dfrac{a_1+1}{2},\dfrac{a_2+2}{2},\cdots,\dfrac{a_m+m}{2}\right).$$

因为 $a_k \leqslant n$,$k \leqslant m$,故由条件(1)可知,所有的 $\dfrac{a_k+k}{2}$ 均属于集合 $\left\{1,2,\cdots,\left[\dfrac{n+m}{2}\right]\right\}$. 再由条件(2)可知,$\left\{\dfrac{a_k+k}{2}\right\}(k=1,2,\cdots,m)$ 单调递增.故如上定义的 f 给出了 $P \to Q$ 的一个映射.显然 f 是一个单射.

下面证明 f 是一个满射.事实上,对于 Q 中任一个数列 $b_1,b_2,\cdots,b_m$,令 $a_k = 2b_k - k$ $(k=1,2,\cdots,m)$.因为整数 $b_{k+1} > b_k$,故 $b_{k+1} \geqslant b_k + 1$,从而

$$a_{k+1} - a_k = 2(b_{k+1} - b_k) - 1 \geqslant 1 \ (1 \leqslant k \leqslant m-1),$$

故 $a_1,a_2,\cdots,a_m$ 单调递增.

又 $a_1 \geqslant 1$,而 $a_m \leqslant 2\left[\dfrac{n+m}{2}\right] - m \leqslant n$,及 $a_k + k = 2b_k$ 为偶数,故 $a_1,a_2,\cdots,a_m$ 为 P 中的一个排列.显然 $f(a_1,a_2,\cdots,a_m) = (b_1,b_2,\cdots,b_m)$,故 f 是一个满射.

综上可见,f 是 $P \to Q$ 的一个一一映射,故 $|P| = |Q|$.

又 Q 中的所有数列与集合 $\left\{1,2,\cdots,\left[\dfrac{n+m}{2}\right]\right\}$ 的所有 m 元子集一一对应,故 $|Q| = C_{\left[\frac{n+m}{2}\right]}^m$,从而 $|P| = C_{\left[\frac{n+m}{2}\right]}^m$.

最后,我们用总的排列数 $A_n^m = \dfrac{n!}{(n-m)!}$ 扣除坏排列的数目,得所有的好排列的个数为

$$\dfrac{n!}{(n-m)!} - C_{\left[\frac{n+m}{2}\right]}^m.$$

2015年全国高中数学联赛江苏赛区复赛

一 试

一、填空题(每小题8分,共64分)

1. 随机抛掷3颗大小、质地相同的正方体骰子. 在3颗骰子所示数字中最小值是3的概率是_____.

2. 关于x的方程$x^2 - 2ax + a^2 - 4a = 0$有模为3的虚数根,则实数a的值是_____.

3. 已知正项数列$\{a_n\}$的首项为1,且对于一切正整数n都有$a_n(na_n - a_{n+1}) = (n+1)a_{n+1}^2$,则数列的通项公式$a_n = $_____.

4. 设以$F_1(-1,0)$、$F_2(1,0)$为焦点的椭圆的离心率为e,以F_1为顶点、F_2为焦点的抛物线与椭圆的一个交点是P. 若$\frac{|PF_1|}{|PF_2|} = e$,则$e$的值为_____.

5. 设实数a、b满足$0 \leq a$、$b \leq 8$,且$b^2 = 16 + a^2$,则$b-a$的最大值与最小值之和是_____.

6. 函数$f(x) = 2\cos x + \sin 2x$ $(x \in \mathbf{R})$的值域是_____.

7. 正四棱锥$P-ABCD$外接于一个半径为1的球面,若球心到四棱锥各个面的距离相等,则此四棱锥的底面面积为_____.

8. 已知$\triangle ABC$的外心为O,内心为I,$\angle B = 45°$. 若$OI /\!/ BC$,则$\cos C$的值是_____.

二、解答题(共56分)

9. (16分)设等比数列$a_1, a_2, \cdots, a_k$和$b_1, b_2, \cdots, b_k$,记$c_n = a_n - b_n$,$n = 1, 2, \cdots, k$.
(1) 写出一组a_1、a_2、a_3和b_1、b_2、b_3,使得c_1、c_2、c_3是公差不为0的等差数列;
(2) 当$k \geq 4$时,求证:$\{c_n\}$不可能为公差不为0的等差数列.

10. (20分)在平面直角坐标系xOy中,已知椭圆$C: \frac{x^2}{27} + \frac{y^2}{18} = 1$的右焦点为$F$,过点$F$的直线$l$与椭圆$C$交于$A$、$B$两点. 试问:在$x$轴上是否存在定点$P$,使得当直线$l$绕点$F$旋转时,都有$\overrightarrow{PA} \cdot \overrightarrow{PB}$为定值?

11. (20分)设多项式$f(x) = x^3 + ax^2 + bx + c$,其中$a$、$b$、$c$是实数. 若对于任意的非负实数$x$、$y$,有$f(x+y) \geq f(x) + f(y)$. 求$a$、$b$、$c$所满足的条件.

加 试

一、(40分)如图1所示,E、F分别是$\triangle ABC$、$\triangle ACD$的内心,AC平分$\angle BAD$,$AC^2 = $

$AB \cdot AD$,延长 EC 交 $\triangle CDF$ 的外接圆于点 K,延长 FC 交 $\triangle BCE$ 的外接圆于点 R. 若 $RK // EF$,求证:点 A 是 $\triangle BCD$ 的外心.

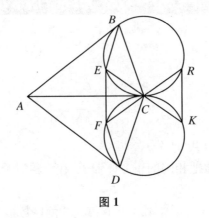

图 1

二、(40 分)求所有的正整数 n,使得对于任意正实数 a、b、c 满足 $a+b+c=1$,有
$$abc(a^n + b^n + c^n) \leqslant \frac{1}{3^{n+2}}.$$

三、(50 分)设 n 为正整数,求满足以下条件的三元正整数组 (a,b,c) 的个数:
(1) $ab = n$;
(2) $1 \leqslant c \leqslant b$;
(3) a、b、c 的最大公约数为 1.

四、(50 分)设 a、b、c、d、e 为正实数,且 $a^2 + b^2 + c^2 + d^2 + e^2 = 2$. 若 5 个正三角形的面积分别为 a^2、b^2、c^2、d^2、e^2. 求证:这五个三角形中存在四个能覆盖面积为 1 的正 $\triangle ABC$.

参 考 答 案

一 试

一、填空题

1. $\dfrac{37}{216}$.

所有骰子所示点数至少是 3 的概率为 $\left(\dfrac{4}{6}\right)^3$,所有骰子中所示点数至少是 4 的概率为 $\left(\dfrac{3}{6}\right)^3$.

所以 3 颗骰子所示数字中最小值恰为 3 的概率是 $\left(\dfrac{4}{6}\right)^3 - \left(\dfrac{3}{6}\right)^3 = \dfrac{37}{216}$.

2. $2 - \sqrt{13}$.

由题 $(x-a)^2 = 4a < 0$,所以 $x = a - 2\sqrt{-a}\,\mathrm{i}$,又 $|x|^2 = a^2 - 4a = 9$,即有 $a - 2 =$

$\pm\sqrt{13}$,因为 $a<0$,所以 $a=2-\sqrt{13}$.

3. $\dfrac{1}{n}$.

根据 $a_n(na_n-a_{n+1})=(n+1)a_{n+1}^2$,写出 a_2、a_3、a_4,可归纳出 $a_n=\dfrac{1}{n}$.

也可以变形为
$$(a_{n+1}+a_n)\big((n+1)a_{n+1}-na_n\big)=0,$$
由 $a_{n+1}+a_n\neq 0$,得 $(n+1)a_{n+1}=na_n=\cdots=a_1=1$,所以 $a_n=\dfrac{1}{n}$.

4. $\dfrac{\sqrt{3}}{3}$.

在抛物线中,$p=4$,准线 $x=-3$,$|PF_2|$ 是 P 到准线的距离.

椭圆中,$\dfrac{|PF_1|}{|PF_2|}=e$,$|PF_2|$ 也是 P 到左准线的距离,则抛物线的准线与椭圆的准线重合,所以 $\dfrac{a^2}{c}=3$.因为 $c=1$,故 $e=\dfrac{\sqrt{3}}{3}$.

5. $12-4\sqrt{3}$.

由题设可知,$b^2=16+a^2$,则 $b-a=\dfrac{b^2-a^2}{b+a}=\dfrac{16}{\sqrt{a^2+16}+a}$.

记 $f(a)=\dfrac{16}{\sqrt{a^2+16}+a}$,则函数 $f(a)$ 单调递减.

由 $0\leqslant a$、$b\leqslant 8$,得 $16+a^2\leqslant 64$,解得 $0\leqslant a\leqslant 4\sqrt{3}$.

所以 $b-a$ 的最小值为 $f(4\sqrt{3})=8-4\sqrt{3}$,$b-a$ 的最大值为 $f(0)=4$,从而 $b-a$ 的最大值与最小值之和为 $12-4\sqrt{3}$.

6. $\left[-\dfrac{3\sqrt{3}}{2},\dfrac{3\sqrt{3}}{2}\right]$.

$$\big(f(x)\big)^2=(2\cos x+\sin 2x)^2=4\cos^2 x(1+\sin x)^2=\dfrac{4}{3}(3-3\sin x)(1+\sin x)^3$$
$$\leqslant\dfrac{4}{3}\times\left(\dfrac{(3-3\sin x)+(1+\sin x)+(1+\sin x)+(1+\sin x)}{4}\right)^4=\dfrac{27}{4},$$

当且仅当 $3-3\sin x=1+\sin x$ 即 $\sin x=\dfrac{1}{2}$ 时,等号成立.

从而当 $\sin x=\dfrac{1}{2}$,$\cos x=\dfrac{\sqrt{3}}{2}$ 时,$f(x)$ 取得最大值为 $\dfrac{3\sqrt{3}}{2}$;当 $\sin x=\dfrac{1}{2}$,$\cos x=-\dfrac{\sqrt{3}}{2}$ 时,$f(x)$ 取得最小值为 $-\dfrac{3\sqrt{3}}{2}$.

所以,函数 $f(x)=2\cos x+\sin 2x$($x\in\mathbf{R}$)的值域是 $\left[-\dfrac{3\sqrt{3}}{2},\dfrac{3\sqrt{3}}{2}\right]$.

7. $4\sqrt{2}-4$.

设四棱锥的底面边长为 a，则球心到底面的距离为 $\sqrt{1-\frac{1}{2}a^2}$．

由 $\dfrac{\sqrt{1-\frac{1}{2}a^2}}{\frac{a}{2}} = \dfrac{\frac{\sqrt{2}}{2}a}{1+\sqrt{1-\frac{1}{2}a^2}}$，解得 $a^2 = 4\sqrt{2}-4$，即四棱锥的底面面积为 $4\sqrt{2}-4$．

8. $1-\dfrac{\sqrt{2}}{2}$．

设 $\triangle ABC$ 的外接圆半径和内切圆半径分别为 R 和 r．

记 BC 的中点为 M，D 是由 I 向 BC 所作垂线的垂足．

由 $OI \,/\!/\, BC$，知 $OM = ID = r$．由 $\angle BOC = 2\angle A$，$BC = BD + DC = 2BM$，得

$$\frac{r}{\tan\frac{B}{2}} + \frac{r}{\tan\frac{C}{2}} = 2r\tan A,$$

即

$$\frac{\cos\frac{A}{2}}{\sin\frac{B}{2}\sin\frac{C}{2}} = \frac{2\sin A}{\cos A}.$$

所以

$$\cos A = 4\sin\frac{A}{2}\sin\frac{B}{2}\sin\frac{C}{2} = -2\sin\frac{A}{2}\left(\cos\frac{B+C}{2} - \cos\frac{B-C}{2}\right)$$

$$= -2\sin^2\frac{A}{2} + 2\cos\frac{B+C}{2}\cos\frac{B-C}{2} = \cos A - 1 + (\cos B + \cos C).$$

从而 $\cos B + \cos C = 1$．所以 $\cos C = 1 - \dfrac{\sqrt{2}}{2}$．

二、解答题

9. (1) $a_1 = 4, a_2 = 8, a_3 = 16$；$b_1 = 1, b_2 = 3, b_3 = 9$．则 $c_1 = 3, c_2 = 5, c_3 = 7$．

(2) 设 $a_n = ap^n$，$b_n = bq^n$，则 $c_n = ap^n - bq^n$．

假设 $\{c_n\}$ 是公差非 0 的等差数列，则由 $2c_{n+1} = c_n + c_{n+2}$，得 $ap^n(p-1)^2 = bq^n(q-1)^2$．

当 $k \geq 4$ 时，n 可取 1，2，所以有

$$ap(p-1)^2 = bq(q-1)^2, \quad ap^2(p-1)^2 = bq^2(q-1)^2.$$

解得 $p = q$．于是，当 $p = q \neq 1$ 时，则 $a = b$，从而 $c_1 = c_2 = \cdots = c_k = 0$；当 $p = q = 1$ 时，则 $c_1 = c_2 = \cdots = c_k = a - b$．

又数列 $\{c_n\}$ 是公差不为 0 的等差数列，矛盾．故命题成立．

10. 由题意知，点 F 的坐标为 $(3, 0)$．设点 $A(x_1, y_1)$、$B(x_2, y_2)$．

当直线 l 与 x 轴不垂直时,设 l 的方程为 $y = k(x-3)$. 由

$$\begin{cases} \dfrac{x^2}{27} + \dfrac{y^2}{18} = 1, \\ y = k(x-3), \end{cases}$$

得

$$(2+3k^2)x^2 - 18k^2 x + 27k^2 - 54 = 0,$$

所以

$$x_1 + x_2 = \frac{18k^2}{2+3k^2}, \quad x_1 x_2 = \frac{27k^2 - 54}{2+3k^2}.$$

假设在 x 轴上存在定点 $P(t,0)$,使得 $\overrightarrow{PA} \cdot \overrightarrow{PB}$ 为定值,则

$$\begin{aligned}
\overrightarrow{PA} \cdot \overrightarrow{PB} &= (x_1 - t, y_1) \cdot (x_2 - t, y_2) = x_1 x_2 - t(x_1 + x_2) + t^2 + y_1 y_2 \\
&= x_1 x_2 - t(x_1 + x_2) + t^2 + k(x_1 - 3)k(x_2 - 3) \\
&= (1+k^2) x_1 x_2 - (3k^2 + t)(x_1 + x_2) + t^2 + 9k^2 \\
&= (1+k^2) \frac{27k^2 - 54}{2+3k^2} - (3k^2 + t)\frac{18k^2}{2+3k^2} + t^2 + 9k^2 \\
&= -\frac{24 + (18t+9)k^2}{2+3k^2} + t^2.
\end{aligned}$$

当直线 l 绕点 F 旋转,即 k 变化时,要使得 $\overrightarrow{PA} \cdot \overrightarrow{PB}$ 为定值,即 $\dfrac{54 + (18t+9)k^2}{2+3k^2}$ 为定值,则 $\dfrac{54}{2} = \dfrac{18t+9}{3}$,解得 $t = 4$. 此时 $\overrightarrow{PA} \cdot \overrightarrow{PB} = -11$.

当直线 l 与 x 轴垂直时,$A(3, 2\sqrt{3})$、$B(3, -2\sqrt{3})$,此时 $\overrightarrow{PA} \cdot \overrightarrow{PB} = (3-4, 2\sqrt{3}) \cdot (3-4, -2\sqrt{3}) = -11$.

综上所述,在 x 轴上存在定点 $P(4,0)$,使得 $\overrightarrow{PA} \cdot \overrightarrow{PB}$ 为定值.

11. 由 $f(x+y) \geqslant f(x) + f(y)$,得

$$3x^2 y + 3xy^2 - c \geqslant -2axy, \quad x、y \geqslant 0. \qquad ①$$

取 $x = y = 0$ 代入式①,得 $c \leqslant 0$.

不妨设 $x > 0, y > 0$,则

$$3x^2 y + 3xy^2 + (-c) \geqslant 3\sqrt[3]{3x^2 y \cdot 3xy^2 \cdot (-c)} = 3xy \sqrt[3]{9c},$$

等号成立,当且仅当 $x_0 = y_0 = -\sqrt[3]{\dfrac{c}{3}}$.

因此 $-3 x_0 y_0 \sqrt[3]{9c} \geqslant -2a x_0 y_0$,从而 $a \geqslant \dfrac{3}{2} \sqrt[3]{9c}$.

当 $a \geqslant \dfrac{3}{2} \sqrt[3]{9c}, c \leqslant 0$ 时,对任意 $x、y \geqslant 0, 3x^2 y + 3xy^2 - c \geqslant -2axy$,即 $f(x+y) \geqslant f(x) + f(y)$.

综上所述,$a、b、c$ 满足的条件是 $a \geqslant \dfrac{3}{2} \sqrt[3]{9c}, c \leqslant 0, b \in \mathbf{R}$.

加　试

一、如图 2 所示，联结 ER、FK．

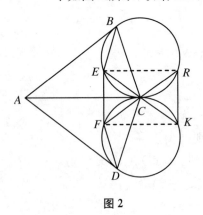

图 2

因为 $\angle BAC = \angle CAD$，$AC^2 = AB \cdot AD$，所以
$$\triangle ABC \backsim \triangle ADC \Rightarrow \angle ABC = \angle ACD.$$
又 $\angle EBC = \dfrac{1}{2}\angle ABC$，$\angle ACF = \dfrac{1}{2}\angle ACD$，所以 $\angle EBC = \angle ACF$．

由 $\angle EBC = \angle ERC$ 得，$\angle ERC = \angle ACF$，所以 $ER \parallel AC$．

同理，$FK \parallel AC$．于是 $ER \parallel FK$．又因为 $RK \parallel EF$，所以四边形 $EFKR$ 为平行四边形，从而 $ER = FK$．

因为 $ER \parallel AC$，所以 $\angle REC = \angle ECA = \angle ECB$．又因为 $\angle EBC = \angle ERC$，$EC = EC$，所以 $\triangle BEC \cong \triangle ECR$，从而 $BC = ER$．

同理，$CD = FK$．所以 $BC = CD$．

由 $\dfrac{AC}{AB} = \dfrac{AD}{AC} = \dfrac{CD}{BC} = 1$，得 $\triangle ABC \cong \triangle ADC$，于是 $AB = AC = AD$，即 A 为 $\triangle BCD$ 外接圆的圆心．

二、(1) 当 $n \geqslant 3$ 时，取 $a = \dfrac{2}{3}$，$b = c = \dfrac{1}{6}$，则
$$abc(a^n + b^n + c^n) = \dfrac{1}{3^{n+3}}\left(2^{n-1} + \dfrac{1}{2^n} + \dfrac{1}{2^n}\right) > \dfrac{1}{2^{n+2}}.$$
所以 $n \geqslant 3$ 不满足题意．

(2) 当 $n = 1$ 时，有
$$abc(a + b + c) = abc \leqslant \left(\dfrac{a+b+c}{3}\right)^3 \leqslant \dfrac{1}{3^3},$$
所以 $n = 1$ 满足题意．

(3) 当 $n = 2$ 时，原不等式也成立．

令 $x = ab + bc + ca$，则 $a^2 + b^2 + c^2 = 1 - 2x$，由
$$(ab + bc + ca)^2 \geqslant 3abc(a + b + c),$$
得 $3abc \leqslant x^2$．于是，
$$abc(a^2 + b^2 + c^2) \leqslant \dfrac{1}{3}x^2(1 - 2x).$$
因此 $0 < x < \dfrac{1}{2}$，从而
$$\dfrac{1}{3}x^2(1 - 2x) \leqslant \dfrac{1}{3}\left(\dfrac{x + x + 1 - 2x}{3}\right)^3 = \dfrac{1}{3^4}.$$
即

$$abc(a^2+b^2+c^2) \leqslant \frac{1}{3}x^2(1-2x) \leqslant \frac{1}{3^4}.$$

三、用 $\gcd(a,b,c)$ 表示 a、b、c 的最大公约数.

令 $S_n = \{(a,b,c) \mid a、b、c$ 为正整数,$ab=n, 1 \leqslant c \leqslant b, \gcd(a,b,c)=1\}$,记 S_n 中元素的个数为 $f(n)$ ($n \in \mathbf{N}^*$). 显然 $f(1)=1$.

(1) 如果 $n=p^\alpha$,其中 p 为素数,$\alpha \geqslant 1$. 设 $(a,b,c) \in S_n$.

若 $b=1$,则 $a=p^\alpha, c=1$;

若 $b=p^t, 1 \leqslant t \leqslant \alpha-1$,则 $a=p^{\alpha-t}, \gcd(c,p)=1, 1 \leqslant c \leqslant b$;若 $b=p^\alpha$,则 $a=1$,$1 \leqslant c \leqslant b$.

因此,$f(p^\alpha) = 1 + \sum_{t=1}^{\alpha-1} \varphi(p^t) + p^\alpha = p^{\alpha-1} + p^\alpha$ (这里 $\varphi(x)$ 为 Euler 函数).

(2) 下证:如果 m、n 为互素的正整数,那么 $f(mn) = f(m) \cdot f(n)$.

首先,若每个 $(a,b,c) \in S_{mn}$,由于 $ab=mn$,令 $b_1 = \gcd(b,n), b_2 = \gcd(b,m)$,那么 $\gcd(b_1, b_2) = 1$,再令 $a_1 = \gcd(a,n), a_2 = \gcd(a,m)$,那么 $\gcd(a_1, a_2) = 1$,而且 $a_1 b_1 = n, a_2 b_2 = m$.

因为
$$1 = \gcd(a,b,c) = \gcd(a_1 a_2, b_1 b_2, c) = \gcd\bigl(\gcd(a_1 a_2, b_1 b_2), c\bigr)$$
$$= \gcd\bigl(\gcd(a_1, a_2) \cdot \gcd(b_1, b_2), c\bigr),$$

所以 $\gcd(a_1, b_1, c) = 1, \gcd(a_2, b_2, c) = 1$,令 $c_i \equiv c \pmod{b_i}, 1 \leqslant c_i \leqslant b_i, i=1,2$.

那么 $\gcd(a_1, b_1, c_1) = 1, \gcd(a_2, b_2, c_2) = 1$,因此,$(a_1, b_1, c_1) \in S_n, (a_2, b_2, c_2) \in S_m$.

其次,若 $(a_1, b_1, c_1) \in S_n, (a_2, b_2, c_2) \in S_m$,令 $a = a_1 a_2, b = b_1 b_2$. 由于 $\gcd(m,n)=1$,从而 $\gcd(b_1, b_2) = 1$.

由中国剩余定理,存在唯一的整数 $c, 1 \leqslant c \leqslant b$,满足
$$\begin{cases} c \equiv c_1 \pmod{b_1}, \\ c \equiv c_2 \pmod{b_2}. \end{cases}$$

显然 $\gcd(a_1, b_1, c) = \gcd(a_1, b_1, c_1) = 1, \gcd(a_2, b_2, c) = \gcd(a_2, b_2, c_2) = 1$,从而
$$\gcd(a,b,c) = \gcd\bigl(\gcd(a,b), c\bigr) = \gcd\bigl(\gcd(a_1, b_1) \cdot \gcd(a_2, b_2), c\bigr)$$
$$= \gcd(a_1, b_1, c) \gcd(a_2, b_2, c) = 1.$$

因此,$(a,b,c) \in S_{mn}$.

所以,$f(mn) = f(m) \cdot f(n)$.

由 (1)、(2) 可知,$f(n) = n \prod_{p \mid n} \left(1 + \frac{1}{p}\right)$.

四、不妨设 $a \geqslant b \geqslant c \geqslant d \geqslant e > 0$.

若 $a \geqslant 1$,则面积为 a^2 的三角形可覆盖 $\triangle ABC$.

若 $a < 1$,则必有 $b + c > 1$,这是因为当 $c > \dfrac{1}{2}$ 时,由于 $b \geqslant c$,故 $b + c > 1$;当 $c \leqslant \dfrac{1}{2}$ 时,由 $a < 1$,则 $b^2 = 2 - a^2 - c^2 - d^2 - e^2 > 1 - 3c^2 \geqslant (1-c)^2$,所以 $b + c > 1$,从而 $a + c > 1, a + b > 1$.

用面积分别为 a^2、b^2、c^2 的三个三角形覆盖 $\triangle ABC$,使得每个三角形都分别有一个顶点与 $\triangle ABC$ 的一个顶点重合,且有两条边在 $\triangle ABC$ 的两条边上. 于是,这三个三角形两两相交.

若这三个三角形能覆盖 $\triangle ABC$,则结论成立. 否则有
$$(a+b-1)+(b+c-1)+(c+a-1) < 1,$$
得 $2 - a - b - c > 0$.

令中间不能被面积分别为 a^2、b^2、c^2 的三个三角形所覆盖的正三角形面积为 f^2,则
$$\begin{aligned} f^2 &= 1 - (a^2 + b^2 + c^2) + (a+b-1)^2 + (b+c-1)^2 + (c+a-1)^2 \\ &= (2 - a - b - c)^2, \end{aligned}$$
得 $f = 2 - a - b - c$.

下证 $d \geqslant f$.

若 $d > \dfrac{1}{2}$,由 $a \geqslant b \geqslant c \geqslant d \geqslant \dfrac{1}{2}$,得 $f = 2 - a - b - c < \dfrac{1}{2}$,从而 $d > f$.

若 $d \leqslant \dfrac{1}{2}$,由 a、b、$c < 1$,有 $d \geqslant 2d^2 \geqslant d^2 + e^2 = 2 - a^2 - b^2 - c^2 > 2 - a - b - c = f$.

所以,面积为 d^2 的正三角形可以覆盖 $\triangle ABC$ 不能被面积为 a^2、b^2、c^2 的正三角形覆盖的部分.

(朱晓胜 提供)

2015年全国高中数学联赛安徽赛区初赛

一、填空题(每小题8分,共64分)

1. 函数 $f(x)=|x+1|+|x+3|+e^{-x}$ ($x\in\mathbf{R}$) 的最小值是_____.

2. 设 $x_1=1$,$x_n=\dfrac{x_{n-1}-1}{2x_{n-1}+4}$ ($n\geqslant 2$). 数列 $\{x_n\}$ 的通项公式是 $x_n=$_____.

3. 设平面向量 $\boldsymbol{\alpha}$、$\boldsymbol{\beta}$ 满足 $|\boldsymbol{\alpha}|$、$|\boldsymbol{\beta}|$、$|\boldsymbol{\alpha}+\boldsymbol{\beta}|\in[1,3]$,则 $\boldsymbol{\alpha}\cdot\boldsymbol{\beta}$ 的取值范围是_____.

4. 设 $f(x)$ 是定义域为 $\mathbf{R}$ 的具有周期 2π 的奇函数,并且 $f(3)=f(4)=0$,则 $f(x)$ 在 $[0,10]$ 中至少有_____个零点.

5. 设 a 为实数,且关于 x 的方程 $(a+\cos x)(a-\sin x)=1$ 有实根,则 a 的取值范围是_____.

6. 设定点 $P(0,1)$,动点 Q 满足线段 PQ 的垂直平分线与抛物线 $y=x^2$ 相切,则 Q 的轨迹方程是_____.

7. 设复数 $z=x+y\mathrm{i}$,其中 x、y 是实数,i 是虚数单位. 若 z 的虚部和 $\dfrac{z-\mathrm{i}}{1-z}$ 的实部都非负,则满足条件的点 (x,y) 所构成平面区域的面积是_____.

8. 设 n 是正整数. 把男女乒乓球选手各 $3n$ 人配成男双、女双、混双各 n 对,每位选手均不兼项,则配对方式总数是_____.

二、解答题(共86分)

9. (20分)设正实数 a、b 满足 $a+b=1$. 求证:$\sqrt{a^2+\dfrac{1}{a}}+\sqrt{b^2+\dfrac{1}{b}}\geqslant 3$.

10. (22分)在如图1所示的多面体 $ABCDEF$ 中,已知 AD、BE、CF 都与平面 ABC 垂直. 设 $AD=a$,$BE=b$,$CF=c$,$AB=AC=BC=1$. 求四面体 $ABCE$ 与 $BDEF$ 公共部分的体积(用 a、b、c 表示).

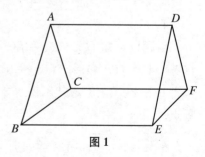

图1

11. (22分)设平面四边形 $ABCD$ 的四边长为4个连续的正整数. 求证:四边形 $ABCD$ 的面积的最大值不是整数.

12. (22分)已知31位学生参加了某次考试,考试共有10道题,每位学生解出了至少6道题.

求证:存在两位学生,他们解出的题目中至少有5道相同.

参 考 答 案

一、填空题

1. $6-2\ln 2$.

当 $x \leqslant -3$ 时,$f(x) = -2x-4+e^{-x}$,$f(x)$ 单调减;当 $-3 \leqslant x \leqslant -1$ 时,$f(x) = 2+e^{-x}$,此时 $f(x)$ 亦单调减;当 $x \geqslant -1$ 时,$f(x) = 2x+4+e^{-x}$,$f'(x) = 2-e^{-x}$.令 $f'(x) = 0$ 得 $x = -\ln 2$.因此 $f(x)$ 在 $x = -\ln 2$ 处取得最小值 $6-2\ln 2$.

2. $\dfrac{2^{n-2}-3^{n-2}}{2\cdot 3^{n-2}-2^{n-2}}$.

由 $x_n + 1 = 3\dfrac{x_{n-1}+1}{2x_{n-1}+4}$ 和 $2x_n+1 = 2\dfrac{2x_{n-1}+1}{2x_{n-1}+4}$,可得

$$\dfrac{x_n+1}{2x_n+1} = \dfrac{3}{2}\cdot\dfrac{x_{n-1}+1}{2x_{n-1}+1} = \left(\dfrac{3}{2}\right)^{n-2}.$$

故 $x_n = \dfrac{2^{n-2}-3^{n-2}}{2\cdot 3^{n-2}-2^{n-2}}$.

3. $\left[-\dfrac{17}{2},\dfrac{9}{4}\right]$.

$$\boldsymbol{\alpha}\cdot\boldsymbol{\beta} = \dfrac{1}{2}(|\boldsymbol{\alpha}+\boldsymbol{\beta}|^2 - |\boldsymbol{\alpha}|^2 - |\boldsymbol{\beta}|^2) \geqslant \dfrac{1-9-9}{2} = -\dfrac{17}{2}.$$

$$\boldsymbol{\alpha}\cdot\boldsymbol{\beta} = \dfrac{1}{4}(|\boldsymbol{\alpha}+\boldsymbol{\beta}|^2 - |\boldsymbol{\alpha}-\boldsymbol{\beta}|^2) \leqslant \dfrac{9}{4}.$$

例如:设 $|\boldsymbol{\alpha}| = |\boldsymbol{\beta}| = t$,$|\boldsymbol{\alpha}+\boldsymbol{\beta}| = 4-t$,$\dfrac{4}{1+\sqrt{2}} \leqslant t \leqslant 3$,则 $\boldsymbol{\alpha}\cdot\boldsymbol{\beta}$ 的取值可覆盖 $\left[-\dfrac{17}{2},0\right]$;又例如:设 $|\boldsymbol{\alpha}| = |\boldsymbol{\beta}| = t$,$|\boldsymbol{\alpha}+\boldsymbol{\beta}| = 3$,$\dfrac{3}{2} \leqslant t \leqslant \dfrac{3}{\sqrt{2}}$,则 $\boldsymbol{\alpha}\cdot\boldsymbol{\beta}$ 的取值可覆盖 $\left[0,\dfrac{9}{4}\right]$.因此,$\boldsymbol{\alpha}\cdot\boldsymbol{\beta}$ 的取值范围是 $\left[-\dfrac{17}{2},\dfrac{9}{4}\right]$.

4. 11.

由题设可知 $f(\pi+x) = f(-\pi+x) = -f(\pi-x)$.令 $x=0$,得 $f(\pi)=0$.另一方面,$f(2\pi-4) = f(-4) = -f(4) = 0$.类似地,$f(2\pi-3) = 0$.因此,$f(x)$ 在 $[0,10]$ 中的零点一定包含 0、π、2π、3π、3、$2\pi+3$、$2\pi-3$、$4\pi-3$、4、$2\pi-4$、$4\pi-4$.容易构造 $f(x)$ 使得恰有这 11 个零点.

5. $\left[-1-\dfrac{\sqrt{2}}{2},-1+\dfrac{\sqrt{2}}{2}\right] \cup \left[1-\dfrac{\sqrt{2}}{2},1+\dfrac{\sqrt{2}}{2}\right]$.

设 $u = a+\cos x$,$v = a-\sin x$.方程有实根等价于双曲线 $uv = 1$ 与圆 $(u-a)^2 + (v-a)^2 = 1$ 有公共点.注意到圆的圆心位于直线 $y = x$ 上,只需找到圆与双曲线相切时圆心的位置即可.当圆与双曲线切于 $A(1,1)$ 时,$a = 1\pm\dfrac{\sqrt{2}}{2}$.当圆与双曲线切于 $B(-1,-1)$ 时,a

$= -1 \pm \frac{\sqrt{2}}{2}$. 因此, a 的取值范围为 $\left[-1-\frac{\sqrt{2}}{2}, -1+\frac{\sqrt{2}}{2}\right] \cup \left[1-\frac{\sqrt{2}}{2}, 1+\frac{\sqrt{2}}{2}\right]$.

6. $(2y-1)x^2 + 2(y+1)(y-1)^2 = 0$, 其中 $-1 \leqslant y < \frac{1}{2}$.

设 PQ 的垂直平分线 l 与抛物线 $y = x^2$ 相切于 (t, t^2), 切向量为 $(1, 2t)$. 则 l 的方程为 $y = 2t(x-t) + t^2$. 设 $Q(x, y)$, 由 PQ 与 l 垂直且 PQ 中点在 l 上, 可得

$$\begin{cases} x + 2t(y-1) = 0, & \text{①} \\ \frac{1}{2}(y+1) = tx - t^2. & \text{②} \end{cases}$$

由式①解得 $t = \frac{x}{2-2y}$, 代入式②得 Q 的轨迹方程为

$$(2y-1)x^2 + 2(y+1)(y-1)^2 = 0,$$

其中 $-1 \leqslant y < \frac{1}{2}$.

7. $\frac{3\pi + 2}{8}$.

$\operatorname{Re} \frac{z-i}{1-z} = \operatorname{Re} \frac{x+(y-1)i}{1-x-yi} = \frac{x(1-x) - (y-1)y}{(1-x)^2 + y^2} \geqslant 0$, 等价于 $\left(x - \frac{1}{2}\right)^2 + \left(y - \frac{1}{2}\right)^2 \leqslant \frac{1}{2}$. 故满足条件的点集为圆 $\left(x - \frac{1}{2}\right)^2 + \left(y - \frac{1}{2}\right)^2 \leqslant \frac{1}{2}$ 在实轴上方的部分, 计算得其面积为 $\frac{3\pi + 2}{8}$.

8. $\frac{((3n)!)^2}{(n!)^3 2^{2n}}$.

从 $3n$ 名男选手中选取 $2n$ 人作为男双选手有 C_{3n}^{2n} 种选法, 把他们配成 n 对男双选手有 $\frac{(2n)!}{2^n n!}$ 种配对方式. 女选手类似. 把 n 个男选手和 n 个女选手配成 n 对混双有 $n!$ 种配对方式. 因此, 配对方式总数是 $\left(C_{3n}^{2n} C_{2n}^{n} \frac{n!}{2^n}\right)^2 n! = \frac{((3n)!)^2}{(n!)^3 2^{2n}}$.

二、解答题

9. 对任意 $a \in (0, 1)$, 由均值不等式有 $4a + \frac{1}{a} \geqslant 2\sqrt{4a \times \frac{1}{a}} = 4$. 因此,

$$\sqrt{a^2 + \frac{1}{a}} = \sqrt{a^2 - 4a + 4a + \frac{1}{a}} \geqslant \sqrt{a^2 - 4a + 4} = 2 - a.$$

同理, 对于任意 $b \in (0, 1)$, $\sqrt{b^2 + \frac{1}{b}} \geqslant 2 - b$.

因此, $\sqrt{a^2 + \frac{1}{a}} + \sqrt{b^2 + \frac{1}{b}} \geqslant 2 - a + 2 - b = 3$.

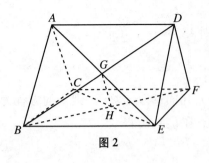

图2

10. 如图2所示,设 $AE \cap BD = G$, $BF \cap CE = H$,则四面体 $BEGH$ 是四面体 $ABCE$ 与四面体 $BDEF$ 的公共部分. 易计算得:G 到直线 AB 的距离 $d_1 = \dfrac{ab}{a+b}$,G 到平面 $BCFE$ 的距离 $d_2 = \dfrac{\sqrt{3}d_1}{2a}$,$H$ 到直线 BC 的距离 $d_3 = \dfrac{bc}{b+c}$,$S_{\triangle BEH} = \dfrac{b \cdot d_3}{2}$. 因此,

$$V_{\text{四面体}BEGH} = \dfrac{S_{\triangle BEH}d_2}{3} = \dfrac{\sqrt{3}b^3}{12(a+b)(b+c)}.$$

11. 不妨设 $ABCD$ 是凸四边形,其面积为 S. 记 $a = AB$, $b = BC$, $c = CD$, $d = DA$. 由

$$\begin{cases} S = \dfrac{1}{2}ab\sin B + \dfrac{1}{2}cd\sin D, \\ AC^2 = a^2 + b^2 - 2ab\cos B = c^2 + d^2 - 2cd\cos D, \end{cases}$$

可得

$$\begin{cases} 2S = ab\sin B + cd\sin D, & \text{①} \\ \dfrac{1}{2}(a^2 + b^2 - c^2 - d^2) = ab\cos B - cd\cos D, & \text{②} \end{cases}$$

式①和式②两边平方求和得

$$4S^2 = (ab)^2 + (cd)^2 - 2abcd\cos(B+D) - \dfrac{1}{4}(a^2+b^2-c^2-d^2)^2$$

$$\leqslant (ab+cd)^2 - \dfrac{1}{4}(a^2+b^2-c^2-d^2)^2$$

$$= \dfrac{1}{4}(b+c+d-a)(a+c+d-b)(a+b+d-c)(a+b+c-d).$$

等号成立当且仅当 $B + D = \pi$,即 A、B、C、D 四点共圆. 由题设,$\{a,b,c,d\}$ 为4个连续的正整数 $\{n, n+1, n+2, n+3\}$,从而 S 的最大值 $M = \sqrt{n(n+1)(n+2)(n+3)}$. 由 $n^2 + 3n < M < n^2 + 3n + 1$,可知 M 不是整数.

12. 设 S 是所有试题的集合,S_i 是第 i 位学生解出的试题的集合,$T_i = S \setminus S_i$ 是第 i 位学生未解出的试题的集合. 原题即证:存在 $i \neq j$ 使得 $|S_i \cap S_j| \geqslant 5$. 不妨假设对任意 $i = 1, 2, \cdots, 31$,都有 $|S_i| = 6$, $|T_i| = 4$. S 共有 $C_{10}^3 = 120$ 个三元子集,每个 T_i 恰包含 4 个三元子集. 因此,存在 $i \neq j$ 使得 T_i、T_j 包含相同的三元子集,即 $|T_i \cap T_j| \geqslant 3$. 从而,$|S_i \cap S_j| = |S_i| + |S_j| - |S_i \cup S_j| = 6 + 6 - (10 - |T_i \cap T_j|) \geqslant 5$.

(陈发来　提供)

2015年全国高中数学联赛山东赛区预赛

一、填空题(每小题9分,共90分)

1. 函数 $y = 5\sqrt{x-1} + \sqrt{10-2x}$ 的最大值是_____.

2. 关于 x 的方程 $2\cos^2(2^{2x-x^2}) = a + \sqrt{3}\sin(2^{2x-x^2+1})$ 至少有一个解,则实数 a 的范围是_____.

3. 关于 x 的不等式 $\dfrac{x^2 + (2a^2+2)x - a^2 + 4a - 7}{x^2 + (a^2+4a-5)x - a^2 + 4a - 7} < 0$ 的解集是一些区间的并集,且这些区间的长度的和小于4,则实数 a 的取值范围是_____.

4. 正整数 n 使得 $n^2 + 2005$ 是完全平方数,则 $\sqrt{(n^2+2005)^n}$ 的个位数字是_____.

5. 篮球场上有5个人在练球,其规则是由甲开始发球(第一次传球),经过六次传球跑动回到甲(中途每人传球的机会均等),由甲投3分球,其中不同的传球方式为_____种.

6. 对任意 x、$y \in \mathbf{R}$,函数 $f(x, y)$ 都满足:
   (a) $f(0, y) = y + 1$;
   (b) $f(x+1, 0) = f(x, 1)$;
   (c) $f(x+1, y+1) = f(x, f(x+1, y))$.
   则 $f(3, 2012) = $ _____.

7. 已知集合 $A = \{x \mid x = a_0 + a_1 \times 7 + a_2 \times 7^2 + a_3 \times 7^3\}$,其中 $a_i \in \{0, 1, 2, 3, 4, 5, 6\}$,$i = 0、1、2、3$,且 $a_3 \neq 0$. 若正整数 m、$n \in A$,且 $m + n = 2010$,$m > n$,则符合条件的 m 有_____个.

8. 在四面体 $ABCD$ 中,$CD \perp BC$,$AB \perp BC$,$CD = AC$,$AB = BC = 1$,平面 BCD 与平面 ABC 成 $45°$ 的二面角,则点 B 到平面 ACD 的距离为_____.

9. 设 z 是虚数,$w = z + \dfrac{1}{z}$,且 $-1 < w < 2$,则 z 的实部取值范围为_____.

10. 已知 A、B、C 为 $\triangle ABC$ 的三个内角,向量 $\boldsymbol{a} = \left(\cos\dfrac{A-B}{2}, \sqrt{3}\sin\dfrac{A+B}{2}\right)$,$|\boldsymbol{a}| = \sqrt{2}$. 如果当 C 最大时,存在动点 M,使得 $|\overrightarrow{MA}|$、$|\overrightarrow{AB}|$、$|\overrightarrow{MB}|$ 成等差数列,那么 $\dfrac{|\overrightarrow{MC}|}{|\overrightarrow{AB}|}$ 的最大值是_____.

二、解答题(每小题15分,共60分)

11. 设函数 $f(x)$ 定义于区间 $[0, 1]$,满足 $f(0) = 0$,$f(1) = 1$,且对任意 x、$y \in [0, 1]$,x

$\leqslant y$,都有 $f\left(\dfrac{x+y}{2}\right)=(1-a^2)f(x)+a^2f(y)$,其中常数 a 满足 $0<a<1$,求 a 的值.

12. 已知点 P 到圆 $(x+2)^2+y^2=1$ 的切线长与到 y 轴的距离之比为 $t(t>0,t\neq 1)$.
   (1) 求动点 P 的轨迹 C 的方程;
   (2) 设曲线 C 的两焦点为 F_1、F_2,求 t 的取值范围,使得曲线 C 上不存在点 Q,满足 $\angle F_1QF_2=\theta(0<\theta<\pi)$.

13. 求证:不存在这样的函数 $f:\mathbf{Z}\to\{1,2,3\}$,满足对任意的整数 x、y,若 $|x-y|\in\{2,3,5\}$,则 $f(x)\neq f(y)$.

14. 已知数列 $\{a_n\}$ 满足:$a_0=\dfrac{1}{2}$,$a_n=a_{n-1}+\dfrac{1}{n^2}a_{n-1}^2$. 求证:$\dfrac{n+1}{n+2}<a_n<n$.

参考答案

一、填空题

1. $6\sqrt{3}$.

函数的定义域为 $[1,5]$,且 $y>0$,则
$$y=5\sqrt{x-1}+\sqrt{2}\cdot\sqrt{5-x}$$
$$\leqslant\sqrt{5^2+(\sqrt{2})^2}\times\sqrt{(\sqrt{x-1})^2+(\sqrt{5-x})^2}=\sqrt{27\times 4}=6\sqrt{3}.$$

当且仅当 $\sqrt{2}\cdot\sqrt{x-1}=5\sqrt{5-x}$ 时,等号成立,即 $x=\dfrac{127}{27}$ 时函数取得最大值为 $6\sqrt{3}$.

2. $[-1,2)$.

设 $2^{2x-x^2}=t$,则 $2\cos^2 t=a+\sqrt{3}\sin 2t$,即 $\sqrt{3}\sin 2t-\cos 2t=1-a$,得
$$\cos\left(2t+\dfrac{\pi}{3}\right)=\dfrac{a-1}{2}.$$

而 $t=2^{2x-x^2}=2^{1-(x-1)^2}\in(0,2]$,有 $2t+\dfrac{\pi}{3}\in\left(\dfrac{\pi}{3},\dfrac{\pi}{3}+4\right]$,从而 $\cos\left(2t+\dfrac{\pi}{3}\right)\in\left[-1,\dfrac{1}{2}\right)$. 由 $-1\leqslant\dfrac{a-1}{2}<\dfrac{1}{2}$,得 $-1\leqslant a<2$.

3. $(1,3)$.

设 $x^2+(2a^2+2)x-a^2+4a-7=0$ 的两根为 $x_1,x_2(x_1<x_2)$,$x^2+(a^2+4a-5)x-a^2+4a-7=0$ 的两根为 $x_3,x_4(x_3<x_4)$. 因为 $x_1x_2=x_3x_4<0$,$x_1+x_2<x_3+x_4$,所以 $x_4-x_2+x_3-x_1<4$,由韦达定理得 $1<a<3$.

4. 9.

设 $n^2+2005=m^2(m>0)$,则
$$(m-n)(m+n)=2005=1\times 2005=5\times 401,$$

得

$$\begin{cases} m - n = 1, \\ m + n = 2005 \end{cases} \text{或} \quad \begin{cases} m - n = 5, \\ m + n = 401. \end{cases}$$

解得

$$\begin{cases} m = 1003, \\ n = 1002 \end{cases} \text{或} \quad \begin{cases} m = 203, \\ n = 198. \end{cases}$$

由 $1003^{1002} = 1003^{4 \times 250 + 2}$,知它的个位数字是 9;由 $203^{198} = 203^{4 \times 49 + 2}$,知它的个位数字也是 9.

5. 820.

设经过 n 次传球跑动后回到甲的不同传球方式为 $a_n (n \geq 2)$,则

$$a_n + a_{n-1} = 4^{n-1},$$

所以

$$a_6 = (a_6 + a_5) - (a_5 + a_4) + \cdots + (a_2 + a_1) - a_1 = 4^5 - 4^4 + 4^3 - 4^2 + 4 = 820.$$

6. $2^{2015} - 3$.

由条件(a)、(b)、(c)可推出

$$f(1, n) = n + 2, \quad f(2, n) = 2n + 3, \quad f(3, n) = 2^{n+3} - 3,$$

故 $f(3, 2012) = 2^{2015} - 3$.

7. 662.

转化为 7 进制,有 $2010 = (5601)_7$.

由于 $m > n$,故 $m \geq 1006 = (2637)_7$. 又由 $a_3 \neq 0, n \in A, 5601 - 1000 = (4601)_7$,知 m 的最大值为 $(4601)_7$.

以下对 m 的 7 进制表达式中的 a_3 分情况讨论.

(1) $a_3 = 2$ 的数有 $2 + 7 \times 3 = 23$ 个;

(2) $a_3 = 3$ 的数有 $7^3 = 343$ 个;

(3) $a_3 = 4$ 的数最大到 $(4601)_7$,有 $6 \times 7^2 + 2 = 296$ 个. 从而满足要求的数有 $23 + 343 + 296 = 662$ 个.

8. $\dfrac{\sqrt{3}}{3}$.

$DC = AC = \sqrt{2}$. 作 $DE \perp$ 平面 ABC,垂足为 E,联结 CE、AE,由三垂线定理的逆定理,得 $EC \perp BC$,所以 $\angle DCE = 45°$,故 $CE = DE = \dfrac{\sqrt{2}}{2} DC = 1$,$V_{\text{四面体}ABCD} = \dfrac{1}{3} DE \cdot S_{\triangle ABC} = \dfrac{1}{6}$,又因四边形 $ABCE$ 为正方形,$AE = 1$,则 $AD = \sqrt{2}$,因此正三角形 ACD 的面积为 $\dfrac{\sqrt{3}}{2}$,设 B 到平面 ACD 的距离为 h,由 $\dfrac{1}{3} h \cdot S_{\triangle ACD} = \dfrac{1}{6}$,得 $h = \dfrac{\sqrt{3}}{3}$.

9. $\left(-\dfrac{1}{2}, 1 \right)$.

设 $z = a + b\mathrm{i}$,则

$$-1 < a + b\mathrm{i} + \frac{a - b\mathrm{i}}{a^2 + b^2} < 2 \Rightarrow b - \frac{b}{a^2 + b^2} = 0 \Rightarrow b = 0 \text{ 或 } a^2 + b^2 = 1.$$

当 $b = 0$ 时,无解;当 $a^2 + b^2 = 1$ 时,有 $-\frac{1}{2} < a < 1$.

10. $\dfrac{2\sqrt{3} + \sqrt{2}}{4}$.

$$|\boldsymbol{a}| = \sqrt{2} \Leftrightarrow \cos^2\frac{A-B}{2} + 3\sin\frac{A+B}{2} = 2 + \frac{1}{2}\cos(A-B) - \frac{3}{2}\cos(A+B) = 2$$

$$\Leftrightarrow \cos(A-B) = 3\cos(A+B)$$

$$\Leftrightarrow 2\sin A \sin B = \cos A \cos B$$

$$\Leftrightarrow \tan A \tan B = \frac{1}{2},$$

$$\tan C = -\tan(A+B) = \frac{\tan A + \tan B}{\tan A \tan B - 1} = -2(\tan A + \tan B)$$

$$\leqslant -4\sqrt{\tan A \tan B} = -2\sqrt{2}.$$

等号成立仅当 $\tan A = \tan B = \dfrac{\sqrt{2}}{2}$. 令 $|AB| = 2c$,因 $|\overrightarrow{MA}| + |\overrightarrow{MB}| = 4c$,所以 M 是椭圆 $\dfrac{x^2}{4c^2}$ $+ \dfrac{y^2}{3c^2} = 1$ 上的动点,故点 $C\left(0, \dfrac{\sqrt{2}}{2}c\right)$. 设 $M(x, y)$,则

$$|MC|^2 = x^2 + \left(y - \frac{\sqrt{2}}{2}c\right)^2 = 4c^2 - \frac{4}{3}y^2 + y^2 - \sqrt{2}cy + \frac{c^2}{2}$$

$$= -\frac{1}{3}y^2 - \sqrt{2}cy + \frac{9c^2}{2}m\ (|y| \leqslant \sqrt{3}c).$$

当 $y = -\sqrt{3}c$ 时,$|MC|^2$ 取得最大值 $\dfrac{7 + 2\sqrt{6}}{2}c^2$,$|MC|_{\max} = \dfrac{\sqrt{6}+1}{\sqrt{2}}c$. 即 $\left(\dfrac{|\overrightarrow{MC}|}{|\overrightarrow{AB}|}\right)_{\max}$

$= \dfrac{2\sqrt{3} + \sqrt{2}}{4}.$

二、解答题

11. 因为

$$f\left(\frac{1}{2}\right) = f\left(\frac{0+1}{2}\right) = a^2,$$

$$f\left(\frac{1}{4}\right) = f\left(\frac{0 + \frac{1}{2}}{2}\right) = a^2 f\left(\frac{1}{2}\right) = a^2,$$

$$f\left(\frac{3}{4}\right) = f\left(\frac{\frac{1}{2}+1}{2}\right) = (1-a^2)f\left(\frac{1}{2}\right) + a^2 f(1) = 2a^2 - a^4,$$

所以

$$f\left(\frac{1}{2}\right) = f\left(\frac{\frac{1}{4}+\frac{3}{4}}{2}\right) = (1-a^2)f\left(\frac{1}{4}\right) + a^2 f\left(\frac{3}{4}\right) = -2a^6 + 3a^4.$$

由此得 $a^2 = -2a^6 + 3a^4$, 而 $0 < a < 1$, 所以 $a = \frac{\sqrt{2}}{2}$.

12. (1) 设 $P(x_0, y_0)$, PM 为切线, M 为切点, O 是原点, 圆心 $T(-2, 0)$, 则
$$PM^2 = PT^2 - r^2 = (x_0+2)^2 + y_0^2 - 1 = t^2 - x_0^2,$$
即点 P 的轨迹 C 为
$$(1-t^2)x^2 + y^2 + 4x + 3 = 0.$$

(2) C 即 $(1-t^2)\left(x^2 + \frac{x}{1-t^2}x + \frac{4}{(1-t^2)^2}\right) + y^2 = -3 + \frac{4}{1-t^2}$, 即
$$\frac{\left(x+\frac{2}{1-t^2}\right)^2}{\frac{3t^2+1}{(1-t^2)^2}} + \frac{y^2}{\frac{3t^2+1}{1-t^2}} = 1.$$

(i) 若 $1-t^2 < 0$, 则 C 为双曲线, 这样 $\angle F_1 Q F_2$ 显然可取到任意 $(0, \pi)$ 中的值, 矛盾.

(ii) 若 $1-t^2 > 0$, 即 $t^2 < 1$, 且有 $1-t^2 < 1$, 则椭圆 C 的半长轴 $a = \sqrt{\frac{3t^2+1}{1-t^2}}$, 半短轴 $b = \sqrt{\frac{3t^2+1}{1-t^2}}$, 半焦距 $c = \sqrt{a^2 - b^2} = \sqrt{\frac{(3t^2+1)t^2}{(1-t^2)^2}}$, 则 $\frac{c}{b} = \sqrt{\frac{t^2}{1-t^2}}$.

平移上述椭圆中心至原点 O, 又在椭圆中, 椭圆上一点设为 Q, 有
$$S_{\triangle F_1 Q F_2} = \frac{1}{2} \cdot |F_1 Q| \cdot |F_2 Q| \cdot \sin \angle F_1 Q F_2,$$

又
$$|F_1 Q|^2 + |F_2 Q|^2 = 2|F_1 Q| \cdot |F_2 Q| \cdot \cos \angle F_1 Q F_2$$
$$= |F_1 F_2|^2 = 4c^2,$$

即
$$(|F_1 Q| + |F_2 Q|)^2 - 2|F_1 Q| \cdot |F_2 Q|(1 + \cos \angle F_1 Q F_2) = 4c^2.$$

又 $|F_1 Q| + |F_2 Q| = 2a$, 故 $|F_1 Q| \cdot |F_2 Q| = \frac{4b^2}{2(1+\cos \angle F_1 Q F_2)}$, 则
$$S_{\triangle F_1 Q F_2} = b^2 \cdot \frac{\sin \angle F_1 Q F_2}{1 + \cos \angle F_1 Q F_2} = b^2 \cdot \tan \frac{\angle F_1 Q F_2}{2}.$$

由于 $S_{\triangle F_1 Q F_2}$ 在 Q 取上顶点时最大, 故
$$\tan \frac{\angle F_1 Q F_2}{2} \leqslant \frac{2bc \cdot \frac{1}{2}}{b^2} = \frac{c}{b} = \sqrt{\frac{t^2}{1-t^2}}.$$

由题设, 只需 $\sqrt{\frac{t^2}{1-t^2}} < \tan \frac{\theta}{2}$, 即 $t^2 < \frac{\tan^2 \frac{\theta}{2}}{1 + \tan^2 \frac{\theta}{2}} \Rightarrow t < \sin \frac{\theta}{2}$.

故所求 t 的范围为 $0 < t < \sin\dfrac{\theta}{2}$.

13. 假设存在这样的函数 f,则对任意的整数 n,设 $f(n) = a, f(n+5) = b$,其中 $a、b \in \{1,2,3\}$,由条件知 $a \neq b$.

由于 $|(n+5)-(n+2)| = 3, |n-(n+2)| = 2$,故 $f(n+2) \neq a$ 且 $f(n+2) \neq b$,即 $f(n+2)$ 是 $\{1,2,3\}$ 除去 $a、b$ 后剩下的那个数,不妨设 $f(n+2) = c$.

又由于 $|(n+5)-(n+3)| = 2, |n-(n+3)| = 3$,故 $f(n+3) = f(n+2)$.

以 $n+1$ 代替 n,得 $f(n+4) = f(n+3) = f(n+2)$,但这与 $|(n+4)-(n+2)| = 2$ 矛盾.

因此假设不成立,即不存在这样的函数 f.

14. (1) 由 $a_1 = \dfrac{3}{4}, a_2 = \dfrac{57}{64}$,可知 $a_n > a_{n-1} > 0$. 于是

$$a_n - a_{n-1} < \dfrac{1}{n^2} a_{n-1} a_n.$$

即

$$\dfrac{1}{a_{n-1}} - \dfrac{1}{a_n} < \dfrac{1}{n^2}.$$

故

$$\dfrac{1}{a_0} - \dfrac{1}{a_n} = \left(\dfrac{1}{a_0} - \dfrac{1}{a_1}\right) + \left(\dfrac{1}{a_1} - \dfrac{1}{a_2}\right) + \cdots + \left(\dfrac{1}{a_{n-1}} - \dfrac{1}{a_n}\right)$$

$$< 1 + \dfrac{1}{2^2} + \cdots + \dfrac{1}{n^2}$$

$$< 1 + \dfrac{1}{1 \times 2} + \dfrac{1}{2 \times 3} + \cdots + \dfrac{1}{n(n-1)}$$

$$= 1 + \left(1 + \dfrac{1}{2}\right) + \cdots + \left(\dfrac{1}{n-1} - \dfrac{1}{n}\right)$$

$$= 2 - \dfrac{1}{n},$$

即 $2 - \dfrac{1}{a_n} < 2 - \dfrac{1}{n}$,故 $a_n < n$.

(2) 由 $a_n = a_{n-1} + \dfrac{1}{n^2} a_{n-1}^2 < a_{n-1} + \dfrac{1}{n^2}(n-1) a_{n-1}$,得

$$a_n < \dfrac{(n^2 + n - 1) a_{n-1}}{n^2}$$

$$\Rightarrow a_{n-1} > \dfrac{n^2 a_n}{n^2 + n - 1}$$

$$\Rightarrow a_n > a_{n-1} + \dfrac{a_{n-1}}{n^2} \cdot \dfrac{n^2 a_n}{n^2 + n - 1}$$

$$\Rightarrow a_n - a_{n-1} > \dfrac{a_{n-1} a_n}{n^2 + n - 1}$$

$$\Rightarrow \begin{cases} \dfrac{1}{a_{n-1}} - \dfrac{1}{a_n} > \dfrac{1}{n^2+n-1} > \dfrac{1}{n} - \dfrac{1}{n+1}, \\ \cdots \\ \dfrac{1}{a_0} - \dfrac{1}{a_1} > \dfrac{1}{1} - \dfrac{1}{2} \end{cases}$$

$$\Rightarrow \dfrac{1}{a_0} - \dfrac{1}{a_n} > 1 - \dfrac{1}{n+1}$$

$$\Rightarrow 2 - \dfrac{1}{a_n} > \dfrac{n}{n+1}$$

$$\Rightarrow \dfrac{1}{a_n} < \dfrac{n+2}{n+1}.$$

故 $a_n > \dfrac{n+1}{n+2}$. 证毕.

(黄淑祥 提供)

2015年中国女子数学奥林匹克

第 一 天

1. 如图1所示,在锐角△ABC 中,AB > AC,O 为外心,D 为边 BC 的中点.以 AD 为直径作圆与边 AB、AC 分别交于点 E、F.过 D 作 DM ∥ AO 交 EF 于点 M.求证:EM = MF.

(郑 焕 供题)

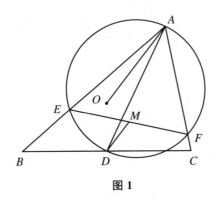

图 1

2. 设 $a \in (0,1)$,且
$$f(x) = ax^3 + (1-4a)x^2 + (5a-1)x + (3-5a),$$
$$g(x) = (1-a)x^3 - x^2 + (2-a)x - (3a+1).$$
求证:对于任意实数 x,$|f(x)|$ 和 $|g(x)|$ 中都至少有一个不小于 $1+a$. (李胜宏 供题)

3. 把 12×12 的方格纸的每个单位方格染成黑色或白色,使得由方格线围成的任意一个 3×4 或 4×3 的长方形内都至少有一个黑色单位方格.试求黑色单位方格个数的最小值.

(梁应德 供题)

4. 对每个正整数 n,记 $g(n)$ 为 n 与 2015 的最大公约数,求满足下列条件的有序三元数组 (a,b,c) 的个数:
(1) $a、b、c \in \{1,2,\cdots,2015\}$;
(2) $g(a)、g(b)、g(c)、g(a+b)、g(b+c)、g(c+a)、g(a+b+c)$ 这七个数两两不同.

(王 彬 供题)

第 二 天

5. 有多少个不同的三边长均为整数的直角三角形,其面积值是周长值的 999 倍(全等的两个三角形看作相同的)?

(林 常 供题)

6. 如图 2 所示,两圆 Γ_1、Γ_2 外离,它们的一条外公切线与 Γ_1、Γ_2 分别切于点 A、B,一条内公切线与 Γ_1、Γ_2 分别切于点 C、D. 设 E 是直线 AC、BD 的交点,F 是 Γ_1 上一点,过 F 作 Γ_1 的切线与线段 EF 的垂直平分线交于点 M,过 M 作 MG 切 Γ_2 于点 G. 求证:$MF = MG$.

(付云皓 供题)

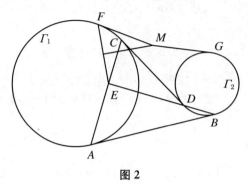

图 2

7. 设 $x_1, x_2, \cdots, x_n \in (0, 1), n \geq 2$. 求证:

$$\frac{\sqrt{1-x_1}}{x_1} + \frac{\sqrt{1-x_2}}{x_2} + \cdots + \frac{\sqrt{1-x_n}}{x_n} < \frac{\sqrt{n-1}}{x_1 x_2 \cdots x_n}.$$

(王新茂 供题)

8. 给定整数 $n \geq 2$. 黑板上写着 n 个集合,然后进行如下操作:选取黑板上两个互相不包含的集合 A、B,擦掉它们,然后写上 $A \cap B$ 和 $A \cup B$. 这称为一次操作. 如此操作下去,直到任意两个集合中都有一个包含另一个为止. 对所有的初始状态和操作方式,求操作次数的最大可能值.

(朱华伟 供题)

参考答案

第 一 天

1. 如图 3 所示,联结 DE、DF,过 O 作 $ON \perp AB$ 交 AB 于点 N. 由题意可知,$DE \perp AB$,$DF \perp AC$. 因此,$ON \parallel DE$. 又因为 $DM \parallel AO$,所以 $\angle EDM = \angle AON$.

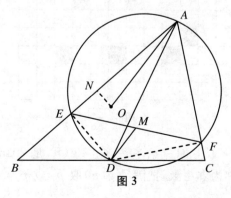

图 3

因为 O 为 $\triangle ABC$ 的外心,所以 $\angle AON = \angle ACB$. 从而 $\angle EDM = \angle ACB$.

同理可得 $\angle FDM = \angle ABC$.

在 $\triangle EDF$ 中,有

$$\frac{EM}{MF} = \frac{DE \cdot \sin\angle EDM}{DF \cdot \sin\angle FDM} = \frac{DE \cdot \sin\angle ACB}{DF \cdot \sin\angle ABC} = \frac{DB \cdot \sin\angle ABC \cdot \sin\angle ACB}{DC \cdot \sin\angle ACB \cdot \sin\angle ABC} = 1,$$

即 $EM = MF$.

2. 由于 $a \in (0,1)$,a 与 $1-a$ 皆为正数,因此对任意实数 x,

$$\max\{|f(x)|, |g(x)|\} = (1-a) \cdot \max\{|f(x)|, |g(x)|\} + a \cdot \max\{|f(x)|, |g(x)|\}$$
$$\geq (1-a)|f(x)| + a|g(x)| \geq |(1-a) \cdot f(x) - a \cdot g(x)|,$$

而

$$(1-a) \cdot f(x) - a \cdot g(x)$$
$$= \big((1-a)(1-4a) + a\big)x^2 + \big((1-a)(5a-1) - a(2-a)\big)x$$
$$\quad + \big((1-a)(3-5a) + a(3a+1)\big)$$
$$= (2a-1)^2 \cdot (x^2 - x + 2) + 1 + a,$$

又 $x^2 - x + 2 = \left(x - \dfrac{1}{2}\right)^2 + \dfrac{7}{4} > 0$,故 $\max\{|f(x)|, |g(x)|\} \geq 1 + a$. 问题得证.

3. 所求黑格个数的最小值 $n = 12$. 先证明 $n \geq 12$. 由于 12×12 单位方格纸可划分为 $\dfrac{12 \times 12}{3 \times 4} = 12$ 个(除边界外)互不相交的 3×4 方格长方形. 由题设可知这些长方形各至少有一个黑色方格,故至少要涂 12 个黑色方格.

要证明 $n = 12$,只需构建一个可行的例子,见图 4.

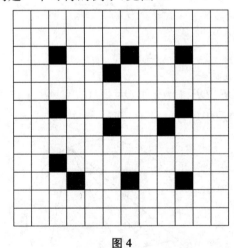

图 4

4. 分解质因数 $2015 = 5 \times 13 \times 31 = p_1 \times p_2 \times p_3$. $g(n)$ 是 2015 的约数,只有 8 种情况. 我们把满足 $g(n) = 1$ 的 n 称为零型数,把满足 $g(n)$ 取 p_1 或 p_2 或 p_3 的 n 称为一型数,把

满足 $g(n)$ 取 p_1p_2 或 p_1p_3 或 p_2p_3 的 n 称为二型数.

我们使用下面两个简单的事实:

对任意整数 x, $g(x) = g(-x) = g(2015+x) = g(2015-x)$, 因此本题可以看作在模 2015 意义下讨论, 即模 2015 同余的两个数看成相同.

对素数 p, 若 $p \mid x$、$p \mid y$ 两者都成立, 则 $p \mid x \pm y$; 若恰有一个成立, 则 $p \nmid x \pm y$.

把满足条件的三元组 (a, b, c) 对应为七元组 $A = (a, b, c, a+b, a+c, b+c, a+b+c)$, 我们考虑 A 的七个位置上的数的 g 值的分布. 首先这七个 g 值不能有 2015, 否则, 若某个位置上的数 x 是 2015 的倍数, 则 A 中存在另外两个位置上的数 y、z 满足 $x = y + z$ 或 $x = y - z$, 这样就有 $g(y) = g(z)$, 矛盾. 所以七个 g 值必须是 $1, p_1, p_2, p_3, p_1p_2, p_1p_3, p_2p_3$ 各一个. 这样 A 的七个位置必须是三个二型数、三个一型数、一个零型数. 我们关心三个二型数在哪三个位置上.

设 p_1、p_2、p_3 是 5、13、31 的任意排列, 若 x、y、z 满足 $g(x) = p_1p_2$, $g(y) = p_1p_3$, $g(z) = p_2p_3$, 则有

$$p_1 \mid x, p_1 \mid y \Rightarrow p_1 \mid \pm x \pm y,$$
$$p_2 \mid x, p_2 \nmid y \Rightarrow p_2 \nmid \pm x \pm y,$$
$$p_3 \nmid x, p_3 \mid y \Rightarrow p_3 \nmid \pm x \pm y,$$

可得 $g(\pm x \pm y) = p_1$, 同理有 $g(\pm x \pm z) = p_2$, $g(\pm y \pm z) = p_3$, $g(\pm x \pm y \pm z) = 1$. 因此当确定 A 中的三个二型数 x、y、z 的位置后, 如果其他四个位置可以分别表示为 x、y、z 的三个两两线性组合与 x、y、z 三个数的线性组合 (要求线性组合系数是 ± 1), 我们就可断定 A 中的七个位置的 g 值互不相同, 我们把这种可以线性组合成功表示的三个二型数的一组位置叫作合理位置. 在一组合理位置上, 当我们确定 x、y、z 的取值 (模 2015 意义下) 后, 七元组 A 也被唯一决定了. 在模 2015 意义下, 满足 $g(n) = p_1p_2$ 的 n 恰好有 $p_3 - 1$ 个, 满足 $g(n) = p_1p_3$ 的 n 恰好有 $p_2 - 1$ 个, 满足 $g(n) = p_2p_3$ 的 n 恰好有 $p_1 - 1$ 个, 此外 x、y、z 的顺序即 p_1、p_2、p_3 的顺序可以调换, 因此每组合理位置下, x、y、z 的取值有 $3! \times (p_3 - 1) \cdot (p_2 - 1)(p_1 - 1) = 6 \times 1440 = 8640$ 种可能, 也就恰好对应 8640 个满足条件的三元组.

我们关心哪组位置可能是合理的. 对素数 $p = 5$、13、31, 七元组 A 中恰好有 3 个位置是 p 的倍数, 若 $a+b$、$a+c$、$b+c$ 这三个位置至少有两个 p 的倍数, 不妨设 $p \mid a+b$, $p \mid a+c$, 则在此前提下

$$p \mid a \Leftrightarrow p \mid b \Leftrightarrow p \mid c \Leftrightarrow p \mid a+b+c$$

并且

$$p \mid b+c \Rightarrow p \mid (a+b) + (a+c) - (b+c) \Rightarrow p \mid 2a \Rightarrow p \mid a,$$

这时 A 中不能恰有 3 个位置是 p 的倍数. 所以 $g(a+b)$、$g(a+c)$、$g(b+c)$ 的素因子个数总共不超过 3, $a+b$、$a+c$、$b+c$ 这三个位置上至多有一个二型数, 也就是 a、b、c、$a+b+c$ 这四个位置上有两或三个二型数.

若 a、b、c、$a+b+c$ 中有三个二型数, 二型数的位置有 4 种可能情况:

若 $x=a,y=b,z=c$ 是二型数,则 $a+b=x+y,a+c=x+z,b+c=y+z$ 是三个一型数,$a+b+c=x+y+z$ 是零型数,位置合理.

若 $x=a,y=b,z=a+b+c$ 是二型数,则 $a+b=x+y,b+c=z-x,a+c=z-y,c=-x-y+z$,位置合理.同理其他两种位置也是合理的.

若 a、b、c、$a+b+c$ 中恰有两个二型数,我们分两类考虑:

第一类考虑两个二型数都在 a、b、c 中,不妨设 a 和 b 是二型数,则 $a+b$ 不可能是二型数,$a+c$、$b+c$ 之一是二型数,不妨设 $a+c$ 是二型数.这时 $x=a,y=b,z=a+c$ 是三个二型数,$a+b=x+y,c=-x+z,a+b+c=y+z,b+c=-x+y+z$,位置合理.这一类由对称性共有 6 种情况是合理位置.

第二类考虑 $a+b+c$ 是二型数且 a、b、c 之一是二型数,不妨设 a 和 $a+b+c$ 是二型数,则 $b+c$ 不可能是二型数,$a+b$、$a+c$ 之一是二型数,不妨设 $a+b$ 是二型数.这时 $x=a,y=a+b+c,z=a+b$ 是二型数,则 $b+c=-x+y,b=-x+z,c=y-z,a+c=x+y-z$,位置合理.这一类由对称性共有 6 种情况是合理位置.

综上,三个二型数的合理位置共有 16 种(其他不合理位置都不可能使三元组满足条件).所以满足条件的三元组共有 $16\times 8640 = 138240$.

第 二 天

5. 法一 设内切圆半径为 r,则 $S=\dfrac{1}{2}r(a+b+c)=m(a+b+c)$.故

$$r=\frac{a+b-c}{2}=2m,\quad c=a+b-4m.$$

代入 $a^2+b^2=c^2$ 得

$$ab-4ma-4mb+8m^2=0,\quad (a-4m)(b-4m)=8m^2.$$

不同的无序解 (a,b) 给出不同的三角形,故所求三角形个数为 $\dfrac{1}{2}d(8m^2)$.在本题中,有

$$m=999,\quad 8m^2=2^3\cdot 3^6\cdot 37^2,\quad \frac{1}{2}d(8m^2)=\frac{1}{2}(3+1)(6+1)(2+1)=42.$$

法二 由勾股数公式,$a=k\cdot 2uv,b=k(u^2-v^2),c=k(u^2+v^2)$,其中 k(三边长的最大公因数)为任意正整数,u 与 v 互素,$u>v$ 且 u 与 v 一奇一偶.

$$\frac{1}{2}ab=999\cdot(a+b+c)\Leftrightarrow k^2uv(u^2-v^2)=999\cdot 2u(u+v)$$

$$\Leftrightarrow kv(u-v)=1998=2\cdot 3^3\cdot 37.$$

$u-v$ 为奇数,因数 2 只能分给 k 或 v,有两种方式.v 与 $u-v$ 互素,奇素因子 p^α 分给 $(k,v,u-v)$ 只能是 $(\alpha,0,0)$ 或 $(i,\alpha-i,0),(i,0,\alpha-i)(1\leqslant i\leqslant \alpha)$,有 $2\alpha+1$ 种方式.故由乘法原理,素因子的分配共有 $2\cdot(2\times 3+1)(2\times 1+1)=42$ 种方式,每种分配方式给出唯一的三角形.因此共有 42 个所求三角形.

注 一般地,若倍数为 $m=2^\alpha\cdot p_1^{\beta_1}\cdots p_n^{\beta_n}$($p_1,\cdots,p_n$ 为不同的奇素数),则所求三角形

个数为 $(\alpha+2)\cdot(2\beta_1+1)\cdots(2\beta_n+1)$.

6. **法一** 如图 5 所示,设 Γ_1、Γ_2 的圆心分别为 O_1、O_2,直线 AB、CD 交于点 H,联结 HO_1、HO_2.设 J、K 分别是线段 AB、CD 的中点,联结 JE、KE.

由于 HA、HC 是 Γ_1 的切线,故 HO_1 平分 $\angle AHC$,且 $AC \perp HO_1$.同理,HO_2 平分 $\angle BHD$,且 $BD \perp HO_2$.由于 HO_1、HO_2 分别是 $\angle AHC$ 的内角平分线和外角平分线,故它们互相垂直,结合 $AC \perp HO_1$ 及 $BD \perp HO_2$,知 $AC \perp BD$.

由于直角三角形斜边中线等于斜边一半,故 $JE = JA = JB$,$KE = KC = KD$.考虑 Γ_1、Γ_2 及以 E 为圆心、半径为 0 的圆,由 $JE = JA = JB$ 知 J 到这三个圆的幂相等,由 $KE = KC = KD$ 知 K 到这三个圆的幂也相等.显然 J、K 是两个不同的点,因此这三个圆必然有一条公共的根轴.由于 M 在 EF 的垂直平分线上,所以 $MF = ME$,结合 MF 是 Γ_1 的切线知 M 在这三个圆的公共根轴上,又 MG 是 Γ_2 的切线,故 $MF = MG$,证毕.

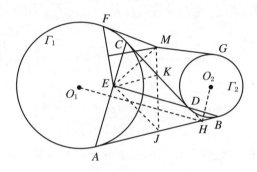

图 5

法二 同证法一可得 $AC \perp BD$.设 Γ_1、Γ_2 的半径分别为 r_1、r_2,则由勾股定理可知 $JO_1^2 - JE^2 = r_1^2 + JA^2 - JE^2 = r_1^2$,同理有 $KO_1^2 - KE^2 = r_1^2$,$MO_1^2 - ME^2 = r_1^2$.因此 $JO_1^2 - JE^2 = KO_1^2 - KE^2 = MO_1^2 - ME^2$,由平方差原理知 $JK \perp O_1P$,$KM \perp O_1P$.由于过平面上一点有且仅有一条直线与已知直线垂直,所以 J、K、M 三点共线.

由于 $JO_2^2 - JE^2 = r_2^2 + JB^2 - JE^2 = r_2^2$,同理 $KO_2^2 - KE^2 = r_2^2$,由此可得 $JO_2^2 - JE^2 = KO_2^2 - KE^2$,由平方差原理知 $JK \perp O_2E$,故 $JM \perp O_2E$,因此 $MO_2^2 - ME^2 = JO_2^2 - JE^2 = r_2^2$,结合 $MO_2^2 = MG^2 + r_2^2$ 得 $MG = ME$,故 $MG = MF$,证毕.

注 事实上,点 E 在直线 O_1O_2 上,两个证法均证明了这一点,但这个结论在本题中作用不大.

7. **法一** 对 n 应用数学归纳法.当 $n=2$ 时,由柯西不等式可得

$$\frac{\sqrt{1-x_1}}{x_1} + \frac{\sqrt{1-x_2}}{x_2} = \frac{x_2\sqrt{1-x_1} + x_1\sqrt{1-x_2}}{x_1 x_2}$$

$$\leq \frac{\sqrt{1-x_1+x_1^2}\sqrt{1-x_2+x_2^2}}{x_1 x_2} < \frac{1}{x_1 x_2}.$$

当 $n \geq 3$ 时,由归纳假设和柯西不等式,得

$$\frac{\sqrt{1-x_1}}{x_1}+\frac{\sqrt{1-x_2}}{x_2}+\cdots+\frac{\sqrt{1-x_n}}{x_n}<\frac{\sqrt{n-2}}{x_1x_2\cdots x_{n-1}}+\frac{\sqrt{1-x_n}}{x_n}$$

$$=\frac{\sqrt{n-2}\cdot x_n+x_1x_2\cdots x_{n-1}\sqrt{1-x_n}}{x_1x_2\cdots x_n}$$

$$\leqslant\frac{\sqrt{n-2+(x_1x_2\cdots x_{n-1})^2}\sqrt{1-x_n+x_n^2}}{x_1x_2\cdots x_n}<\frac{\sqrt{n-1}}{x_1x_2\cdots x_n}.$$

法二 设 $A=x_1x_2\cdots x_n(x_1^{-1}+x_2^{-1}+\cdots+x_n^{-1})$, $B=x_1x_2\cdots x_n$. 两边同乘以 B, 只需证明

$$\sqrt{1-x_1}x_2\cdots x_n+\sqrt{1-x_2}x_3x_4\cdots x_nx_1+\cdots+\sqrt{1-x_n}x_1x_2\cdots x_{n-1}<\sqrt{n-1}.$$

由柯西不等式,得

$$\text{左边}\leqslant\sqrt{x_2\cdots x_n+x_3x_4\cdots x_nx_1+\cdots+x_1x_2\cdots x_{n-1}}$$
$$\cdot\sqrt{(1-x_1)x_2\cdots x_n+(1-x_2)x_3x_4\cdots x_nx_1+\cdots+(1-x_n)x_1x_2\cdots x_{n-1}}$$
$$=\sqrt{A(A-nB)}.$$

故只需证明 $A(A-nB)<n-1$. 我们先证明 $A<1+(n-1)B$. 事实上,

$$1+(n-1)B-A=(1-x_1)(1-x_2x_3\cdots x_n)+$$
$$x_1(1-x_2)(1-x_3x_4\cdots x_n)+x_1x_2(1-x_3)(1-x_4x_5\cdots x_n)+$$
$$\cdots+x_1x_2\cdots x_{n-2}(1-x_{n-1})(1-x_n)$$
$$>0 \text{ (这也可以用调整法或一次函数极值来证明)}.$$

故

$$A(A-nB)<\left(1+(n-1)B\right)\left(1+(n-1)B-nB\right)$$
$$=\left(1+(n-1)B\right)(1-B)=-(n-1)B^2+(n-2)B+1$$
$$=-(n-1)\left(B-\frac{n-2}{2(n-1)}\right)^2+\left(1+\frac{(n-2)^2}{4(n-1)}\right)$$
$$\leqslant 1+\frac{(n-2)^2}{4(n-1)}\leqslant 1+(n-2)=n-1,$$

证毕.

8. 首先我们证明操作次数不可能超过 $C_n^2=\frac{n(n-1)}{2}$.

当黑板上写着 n 个集合时,考虑成包含关系的集合对的数量,我们证明,每次操作后,这个数量至少增加 1. 假设我们将 A、B 变成 $A\cap B$ 和 $A\cup B$. 首先 A、B 不是包含关系,而 $A\cap B$ 和 $A\cup B$ 是包含关系,故这里至少增加了一对成包含关系的集合对. 对于另一集合 C, 若 C 与 A、B 之一成包含关系,由对称性不妨设 $A\subseteq C$, 则 $A\cap B\subseteq C$, 即 C 至少与 $A\cap B$ 和 $A\cup B$ 之一成包含关系;若 C 与 A、B 均成包含关系,则由 A、B 不成包含关系知或者 $A\subseteq C$、$B\subseteq C$, 或者 $A\supseteq C$、$B\supseteq C$. 若为前者,则 $A\cap B\subseteq C$, $A\cup B\subseteq C$;若为后者,则 $A\cap B\supseteq C$, $A\cup B\supseteq C$. 因此,在操作之后,其余成包含关系的集合对的数量不会减少,因此每次操作后,

这个数量至少增加 1. 由于此数量最少为 0,最多为 $C_n^2 = \dfrac{n(n-1)}{2}$,故操作至多进行 $\dfrac{n(n-1)}{2}$ 次.

另一方面,我们给出操作次数达到 $\dfrac{n(n-1)}{2}$ 的例子.

定义集合 $A_i = \{i, i+1, \cdots, i+n-2\}, i = 1, 2, \cdots, n$,我们证明由 $A_1, A_2, \cdots, A_n$ 出发,可以进行 $\dfrac{n(n-1)}{2}$ 次操作.

使用数学归纳法,当 $n = 2$ 时,$A_1 = \{1\}, A_2 = \{2\}$,可进行 $\dfrac{2 \times (2-1)}{2} = 1$ 次操作.

若结论对 n 成立,考虑 $n+1$ 的情况. 先将 $A_1 = \{1, 2, \cdots, n\}$ 与 $A_2 = \{2, 3, \cdots, n+1\}$ 进行一次操作,得到的交集 $\{2, 3, \cdots, n\}$ 留下;并集继续与 $A_3 = \{3, 4, \cdots, n+2\}$ 进行操作,得到的交集 $\{3, 4, \cdots, n+1\}$ 留下;并集继续与 A_4 进行操作,依此类推. 进行完 n 次操作后,得到原来所有集合的并集 $\{1, 2, \cdots, 2n\}$ 及另外 n 个集合 $\{2, 3, \cdots, n\}, \{3, 4, \cdots, n+1\}, \cdots, \{n+1, n+2, \cdots, 2n-1\}$. 下面仅考虑后 n 个集合之间的操作. 由于将所有元素都减 1 并不改变集合间的关系,故可考虑集合 $\{1, 2, \cdots, n-1\}, \{2, 3, \cdots, n\}, \cdots, \{n, n+1, \cdots, 2n-2\}$. 而由归纳假设,这些集合之间可以操作 $C_n^2 = \dfrac{n(n-1)}{2}$ 次,故原来的 $n+1$ 个集合可以操作 $\dfrac{n(n-1)}{2} + n = \dfrac{n(n+1)}{2} = C_{n+1}^2$ 次,即此结论对 $n+1$ 也成立.

综上所述,操作次数的最大可能值为 $C_n^2 = \dfrac{n(n-1)}{2}$.

(朱华伟 提供)

2015年中国西部数学邀请赛

第 一 天

1. 给定正整数 n,实数 $x_1, x_2, \cdots, x_n$ 满足 $\sum_{k=1}^{n} x_k$ 为整数. 记 $d_k = \min_{m \in \mathbf{Z}} |x_k - m|$, $1 \leq k \leq n$. 求 $\sum_{k=1}^{n} d_k$ 的最大值.

(冷岗松 供题)

2. 如图1所示,圆 ω_1 与圆 ω_2 内切于点 T. M、N 是圆 ω_1 上不同于 T 的两个点. 圆 ω_2 的两条弦 AB、CD 分别过点 M、N. 证明:若三条线段 AC、BD、MN 交于同一点 K,则 TK 平分 $\angle MTN$.

(羊明亮 供题)

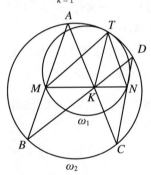

图 1

3. 设整数 $n \geq 2$,正实数 $x_1, x_2, \cdots, x_n$ 满足 $\sum_{i=1}^{n} x_i = 1$. 证明:

$$\left(\sum_{i=1}^{n} \frac{1}{1-x_i} \right) \left(\sum_{1 \leq i < j \leq n} x_i x_j \right) \leq \frac{n}{2}.$$

(羊明亮 牟晓生 供题)

4. 对平面上的 100 条直线,用 T 表示由这些直线中的某三条直线围成的直角三角形的集合. 求 $|T|$ 的最大可能值.

(邹瑾 供题)

第 二 天

5. 设凸四边形 $ABCD$ 的面积为 S,$AB = a$,$BC = b$,$CD = c$,$DA = d$. 证明:对 a、b、c、d 的任意一个排列 x、y、z、w,都有

$$S \leq \frac{1}{2}(xy + zw).$$

(冯志刚 供题)

6. 对数列 $a_1, a_2, \cdots, a_m$,定义集合 $A = \{a_i \mid 1 \leq i \leq m\}$,$B = \{a_i + 2a_j \mid 1 \leq i、j \leq m, i \neq j\}$. 设 n 为给定的大于 2 的整数,对所有由正整数组成的严格递增的等差数列 $a_1, a_2, \cdots, a_n$,求集合 $A \triangle B$ 的元素个数的最小值,其中 $A \triangle B = (A \cup B) \setminus (A \cap B)$.

(王广廷 供题)

7. 设 $a \in (0,1)$,$f(z) = z^2 - z + a$,$z \in \mathbf{C}$. 证明:对任意满足 $|z| \geq 1$ 的复数 z,存在满

足 $|z_0|=1$ 的复数 z_0，使得 $|f(z_0)| \leq |f(z)|$.

（张新泽 供题）

8. 设 k 为正整数，$n=(2^k)!$. 证明：$\sigma(n)$ 至少有一个大于 2^k 的素因子，其中 $\sigma(n)$ 为 n 的所有正约数之和.

（牟晓生 供题）

参 考 答 案

第 一 天

1. 法一 不妨设 $x_1, x_2, \cdots, x_n$ 均属于 $(0,1]$，否则对 x_i 做一个整数的平移交换，不影响问题的结论，记 $\sum_{i=1}^{n} x_i = t$，则 $0 \leq t \leq n, t \in \mathbf{N}^*$.

不妨设 $x_1, x_2, \cdots, x_k \leq \frac{1}{2}, x_{k+1}, x_{k+2}, \cdots, x_n > \frac{1}{2}$，则

$$\sum_{k=1}^{n} d_k = x_1 + x_2 + \cdots + x_k + (1 - x_{k+1}) + \cdots + (1 - x_n)$$
$$= 2(x_1 + x_2 + \cdots + x_k) + n - k - t.$$

注意到

$$x_1 + x_2 + \cdots + x_k \leq \frac{k}{2}, \quad x_1 + x_2 + \cdots + x_k = t - (x_{k+1} + \cdots + x_n) \leq t - \frac{n-k}{2}.$$

故

$$\sum_{k=1}^{n} d_k \leq \min\{k, 2t - n + k\} + n - k - t$$
$$= \min\{n - t, t\} \leq \left[\frac{n}{2}\right].$$

当 n 为奇数时，取 $x_1 = x_2 = \cdots = x_{n-1} = \frac{1}{2}, x_n = 0$，当 n 为偶数时，取 $x_1 = x_2 = \cdots = x_n = \frac{1}{2}$，有 $\sum_{i=1}^{n} d_i = \left[\frac{n}{2}\right]$.

综上可知，所求最大值为 $\left[\frac{n}{2}\right]$.

法二 注意到 $d_i + \left|\frac{1}{2} - \{x_i\}\right| = \frac{1}{2}$，故 $\sum_{i=1}^{n} \left|\frac{1}{2} - \{x_i\}\right| = \frac{n}{2} - \sum_{i=1}^{n} d_i$.

因此，$\sum_{i=1}^{n} d_i = \frac{n}{2} - \sum_{i=1}^{n} \left|\frac{1}{2} - \{x_i\}\right|$.

又 $\sum_{i=1}^{n} \{x_i\} = \sum_{i=1}^{n} x_i - \sum_{i=1}^{n} [x_i] \in \mathbf{Z}$. 由此可得：

当 n 为偶数时，$\left|\left(\sum \{x_i\}\right) - \frac{n}{2}\right| \geq 0$.

当 n 为奇数时，

$$\sum_{i=1}^{n} d_i = \frac{n}{2} - \sum_{i=1}^{n}\left|\frac{1}{2} - \{x_i\}\right|$$

$$\geqslant \frac{n}{2} - \left|\frac{n}{2} - \sum_{i=1}^{n}\{x_i\}\right|$$

$$= \frac{n}{2} - \left|\frac{1}{2} + m\right|$$

$$\geqslant \frac{n}{2} - \frac{1}{2} \quad (\text{这里 } m \text{ 是一个整数}).$$

当 n 为奇数时，取 $x_1 = x_2 = \cdots = x_{n-1} = \frac{1}{2}$，$x_n = 0$，当 n 为偶数时，取 $x_1 = x_2 = \cdots = x_n = \frac{1}{2}$，有 $\sum_{i=1}^{n} d_i = \left[\frac{n}{2}\right]$.

综上可知，所求最大值为 $\left[\frac{n}{2}\right]$.

2. 如图 2 所示，分别延长 TM、TN 交圆 ω_2 于点 E、F，联结 EF，从而 $MN /\!/ EF$. 于是

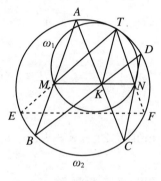

图 2

$$\frac{TM}{TN} = \frac{ME}{NF}.$$

故

$$\frac{TM^2}{TN^2} = \frac{TM}{TN} \cdot \frac{ME}{NF} = \frac{AM \cdot MB}{DN \cdot NC} \quad (\text{这里用到相交弦定理}). \qquad ①$$

在 △AMK 和 △DNK 中，由正弦定理知

$$\frac{AM}{\sin \angle AKM} = \frac{MK}{\sin \angle MAK}, \quad \frac{DN}{\sin \angle DKN} = \frac{KN}{\sin \angle KDN}.$$

注意到 $\angle MAK = \angle BAC = \angle BDC = \angle KDN$，于是

$$\frac{AM}{DN} = \frac{MK \cdot \sin \angle AKM}{NK \cdot \sin \angle DKN}.$$

同理可知

$$\frac{MB}{NC} = \frac{MK \cdot \sin \angle MKB}{NK \cdot \sin \angle NKC}.$$

从而
$$\frac{AM \cdot MB}{DN \cdot NC} = \frac{MK^2}{NK^2} \qquad ②$$

由式①、式②知
$$\frac{TM^2}{TN^2} = \frac{MK^2}{NK^2}.$$

即
$$\frac{TM}{TN} = \frac{MK}{NK}.$$

故 TK 平分 $\angle MTN$.

3. 法一 注意到
$$2\sum_{1 \le i < j \le n} x_i x_j = \sum_{i=1}^n x_i \sum_{1 \le i < j \le n} x_j = \sum_{i=1}^n x_i(1 - x_i).$$

故原不等式等价于
$$\left(\sum_{i=1}^n \frac{1}{1-x_i}\right)\left(\sum_{i=1}^n x_i(1-x_i)\right) \le n. \qquad ①$$

不妨设 $0 < x_1 \le x_2 \le \cdots \le x_n \le 1$，因为对任意 $1 \le i < j \le n$，有 $x_i + x_j \le 1, 0 < x_i < x_j \le 1$，从而 $(x_i - x_j)(1 - x_i - x_j) \le 0$，故 $x_i(1-x_i) \le x_j(1-x_j)$. 于是
$$x_1(1-x_1) \le x_2(1-x_2) \le \cdots \le x_n(1-x_n).$$

又
$$\frac{1}{1-x_1} \le \frac{1}{1-x_2} \le \cdots \le \frac{1}{1-x_n},$$

由 Chebyshev 不等式，得
$$\frac{1}{n}\left(\sum_{i=1}^n \frac{1}{1-x_i}\right)\left(\sum_{i=1}^n x_i(1-x_i)\right) \le \left(\sum_{i=1}^n \frac{1}{1-x_i} x_i(1-x_i)\right) = 1.$$

所以式①成立，从而原不等式成立.

法二 先证局部不等式：对任意 $1 \le k \le n$，有
$$\left(2\sum_{1 \le i < j \le n} x_i x_j\right)\frac{1}{1-x_k} \le 2x_k + \frac{n-2}{n-1}\sum_{i \ne k} x_i. \qquad ①$$

事实上，由均值不等式 $\sum_{i \ne k} x_i^2 \ge \frac{2}{n-2}\sum_{i,j \ne k} x_i x_j$. 从而
$$2\sum_{\substack{1 \le i < j \le n \\ i,j \ne k}} x_i x_j \le \frac{n-2}{n-1}\left(\sum_{i \ne k} x_i\right)^2.$$

$$\left(2\sum_{1 \le i < j \le n} x_i x_j\right)\frac{1}{1-x_k} = \left(2x_k(1-x_k) + 2\sum_{\substack{1 \le i < j \le n \\ i,j \ne k}} x_i x_j\right)\frac{1}{1-x_k}$$

$$= 2x_k + \frac{2\sum_{\substack{i < j \\ i,j \ne k}} x_i x_j}{\sum_{i \ne k} x_i}$$

$$\leqslant 2x_k + \frac{n-2}{n-1}\sum_{i\neq k}x_i.$$

所以式①成立.

回到原题,对式①两边的 $k=1,2,\cdots,n$ 求和知原不等式成立.

4. $|T|_{\max}=62500$.

先证明直角三角形的个数不超过 62500.

任取一条直线,将所有与之平行的直线组成的集合记为 A_1(包括这条直线本身),所有与之垂直的直线组成的集合记为 B_1(若不存在直线与之垂直,则 $B_1=\varnothing$).此时从剩下的直线中任取一条,将所有与之平行的直线组成的集合记为 A_2,所有与之垂直的直线组成的集合记为 B_2.再考虑剩下的直线,类似定义 $A_3,B_3,\cdots$.于是这 100 条直线被分成彼此不交的集合 $A_1,B_1,A_2,B_2,\cdots,A_k,B_k$.

设 $|A_i|=a_i$,$|B_i|=b_i(1\leqslant i\leqslant k)$,则 $\sum_{i=1}^{k}(a_i+b_i)=100$.

注意每个直线三角形的三边必为一组互相垂直的直线和另一条与前者不平行或垂直的直线,故所有直角三角形的总个数不超过 $\sum_{i=1}^{k}a_ib_i(100-a_i-b_i)$.而

$$\sum_{i=1}^{k}a_ib_i(100-a_i-b_i)\leqslant \sum_{i=1}^{k}\frac{(a_i+b_i)^2}{4}\cdot(100-a_i-b_i)$$

$$=\frac{1}{4}\sum_{i=1}^{k}(a_i+b_i)\cdot\big((a_i+b_i)(100-a_i-b_i)\big)$$

$$\leqslant \frac{1}{4}\sum_{i=1}^{k}(a_i+b_i)\cdot\frac{\big((a_i+b_i)+(100-a_i-b_i)\big)^2}{4}$$

$$=625\cdot\sum_{i=1}^{k}(a_i+b_i)$$

$$=62500.$$

下面给出 62500 个直角三角形的具体构造.

在坐标平面上取 100 条直线分别为 $x=1,x=2,\cdots,x=25$;$y=1;y=2,\cdots,y=25$;$y=x+26,y=x+27,\cdots,y=x+50$;$y=-x+101,y=-x+102,\cdots,y=-x+125$.

此时,这 100 条直线分为 4 组,每组 25 条相互平行,倾斜角分别为 $0°、45°、90°、135°$.易知前两组直线相互垂直,后两组直线也相互垂直,且任意三线不共点.故此时直角三角形的总个数等于 $25\times25\times50+25\times25\times50=62500$.

综上,所求最大值为 62500.

第 二 天

5. 凸四边形 $ABCD$ 的边长 a、b、c、d 的排列有 $4!=24$ 种,事实上由边长 x、y 是否相

邻,我们只需考虑如下两种情况.

(1) 若 x、y 是凸四边形 $ABCD$ 的相邻的两边长,不失一般性,只需证明 $S \leqslant \frac{1}{2}(ab+cd)$.注意到

$$S_{\triangle ABC} = \frac{1}{2} AB \cdot BC \sin \angle ABC \leqslant \frac{1}{2} ab,$$

$$S_{\triangle CDA} = \frac{1}{2} CD \cdot DA \sin \angle CDA \leqslant \frac{1}{2} cd.$$

故 $S = S_{\triangle ABC} + S_{\triangle CDA} \leqslant \frac{1}{2}(ab+cd)$.

(2) 若 x、y 是凸四边形 $ABCD$ 的两相对边的长,只需证明 $S \leqslant \frac{1}{2}(ac+bd)$.

设点 A 关于 BD 的垂直平分线的对称点为 A',则

$$S_{\text{四边形}ABCD} = S_{\text{四边形}A'BCD} = S_{\triangle A'BC} + S_{\triangle CDA'}$$

$$\leqslant \frac{1}{2} A'B \cdot BC + \frac{1}{2} CD \cdot DA'$$

$$= \frac{1}{2} AD \cdot BC + \frac{1}{2} CD \cdot AB$$

$$= \frac{1}{2}(ac+bd).$$

由(1)、(2)可知原问题成立.

注 当 x、y 是凸四边形 $ABCD$ 的两相对边的长时,可以用托勒密不等式证明结论成立,事实上

$$S = S_{\text{四边形}ABCD} = \frac{1}{2} AC \cdot BD \sin \theta \leqslant \frac{1}{2} AC \cdot BD$$

$$\leqslant \frac{1}{2}(AB \cdot CD + BC \cdot DA) = \frac{1}{2}(ac+bd).$$

6. 当 $n=3$ 时,所求最小值为 5;当 $n \geqslant 4$ 时,所求最小值为 $2n$.

引理 当 $n \geqslant 4$ 时,对公差为 d 的等差数列 $a_1, a_2, \cdots, a_n$,有 $B = \{3a_1 + kd \mid 1 \leqslant k \leqslant 3n-4, k \in \mathbf{Z}\}$.

引理的证明 对任意 $1 \leqslant i、j \leqslant n, i \neq j$,有
$$a_i + 2a_j = 3a_1 + (i-1)d + 2(j-1)d = 3a_1 + (i+2j-3)d,$$
而 $1 \leqslant i+2j-3 \leqslant 3n-4$,因此有 $B \subseteq \{3a_1 + kd \mid 1 \leqslant k \leqslant 3n-4, k \in \mathbf{Z}\}$.

另一方面,对 $1 \leqslant k \leqslant 3n-4$,可以证明存在 $1 \leqslant i、j \leqslant n, i \neq j$,使得 $i+2j-3=k$.

(1) 当 $k \geqslant 2n-2$ 时,取 $i=k+3-2n, j=n$,有 $1 \leqslant i \leqslant m-1 < j = n$,且 $i+2j-3=k$;

(2) 当 $k \leqslant 2n-3$,且 k 为偶数时,取 $i=1, j=\frac{k+2}{2}$,有 $1 = i < j < n$,且 $i+2j-3=k$;

(3) 当 $5 \leqslant k \leqslant 2n-3$,且 k 为奇数时,取 $i=2, j=\frac{k+1}{2}$,有 $1 < i < j < n$,且 $i+2j$

$-3=k$；

(4) 当 $k=1$ 时，取 $i=2,j=1$；当 $k=3$ 时，取 $i=4,j=1$.

由上面的讨论，可知总存在 $1 \leqslant i,j \leqslant n, i \neq j$ 使得 $i+2j-3=k$. 于是有 $B \supseteq \{3a_1 + kd \mid 1 \leqslant k \leqslant 3n-4, k \in \mathbf{Z}\}$.

引理得证.

回到原题，先讨论 $n \geqslant 4$ 的情形.

设由正整数组成的等差数列 $a_1, a_2, \cdots, a_n$ 严格递增，即公差 $d > 0$. 显然有 $|A|=n$. 由引理可知 $B = \{3a_1 + kd \mid 1 \leqslant k \leqslant 3n-4, k \in \mathbf{Z}\}$，于是 $|B| = 3n-4$. 又由 $a_2 = a_1 + d < 3a_1 + d$ 可知 a_1, a_2 不属于 B，于是 $|A \cap B| \leqslant n-2$. 因此有

$$|A \triangle B| = |A| + |B| - 2|A \cap B| \geqslant n + (3n-4) - 2(n-2) = 2n.$$

另一方面，当等差数列为 $1,2,3,\cdots,2n-1$ 时，有 $A = \{1,3,5,\cdots,2n-1\}$，而由引理可得 $B = \{5,7,\cdots,6n-5\}$，此时有 $|A \triangle B| = 2n$.

当 $n=3$ 时，设 $a_1、a_2、a_3$ 为正整数组成的严格递增等差数列，则 $|A|=3$. 由 $2a_1 + a_2 < 2a_1 + a_3 < 3a_3 + a_1 < 2a_3 + a_2$ 可知 $|B| \geqslant 4$，又由 a_1, a_2 不属于 B 可知 $|A \cap B| \leqslant 1$，因此 $|A \triangle B| \geqslant 5$. 另一方面，当 $a_1 = 1, a_2 = 3, a_3 = 5$ 时，$A = \{1,3,5\}, B = \{5,7,11,13\}$，$|A \triangle B| = 5$. 由此即得 $|A \triangle B|$ 的最小值为 5.

综上所述，当 $n=3$ 时，所求最小值为 5；当 $n \geqslant 4$ 时，所求最小值为 $2n$.

7. 首先我们证明如下引理.

引理 若复数 z 在单位圆外，则存在模为 1 的复数 z_0，对单位圆内的任意复数 w 有 $|z_0 - w| < |z - w|$.

引理的证明 令 $z_0 = \dfrac{z}{|z|}$，则 Z_0 为 Z 与圆心 O 的连线与圆的交点（如图 3 所示）. 注意到 w 在圆的内部，则 $|w| < 1 = |z_0|$，故 $\angle OZ_0W < 90°, \angle WZ_0Z > 90°$. 这里 $Z_0、W、Z$ 是以 O 为原点的复平面上复数 z_0, w, z 对应的点. 因此，$|z_0 - w| < |z - w|$.

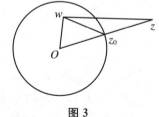

图 3

回到原题，我们先证明 $f(z)$ 的两根在单位圆内.

下面分两种情况：

(1) 当 $0 < a \leqslant \dfrac{1}{4}$ 时，因为 $\Delta = 1 - 4a \geqslant 0$，所以 $z_1、z_2$ 均为实数，于是由韦达定理知 $z_1, z_2 \in (0,1)$.

(2) 当 $\dfrac{1}{4} < a < 1$ 时，因为 $\Delta = 1 - 4a < 0$，所以 $z_1、z_2$ 互为共轭复数，于是由韦达定理知 $|z_1|^2 = |z_2|^2 = z_1 z_2 = a \in (0,1)$.

由 (1)、(2) 可知 $f(z)$ 的两根 $z_1、z_2$ 均在单位圆内.

又 $|f(z)| = |z^2 - z + a| = |(z-z_1)(z-z_2)| = |z-z_1||z-z_2|$.

当 $|z|=1$ 时，取 $z_0 = z$，则 $|f(z)| = |f(z_0)|$.

当 $|z|>1$ 时,由引理知存在 $z_0=\dfrac{z}{|z|}$ 有 $|z_0-z_1|<|z-z_1|$,$|z_0-z_2|<|z-z_2|$,于是 $|f(z_0)|<|f(z)|$.

综上可知原题成立.

8. 因为
$$v_2(n)=\left[\dfrac{2^k}{2}\right]+\left[\dfrac{2^k}{4}\right]+\cdots+\left[\dfrac{2^k}{2^k}\right]$$
$$=2^{k-1}+2^{k-2}+\cdots+1$$
$$=2^k-1.$$

所以,$2^{2^k-1}\parallel n$.

设 $n=2^{2^k-1}p_1^{\alpha_1}p_2^{\alpha_2}\cdots p_t^{\alpha_t}$,其中 $t\in\mathbf{N}^*$,$p_1,p_2,\cdots,p_t$ 为互不相同的奇素数,$\alpha_1,\alpha_2,\cdots,\alpha_t$ 为正整数. 从而,
$$\sigma(n)=\sigma(2^{2^k-1})\sigma(p_1^{\alpha_1})\cdots\sigma(p_t^{\alpha_t})$$
$$=(2^{2^k}-1)\cdot M$$
$$=(2^{2^{k-1}}+1)(2^{2^{k-1}}-1)\cdot M \quad (\text{这里 } M \text{ 为正整数}).$$

于是,$(2^{2^{k-1}}+1)\mid \sigma(n)$.

对 $2^{2^{k-1}}+1$ 的任意一个因子 p,则 p 为奇素数.

由 Fermat 小定理,$2^{p-1}\equiv 1(\bmod p)$,由 $2^{2^{k-1}}\equiv 1(\bmod p)$ 知 $2^{2^k}\equiv 1(\bmod p)$,故 $2^{\gcd(2^k,p-1)}\equiv 1(\bmod p)$.

若 $2^k\nmid(p-1)$,则 $\gcd(2^k,p-1)\mid 2^{k-1}$,从而 $2^{2^{k-1}}\equiv 1(\bmod p)$,故 $2^{2^{k-1}}\equiv 1\equiv -1(\bmod p)$,从而 $p=2$. 这与 p 为奇素数矛盾.

故 $2^k\mid(p-1)$,因此,$p\geqslant 2^k+1$. 即 $\sigma(n)$ 有一个大于 2^k 的素因子.

第12届中国东南地区数学奥林匹克(2015)

高一年级

1. 数列 $\{a_n\}$ 满足 $a_1 = 1$,且 $a_{2k} = a_{2k-1} + a_k, a_{2k+1} = a_{2k} (k = 1, 2, \cdots)$. 证明:对任意整数 $n \geq 3$,有 $a_{2^n} < 2^{\frac{n^2}{2}}$.

2. 在 $\triangle ABC$ 中,$AB > AC$,I 为 $\triangle ABC$ 的内心. 用 Γ 表示以 AI 为直径的圆. 设 Γ 与 $\triangle ABC$ 的外接圆交于点 A 与 D,且 D 在不含点 B 的弧 $\overset{\frown}{AC}$ 上,过点 A 作 BC 的平行线,与圆 Γ 交于 A 及另一点 E(如图1所示). 若 DI 平分 $\angle CDE$,且 $\angle ABC = 33°$,求 $\angle BAC$ 的度数.

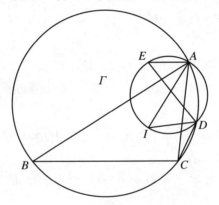

图1

3. 是否能将前2015个正整数 $1, 2, \cdots, 2015$ 按一定的顺序排列在圆周上,使得任何相邻两数的和是4的倍数,或者是7的倍数?证明你的结论.

4. 对每个正整数 n,定义集合 $P_n = \{n^k \mid k = 0, 1, 2, \cdots\}$. 对于正整数 a、b、c,若存在某个正整数 m,使得 $a - 1$、$ab - 12$、$abc - 2015$ 这三个数(不必两两不等)都属于集合 P_m,则称正整数组 (a, b, c) 是幸运的. 求所有幸运的正整数组的个数.

5. 设 a、b 为实数,函数 $f(x) = ax + b$ 满足:对任意 $x \in [0, 1]$,有 $|f(x)| \leq 1$. 求 $S = (a + 1)(b + 1)$ 的取值范围.

6. 在 $\triangle ABC$ 中,三边长 $BC = a$,$CA = b$,$AB = c$ 满足 $c < b < a < 2c$. P、Q 是 $\triangle ABC$ 边上的两点,且直线 PQ 将 $\triangle ABC$ 分成面积相等的两部分. 求线段 PQ 长度的最小值.

7. 如图2所示,在 $\triangle ABC$ 中,$AB > AC > BC$. $\triangle ABC$ 的内切圆与边 AB、BC、CA 分别相切于点 D、E、F,线段 DE、EF、FD 的中点分别是 L、M、N. 直线 NL 与射线 AB 交于点 P,直线 LM

与射线 BC 交于点 Q,直线 NM 与射线 AC 交于点 R.证明:$PA \cdot QB \cdot RC = PD \cdot QE \cdot RF$.

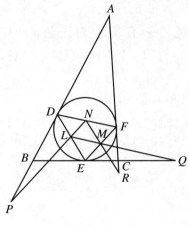

图 2

8. 对任意给定的整数 m、n,记 $A(m,n) = \{x^2 + mx + n \mid x \in \mathbf{Z}\}$,其中 $\mathbf{Z}$ 表示整数集合.是否一定存在互不相同的三个整数 a、b、$c \in A(m,n)$,使得 $a = bc$?证明你的结论.

高 二 年 级

1. 同高一年级第 2 题.

2. 数列 $\{a_n\}$ 满足 $a_1 = 1$,且 $a_{2k} = a_{2k-1} + a_k$,$a_{2k+1} = a_{2k}(k = 1, 2, \cdots)$.证明:对任意正整数 n,有 $a_{2^n} > 2^{\frac{n^2}{4}}$.

3. 同高一年级第 4 题.

4. 设 $a_1, a_2, \cdots, a_8$ 是给定的 8 个互不相同的正整数,其中任意三个数的最大公约数为 1.

证明:存在整数 $n \geq 8$ 及 n 个互不相同的正整数 $m_1, m_2, \cdots, m_n$,使得 $m_1, m_2, \cdots, m_n$ 的最大公约数为 1,且对任意整数 p、q、$r(1 \leq p < q < r \leq n)$,均存在 i、$j(1 \leq i < j \leq 8)$ 满足 $a_i a_j \mid (m_p + m_q + m_r)$.

5. 如图 3 所示,E、F 分别是线段 AB、AD 上的点,BF、DE 交于点 C.已知 $AE + EC = AF + FC$.证明:$AB + BC = AD + DC$.

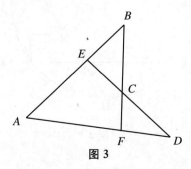

图 3

6. 给定整数 $n \geq 2$. 对平面直角坐标系中的整点集
$$A = \{(a,b) \mid a, b \in \{1, 2, \cdots, n\}\}$$
中的每个点染红、黄、蓝三种颜色之一,且满足:对任意 a、$b \in \{1, 2, \cdots, n-1\}$,若 (a, b) 与 $(a+1, b)$ 两点同色,则 $(a, b+1)$ 与 $(a+1, b+1)$ 两点亦同色. 求不同的染色方式的总数.

7. 同高一年级第 7 题.

8. 求所有素数 p,使得存在整系数多项式
$$f(x) = x^{p-1} + a_{p-2}x^{p-2} + \cdots + a_1 x + a_0,$$
满足 $f(x)$ 有 $p-1$ 个连续的正整数根,且 $p^2 \mid f(\mathrm{i})f(-\mathrm{i})$,其中 i 为虚数单位.

参考答案

高一年级

1. 经计算得,$a_4 = a_3 + a_2 = 2a_2 = 4a_1 = 4$.

对任意整数 $i \geq 2$,有 $a_{2i} - a_{2i-2} = (a_{2i-1} + a_i) - a_{2i-1} = a_i$,而 $\{a_n\}$ 单调不减,所以对一切正整数 m,有
$$a_{2^{m+1}} - a_{2^m} = \sum_{i=2^{m-1}+1}^{2^m}(a_{2i} - a_{2i-2}) = \sum_{i=2^{m-1}+1}^{2^m} a_i \leq 2^{m-1} a_{2^m},$$
从而 $\dfrac{a_{2^{m+1}}}{a_{2^m}} \leq 1 + 2^{m-1} \leq 2^m$. 于是,对任意整数 $n \geq 3$,有
$$a_{2^n} = \left(\prod_{m=2}^{n-1} \dfrac{a_{2^{m+1}}}{a_{2^m}}\right) \times a_4 \leq \left(\prod_{m=2}^{n-1} 2^m\right) \times 4 = 2^{(n-1)+(n-2)+\cdots+2+2} = 2^{\frac{n^2-n+2}{2}} < 2^{\frac{n^2}{2}}.$$

2. 如图 4 所示,用 Γ_1 表示 $\triangle ABC$ 的外接圆. 延长 AI 交 Γ_1 于点 M,延长 DE 交 Γ_1 于点 N,联结 AD、EI、MN.

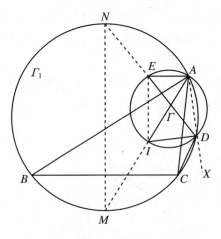

图 4

由 A、D、I、E 四点共圆,以及 A、D、M、N 四点共圆,可得
$$\angle AIE = \angle ADE = \angle ADN = \angle AMN,$$
故 $EI \parallel MN$. 由 AI 为圆 Γ 的直径知,$EI \perp AE$,而 $AE \parallel BC$,所以 $EI \perp BC$,从而 $MN \perp BC$. 注意到 I 为 $\triangle ABC$ 的内心,故 M 为弧 BC(不含 A)的中点,于是 N 为弧 BAC 的中点,即 $\overset{\frown}{NB} = \overset{\frown}{NC}$.

将 AD 延长线上任意一点记为 X. 由条件知,$ID \perp AX$,故由 DI 平分 $\angle CDE$ 可知,$\angle ADE = \angle CDX = \angle ABC$,从而 $\overset{\frown}{NA} = \overset{\frown}{AC}$,进而有 $\overset{\frown}{ANB} = \overset{\frown}{NB} + \overset{\frown}{NA} = \overset{\frown}{NC} + \overset{\frown}{NA} = 3\overset{\frown}{AC}$,所以
$$\angle ACB = 3\angle ABC.$$
再根据 $\angle ABC = 33°$ 可知,$\angle BAC = 180° - \angle ABC - \angle ACB = 180° - 4 \times 33° = 48°$.

3. 我们证明,可以将 $1, 2, \cdots, 2015$ 按题目的要求排列在圆周上.

定义序列
$$A = (1, 3, 5, 7, \cdots, 2013, 2015),$$
$$B = (8, 4, 2012, 2008, \cdots, 16, 12),$$
$$C = (2, 2014, 2010, 2006, \cdots, 10, 6).$$
在上述每个序列中,任意相邻两数之和为 4 的倍数.

依次将序列 A、B、C 写在圆周上,恰好得到 $1, 2, \cdots, 2015$ 的一种圆周排列方式,其中 A 的最后一个数 2015 与 B 的第一个数 8 相邻,B 的最后一个数 12 与 C 的第一个数 2 相邻,C 的最后一个数 6 与 A 的第一个数 1 相邻.

注意 $2015 + 8, 12 + 2, 6 + 1$ 均为 7 的倍数. 因此,圆周上任意相邻两数的和不是 4 的倍数,就是 7 的倍数. 故我们构造了一种符合条件的排列方式.

4. 我们考虑幸运的正整数组 (a, b, c) 需满足的条件.
设 m 为正整数,α、β、γ 为非负整数,使得
$$a - 1 = m^\alpha, \qquad\qquad ①$$
$$ab - 12 = m^\beta, \qquad\qquad ②$$
$$abc - 2015 = m^\gamma. \qquad\qquad ③$$

第一步,我们证明 m 为偶数. 事实上,假如 m 为奇数,则由式①知 a 为偶数,所以式②的左边为偶数,但右边为奇数,矛盾. 因此 m 为偶数.

第二步,我们证明 $\gamma = 0$.

用反证法. 假设 $\gamma > 0$,则由式③得 $abc = 2015 + m^\gamma$ 为奇数,故 ab 为奇数,再由式②知 $m^\beta = ab - 12$ 为奇数,而 m 为偶数,所以只可能 $ab - 12 = 1$,即
$$ab = 13.$$
注意到式①,可知 $a > 1$,故 $a = 13$,从而 $m^\alpha = a - 1 = 12$,这样有 $m = 12$. 此时,由式③得,$12^\gamma = abc - 2015 = 13(c - 155)$,但这是不可能的.

因此必有 $\gamma = 0$. 进而得

$$abc = 2016. \qquad ④$$

第三步,我们证明 $\alpha = 0$.

用反证法.假设 $\alpha > 0$,则由式①知 a 为大于 1 的奇数,且由式④得 a 为 2016 的约数. 注意到 $2016 = 2^5 \times 3^2 \times 7$,故 a 只可能为 3、7、9、21、63.

对 $a = 3、9、21、63$ 的情况,有 $3 \mid a$,故 $3 \mid ab - 12$,由式②得 $3 \mid m$.但根据式①,又有 $m^\alpha = a - 1 \equiv 2 \pmod{3}$,矛盾.

对 $a = 7$ 的情况,由式①知 $m^\alpha = a - 1 = 6$,这样有 $m = 6$,此时式②变为

$$7b - 12 = 6^\beta, \qquad ⑤$$

但注意到式⑤的右边 $6^\beta \equiv \pm 1 \pmod{7}$,故式⑤不可能成立.矛盾.

由此可知 $\alpha = 0$.进而 $a = 2$,结合式④可知 $bc = 1008$.此时式②变为

$$2b - 12 = m^\beta, \qquad ⑥$$

因此 $b > 6$.反之,当 $b > 6$ 时,存在正偶数 $m = 2b - 12$ 及正整数 $\beta = 1$ 满足式⑥.

以上表明,正整数组 (a, b, c) 为幸运的,当且仅当

$$a = 2, \quad bc = 1008, \quad b > 6.$$

注意到 $1008 = 2^4 \times 3^2 \times 7$ 的正约数个数为 $(4+1) \times (2+1) \times (1+1) = 30$,其中不大于 6 的正约数有 1、2、3、4、6 这 5 个,故 b 可取的值有 $30 - 5 = 25$ 个.相应地,幸运的正整数组 (a, b, c) 的个数为 25.

5. 令 $t = a + b$.由已知得,$b = f(0) \in [-1, 1]$,$t = f(1) \in [-1, 1]$,且

$$S = (a+1)(b+1) = (t - b + 1)(b + 1).$$

上式右端可视为关于 t 的线性函数

$$g(t) = (b+1)t + 1 - b^2, \quad t \in [-1, 1].$$

注意到 $b + 1 \geq 0$,所以 $g(-1) \leq g(t) \leq g(1)$,即

$$-b^2 - b \leq g(t) \leq -b^2 + b + 2. \qquad ①$$

当 $b \in [-1, 1]$ 时,有

$$-b^2 - b = -\left(b + \frac{1}{2}\right)^2 + \frac{1}{4} \geq -\left(1 + \frac{1}{2}\right)^2 + \frac{1}{4} = -2,$$

$$-b^2 + b + 2 = -\left(b - \frac{1}{2}\right)^2 + \frac{9}{4} \leq \frac{9}{4}.$$

结合式①可知,$S = g(t) \in \left[-2, \frac{9}{4}\right]$.其中,当 $t = -1, b = 1$,即 $f(x) = -2x + 1$ 时,S 取最小值 -2;当 $t = 1, b = \frac{1}{2}$,即 $f(x) = \frac{1}{2}x + \frac{1}{2}$ 时,S 取最大值 $\frac{9}{4}$.

综上所述,S 的取值范围是 $\left[-2, \frac{9}{4}\right]$.

6. 先考虑 P、Q 在 AB、AC 上的情况,不妨设 P 在 AB 上,Q 在 AC 上.

设 $AP = x, AQ = y$.因为 $\triangle APQ$ 的面积是 $\triangle ABC$ 面积的一半,则有 $xy \sin A =$

$\frac{1}{2}bc\sin A$,即 $xy = \frac{1}{2}bc$. 由余弦定理知

$$|PQ|^2 = x^2 + y^2 - 2xy\cos A \geq 2xy - 2xy\cos A = bc(1-\cos A) = 2bc\sin^2\frac{A}{2}.$$

由 $c < b < a < 2c$ 可知,$\sqrt{\frac{bc}{2}} < c < b$,故当 $x = y = \sqrt{\frac{bc}{2}}$ 时,P、Q 分别在边 AB、AC 的内部,且此时 PQ^2 取到最小值 $d(a) = 2bc\sin^2\frac{A}{2}$.

因为 $a = 2R\sin A$,其中 R 是 $\triangle ABC$ 的外接圆半径,故

$$d(a) = 2bc\sin^2\frac{A}{2} = \frac{abc}{R\sin A}\sin^2\frac{A}{2} = \frac{abc}{2R}\tan\frac{A}{2}.$$

由 $c < b < a < 2c$ 亦可得到 $\sqrt{\frac{ca}{2}} < c < a$ 及 $\sqrt{\frac{ab}{2}} < b < a$. 因此,同理可知,当 l 与边 AB、BC 相交时,PQ^2 的最小值为 $d(b) = \frac{abc}{2R}\tan\frac{B}{2}$;当 l 与边 AC、BC 相交时,PQ^2 的最小值为 $d(c) = \frac{abc}{2R}\tan\frac{C}{2}$. 因为正切函数在 $\left(0, \frac{\pi}{2}\right)$ 上单调递增,而且 $0 < C < B < A < \pi$,于是有 $d(c) < d(b) < d(a)$.

因此,线段 PQ 长度的最小值为 $\sqrt{d(c)} = \sqrt{2ab}\sin\frac{C}{2}$.

7. 如图 5 所示,设直线 DE 与 AR 交于点 S,则由梅涅劳斯定理知

$$\frac{AD}{DB} \cdot \frac{BE}{EC} \cdot \frac{CS}{SA} = 1.$$

又 $AD = AF$,$DB = BE$,$EC = CF$,所以

$$\frac{CS}{CF} = \frac{SA}{AF}. \qquad ①$$

注意到 M、N 分别为 EF、FD 的中点,故 R 为 FS 的中点,从而有

$$CS - CF = 2RC, \quad SA - AF = 2RF,$$

结合式①可知

$$\frac{2RC}{CF} = \frac{CS - CF}{CF} = \frac{SA - AF}{AF} = \frac{2RF}{AF},$$

即 $\frac{RC}{CF} = \frac{RF}{AF}$,进而得 $\frac{RC}{RF} = \frac{RC}{RC + CF} = \frac{RF}{RF + AF} = \frac{RF}{RA}$,即 $RF^2 = RC \cdot RA$.

同理可知,$PD^2 = PA \cdot PB$,$QE^2 = QB \cdot QC$.

所以点 P、Q、R 均是 $\triangle ABC$ 的内切圆和外接圆的等幂点,从而 P、Q、R 三点共线. 由

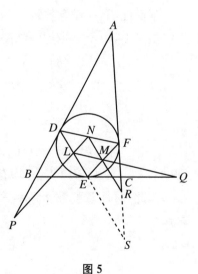

图 5

梅涅劳斯定理得 $\dfrac{AP}{PB} \cdot \dfrac{BQ}{QC} \cdot \dfrac{CR}{RA} = 1$,故

$$\dfrac{AP^2}{PD^2} \cdot \dfrac{BQ^2}{QE^2} \cdot \dfrac{CR^2}{RF^2} = \dfrac{AP^2}{PA \cdot PB} \cdot \dfrac{BQ^2}{QB \cdot QC} \cdot \dfrac{CR^2}{RC \cdot RA} = \dfrac{AP}{PB} \cdot \dfrac{BQ}{QC} \cdot \dfrac{CR}{RA} = 1,$$

即 $PA \cdot QB \cdot RC = PD \cdot QE \cdot RF$.

8. 首先证明,对任意整数 n,集合 $A(0,n)$、$A(1,n)$ 具有题目所述性质.

事实上,取充分大的整数 r,使 $0 < r < r+1 < n+r(r+1)$ 成立,并令

$$a = \left(n + r(r+1)\right)^2 + n, \quad b = r^2 + n, \quad c = (r+1)^2 + n,$$

则 a、b、$c \in A(0,n)$,$b < c < a$,且

$$a = n^2 + \left(2r(r+1) + 1\right)n + r^2(r+1)^2 = (n + r^2)\left(n + (r+1)^2\right) = bc,$$

因此 $A(0,n)$ 具有题目所述的性质.

类似地,取充分大的整数 r,使 $0 < r-1 < r < n+r^2-1$ 成立,并令

$$a = (n + r^2 - 1)(n + r^2) + n, \quad b = (r-1)r + n, \quad c = r(r+1) + n,$$

则 a、b、$c \in A(1,n)$,$b < c < a$,且

$$a = n^2 + 2r^2 n + (r^2-1)r^2 = \left(n + r(r-1)\right)\left(n + r(r+1)\right) = bc,$$

故 $A(1,n)$ 也具有题目所述的性质.

下面证明,对任意整数 k、n,集合 $A(2k,n)$、$A(2k+1,n)$ 具有题目所述性质.

事实上,由于 x 取遍一切整数当且仅当 $x_1 = x + k$ 取遍一切整数,而

$$x^2 + 2kx + n = (x+k)^2 - k^2 + n = x_1^2 + (n - k^2),$$
$$x^2 + (2k+1)x + n = (x+k)(x+k+1) - k(k+1) + n$$
$$= x_1^2 + x_1 + (n - k^2 - k),$$

故

$$A(2k,n) = A(0, n-k^2), \quad A(2k+1,n) = A(1, n-k^2-k),$$

即 $A(2k,n)$、$A(2k+1,n)$ 均有题目所述性质.

因此,对任意整数 m、n,一定存在互不相同的三个整数 a、b、$c \in A(m,n)$,使得 $a = bc$.

高二年级

1. 同高一年级第 2 题.

2. 由条件知,数列 $\{a_n\}$ 单调不减.

进一步可知,对任意整数 s、$t(0 \leq t < s)$,有

$$a_{s+t+1} + a_{s-t} \geq a_{s+t} + a_{s+1-t}. \qquad ①$$

事实上,若 s、t 奇偶性相同,则 $s \pm t$ 为偶数,故 $a_{s+t+1} = a_{s+t}$,$a_{s-t} = a_{s+1-t}$,因此式① 成立(这时式①的两边相等);若 s、t 奇偶性不同,则 $s+1 \pm t$ 为偶数,故

$$(a_{s+t+1} + a_{s-t}) - (a_{s+t} + a_{s+1-t}) = (a_{s+t+1} - a_{s+t}) - (a_{s+1-t} - a_{s-t})$$
$$= a_{\frac{s+t+1}{2}} - a_{\frac{s+1-t}{2}} \geq 0,$$

这时式①也成立.

利用式①得 $a_{2s} + a_1 \geq a_{2s-1} + a_2 \geq \cdots \geq a_{s+1} + a_s$,故有
$$a_1 + a_2 + \cdots + a_{2s} \geq s(a_{s+1} + a_s) \geq 2sa_s.$$

另一方面,根据条件知
$$a_1 + a_2 + \cdots + a_{2s} = \sum_{i=1}^{2s}(a_{2i} - a_{2i-1}) = a_{4s} - \left(\sum_{i=1}^{2s-1}(a_{2i+1} - a_{2i})\right) - a_1 < a_{4s}.$$

比较上述两式知,$a_{4s} > 2sa_s$,特别地,当 $s = 2^{m-2}(m \geq 2)$ 时,有
$$a_{2^m} > 2^{m-1}a_{2^{m-2}}. \quad ②$$

下面用数学归纳法证明 $a_{2^n} > 2^{\frac{n^2}{4}}(n \in \mathbf{N}^*)$.

当 $n = 1、2$ 时,有 $a_2 = 2 > 2^{\frac{1^2}{4}}$,$a_4 = 4 > 2^{\frac{2^2}{4}}$ 成立.

若当 $n = m - 2$ 时结论成立,则由式②及归纳假设知
$$a_{2^m} > 2^{m-1}a_{2^{m-2}} > 2^{m-1+\frac{(m-2)^2}{4}} = 2^{\frac{m^2}{4}},$$

故结论对 $n = m$ 亦成立.从而对一切正整数 n,均有 $a_{2^n} > 2^{\frac{n^2}{4}}$.

3. 同高一年级第 4 题.

4. 不妨设 $a_1 < a_2 < \cdots < a_8$.将 $a_1, a_2, \cdots, a_8$ 中任意 6 个数相乘,这样共得到 $C_8^6 = 28$ 个正整数.用 M 表示这 28 个数中所有不同值构成的集合.

显然 $|M| \geq 8$.事实上,不妨设 $a_1 < a_2 < \cdots < a_8$,则 M 含有

$a_1a_2a_3a_4a_5a_6$, $a_1a_2a_3a_4a_5a_7$, $a_1a_2a_3a_4a_5a_8$, $a_1a_2a_3a_4a_6a_8$,
$a_1a_2a_3a_4a_7a_8$, $a_1a_2a_3a_5a_7a_8$, $a_1a_2a_3a_6a_7a_8$, $a_1a_2a_4a_6a_7a_8$

这 8 个依次递增的元素.

取 $n = |M| \geq 8$,不妨记 $M = \{m_1, m_2, \cdots, m_n\}$,其中 $m_1, m_2, \cdots, m_n$ 为互不相同的正整数.

我们先证明 $m_1, m_2, \cdots, m_n$ 的最大公约数为 1.

事实上,考虑任一素数 p,由条件知,$a_1, a_2, \cdots, a_8$ 中任意三个数的最大公约数为 1,故 p 至多整除 $a_1, a_2, \cdots, a_8$ 中的两个数,从而 p 不整除这 8 个数中的另外 6 个的乘积,即 M 中必有一个数与 p 互素.因此,$m_1, m_2, \cdots, m_n$ 的最大公约数为 1.

再考虑任意三个数 $m_p、m_q、m_r(1 \leq p < q < r \leq n)$.

根据 $m_p、m_q、m_r$ 的取法知,存在 $A = \{1, 2, \cdots, 8\}$ 的 6 元子集 $A_p、A_q、A_r$,使得
$$m_p = \prod_{u \in A_p} a_u, \quad m_q = \prod_{v \in A_q} a_v, \quad m_r = \prod_{w \in A_r} a_w. \quad ①$$

由于
$$8 - |A_p \cap A_q \cap A_r| = |A \setminus (A_p \cap A_q \cap A_r)|$$
$$= |(A \setminus A_p) \cup (A \setminus A_q) \cup (A \setminus A_r)|$$

$$\leqslant |A\setminus A_p| + |A\setminus A_q| + |A\setminus A_r|$$
$$= 2 + 2 + 2 = 6,$$

所以存在两个数 $i,j \in A_p \cap A_q \cap A_r$. 由式①知, $a_i a_j | m_p, a_i a_j | m_q, a_i a_j | m_r$, 从而
$$a_i a_j | (m_p + m_q + m_r).$$

综上可知,我们所取的正整数 n 及 $m_1, m_2, \cdots, m_n$ 符合条件.

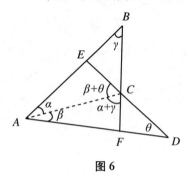

图 6

5. 如图 6 所示,联结 AC. 设 $AC = a$, $\angle EAC = \alpha$, $\angle CAD = \beta$, $\angle ABC = \gamma$, $\angle ADC = \theta$.

由正弦定理可知
$$AE + EC = a \cdot \frac{\sin\alpha + \sin(\beta + \theta)}{\sin(\alpha + \beta + \theta)},$$
$$AF + FC = a \cdot \frac{\sin\beta + \sin(\alpha + \gamma)}{\sin(\beta + \alpha + \gamma)}.$$

于是条件 $AE + EC = AF + FC$ 等价于
$$\frac{\sin\alpha + \sin(\beta + \theta)}{\sin(\alpha + \beta + \theta)} = \frac{\sin\beta + \sin(\alpha + \gamma)}{\sin(\beta + \alpha + \gamma)}.$$

利用和差化积与倍角公式可知,上式等价于
$$\frac{\cos\frac{\beta + \theta - \alpha}{2}}{\cos\frac{\beta + \theta + \alpha}{2}} = \frac{\cos\frac{\alpha + \gamma - \beta}{2}}{\cos\frac{\alpha + \gamma + \beta}{2}}, \text{ 即}$$

$$\cos\frac{\beta + \theta - \alpha}{2}\cos\frac{\alpha + \gamma + \beta}{2} = \cos\frac{\alpha + \gamma - \beta}{2}\cos\frac{\beta + \theta + \alpha}{2}.$$

利用积化和差公式得到
$$\cos\left(\beta + \frac{\theta}{2} + \frac{\gamma}{2}\right) + \cos\left(\alpha + \frac{\gamma}{2} - \frac{\theta}{2}\right) = \cos\left(\alpha + \frac{\gamma}{2} + \frac{\theta}{2}\right) + \cos\left(\beta + \frac{\theta}{2} - \frac{\gamma}{2}\right). \quad ①$$

利用正弦定理可知
$$AD + DC = a \cdot \frac{\sin\beta + \sin(\beta + \theta)}{\sin\theta}, \quad AB + BC = a \cdot \frac{\sin\alpha + \sin(\alpha + \gamma)}{\sin\gamma}.$$

因此,只需证明 $\dfrac{\sin\beta + \sin(\beta + \theta)}{\sin\theta} = \dfrac{\sin\alpha + \sin(\alpha + \gamma)}{\sin\gamma}$. 利用和差化积与倍角公式,该式等价于 $\dfrac{\sin\left(\beta + \frac{\theta}{2}\right)}{\sin\frac{\theta}{2}} = \dfrac{\sin\left(\alpha + \frac{\gamma}{2}\right)}{\sin\frac{\gamma}{2}}$, 即 $\sin\left(\beta + \frac{\theta}{2}\right)\sin\frac{\gamma}{2} = \sin\left(\alpha + \frac{\gamma}{2}\right)\sin\frac{\theta}{2}$, 根据积化和差公式,这又等价于

$$\cos\left(\beta + \frac{\theta}{2} - \frac{\gamma}{2}\right) - \cos\left(\beta + \frac{\theta}{2} + \frac{\gamma}{2}\right) = \cos\left(\alpha + \frac{\gamma}{2} - \frac{\theta}{2}\right) - \cos\left(\alpha + \frac{\gamma}{2} + \frac{\theta}{2}\right). \quad ②$$

显然式②与式①等价,因此结论成立.

6. 对 $k = 1, 2, \cdots, n$, 定义整点集
$$A_k = \{(k, b) | b \in \{1, 2, \cdots, n\}\}.$$

我们对 $A_1, A_2, \cdots, A_n$ 依次进行染色(以完成对 A 的染色). 在这 n 个步骤中,将对 A_k

染色的方式数记为 $N_k(k=1,2,\cdots,n)$.

先对 A_1 进行染色:因每个整点 $(1,b)(b=1,2,\cdots,n)$ 有 3 种染法,故 $N_1=3^n$.

假定已染好 $A_1\cup\cdots\cup A_r,(1\leqslant r\leqslant n-1)$,下面对 A_{r+1} 进行染色.

若对每个 $s=1,2,\cdots,n$,均有 $(r+1,s)$ 与 (r,s) 不同色,则 A_{r+1} 的每个整点各有 2 种染法,由乘法原理知,该情况下有 2^n 种对 A_{r+1} 的染法.

再考虑这样的情况:对于某个 $s(1\leqslant s\leqslant n)$,$(r+1,s)$ 与 (r,s) 同色,但不存在小于 s 的正整数 u,使得 $(r+1,u)$ 与 (r,u) 同色.此时,$(r+1,u)(1\leqslant u\leqslant s-1)$ 这 $s-1$ 个方格各有 2 种染法(若 $s=1$,则没有方格需要染色,视为 1 种染法);注意到 $(r+1,s)$ 与 (r,s) 同色,结合染色规则,依次可知 $(r+1,v)$ 与 (r,v) 同色,其中 v 依次取 $s+1,\cdots,n$.根据乘法原理知,这种情况下有 2^{s-1} 种对 A_{r+1} 的染法.

综上可知,对 A_{r+1} 染色的方式数为

$$N_{r+1}=2^n+\sum_{s=1}^{n}2^{s-1}=2^{n+1}-1.$$

由乘法原理知,对 A 染色的方式数为 $N_1N_2\cdots N_n=3^n\cdot(2^{n+1}-1)^{n-1}$.

7. 同高一年级第 7 题.

8. 设 $f(x)=(x-m)(x-m-1)\cdots(x-m-p+2)$,其中 m 为正整数,则

$$f(\mathrm{i})f(-\mathrm{i})=\prod_{k=m}^{m+p-2}(\mathrm{i}-k)\cdot\prod_{k=m}^{m+p-2}(-\mathrm{i}-k)=\prod_{k=m}^{m+p-2}(k^2+1).$$

由 $p^2\mid f(\mathrm{i})f(-\mathrm{i})$ 知

$$p^2\mid\prod_{k=m}^{m+p-2}(k^2+1). \quad ①$$

若 $p=2$,则式①变为 $4\mid(m^2+1)$,但对正整数 m,这不可能成立.

若素数 $p\equiv 3\pmod 4$,则 -1 不是模 p 的平方剩余,故不存在整数 k,使得 $k^2+1\equiv 0\pmod p$,因而式①的右端不是 p 的倍数.此时 p 不满足条件.

若素数 $p\equiv 1\pmod 4$,则 -1 是模 p 的平方剩余,故存在 $k_1\in\{1,2,\cdots,p-1\}$,使得 $k_1^2+1\equiv 0\pmod p$,进而 $(p-k_1)^2+1\equiv 0\pmod p$,这里 $p-k_1\in\{1,2,\cdots,p-1\}$,$p-k_1\neq k_1$.因此

$$p^2\mid\prod_{k=1}^{p-1}(k^2+1), \quad ②$$

即式①在 $m=1$ 的情况下成立.

以上表明,素数 $p\equiv 1\pmod 4$ 满足条件,相应的多项式 $f(x)$ 可取为

$$f(x)=(x-1)(x-2)\cdots(x-p+1).$$

综上所述,满足条件的素数 p 为模 4 余 1 的一切素数.

注 式②的证明如下.

证明 令 $x^2+1=(x-\alpha)(x-\beta),\alpha+\beta=0,\alpha\beta=1,\alpha^4=\beta^4=1$.

又 $(x-1)(x-2)\cdots(x-p+1)\equiv x^{p-1}-1\pmod p$,所以有

$$(x-1)(x-2)\cdots(x-p+1) \equiv x^{p-1} - 1 + ph(x),$$

$$h(x) = \sum_{k=0}^{n} a_k x^k, \quad a_k \in \mathbf{Z}, \quad k = 0,1,2,\cdots,n.$$

则

$$\prod_{k=1}^{p-1}(k^2+1) = \prod_{k=1}^{p-1}(\alpha - k)(\beta - k) = \left(\alpha^{p-1} - 1 + ph(\alpha)\right)\left(\beta^{p-1} - 1 + ph(\beta)\right)$$

$$= p^2 h(\alpha) h(\beta).$$

由 $\alpha^4 = \beta^4 = 1$ 可知

$$h(\alpha) = b_0 + b_1\alpha + b_2\alpha^2 + b_3\alpha^3 \quad (b_0, b_1, b_2, b_3 \in \mathbf{Z}),$$

$$h(\beta) = b_0 + b_1\beta + b_2\beta^2 + b_3\beta^3 \quad (b_0, b_1, b_2, b_3 \in \mathbf{Z}),$$

由 $\alpha + \beta = 0, \alpha\beta = 1, \alpha^4 = \beta^4 = 1$,计算

$$h(\alpha)h(\beta) = (b_0 + b_1\alpha + b_2\alpha^2 + b_3\alpha^3)(b_0 + b_1\beta + b_2\beta^2 + b_3\beta^3) \in \mathbf{Z},$$

所以,$p^2 \mid \prod_{k=1}^{p}(k^2+1)$.

(陶平生 提供)

第11届中国北方数学奥林匹克邀请赛(2015)

高一年级

1. 求方程 $\dfrac{xyz}{w}+\dfrac{yzw}{x}+\dfrac{zwx}{y}+\dfrac{wxy}{z}=4$ 的所有整数解.

2. 已知 AB 是 $\triangle ABC$ 外接圆 $\odot O$ 的直径,过点 B、C 作 $\odot O$ 的切线相交于点 P,过点 A 且垂直于 PA 的直线交 BC 的延长线于点 D,延长 DP 到点 E,使得 $PE=PB$. 已知 $\angle ADP=40°$,确定 $\angle E$ 的度数.

3. 求最小的正整数 n,使 $\varphi(n)=\dfrac{2^5}{47}n$,其中 $\varphi(n)$ 是欧拉函数.

注 若 $n=p_1^{a_1}p_2^{a_2}\cdots p_s^{a_s}$,则 $\varphi(n)=n\left(1-\dfrac{1}{p_1}\right)\left(1-\dfrac{1}{p_2}\right)\cdots\left(1-\dfrac{1}{p_s}\right)$.

4. 若将集合 $S=\{1,2,3,\cdots,16\}$ 任意分划为 n 个子集合,则必存在某个子集,该子集中存在元素 a、b、c(可以相同),满足 $a+b=c$,求 n 的最大值.

注 若集合 S 的子集 $A_1,A_2,\cdots,A_n$,满足如下条件:
(1) $A_i\neq\varnothing(i=1,2,\cdots,n)$;
(2) $A_i\cap A_j=\varnothing$;
(3) $\bigcup\limits_{i=1}^n A_i=S$.
则称 $A_1,A_2,\cdots,A_n$ 是 S 的一个分划.

5. 如图1所示,点 D、E、F 分别在锐角 $\triangle ABC$ 的边 AB、BC、CA 上,若
$$\angle EDC=\angle CDF,\quad \angle FEA=\angle AED,\quad \angle DFB=\angle BFE,$$
求证:CD、AE、BF 为 $\triangle ABC$ 的三条高.

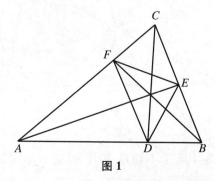

图1

6. 将由 4 个单位小方格组成的 2×2 正方形方格表去掉一个单位小方格得到的图形称

为一个 L 形. 在如图 2 所示的 8×8 的方格表中放入 k 个 L 形,每个 L 形可旋转,但要求每个 L 形恰好盖住方格表中的 3 个单位小方格,并且任何两个 L 形盖住的公共面积为 0,另外除了这 k 个 L 形外,再不能放入其他 L 形,求 k 的最小值.

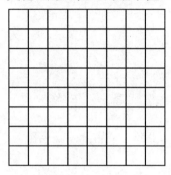

图 2

7. 已知奇质数 x、y、z 满足 $x\mid y^5+1$,$y\mid z^5+1$,$z\mid x^5+1$. 求乘积 xyz 的最小值.

8. 给定正整数 $n\geq 3$,求最小的实数 k,使得对任意正实数 $a_1,a_2,\cdots,a_n$,都有
$$\frac{a_1}{s-a_1}+\frac{a_2}{s-a_2}+\cdots+\frac{a_{n-1}}{s-a_{n-1}}+\frac{ka_n}{s-a_n}\geq\frac{n-1}{n-2},$$
其中 $s=a_1+a_2+\cdots+a_n$.

高 二 年 级

1. 同高一年级第 1 题.

2. 如图 3 所示,一个半径为 1 的圆过 $\triangle ABC$ 的顶点 A,且和边 BC 相切于 D,与边 AB、AC 分别交于点 E、F. 若 EF 平分 $\angle AFD$,且 $\angle ADC=80°$,问:是否存在满足条件的三角形,使得 $\dfrac{AB+BC+CA}{AD^2}$ 是无理数,且该无理数是一个整系数一元二次方程的根?若不存在,请证明;若存在,请找到一个满足条件的点并求出数值.

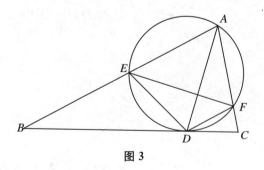

图 3

3. 同高一年级第 3 题.

4. 已知 $a_1,a_2,\cdots,a_{108}$ 为 108 个不超过 2015 的互不相同的正整数,证明:存在正整数 k,使得至少有不同的四对 (i,j) 满足 $a_i-a_j=k$.

5. 同高一年级第 5 题.

6. 同高一年级第 6 题.

7. 设 $S_n = \left[1 + \dfrac{1}{2} + \cdots + \dfrac{1}{n}\right]$ $(n = 1, 2, \cdots)$,其中 $[x]$ 表示不超过 x 的最大整数. 证明:存在无穷多个正整数 n,使得 $C_n^{S_n}$ 是偶数.

8. 数列 $\{a_n\}$ 定义如下:a_1 是正有理数,若 $a_n = \dfrac{p_n}{q_n}$ $(n = 1, 2, \cdots)$,其中 p_n、q_n 是互素的正整数,则 $a_{n+1} = \dfrac{p_n^2 + 2015}{p_n q_n}$,问:是否存在 $a_1 > 2015$,使得数列 $\{a_n\}$ 为有界数列?证明你的结论.

参 考 答 案

高 一 年 级

1. 由于 $\dfrac{xyz}{w}$、$\dfrac{yzw}{x}$、$\dfrac{zwx}{y}$、$\dfrac{wxy}{z}$ 四个式子符号相同,故它们都是正数,则由均值不等式可得

$$4 = \dfrac{xyz}{w} + \dfrac{yzw}{x} + \dfrac{zwx}{y} + \dfrac{wxy}{z} \geqslant 4\sqrt[4]{(xyzw)^2} \geqslant 4,$$

当且仅当 $xyzw = 1$,即 $|x| = |y| = |z| = |w| = 1$ 时取等号.

故方程的所有解为 $(1,1,1,1)$、$(-1,-1,-1,-1)$、$(-1,-1,1,1)$、$(-1,1,-1,1)$、$(-1,1,1,-1)$、$(1,-1,-1,1)$、$(1,-1,1,-1)$、$(1,1,-1,-1)$.

2. $\angle E = 50°$.

事实上只需证明 $AP \parallel BE$. 如图 4 所示,设直线 DA 交直线 EB 于点 F,联结 PO 交 BC 于点 M,则 $PO \perp BC$. 联结 AM,由 $PA \perp AD$,$PM \perp MD$,知 D、A、M、P 四点共圆,故 $\angle AMC = \angle APD$.

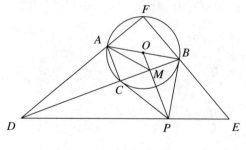

图 4

又由 $\angle BMP = \angle ACM$,$\angle MBP = \angle CAB$,得 $\triangle PBM \backsim \triangle PAB$,故 $\dfrac{BM}{AC} = \dfrac{BP}{AB}$. 又 $BM = CM$,故 $\dfrac{CM}{BP} = \dfrac{AC}{AB}$. 结合 $\angle ACM = \angle ABP$,知 $\triangle ACM \backsim \triangle ABP$,故 $\angle AMC = \angle APB$,从而

$\angle APD = \angle APB$. 又 $PB = PE$, 故

$$\angle PBE = \angle E = \frac{1}{2}\angle DPB = \angle APB \Rightarrow AP \,/\!/\, BE.$$

又 $AP \perp DA$, 故 $DF \perp EF$, 即 $\angle DFE = 90°$. 因此 $\angle E = 50°$.

3. 设 $n = p_1^{\alpha_1} p_2^{\alpha_2} \cdots p_s^{\alpha_s}$, 则 $\varphi(n) = n\left(1 - \frac{1}{p_1}\right)\left(1 - \frac{1}{p_2}\right)\cdots\left(1 - \frac{1}{p_s}\right)$, 所以

$$47(p_1 - 1)(p_2 - 1)\cdots(p_s - 1) = 2^5 p_1 p_2 \cdots p_s,$$

由此可知, $p_1, p_2, \cdots, p_s$ 中必须有一个是 47, 不妨设 $p_1 = 47$, 则

$$46(p_2 - 1)\cdots(p_s - 1) = 2^5 p_2 \cdots p_s, \quad 23(p_2 - 1)\cdots(p_s - 1) = 2^4 p_2 \cdots p_s.$$

不妨设 $p_2 = 23$, 则 $22(p_3 - 1)\cdots(p_s - 1) = 2^4 p_3 \cdots p_s$.

由 $11(p_3 - 1)\cdots(p_s - 1) = 2^3 p_3 \cdots p_s$, 不妨设 $p_3 = 11$, 则

$$5(p_4 - 1)\cdots(p_s - 1) = 2^2 p_4 \cdots p_s,$$

不妨设 $p_4 = 5$, 则

$$4(p_5 - 1)\cdots(p_s - 1) = 2^2 p_5 \cdots p_s,$$

到此结束. 故最小的 $n = 47 \times 23 \times 11 \times 5 = 59455$.

4. n 的最大值是 3.

首先, 当 $n = 3$ 时, 假设存在集合的分划不满足条件, 则必有一个子集有至少 6 个元素, 不妨设为 $A = \{x_1, x_2, \cdots, x_6\}$, 不妨设 $x_1 < x_2 < \cdots < x_6$, 则 $x_6 - x_1, x_6 - x_2, \cdots, x_6 - x_5 \notin A$, 其中必有三个元素属于另一个子集, 设 $x_6 - x_i, x_6 - x_j, x_6 - x_k \in B (1 \leq i < j < k \leq 5)$, 那么 $x_j - x_i、x_k - x_j、x_k - x_i \notin A \cup B$, 但也不能都属于第三个集合, 矛盾.

故 $n = 3$ 满足条件.

其次, 当 $n = 4$ 时, 分划 $\{1\}, \{2, 3\}, \{4, 5, 6, 7, 16\}, \{8, 9, 10, 11, 12, 13, 14, 15\}$ 不满足题目条件.

综上所述, n 的最大值是 3.

注 当 $n = 4$ 时, 分划 $\{1, 4, 7, 10, 13, 16\}, \{2, 3, 8, 9, 14, 15\}, \{5, 6\}, \{11, 12\}$ 等也可以作为反例.

5. 因为

$$\frac{BE}{EC} = \frac{S_{\triangle BDE}}{S_{\triangle CDE}} = \frac{BD \cdot \sin\angle BDE}{CD \cdot \sin\angle CDE},$$

$$\frac{AF}{FC} = \frac{S_{\triangle ADF}}{S_{\triangle CDF}} = \frac{AD \cdot \sin\angle ADF}{CD \cdot \sin\angle CDF},$$

所以

$$\frac{BE}{EC} \cdot \frac{FC}{AF} = \frac{AD}{DB} \cdot \frac{\sin\angle BDE}{\sin\angle ADF}. \qquad ①$$

由 $CD、AE、BF$ 为 $\triangle DEF$ 的三条内角平分线, 它们交于一点, 故由塞瓦定理得

$$\frac{BE}{EC} \cdot \frac{CF}{FA} \cdot \frac{AD}{DB} = 1. \qquad ②$$

由式①、式②得 $\sin\angle BDE = \sin\angle ADF$. 又 $0 < \angle BDE$、$\angle ADF < \pi$, $\angle BDE + \angle ADF < \pi$, 故 $\angle BDE = \angle ADF$. 从而 $\angle BDE + \angle CDE = \angle ADF + \angle CDF = 90°$, 即 $CD \perp AB$, 同理, $AE \perp BC$, $BF \perp CA$.

6. 首先, 用 6 条直线将大方格表分隔成 16 个 2×2 的正方形, 每个小正方形至少有 2 个小方格被 L 形盖住, 从而被盖住的单位小方格不少于 32 个, 因此 L 形不少于 $\left[\dfrac{32}{3}\right]+1 = 11$, 即不少于 11 个.

另一方面, 如图 5 所示放置 11 个 L 形可满足题目要求.

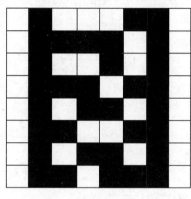

图 5

综上, k 的最小值是 11.

7. 不妨设 x 为 x、y、z 的最小者.

(1) 当 $x=3$ 时, 由 $3^5+1 = 244 = 2^2 \times 61$, 得 $z = 61$.

又因为 $3 \mid y^5+1$, 所以 $y \equiv -1 \pmod 3$, 显然 $5 \nmid 61^5+1$, 由计算可知 $11 \mid 61^5+1$, 此时 $y_{\min} = 11$, 于是 $(xyz)_{\min} = 3 \times 11 \times 61 = 2013$.

大于 2013 的最小的一组三个连续奇素数的乘积为 $11 \times 13 \times 17 = 2431$, 所以只需考虑 $x = 5$ 或者 $x = 7$ 的情况就可以了.

(2) 当 $x = 5$ 时, 由 $5^5 + 1 = 3126 = 2 \times 3 \times 521$, 而 $5 \times 521 > 2013$ 不符合要求.

(3) 当 $x = 5$ 时, 我们来估计 7^5+1 的值.

由于 $7 \mid y^5+1$, 则 $y \equiv -1 \pmod 7$, 若 $y = 13$, 则 $13 \mid z^5+1$, 则 $z \equiv -1 \pmod{13}$, 故 $z_{\min} = 103$, $(xyz)_{\min} = 72013$.

综上所述, xyz 的最小值为 2013.

8. $k_{\min} = \left(\dfrac{n-1}{n-2}\right)^2$.

一方面, 令 $a_1 = a_2 = \cdots = a_{n-1} = 1$, $a_n = x > 0$, 我们得到
$$\dfrac{n-1}{n-2+x} + \dfrac{kx}{n-1} \geq \dfrac{n-1}{n-2}.$$

即有
$$k \geq \dfrac{(n-1)^2}{(n-2)(n-2+x)},$$

对任意 $x > 0$ 都成立. 从而 $k \geq \left(\dfrac{n-1}{n-2}\right)^2$.

另一方面,我们只需证明当 $k = \left(\dfrac{n-1}{n-2}\right)^2$ 时原不等式成立即可. 记 $\dfrac{a_1}{s-a_1} + \dfrac{a_2}{s-a_2} + \cdots + \dfrac{a_{n-1}}{s-a_{n-1}} + \dfrac{ka_n}{s-a_n} = A$,因为由柯西不等式我们有

$$\left(a_1(s-a_1) + a_2(s-a_2) + \cdots + a_{n-1}(s-a_{n-1}) + a_n(s-a_n)\right) \cdot A$$
$$\geq \left(a_1 + a_2 + \cdots + a_{n-1} + \dfrac{n-1}{n-2}a_n\right)^2,$$

从而

$$A \geq \dfrac{\left(t + \dfrac{n-1}{n-2}a_n\right)^2}{(t+a_n)^2 - a_1^2 - a_2^2 - \cdots - a_n^2},$$

其中 $t = s - a_n = a_1 + a_2 + \cdots + a_{n-1}$.

注意到由柯西不等式,有 $a_1^2 + a_2^2 + \cdots + a_{n-1}^2 \geq \dfrac{t^2}{n-1}$. 从而

$$A \geq \dfrac{\left(t + \dfrac{n-1}{n-2}a_n\right)^2}{(t+a_n)^2 - a_1^2 - a_2^2 - \cdots - a_n^2} \geq \dfrac{\left(t + \dfrac{n-1}{n-2}a_n\right)^2}{(t+a_n)^2 - \dfrac{t^2}{n-1} - a_n^2}$$

$$\geq \dfrac{t^2 + 2 \cdot \dfrac{n-1}{n-2}ta_n}{\dfrac{n-2}{n-1}t^2 + 2ta_n} = \dfrac{n-1}{n-2}.$$

综上可知,所求最小的实数 $k = \left(\dfrac{n-1}{n-2}\right)^2$.

高 二 年 级

1. 同高一年级第 1 题.

2. 存在,下面予以证明.

我们可以得到 $\angle AED = \angle ADC = 80°$,$\angle AFD = 100°$,$\angle BAD = \angle EFD = 50°$,$\angle ABD = 30°$,且 $AD = 2\sin 80°$,设 $\angle ACD = \alpha$,可知 $20° < \alpha < 80°$,又

$$\dfrac{AB}{AD} = \dfrac{\sin 100°}{\sin 30°} = 2\sin 100°, \qquad ①$$

$$\dfrac{AC}{AD} = \dfrac{\sin 80°}{\sin \alpha}, \qquad ②$$

$$\dfrac{BC}{AD} = \dfrac{BD}{AD} + \dfrac{DC}{AD} = 2\sin 50° + \dfrac{\sin(80° + \alpha)}{\sin \alpha}, \qquad ③$$

由式①~③可得

$$\dfrac{AB + BC + CA}{AD} = 2\sin 100° + \dfrac{\sin 80°}{\sin \alpha} + 2\sin 50° + \dfrac{\sin 80° \cos \alpha}{\sin \alpha} + \cos 80°$$

$$= 2\sin 100° + 2\sin 50° + \cos 80 + \sin 80° \frac{1+\cos\alpha}{\sin\alpha}.$$

令 $\alpha = 60°$,则

$$\frac{AB+BC+CA}{AD} = 2\sin 100° + 2\sin 50° + \cos 80° + \sqrt{3}\sin 80°$$

$$= 2\sin 100° + 2\sin 50° + 2\sin 110°$$

$$= 2\sin 80° + 4\sin 80°\cos 30°$$

$$= 2\sin 80°(1+\sqrt{3}),$$

故 $\frac{AB+BC+CA}{AD^2} = 1+\sqrt{3}$ 是无理数.

3. 同高一年级第 3 题.

4. 假设不存在满足要求的正整数 k,那么对于每个正整数 k,至多有三对 (i,j) 满足 $a_i - a_j = k$. 由对称性不妨设: $a_1 < a_2 < \cdots < a_{108}$,我们考虑所有这样的数 $a_2-a_1, a_3-a_2, \cdots, a_{108}-a_{107}$(即所有相邻两项的差)及 $a_3-a_1, a_5-a_3, \cdots, a_{107}-a_{105}$(即所有间隔两项的差),前者共 107 个数,后者共 53 个数,共有 160 个数. 显然这 160 个数都是正整数,且由假设结论不成立,知对于每个正整数 k,这 160 个数中最多有 3 个数等于 k. 从而我们有

$$2015 \cdot 2 > (a_2-a_1) + (a_3-a_2) + \cdots + (a_{108}-a_{107})$$
$$+ (a_3-a_1) + (a_5-a_3) + \cdots + (a_{107}-a_{105})$$
$$\geq 3 \cdot (1+2+\cdots+53) + 54 = 4347.$$

矛盾. 故结论成立.

5. 同高一年级第 5 题.

6. 同高一年级第 6 题.

7. 令 $n = 2^k (k \geq 3)$,则

$$1 + \left(\frac{1}{2}+\frac{1}{3}\right) + \left(\frac{1}{4}+\cdots+\frac{1}{7}\right) + \cdots + \left(\frac{1}{2^{k-1}}+\cdots+\frac{1}{2^k-1}\right) + \frac{1}{2^k}$$

$$< 1 + \frac{5}{6} + 4 \times \frac{1}{4} + \cdots + 2^{k-1} \times \frac{1}{2^{k-1}} + \frac{1}{2^k} < k,$$

故

$$C_n^{S_n} = \frac{n(n-1)\cdots(n-S_n+1)}{(S_n)!}$$

的分母中含有因子 2 的幂指数为

$$\left[\frac{S_n}{2}\right] + \left[\frac{S_n}{2^2}\right] + \left[\frac{S_n}{2^3}\right] + \cdots \leq \frac{S_n}{2} + \frac{S_n}{2^2} + \frac{S_n}{2^3} + \cdots < S_n < k,$$

即分母中因子 2 的幂指数最多为 $k-1$,而分子中 $n = 2^k$,因子 2 的幂指数就是 k,故 $C_n^{S_n}$ 是偶数.

由此可知,原命题成立.

8. 存在. 下面证明:构造数列 $\{b_n\}$: $b_1 = 1, b_2 = 1, b_{n+2} = 2017b_{n+1} - b_n (n = 1, 2, \cdots)$.

首先，$(b_{n+2}, b_{n+1}) = (2017b_{n+1} - b_n, b_{n+1}) = (b_{n+1}, b_n)$，而且 $(b_2, b_1) = 1$，故 $(b_{n+1}, b_n) = 1$.

其次，我们用数学归纳法证明：$b_{n+1}^2 - b_n b_{n+2} = -2015$.

(1) 当 $n=1$ 时，由于 $b_3 = 2016$，故 $b_2^2 - b_1 b_3 = -2015$，则 $n=1$ 时结论成立.

(2) 假设结论对正整数 n 成立，则对 $n+1$，我们只要证明
$$b_{n+2}^2 - b_{n+1} b_{n+3} = b_{n+1}^2 - b_n b_{n+2},$$
即
$$\frac{b_{n+3} + b_{n+1}}{b_{n+2}} = \frac{b_{n+2} + b_n}{b_{n+1}}, \qquad ①$$

而 $\dfrac{b_{n+2} + b_n}{b_{n+1}} = 2017$ 为常数，故式①成立，即结论对 $n+1$ 成立.

由(1)、(2)可知，我们所证结论成立.

最后，令 $a_n = \dfrac{b_{n+1}}{b_n}$，则 $a_{n+1} = \dfrac{b_{n+1}^2 + 2015}{b_n b_{n+1}} = \dfrac{b_{n+2}}{b_{n+1}}$.

由于数列 $\{b_n\}$ 的通项为
$$b_n = A\left(\frac{2017 + \sqrt{2017^2 - 4}}{2}\right)^n + B\left(\frac{2017 - \sqrt{2017^2 - 4}}{2}\right)^n,$$

其中 A、B 为常数，故可知
$$\lim_{n \to \infty} \frac{b_{n+1}}{b_n} = \frac{2017 + \sqrt{2017^2 - 4}}{2},$$

因此数列 $\{a_n\}$ 有极限，故数列有界. 又因为数列 $\{a_n\}$ 的极限大于 2015，故从某项 a_k 开始，数列各项的值都大于 2015，我们只要把数列中 a_k 前面的项去掉，则剩下的数列满足条件.

（雷　勇　提供）

第41届俄罗斯数学奥林匹克(2015)

第41届俄罗斯数学奥林匹克第四阶段竞赛(即决赛)于2014年4月23日至29日在喀山市举行,与以往各届一样,举行两天考试,分九、十、十一共三个年级进行,每天5个小时考四道题.以下各个年级的前四道题都是第一天的试题,后四道题则为第二天的试题.

九年级试题

9.1 设 a、b 为实数,使得二次三项式 $x^2 + ax + b$ 与 $x^2 + bx + a$ 都有两个不同的实根,而它们的乘积刚好有三个不同实根.试求这三个实根的和的所有可能值.

9.2 在平行四边形 $ABCD$ 中,有 $\angle B < 90°$,$AB < BC$.点 E、F 在 $\triangle ABC$ 的外接圆 ω 上,经过它们所作的圆 ω 的切线相交于点 D.现知 $\angle EDA = \angle FDC$.试求 $\angle ABC$.

9.3 整数 x、y 与 a 都大于 100,且有 $y^2 - 1 = a^2(x^2 - 1)$.试求比值 $\dfrac{a}{x}$ 的最小可能值.

9.4 排球赛中没有平局.110支球队参加排球训练赛,每两支球队都比赛一场.现知,在任何55支球队中,都有某一支球队至多输给其余54支球队中的4支球队.证明:在整个训练赛期间,能找到一支球队,它至多输给其余109支球队中的4支球队.

9.5 沿着圆周写着100个实数,其中每个数都大于沿顺时针方向的两个邻数的和.试问,这些数中最多能有多少个正数?

9.6 坦克隐蔽所呈 41×41 方格表状,在其中一个方格中隐蔽着一辆坦克.迫击炮手在一次射击中只能射击一个方格.如果坦克被击中,那么它就会转移到依边相邻的方格中;而如果未被击中,那么就待在原地不动.每次射击后,炮手并不知道命中与否.为了摧毁坦克,至少需要击中它两次.为了确保能摧毁坦克,至少需要射击多少次?

9.7 设 $\triangle ABC$ 为锐角三角形,有 $AB < AC$,点 M 是其重心,AH 是其一条高,射线 MH 交其外接圆 Ω 于点 A'.证明:$\triangle A'HB$ 的外接圆与 AB 相切.

9.8 黑板上写着 $n \geq 9$ 个互不相同的正数,它们都小于1.现知,对于其中任何8个互不相同的数,都能在黑板上再找到一个不同于它们的数,使得这9个数的和为整数.试问:对怎样的 n,有此可能?

十年级试题

10.1 称一个正整数为几乎平方数,如果它可以表示为两个相邻正整数的乘积.证明:任何一个几乎平方数都可以表示为两个几乎平方数的商.

10.2 在平行四边形 $ABCD$ 中,有 $AB < AC < BC$. 点 E、F 在 $\triangle ABC$ 的外接圆 ω 上,使得经过它们所作的 ω 的切线都经过点 D. 现知 AD 与 CE 相交,且有 $\angle ABF = \angle DCE$. 试求 $\angle ABC$.

10.3 在自行车越野赛上有 100 位裁判,开赛前,每个裁判都把所有参赛选手排列一个名次(根据他自己的观点,从第一名排到最后一名). 现知,对于任何三个参赛者 A、B、C,都不能找到三个裁判,其中甲认为 A 最好、B 最差,乙认为 B 最好、C 最差,而丙则认为 C 最好、A 最差. 证明:组委会能够定出一个总的名次表来,使得对于任何两个参赛者 A 和 B,都是名次在前者一定是至少一半裁判认为他更好.

10.4 以 $S(k)$ 表示正整数 k 的各位数字之和. 称一个正整数 a 为 n 阶好数,如果存在这样的 $n+1$ 个正整数 $a_0, a_1, a_2, \cdots, a_n$,使得 $a_n = a$,而对于 $i = 0, 1, 2, \cdots, n-1$,则都有 $a_{i+1} = a_i - S(a_i)$. 试问:是否对任何正整数 n,都存在不是 $n+1$ 阶好数的 n 阶好数?

10.5 已知一个正方形的方格表可以分成 n 个彼此全等的图形,每个图形中含有 k 个方格. 证明:可将该方格表分成 k 个彼此全等的图形,每个图形中含有 n 个方格.

10.6 是否存在这样的以正整数为项的无穷数列:对任何正整数 k,数列中的任何相连 k 项的和都可被 $k+1$ 整除?

10.7 $\triangle ABC$ 为非等腰锐角三角形,AM 与 AH 分别为其中线与高. 在直线 AB 与 AC 上分别取点 Q 与 P,使得 $PM \perp AB$,$QM \perp AC$. $\triangle PMQ$ 的外接圆再次与直线 BC 相交于点 X. 证明:$BH = CX$.

10.8 钱币收藏家有 100 枚外观相同的硬币,他知道其中有 30 枚真币和 70 枚伪币. 他知道所有真币的重量相同,而伪币的重量则各不相同,它们都比真币重,但是真实重量并不知道. 今有一架没有砝码的天平,可以用来比较含有同样枚数的两组硬币的重量. 试问:最少需要称量多少次,他才能保证一定找出一枚真币?

十一年级试题

11.1 同第 9.2 题.

11.2 设 $n > 1$ 为整数. 写出分数 $\frac{1}{n}, \frac{2}{n}, \cdots, \frac{n-1}{n}$,将它们表示为既约形式,以 $f(n)$ 记所有这些分数的分子之和. 试问:对于哪些整数 $n > 1$,函数值 $f(n)$ 与 $f(2015n)$ 的奇偶性不同?

11.3 同第 9.4 题.

11.4 给定正整数 $n \geqslant 3$. 称坐标平面上的一个 n 元点集是可允许的,如果其中各个点的横坐标各不相同,并且每个点或者被染为红色,或者被染为蓝色. 称一个多项式 $P(x)$ 可分隔某个可允许的点集,如果在 $P(x)$ 的图像上方没有红点,在它的下方没有蓝点(或者反过来). 对于怎样的最小的正整数 k,一个由 n 个点构成的可允许的点集可被一个次数不大于 k 的多项式分隔?

11.5 不死的跳蚤自原点出发,沿着数轴上的整点跳跃. 它第 1 步跃过的距离为 3,然后是 5,再然后是 9,如此一直下去,在第 k 步跃过的距离是 2^k+1.至于每一步是往左跳还是往右跳,全凭跳蚤自己选择.试问:跳蚤是否迟早能跳遍每一个正整数点(允许多次到达某些点)?

11.6 设 a、b、c、d 都是绝对值大于 1 的实数,满足关系式
$$abc + abd + acd + bcd + a + b + c + d = 0.$$
证明:
$$\frac{1}{a-1} + \frac{1}{b-1} + \frac{1}{c-1} + \frac{1}{d-1} > 0.$$

11.7 非等腰 $\triangle ABC$ 的外接圆为 ω.与该圆相切于点 C 的切线交直线 AB 于点 D.记 $\triangle ABC$ 的内心为 I.直线 AI、BI 分别与 $\angle CDB$ 的平分线相交于点 Q、P.记线段 PQ 的中点为 M.证明:直线 MI 经过圆 ω 上的弧 $\overparen{ACB}$ 的中点.

11.8 给定正整数 a 与 b,其中 $a < b < 2a$.在方格平面上标出一些方格,使得在每个方格矩形 $a \times b$ 或 $b \times a$ 中都至少有一个标出的方格.试问:对怎样的正数 α,可以断言,对任何正整数 n,都存在一个方格矩形 $n \times n$,其中至少有 αn^2 个方格被标出?

参 考 答 案

9.1 仅可为 0.

由题意可知,二次三项式 $x^2 + ax + b$ 与 $x^2 + bx + a$ 有一个公共实根 x_0,以及两个不同的实根 x_1 与 x_2,从而由韦达定理可知 $a \neq b$.这样一来,就由 $0 = (x_0^2 + ax_0 + b) - (x_0^2 + bx_0 + a) = (a-b)(x_0-1)$ 获知 $x_0 = 1$.无论将此根代入哪一个二次三项式,都得到 $1 + a + b = 0$,故有 $b = -a - 1$.从而我们的两个二次三项式就是
$$x^2 + ax - (a+1) = (x-1)(x+a+1), \quad x^2 - (a+1)x + a = (x-1)(x-a).$$
它们的根是 1、a、$-a-1$,当 $a \neq 1$ 或 -2 或 $-\frac{1}{2}$ 时,它们互不相等.这三个根的和等于 0.

9.2 $60°$.

设 l 是 $\angle EDF$ 的平分线.由于 DE 和 DF 都与圆 ω 相切,所以 l 经过 ω 的圆心 O.

作关于 l 的轴反射变换.由于 $\angle EDA = \angle FDC$,所以射线 DC 变为射线 DA.既然 l 经过点 O,那么点 O 变为自己,而点 C 变为位于射线 DF 和圆 ω 上的点 C'.但因 $AD \neq DC$,所以点 C' 不与点 A 重合(参阅图 1).

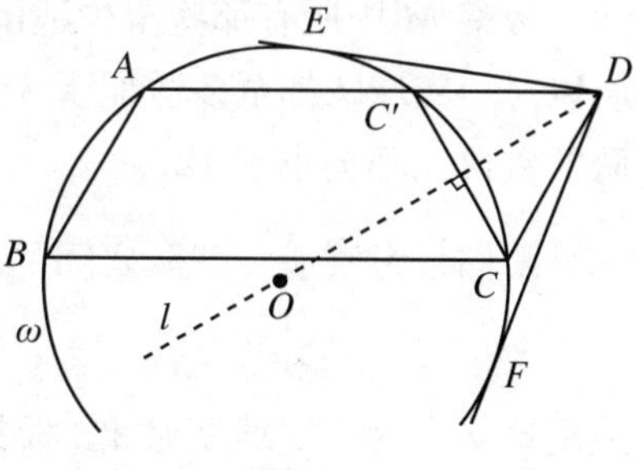

由对称性知 $\angle DCC' = \angle DC'C$.又因为 A、B、C、C' 都在圆 ω 上,所以 $\angle DC'C = \angle ABC = \angle ADC$.故知 $\triangle DCC'$ 的三个内角相等,所以 $\angle ABC = \angle CDC' = 60°$.

图 1

9.3 2.

法一 由题中条件得 $y^2 = a^2x^2 - a^2 + 1$. 由该等式可知 $y < ax$, 因 x、y 与 a 都是整数, 故有 $y \leqslant ax - 1$. 因此
$$a^2x^2 - a^2 + 1 = y^2 \leqslant (ax-1)^2 = a^2x^2 - 2ax + 1.$$
由此知 $2ax \leqslant a^2$, 亦即 $\dfrac{a}{x} \geqslant 2$.

对任何整数 $x > 100$, 只要令 $a = 2x$, $y = ax - 1 = 2x^2 - 1$, 则都有等号成立.

法二 由题中所给条件得
$$(ax - y)(ax + y) = a^2x^2 - y^2 = a^2 - 1.$$
由于 $a^2 - 1$ 与 $ax + y$ 都是正数, 所以 $k = ax - y$ 也是正数(而且是正整数). 于是 $ax + y = \dfrac{a^2-1}{k}$. 将此式加上等式 $k = ax - y$, 得到
$$2ax = \dfrac{a^2-1}{k} + k = a^2 + \dfrac{(k-1)(k-a^2+1)}{k} \leqslant a^2,$$
这是因为 $1 \leqslant k \leqslant a^2 - 1$. 故知 $2ax \leqslant a^2$, 亦即 $\dfrac{a}{x} \geqslant 2$.

余下部分与法一相同.

9.4 先证明一个引理.

引理 设 $k \geqslant 55$. 如果在任何 k 支球队中都可以找到一支球队, 它至多输给其余 $k-1$ 支球队中的 4 支球队, 则在任何 $k+1$ 支球队中都可以找到一支球队, 它至多输给其余 k 支球队中的 4 支球队.

引理的证明 假设所言不真, 那么就存在某 $k+1$ 支球队 $M = \{C_1, C_2, \cdots, C_{k+1}\}$, 在它们中找不到所说的那支球队. 然而, 无论从中删去哪一支球队 C_i, 都可以从中找到一支球队 C_j, 它仅输给其余 $k-1$ 支球队中的 4 支球队. 但由于 C_j 不是仅输给全集合 M 中的 4 支球队, 所以它也输给了 C_i, 并且它恰好输给 M 中的 5 支球队. 我们把 C_j 称为 C_i 的适配球队. 显然, 对于 M 中的每一支球队, 都有一支适配球队.

考察 M 中所有那些至少适配于一支球队的球队. 由于每支球队都恰好输给 5 支球队, 所以每一支球队都至多适配于 $k + 1 \geqslant 56$ 支球队中的 5 支球队. 所以根据抽屉原理, 适配球队的数目 s 不会小于 12.

我们来考察适配球队之间的所有各场比赛. 它们共有 $C_s^2 = \dfrac{s(s-1)}{2}$ 场, 每场比赛中都有适配球队中的一支球队败北. 根据抽屉原理, 其中有一支适配球队至少输给了 $\dfrac{\frac{s(s-1)}{2}}{s} = \dfrac{s-1}{2} \geqslant \dfrac{11}{2}$ 支别的适配球队. 这也就意味着, 有一支球队至少输给了 6 支球队. 这与每支适配球队都恰好输给 M 中的 5 支球队的事实不符. 引理证毕.

为解答题目本身, 只需运用归纳法. 起点 $k = 55$, 由题中条件知断言成立. 过渡步骤已在引理中完成. 所以题中断言对 $k = 110$ 成立.

9.5 49 个.

假设圆周上有两个非负数相邻.由于排在它们前面的数大于它们的和,所以是一个正数,从而再往前更是一个正数,如此下去,圆周上的数就全都是非负的数.如此一来,它们之中的最小的数就不可能大于它的两个顺时针方向邻数的和,此为矛盾.

这就表明,圆周上不存在任何两个相邻的非负数,从而正数不多于 50 个.但若正数刚好有 50 个,那么它们就与负数交替出现.我们来观察相邻的三个数 $-a$、b、$-c$(其中,a、b、c都是正数),有 $-a > b - c > -c$,这就表明,任何一个负数都严格大于它的下一个负数.然而这在圆周上是不可能的.由此即知,正数不多于 49 个.

另一方面,正数可能有 49 个,例如:
$$-200, 1, -202, 1, -204, 1, -206, 1, \cdots, -296, 1, -298, -99.$$

9.6 $\frac{1}{2}(3 \times 41^2 - 1) = 2521$ 次射击.

将方格表按国际象棋盘状交替地染为白色与黑色,角上的方格为黑色.迫击炮手先把所有白格都射击一遍,再把所有黑格都射击一遍,最后再把所有白格都射击一遍.如果开始时坦克在白格中,则第一轮与第二轮可击中它,而若开始时在黑格中,则在第二轮与第三轮可击中它.如此共射击 $41^2 + \frac{41^2-1}{2} = \frac{1}{2}(3 \times 41^2 - 1) = 2521$ 次.

下面再说明,这是为确保摧毁坦克,所需射击的最少次数.

假定炮手有一个射击方案能够确保摧毁坦克,那么他对每个方格都至少需要射击一次(否则,若坦克就在此方格中,那么就有可能躲过去).

假设存在两个相连的方格 A 和 B,炮手分别只射击了一次,而且 B 在后被射击.那么假若开始时坦克在方格 B 中,它在被击中后转移到方格 A 中,那么就不可能遭受第二次射击.因此,不可能存在这样的相邻方格对.

现在将方格表划分为 $\frac{1}{2}(41^2-1)$ 个多米诺(即 1×2 矩形)和一个单独的方格.由上述讨论知,炮手对每个多米诺至少射击 3 次,对那个单独方格至少射击一次,如此至少一共射击 $3 \times \frac{41^2-1}{2} + 1 = \frac{1}{2}(3 \times 41^2 - 1)$ 次.

9.7 在圆 Ω 上取一点 D,使得 $AD \parallel BC$(见图2).于是,点 A 与点 D 关于线段 BC 的垂直平分线对称.设 H' 是点 D 在直线 BC 上的投影,而 K 是边 BC 的中点.由对称性知,K 是线段 HH' 的中点,此外还有 $HH' = AD$.

设点 X 是线段 AK 与 DH 的交点.则 $\triangle ADX \backsim \triangle KHX$,故有
$$\frac{AX}{KX} = \frac{AD}{KH} = \frac{2KH}{KH} = 2,$$
这表明,点 X 是 $\triangle ABC$ 的重心,即 $X = M$.因而,点 A'、H、M

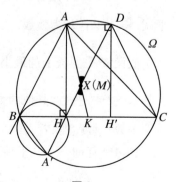

图2

与点 D 在同一条直线上.

由对称性知 $\angle ABC = \angle BCD$. 又由于同弧所对圆周角相等,所以 $\angle BCD = \angle BA'D$. 故有 $\angle ABH = \angle ABC = \angle BA'D = \angle BA'H$. 这意味着,直线 AB 是 $\triangle A'HB$ 的外接圆的切线. 这就是所要证明的.

9.8 仅当 $n = 9$.

对 $n = 9$,显然有此可能.只需任写 9 个总和为 1 的互不相同的正数即可.下面来证明,对于 $n > 9$ 无此可能.用反证法.假设不然,将黑板上所有数的和记作 s.

任取黑板上 7 个数 $a_1, a_2, \cdots, a_7$,设它们的和为 t. 将黑板上其余的数的集合记为 A. 根据题意,对于任何 $b \in A$,都存在 $c \in A, c \neq b$,使得 $t + b + c$ 为整数.我们将这样的 c 称为 b 的对应数.易知,每个数的对应数唯一.事实上,如果存在 $c' \neq c$,使得 $t + b + c'$ 为整数,则 $(t + b + c) - (t + b + c') = c - c'$ 也是整数,但这是不可能的,因为 $0 < |c - c'| < 1$.

特别地,由此可知,如果 c 是 b 的对应数,那么 b 也是 c 的对应数.故知集合 A 中的元素可分为一对对相互对应的数 $(b_1, c_1), \cdots, (b_l, c_l)$. 在我们的假设之下有 $l > 1$,此因 $n = 7 + 2l > 9$.

我们来观察和数
$$\sum = (t + b_1 + c_1) + (t + b_2 + c_2) + \cdots + (t + b_l + c_l).$$

显然 $\sum$ 应当是整数.另一方面,集合 A 中的每个数都恰好在 $\sum$ 中出现一次,所以
$$\sum = lt + (s - t) = s + (l - 1)t.$$

由此即知 $t = \dfrac{\sum - s}{l - 1}$.

现在,再取黑板上 7 个数 $a_2, \cdots, a_7, a_8$,设它们的和为 t'. 同理可得 $t' = \dfrac{\sum' - s}{l - 1}$,其中 $\sum'$ 为某个整数.这表明
$$a_1 - a_8 = \frac{\sum - s}{l - 1} - \frac{\sum' - s}{l - 1} = \frac{\sum - \sum'}{l - 1}.$$

由于 a_1 与 a_8 可为黑板上的任意两个数,所以上述事实表明,黑板上任意两个数的差都具有形式 $\dfrac{k}{l - 1}$,其中 k 为整数.

假设 d 是黑板上的最小的数,那么黑板上就只能出现诸如 $d, d + \dfrac{1}{l - 1}, d + \dfrac{2}{l - 1}, \cdots, d + \dfrac{l - 2}{l - 1}$ 这样一些数(其他的数就大于 1 了),一共 $l - 1$ 个.然而,黑板上却一共有 $n = 7 + 2l > l$ 个数,这就意味着它们不可能互不相同,此为矛盾.

10.1 任何一个几乎平方数都可以写成如下形式:
$$n(n + 1) = \frac{n(n + 2)(n + 1)^2}{(n + 1)(n + 2)} = \frac{(n^2 + 2n)(n^2 + 2n + 1)}{(n + 1)(n + 2)},$$

最后一个分数的分子分母都是几乎平方数.

10.2 $60°$.

由于点 D 在圆 ω 之外,所以 $\angle ABC = \angle ADC$ 为锐角.设直线 DC 与圆 ω 的第二个交点为 A'.由于 $BC > AC$,所以有 $\angle DCA = \angle CAB > \angle CBA = \angle DA'A$,这表明点 A' 在线段 DC 的延长线上. $\overset{\frown}{ECA'} = 2(180° - \angle ECA') = 2\angle ECD = 2\angle ABF = \overset{\frown}{ACF}$ (参阅图 3).

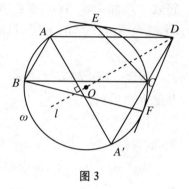

图 3

设 l 是 $\angle EDF$ 的平分线.既然 DE 和 DF 都与圆 ω 相切,所以 l 通过圆 ω 的圆心 O.作关于 l 的轴反射变换,则圆 ω 变为自身.由于 $\overset{\frown}{ECA'} = \overset{\frown}{ACF}$,所以点 A 与点 A' 在此对称之下相互变为对方.从而 $\angle DAA' = \angle DA'A$.另一方面,既然点 A' 在圆 ω 上,故有 $\angle AA'C = \angle ABC = \angle ADA'$.从而 $\triangle DAA'$ 的三个内角彼此相等,所以 $\angle ABC = \angle ADA' = 60°$.

10.3 作一个图,它的顶点表示参赛者.顶点 A 与顶点 B 之间有一条有向线段相连(箭头指向 B),如果至少有 51 位裁判认为 A 比 B 好,对此我们记作 $A \to B$.显然,如果 A 与 B 之间没有有向线段相连,那就表明各有 50 个裁判认为一个比另一个好.

引理 如果 $A \to B, B \to C$, 则 $A \to C$.

引理的证明 假若不是如此,那么就至少有 50 个裁判认为 C 比 A 好.然而我们知道,认为 B 比 A 好的裁判不多于 49 个.从而可以找到一个裁判,他认为 C 比 A 好,A 比 B 好.同理,可以找到一个裁判,他认为 B 比 C 好,C 比 A 好.又易知,可以找到一个裁判,他认为 A 比 B 好,B 比 C 好.这三个裁判的存在性与题意相矛盾.引理证毕.

回到原题.我们来对 n 归纳,证明:在满足引理条件的具有 n 个顶点的有向图中,可以给各个顶点编号,使得每个箭头都是由号码较小的顶点指向号码较大的顶点.由此即可得出题中结论.

当 $n = 2$ 时,显然可以做到.假设当 $n = k$ 时可以做到,我们来看 $n = k+1$.如果能够找到一个顶点 A,由它没有引出任何有向线段,那么就可将它编为第 $k+1$ 号,并把它从图中去掉.按归纳假设,可将其余 k 个顶点编号.

如果不存在这样的顶点 A.那么自每个顶点都至少引出了一条有向线段.自任意一个顶点出发,沿着箭头指示的方向走下去,迟早会到达一个已经到过的顶点,得到一个有向圈.找出长度 m 最短的有向圈 $A_1 \to A_2 \to \cdots \to A_m \to A_1$.

显然 $m \geqslant 3$.如果 $m = 3$,则顶点 $A_1、A_2、A_3$ 违背引理的结论.而如果 $m > 3$,则由 $A_{m-1} \to A_m \to A_1$ 和引理,知有 $A_{m-1} \to A_1$,从而得到长度小于 m 的圈 $A_1 \to A_2 \to \cdots \to A_{m-1} \to A_1$.无论如何,我们都将得到矛盾.由此即得所证.

10.4 是的.

对正整数 n 与 k,引入记号

$$f(n) = n - S(n), \quad f^k(n) = \underbrace{f(f(\cdots f(n)\cdots))}_{k\text{重}}.$$

将数 n 增加 1 时,$S(n)$ 或者增加 1(如果 n 的末位数不是 9)或者减小(如果 n 的末位数是 9),这表明函数 $f(n)$ 非降,且对任何正整数 n,都有

$$f(n+10) > f(n).$$

法一 取正整数 d,使得 $10^d > 20d(n+1)$. 记 $k = 10^d$,令 $b_0 = 10^k - 1, c_0 = 10^k - k$,并令 $b_i = f^i(b_0), c_i = f^i(c_0)$. 下面来证明

$$b_n > c_n > b_{n+1}. \qquad ①$$

为此,我们来对一切 $i \le n+1$,估计 b_i 与 c_i.

由于 $S(c_i) \le 9k$,所以根据归纳假设,我们有 $c_i \ge 10^k - k - 9ki$. 当 $i \le n+1$ 时,显然有

$$(9k+1)i \le 10ki \le 10^{d+1}(n+1) < 10^{2d},$$

这就表明,c_i 的前 $k - 2d$ 位数字都是 9. 故 $S(c_i) \ge 9(k - 2d)$,由此(再次根据归纳假设)可知 $c_i \le 10^k - k - 9(k - 2d)i$. 故而

$$10^k - (9i+1)k \le c_i \le 10^k - k - 9(k-2d)i.$$

同理可知

$$10^k - 1 - ki \le b_i \le 10^k - 1 - 9(k-2d)i.$$

于是,为证 $c_n < b_n$,只需证明

$$10^k - k - 9(k - 2d)n < 10^k - 1 - kn,$$

亦即 $k > 19dn + 1$,而这由 d 的选择所保障. 为证 $b_{n+1} < c_n$,只需验证

$$10^k - 1 - 9(k - 2d)(n+1) < 10^k - (9n+1)k,$$

亦即 $8k + 1 > 18d(n+1)$,而这亦为正确. 如此一来,式①获证.

由式①即可推出,c_n 是 n 阶好数,却不是 $n+1$ 阶好数. 事实上,由 $c_n = f^n(c_0)$ 立知其为 n 阶好数. 剩下只需证明,对任何正整数 m,都有 $c_n \ne f^{n+1}(m)$.

若 $m \le 10^k - 1 = b_0$,则有 $f^{n+1}(m) \le f^{n+1}(b_0) = b_{n+1} < c_n$;而若 $m \ge 10^k$,则 $f(m) \ge f(10^k) = 10^k - 1 = b_0$,所以 $f^{n+1}(m) \ge f^n(b_0) = b_n > c_n$.

法二 用反证法,假设所有的 n 阶好数 x 都是 $n+1$ 阶好数. 这就表明,存在正整数 y,使得 $x = f^{n+1}(y)$. 于是 $f(y)$ 是 n 阶好数,因此也是 $n+1$ 阶好数. 如此一来,x 就是 $n+2$ 阶好数. 循此继往,可以证得,对任何正整数 k,x 都是 $n+k$ 阶好数. 我们简单地把这种数称为好数.

选取正整数 $k > 3 \cdot 10^n$,我们来用两种不同方法计算好的 k 位数的个数 D_k.

(1) 对于每个 $y \in [2 \cdot 10^{k-1}, 10^k)$,数 $g(y) = f^n(y)$ 都是好数,而 $g(y) \ge y - n \cdot 9k \ge y - 10^{k-1} \ge 10^{k-1}$,所以 $g(y)$ 是好的 k 位数. 另一方面,对任何 a,方程 $f(x) = a$ 都不多于 10 个解,所以 $g(y) = a$ 不多于 10^n 个解. 这意味着

$$D_k \ge \frac{10^k - 2 \cdot 10^{k-1}}{10^n} > \frac{24 \cdot 10^{k-1}}{k}. \qquad ①$$

(2) 假设 x 是一个好的 k 位数. 于是, 存在某个 y, 使得 $x = f^{10^k}(y)$. 由于 $f^{10^k}(y) > y - 10^k$, 所以 y 至多为 $k+1$ 位数. 假设 s 是使得 $f^s(y)$ 为 k 位数的最小的 s. 那么 $f^{s-1}(y) \geqslant 10^k$, 故知

$$f^s(y) = f(f^{s-1}(y)) \geqslant f(10^k) = 10^k - 1.$$

如此一来, 即知 $f^s(y) = 10^k - 1$. 从而表明, 任何好的 k 位数都是 $f^t(10^k - 1)$ 的形式, 其中 t 为某个正整数.

我们来证明, 只有在 $t < t_0 = \left[\dfrac{20 \cdot 10^k}{k}\right] + 1$ 时, $f^t(10^k - 1)$ 才是 k 位数, 由此即知

$$D_k \leqslant \left[\dfrac{20 \cdot 10^k}{k}\right] + 1,$$

因而与式①相矛盾.

记 $b_0 = 10^k - 1$, $b_i = f^i(b_0)$, 只需证明 $b_{t_0} < 10^{k-1}$. 假设不然, 则对所有 $i \leqslant t_0$, 数 b_i 都是 k 位数. 我们来估计满足关系式 $b_i - b_{i+1} < k$ (亦即 $S(b_i) < k$) 的脚标 $i < t_0$ 的个数. 每个这样的 b_i 的各位数字都形成一个由 k 个非负整数构成的序列, 并且这些数的和不超过 $k-1$. 如此便知, 刚好有 C_{2k-1}^{k-1} 个这种数列. 这就表明, 所要求的脚标的个数不多于 $C_{2k-1}^{k-1} < 2^{2k-1}$.

如此一来, 在序列 $b_0, b_1, \cdots, b_{t_0}$ 中, 满足关系式 $b_i - b_{i+1} \geqslant k$ 的脚标至少有 $t_0 - 2^{2k-1}$ 个. 我们指出,

$$t_0 - 2^{2k-1} \geqslant \dfrac{20 \cdot 10^k}{k} - 2^{2k-1} \geqslant \dfrac{10^k}{k},$$

这是因为 $k \cdot 2^{2k-1} \leqslant 10^k$. 所以

$$b_{t_0} \leqslant b_0 - (t_0 - 2^{2k-1})k \leqslant 10^k - 10^k = 0,$$

此为矛盾.

10.5 将方格表的边长记作 m, 于是由题中条件知 $m^2 = nk$. 设 m 与 n 的最大公约数为 d, 则有 $m = m_1 d$, $n = n_1 d$, 其中 m_1 与 n_1 互质, 且有 $m_1 m = n_1 k$. 既然 m_1 与 n_1 互质, 所以 $n_1 | m$. 这说明, 方格表可以划分为宽度为 n_1 的横条, 也可以划分为宽度为 d 的竖条, 在此过程中, 方格表被分成了一系列矩形, 其中含有 $n_1 d = n$ 个方格, 此即为所证.

10.6 不存在.

假设存在这样的数列 $\{a_n\}$.

设 k 为任一大于 1 的正整数. 考察数列中的前 $2k-1$ 项 $a_1, a_2, \cdots, a_{2k-1}$. 它们的和可被 $2k$ 整除, 同时, $a_2 + \cdots + a_k$ 与 $a_{k+1} + \cdots + a_{2k-1}$ 又都能被 k 整除, 由此推得 a_1 可被任何正整数 k 整除, 这是不可能的.

10.7 法一 设点 Q'、P' 分别是点 Q、P 关于点 M 的对称点. 我们来观察 $\triangle MQP'$ (参阅图 4). 根据题意, 在其中有 $QB \perp MP'$; 且四边形 $PBP'C$ 为平行四边形, 因而 $P'B \parallel PC \perp QM$. 所以, 点 B 是 $\triangle MQP'$ 的垂心, 亦即 $P'Q \perp MB$. 同理可知 $MC \perp PQ'$.

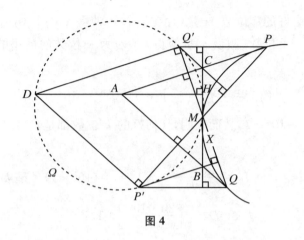

图 4

我们指出 $\overrightarrow{PQ'} = \overrightarrow{QP'}$，这是因为四边形 $PQP'Q'$ 是平行四边形. 由点 A 引出向量 $\overrightarrow{AD}$，使它等于这两个向量. 则有 $P'D \parallel AQ \perp MP'$，$Q'D \parallel AP \perp MQ'$ 以及 $DH \perp MH$. 这表明，点 P'、Q' 与 H 都位于以 DM 作为直径的圆 Ω 上. 在关于点 M 的对称下，圆 Ω 变为 $\triangle PMQ$ 的外接圆 Ω'. 此时，圆 Ω 上的点 H 变为 Ω' 与 BC 的第二个交点 X. 由此即知 $BH = CX$.

法二 如同法一，分别作出点 P、Q 关于点 M 的对称点 P'、Q'. 则直线 $P'B$ 与 $Q'C$ 就分别是直线 PC 与 QB 关于点 M 的对称直线. 这意味着直线 $P'B$ 与 $Q'C$ 的交点 A' 就是点 A 关于点 M 的对称点.

设 $P'M$ 和 $Q'M$ 分别与边 AB 和 AC 相交于点 S 和 T (参阅图 5). 对 $\triangle P'SB$ 与 $\triangle Q'TC$ 运用笛沙格定理，有直线 $P'S$ 与 $Q'T$ 的交点、直线 $P'B$ 与 $Q'C$ 的交点、直线 BS 与 CT 的交点位于同一条直线上. 这表明，三条直线 $P'Q'$、ST、BC 或者相交于一点，或者两两平行，但后一情况是不可能的，否则 $\triangle ABC$ 是等腰三角形.

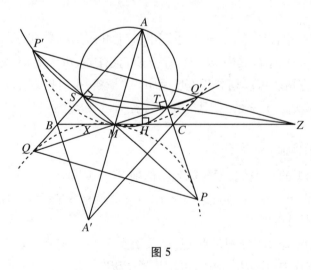

图 5

将直线 $P'Q'$、ST、BC 的公共点记作 Z. 由于 $\angle PSQ = \angle PTQ = 90°$，所以 P、Q、S、T 四

点共圆,故又有 $\angle QPM = \angle QTS$. 这表明 $\angle Q'P'M = \angle QPM = \angle QTS$, 因而 P'、Q'、S、T 四点共圆,故有 $ZP' \cdot ZQ' = ZT \cdot ZS$. 另一方面, A、M、S、T、H 位于同一个以 AM 为直径的圆上,所以 $ZS \cdot ZT = ZM \cdot ZH$. 由此即得
$$ZP' \cdot ZQ' = ZT \cdot ZS = ZM \cdot ZH.$$
这表明, P'、Q'、M、H 四点共圆. 此圆关于点 M 与 $\triangle PMQ$ 的外接圆对称. 由此不难得出所要证明的结论.

10.8 70 次.

首先证明,一定可以通过 70 次称量,至少找出一枚真币. 把所有硬币放成一堆. 先从堆中取出两枚硬币进行称量,如果它们等重,表明它们都是真币,从而已经找到真币. 如果它们不等重,则重的一枚一定是伪币,就把它扔掉,再从堆中取出一枚硬币,与留下的那枚一起称重. 如此下去,或者在某一步上得到两枚真币,或者一直不能断定,足足做了 70 次称量,此时堆中剩下的 30 枚硬币就全都是真币. 这表明,此种情况下,某甲找到了所有的真币.

其次,我们要来说明, 69 次称量不一定能保证找到一枚真币,哪怕是假定所有的真币的重量都是 2^{100}, 而第 i 枚假币的重量为 $m_i = 2^{100} + 2^i$.

假设不然,即收藏家有办法通过 69 次称量,一定能找到一枚真币,那么它的任何一次称量,都可以如此来确定. 假设某次称量时,在两端各有 k 枚硬币,其中共有 $d > 0$ 枚伪币,序号为 $i_1 < i_2 < \cdots < i_d$. 那么,在放有最重一枚硬币的一端,所有硬币的重量和不少于 $k \cdot 2^{100} + 2^{i_d}$, 而另一端则不多于 $k \cdot 2^{100} + (2^1 + \cdots + 2^{i_d - 1}) = k \cdot 2^{100} + 2^{i_d} - 1$. 这就是说,只要其中哪怕只有一枚伪币,则放有最大序号伪币的一端都会下倾.

因此,如果收藏家按照自己的办法操作,那么我们都记录下来每次称量的结果,并将其中的一枚硬币命名为 m_i. 如此一来,在每一次称量之后,都对某个 i, 显示了所命名的 m_{70}, $m_{69}, \cdots, m_{70-i}$ 的重量. 如果所言的硬币真的具有所说的重量(其他硬币重量可随意分配),那么称量的结果就正如我们所记.

在第一次称量时,在秤盘上任意取一枚硬币,将其命名为 m_{70}, 认为它的重量就是 $2^{100} + 2^{70}$, 并记下它所在的一端较重. 在每下一次称量后,如果称盘中已经有硬币命了名,那么就取出其中名称的脚标最大的一枚,记它所在的一端较重;如果称盘中所有硬币都未命名,那么就从其中任意取一枚硬币,将其接下去命名(如果它是第 i 个命名的,就命名为 m_{71-i}),并记它所在的一端较重. 不难看出,此时所言的条件满足.

假如收藏家一共做了至多 69 次称量,那么至多有 69 枚硬币被命名,特别地, m_1 这个名字没有被命名出去. 这就意味着,所有未曾命名的任何一枚硬币都有可能是 m_1, 而所有称量结果一如我们所记. 因此,收藏家无法有把握地指出一枚真币.

11.1 同第 9.2 题.

11.2 对所有的整数 $n > 1$.

法一 令 $n = 2^t m$, 其中 $t \geq 0$, 而 m 为奇数.

观察任一分数 $\dfrac{k}{n}$. 如果 k 整除 2^{t+1}, 则该分数的分子在约分后仍然是偶数,否则它就是

奇数.在数 $1,2,\cdots,n-1$ 之中,有 $\dfrac{m-1}{2}$ 个数可整除 2^{t+1},这意味着,$f(n)$ 刚好有 $n-1-\dfrac{m-1}{2}$ 个奇数加项.所以,$f(n)$ 为偶数,当且仅当数 $n-1$ 与数 $\dfrac{m-1}{2}$ 的奇偶性相同,即在如下两种情况下,$f(n)$ 为偶数:或者 n 为奇数且 $m\equiv 1\pmod 4$,或者 n 为偶数且 $m\equiv 3\pmod 4$.

剩下只需指出,数 n 与 $2015n$ 的奇偶性始终相同,而当 m 为奇数时,m 与 $2015m$ 被 4 除的余数不同,所以对任何整数 $n>1$,函数值 $f(n)$ 与 $f(2015n)$ 的奇偶性始终不同.

法二 仍将 n 表示为形式 $n=2^t m$,其中 $t\geq 0$,而 m 为奇数.我们用另一种方法证明:$f(n)$ 为偶数,当且仅当,或者 n 为奇数且 $m\equiv 1\pmod 4$,或者 n 为偶数且 $m\equiv 3\pmod 4$.为方便起见,设 $f(1)=0$.

设 n 为奇数(亦即 $t=0$).此时,分数 $\dfrac{k}{n}$ 约分后的分子不可能为偶数.这表明,奇数分子的个数为 $\dfrac{n-1}{2}$,且当 $\dfrac{n-1}{2}$ 为偶数时,$f(n)$ 为偶数,亦即 $n=m\equiv 1\pmod 4$.

再设 n 为偶数(亦即 $t>0$).在以 n 为分母的真分数中,有 $\dfrac{1}{2}$,它为 $f(n)$ 的值贡献 1.其余的各个分数可以两两配对 $\left(\dfrac{a}{n},\dfrac{n-a}{n}\right)$.由于对中的两个分数之和等于 1,所以在约分之后,它们的分母仍然相同,变为 $\left(\dfrac{b}{d},\dfrac{d-b}{d}\right)$.这样一对分数,对 $f(n)$ 值的贡献为 d.如果 d 为偶数,那么它不会影响 $f(n)$ 的奇偶性.

因而,$f(n)$ 的奇偶性与分数 $\dfrac{2^t}{2^t m},\dfrac{2\cdot 2^t}{2^t m},\cdots,\dfrac{(m-1)2^t}{2^t m}$ 的解析和的奇偶性相反,亦即与 m 的奇偶性相同(当 $m=1$ 时,它与 $f(1)=0$ 的奇偶性相反).由此得出所证.

11.3 同第 9.4 题.

11.4 $k=n-2$.

首先证明 $k=n-2$ 可以做到.自所给的 n 元点集中任取 $n-1$ 个点,则存在次数不超过 $n-2$ 的多项式,其图像经过这 $n-1$ 个点.该多项式显然分隔该点集.

下面只需再构造一个可允许点集的例子,它不可被次数低于 $n-2$ 的多项式分隔.取一个我们已经取过的 $n-2$ 次的多项式 $f(x)$,在它上面放置 n 个点,这些点交替地为红色与蓝色.假设有某个 $n-3$ 次的多项式 $P(x)$ 可以分隔这 n 个给定点,可以认为,在其图像下方没有红点,在其上方没有蓝点.

令 $Q(x)=f(x)-P(x)$,则多项式 $Q(x)$ 的次数为 $n-2\geq 1$.易知,如果 r 与 b 是某个红点与某个蓝点的横坐标,则有 $P(r)\leq f(r)$ 和 $P(b)\geq f(b)$,亦即 $Q(r)\geq 0$ 与 $Q(b)\leq 0$.

我们指出,如果对某 $s<r$,有 $Q(s)\leq Q(r)$,则表明存在 $u\leq(s,r)$,使得 $Q'(u)>0$(此处用到 $Q(x)$ 非常数的假定).这意味着,在一个红点与一个蓝点(红左蓝右)之间的区间

里都能找到一个点 x,使得 $Q'(x) > 0$. 类似地,在一个蓝点与一个红点(蓝左红右)之间的区间里都能找到一个点 x,使得 $Q'(x) < 0$. 这样一来,我们一共找到 $n-1$ 个点,在它们上面, $Q'(x)$ 交替地为正为负. 在任何两个这样的相邻点之间, $Q'(x)$ 都有根. 因而, $Q'(x)$ 有不少于 $n-2$ 个根,但这是不可能的,因为 $Q(x)$ 是 $n-3$ 次的多项式. 此为矛盾.

11.5 是的.

我们来展示,跳蚤如何可以依次跳到整点 $0, 1, 2, 3, \cdots$ 之上(每一次经过若干步跳动). 为此,只需说明,在到达 n 之后,如何可以到达 $n+1$.

假定跳蚤在经过 $k-1$ 次跳动之后,到达整点 n(这意味着下一步跳动将跳过距离 $2^k + 1$). 那么它只要往左连续跳动 $l = 2^k$ 步,再往右跳动 1 步即可,事实上,它往右一共跳了距离

$$(2^{k+l} + 1) - \left((2^k + 1) + (2^{k+1} + 1) + \cdots + (2^{k+l-1} + 1)\right)$$

$$= (2^{k+l} + 1) - \left((2^k + 2^{k+1} + \cdots + 2^{k+l-1}) + 2^k\right) = 1,$$

这正是所要求的.

11.6 记

$$x = \frac{a+1}{a-1}, \quad y = \frac{b+1}{b-1}, \quad z = \frac{c+1}{c-1}, \quad t = \frac{d+1}{d-1}.$$

由于 a、b、c、d 都是绝对值大于 1 的实数,所以 x、y、z、t 都是正数,且都不等于 1.

可将关系式

$$abc + abd + acd + bcd + a + b + c + d = 0$$

改写为

$$(a+1)(b+1)(c+1)(d+1) = (a-1)(b-1)(c-1)(d-1),$$

亦即 $xyzt = 1$. 而 $x = \frac{a+1}{a-1}$ 就是 $\frac{1}{a-1} = \frac{x-1}{2}$,由此及其他三个类似的等式,得到

$$\frac{1}{a-1} + \frac{1}{b-1} + \frac{1}{c-1} + \frac{1}{c-1} = \frac{x+y+z+t-4}{2}.$$

于是我们只需证明 $x + y + z + t > 4$.

由于 $xyzt = 1$,而它们又都不等于 1,所以它们不全相等,从而由平均不等式即得

$$x + y + z + t > 4\sqrt[4]{xyzt} = 4,$$

这就是所要证明的.

11.7 法一 不失一般性,可设点 D 在射线 BA 上. 设三角形内角平分线 AI、BI 分别第二次与圆 ω 相交于点 A'、B'. 再设点 L 是圆 ω 上弧 $\overset{\frown}{ACB}$ 的中点(参阅图6).

我们指出 $\angle LA'A = \angle LBA = \frac{1}{2}(\angle A + \angle B) = \angle B'IA$,这表明 $LA' // IB'$,同理可知 $IA' // LB'$. 因此,四边形 $IA'LB'$ 是平行四边形,直线 LI 平分线段 $A'B'$.

进而, $\angle CDB = \angle CAB - \angle ACD = \angle A - \angle B$,这表明

$$\angle PQA = \angle QAB - \angle QDB = \frac{\angle A}{2} - \frac{\angle A - \angle B}{2} = \frac{\angle B}{2} = \angle B'A'A,$$

因而 $PQ // A'B'$. 但此时直线 LI 平分线段 $A'B'$ 和 PQ, 这就是所要证明的.

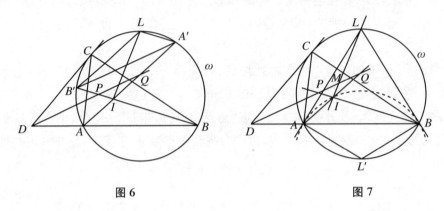

图 6　　　　　　　图 7

法二　将弧 $\overset{\frown}{ACB}$ 的中点记作 L. 我们来证明 $\angle PQA = \frac{\angle B}{2} = \angle PBA$. 这样一来, 就有 Q、P、A、B 四点共圆. 而这意味着直线 PQ 与 AB 关于直线 PI 与 QI 逆平行(参阅图7). 所以, LI 是 $\triangle PIQ$ 中的中线. 只需证明, LI 是 $\triangle AIB$ 中的似中线(中线的等角线).

设 L' 是圆 ω 上点 L 的对径点. 于是根据内心的性质, L' 是 $\triangle AIB$ 的外心, 所以 $\angle L'AL = \angle L'BA = 90°$. 这表明, LA 与 LB 都是 $\triangle AIB$ 外接圆的切线. 于是, 根据似中线定理, LI 是 $\triangle ABI$ 的似中线.

11.8　$\alpha = \dfrac{1}{2a^2 - 2ab + b^2}.$

在平面上引入坐标系, 使得各个方格的中心(且只有方格的中心)具有整数坐标. 并以方格中心的坐标标记方格. 当矩形 $a \times b$ 的长度为 b 的边竖直时, 就称该矩形为竖直的, 当长度为 b 的边水平时, 就称该矩形为水平的.

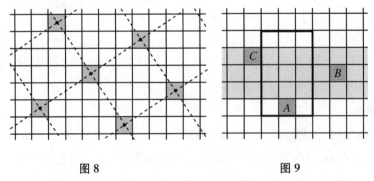

图 8　　　　　　　图 9

(1) 记 $d = a^2 + (b-a)^2 = 2a^2 - 2ab + b^2$. 在平面上标出坐标为 $(0,0)$ 的方格, 以及所有由它沿平移向量 $(a, b-a)$ 或向量 $(b-a, -a)$ 的整数倍移动所得到的所有方格(参阅图 8, 其中以 $a = 3$、$b = 6$ 为例). 显然, 这些被标出的方格的中心都是边长为 $\sqrt{d}$ 的正方形的顶

点,并且方格

$$(d,0) = a(a,b-a) + (b-a)(b-a,-a) = \left(a^2+(b-a)^2, a(b-a)-a(b-a)\right)$$

和方格$(0,d)$都被标出.这就表明,无论是沿着水平方向还是沿着竖直方向移动距离d,被标出的方格仍然变为被标出的方格.由此不难推知,在每个方格矩形$d \times d$中都恰好有d个被标出的方格.

下面证明这样的尺寸满足题中条件,由此即可推知$\alpha \leqslant \dfrac{d}{d^2} = \dfrac{1}{d}$.事实上,我们只要观察相连的$b$个相连的水平矩形所形成的带子.显然,在它们中至少有一个被标出的方格.假设(x,y)是它们中的任意一个被标出的方格,那么$\left(x+a, y+(b-a)\right)$与$\left(x+(b-a), y-a\right)$之一也在该带子中,并且相对于前者向右移动了不多于距离a.这意味着,在我们的带子中的任何a个竖直矩形都存在被标出的方格.而对于竖直的矩形亦有类似结论.

(2) 只需再证尺寸$\alpha = \dfrac{1}{d}$是合适的.考察任意一个满足要求的尺寸.我们将每一个竖直矩形都对应为它里面的任意一个最高的被标出的方格.我们来估计究竟有多少个竖直矩形可以对应于同一个被标出的方格A,不妨设A的坐标就是$(0,0)$.一共有ab个竖直矩形包含着它.

我们考察这样一个水平带子,它由坐标不小于1、不大于a的方格构成.如图9所示,设B是该带子中具有最小非负横坐标的被标出的方格,而C是该带子中具有最大负横坐标的被标出的方格.那么在B与C之间分布着不多于$b-1$个竖直矩形,因若不然,就能在我们的带子中找到位于这两个方格之间的水平矩形,其中不含被标出的方格.

现在来看所有包含着方格A且至少与A的上方a个水平矩形相交的所有$a(b-a)$个竖直矩形.它们每一个都包含着B或C,除非那些严格地位于B与C之间的矩形,而这些矩形的数目,由上所证,不多于$(b-a) \cdot (b-a)$.这就表明,至少有$a(b-a)-(b-a)^2 = (2a-b)(b-a)$个包含着方格$A$的矩形还包含着$B$或$C$,并且$A$不是它们所对应的方格.如此一来,便知$A$至多对应着$ab-(2a-b)(b-a)=d$个竖直矩形.

设n为任一正整数,$k = (a+b)n^2$.我们来考察任意一个$k \times k$正方形.假设在它里面有s个被标出的方格.在该正方形中,包含着不少于$(k-a)(k-b)$个竖直矩形,它们每一个都对应着s个被标出的方格中的某一个.由上所证,我们得知

$$s \geqslant \frac{(k-a)(k-b)}{d} > \frac{k(k-a-b)}{d} = \frac{(a+b)^2 n^2(n^2-1)}{d}.$$

将我们的$k \times k$正方形分为$(a+b)^2 n^2$个大小为$n \times n$的正方形,那么其中之一含有多于$\dfrac{n^2-1}{d}$个被标出的点,从而一共不少于$\dfrac{n^2-1}{d} + \dfrac{1}{d} = \dfrac{n^2}{d}$个被标出的点,此即为所证.

(苏　淳　翻译)

第78届莫斯科数学奥林匹克(2015)

八年级试题

1. 某甲沿着环状道路以常速跑步. 在该环状道路上安装着两个摄像头. 在他起跑两分钟时接近了第一个摄像头,然后经过3分钟后他接近了第二个摄像头,再然后又接近了第一个摄像头. 试问:他跑一圈需要多少时间?

2. 点 E 在平行四边形 $ABCD$ 内部,使得 $CD = CE$. 证明:直线 DE 垂直于经过线段 AE 与线段 BC 中点的直线.

3. 某乙在观看了显示屏上美元对卢布的汇率(十进制,由4个数字组成,中间用小数点点开)后,说:这4个数字各不相同,在一个月前也是这4个数字,只不过排列顺序不同. 现知在这段时间内,汇率上涨了20%. 试举例说明,汇率可能是多少?

4. 将一个正整数称为几乎平方数,如果它是一个完全平方数,或者是一个完全平方数与某个质数的乘积. 试问:能否有8个相连的正整数都是几乎平方数?

5. 设 $\triangle ABC$ 为锐角三角形,其中 $\angle A = 45°$,而 AA_1、BB_1、CC_1 是其三边上的高. $\angle BAA_1$ 的平分线与直线 B_1A_1 相交于点 D,而 $\angle CAA_1$ 的平分线与直线 C_1A_1 相交于点 E. 试求直线 BD 与直线 CE 之间的夹角.

6. 皇帝邀请了2015个术士一起过节,其中有些术士很诚实,有些术士则很狡猾. 诚实的术士总是说真话,狡猾的术士则看场合说话. 术士之间相互知道谁诚实谁狡猾,而皇帝则不知情.

   皇帝(按某种他所意愿的顺序)向每一个术士各提出了一个问题,对每个问题都只需回答"是"或"不是". 当皇帝问过每个人以后,他就把其中一个术士逐出门去,并且他知道这个被驱逐的术士是诚实的人还是狡猾的人. 然后,他再向每个剩下的术士各提一个问题,再驱逐其中一个术士,如此下去,直到他决定放过其余的人为止(他可以在问过任何一个问题之后终止).

   证明:皇帝可以驱逐掉所有狡猾的术士,并且至多驱走一个诚实的术士.

九年级试题

7. 是否存在这样的正整数 n,使得 n、n^2、n^3 的首位数字彼此相同,并且不是1?

8. 沿着圆周按某种顺序摆放着正整数1到1000,使得其中每个数都是自己的两个邻数的和的约数.现知,正整数 k 的两侧邻数都是奇数,试问:k 的奇偶性可能如何?

9. 厨师每天烘制一个尺寸为 3×3 的正方形蛋糕.甲立即从上面为自己切下 4 块尺寸为 1×1 的部分,它们的边都平行于蛋糕的边,但未必沿着 3×3 方格网的网线.此后,乙从剩下的蛋糕上为自己切下一块尽可能大的正方形部分,它的边也平行于蛋糕的边.试问:乙不依赖于甲的行为,最大能为自己切下多大的部分?

10. 设 $\triangle ABC$ 为非等腰三角形,它的外心和内心分别为 O 和 I.在 $\angle ABC$ 内部有两个相等的圆,一个圆与边 AB、BC 相切,另一个圆与边 AC、BC 相切,这两个圆还相切于点 K.现知,点 K 在直线 OI 上.试求 $\angle BAC$.

11. 同第 6 题.

12. 是否存在这样两个整系数多项式,它们每一个都有某项系数的绝对值大于 2015,但是它们乘积的每一项系数的绝对值都不超过 1?

十年级试题

13. 设 a 为整数,构造数列如下:
$$a_1 = a, \quad a_2 = 1 + a_1, \quad a_3 = 1 + a_1 a_2, \quad a_4 = 1 + a_1 a_2 a_3, \quad \cdots$$
(除 a_1 外,每一项都等于前面各项的乘积再加 1).证明:任何两个相邻项的差 $(a_{n+1} - a_n)$ 都是完全平方数.

14. $2n$ 支足球队参加训练赛($n > 1$).在每一轮比赛中都将这些球队分为 n 对,在每一对中进行一场比赛,如此共进行 $2n - 1$ 轮比赛,使得每一支球队都恰好与其余每一支球队都比赛一场.每一场比赛,赢者得 3 分,败者得 0 分,若为平局,各得 1 分.现知,对于每一支球队,它所得的分数与它所参与的比赛场数的比值,在最后一场比赛前后都不发生改变.证明:所有的球队的各场比赛都是平局.

15. 无限大方格纸中的方格像国际象棋盘那样交替地染为黑色与白色.设 X 是一个以网格的结点为顶点的面积为 S 的三角形.证明:存在与 X 相似的三角形,它的顶点都是结点,它的白色部分与黑色部分的面积相等,且都等于 S.

16. 同第 6 题.

17. 在 $\triangle ABC$ 中,AH 和 CM 分别为相应边上的高和中线,它们相交于点 P.由顶点 B 所作的高与由点 H 所作的直线 CM 的垂线相交于点 Q.证明:直线 CQ 与 BP 相互垂直.

18. 同第 12 题.

十一年级(第一天)

19. 在数列 $\{a_n\}$ 中,已知对 $1 \leqslant n \leqslant 5$,有 $a_n = n^2$;且对一切正整数 n,都有 $a_{n+5} + a_{n+1} = a_{n+4} + a_n$.试求 a_{2015}.

20. 去年米沙买了一部手机,价格是四位整数卢布.今年他顺路去商店看了这种手机的价格,发现价格上涨了 20%,仍然是那么几个数字,不过排列顺序刚好与去年相反.试问:米沙买手机花了多少钱?

21. 在等腰 △ABC 的底边 AC 上取一点 X,在其两腰上分别取点 P 和 Q,使得四边形 XPBQ 为平行四边形.证明:点 X 关于直线 PQ 的对称点 Y 位于 △ABC 的外接圆上.

22. 单位正方形被分成了 n 个三角形.证明:其中有一个三角形可以盖住边长为 $\frac{1}{n}$ 的正方形.

23. 证明:不能将整数 1 至 64 填入一个 8×8 方格表(每格一数),使得任何形如 的田字格都满足等式 $|ad - bc| = 1$.

24. 六面体的各个面都是四边形,它的每个顶点处都汇聚着三条棱.如果它的外接球和内切球都存在,并且二球心重合,它是否必为正方体?

十一年级(第二天)

25. 若干个不一定互不相等的正数的和不超过 100.现将其中每个数都做如下的代换:取该数的以 10 为底的对数,将对数值四舍五入为整数,再以该整数为指数做 10 的方幂数,以该方幂数取代原来的数.试问:新得的这些数的和能否超过 300?

26. 考察如下的方程:

$$\sin\frac{\pi}{x}\sin\frac{2\pi}{x}\sin\frac{3\pi}{x}\cdots\sin\frac{2015\pi}{x} = 0.$$

试问:最多可从其左端删去多少个形如 $\sin\frac{n\pi}{x}$ 的因子,仍可使得方程的正整数根的数目不发生变化?

27. 王子伊万有两个容积都是 1 L 的容器,其中一个容器中装满了普通的水,另一个容器里则装着 a L 活水,0 < a < 1.他可以从一个容器往另一个容器里倒任意体积的水,只要不溢出即可.他期望能通过有限次倾倒,使得有一个容器中的活水所占比例刚好为 40%.试问:对怎样的 a,王子伊万能够实现其目标? 假定任何时刻都可准确地测定各个容器中的水量.

28. 安丘林国的天气只有两种状态,要不就是阳光明媚,全天都有阳光,要不就是阴雨晦暝,终日雨声滴答,分别称为晴天和雨天.如果今日的状态与昨日不同,安丘林人便说,今天的天气变化了.有一次,安丘林学者断言,每年的元旦总是晴天,而元月份中每接下来的一天是否为晴天,则取决于一年前的这一天天气是否变化了(如果去年变化了,那么今年该日就是晴天).今知,2015 年安丘林国元月份的天气变化剧烈:一两天晴天,一两天雨天.试问:此后的哪一年元月份天气也像 2015 年这样?

29. 球状星球上分布着四大洲,它们被海洋彼此隔开.将海洋中的一个点称为特殊点,如果对于它,可以找到至少三个(与其距离相等的)最近的陆地上的点,这些点分布在不同的洲里.试问,该星球上最多可有多少个特殊点?

参 考 答 案

1. 6 分钟.

如图 1 所示,点 A 和点 B 分别为两个摄像头,点 C 与点 D 分别为联结点 A 和点 B 的两段弧的中点(CD 是直径).于是,整个圆周被分成两半.在弧 $\overset{\frown}{CAD}$ 上某甲距离摄像头 A 较近,而在弧 $\overset{\frown}{CBD}$ 上(图中用粗黑线表示)他离摄像头 B 较近.根据题意,他有 3 分钟时间离摄像头 B 较近,这就是说,他跑过弧段 $\overset{\frown}{CBD}$ 用了 3 分钟时间,所以他跑过整个圆周共用了 6 分钟时间.

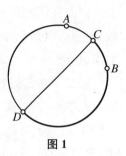

图 1

2. 在 △AED 中作中位线 FH,则有 $FH \underset{=}{\parallel} \frac{1}{2} AD$(见图 2).设 G 为边 BC 的中点,则 $GC = \frac{1}{2} BC = \frac{1}{2} AD$,故知四边形 FGCH 为平行四边形($GC \underset{=}{\parallel} FH$),从而 $CH \parallel FG$,因此,只需证明 $\angle CHD = 90°$.

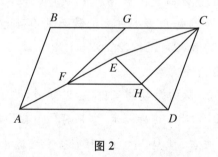

图 2

我们知道,CH 是 △CED 的边 ED 上的中线,而由题中条件 $CD = CE$ 知,△CED 是等腰三角形,ED 是其底边,既然如此,CH 也是边 ED 上的高,所以 $\angle CHD = 90°$.

3. 这是可能的.例如,一个月前 1 美元兑换 49.50 卢布,而现在,1 美元兑换 59.40 卢布.

设一个月前的汇率是 A,它由 4 个数字组成,前两个数字与后两个数字之间以小数点隔开,而 B 是现在的汇率,由同样的四个数字组成,不过顺序不同.由题意可知 $B = 1.2A$,亦即 $5B = 6A$.若将 A 和 B 视为四位数,则表明 B 的各位数字之和(因而 A 的各位数字之和)是 3 的倍数,于是 A 可被 3 整除,从而 A 可被 9 整除,于是 A 的各位数字之和(因而 B 的各位数字之和)是 9 的倍数,于是 B 可被 9 整除,从而 B 可被 54 整除(因为 $5B = 6A$),因此又知 A 可被 45 整除.于是数对 (A, B) 应当具有形式 $(45k, 54k)$,其中 k 可视为某个正整数.当

$k = 100$ 或 $k = 10$ 时,得到 $(4500,5400)$ 与 $(450,540)$,它们的和为 $(4950,5940)$,它们满足题中要求,且各位数字各不相同.可以检验(尽管并不要求检验),这个解是唯一的,当然允许调换顺序,例如 $(0495,0594)$,但再无别的形式的解.应当指出,我们所给出的汇率就是 2014 年 11 月末和 12 月末的真实汇率.

4. 不可能.

法一 假设存在这样的相连的 8 个正整数.

因为在任何 8 个相连的正整数中,都有两个数,它们被除的余数分别为 2 和 6.它们都可被 2 整除,但都不可被 4 整除,所以它们分别具有 $2m_1^2$ 和 $2m_2^2$ 的形式.但由于 $2m_2^2 - 2m_1^2 = 4$,所以 $m_2^2 - m_1^2 = 2$.这是不可能的.由此得出矛盾.

法二 在任何 8 个相连的正整数中,都有一个数,它被除的余数为 6.我们来证明它不可能是几乎平方数.事实上,如果 $n = 8k + 6$ 是几乎平方数,那么由于 n 可被 2 整除,但不可被 4 整除,所以它必具 $2m^2$ 的形式.这是因为根据几乎平方数的定义,在 n 的质因数分解式中,至多只有一个质数的指数为奇数.但若 $8k + 6 = 2m^2$,则有 $m^2 = 4k + 3$,而这是不可能的,因为任何平方数被 4 除的余数都不可能为 3.事实上,偶数的平方被 4 除的余数是 0,奇数的平方被 4 除的余数是 1.从而得出矛盾.这就表明,不可能有 8 个相连的正整数都是几乎平方数.

注 存在相连的 5 个正整数都是几乎平方数,例如 $(1,2,3,4,5)$.在前一百万个正整数中,这样的相连的 5 个正整数都是几乎平方数的数组共有 4 组:$(1,2,3,4,5)$;$(16,17,18,19,20)$;$(97,98,99,100,101)$ 和 $(241,242,243,244,245)$.本题供题人不清楚是否存在 6 个或 7 个相连的正整数都是几乎平方数.

像法一那样,通过对被 36 除的余数的讨论,可以知道,几乎平方数被 36 除的余数不可能为 $6,10,15,21,22,24,30,33,34$.这样一来,如果有 7 个相连的正整数都是几乎平方数,那么它们被 36 除的余数就只能为 $-1,0,1,\cdots,5$.它们之中的余 2 和余 3 的两个数就只能具有形式 $2x^2$ 和 $3y^2$.这样一来,7 个相连的几乎平方数给出了方程 $3y^2 - 2x^2 = 1$ 的一组解,该方程可化为佩尔方程.并且 $2x^2$ 与 $3y^2$ 都不可被 5 整除.事实上,如果它们中的一者可被 5 整除,那么另一者便具有形式 $5k \pm 1$,而这对于 $2x^2$ 与 $3y^2$ 形式的数来说,是不可能的.因此,这两个相邻的数被 5 除的余数都不是 0,它们是两个相连的非零数.但是,平方数被除的余数不可能为 2 和 3,只可能为 1 或 4.这样一来,$2x^2$ 与 $3y^2$ 被 5 除的余数只能为 2 和 3,并且相连,所以它们确切地就是模 5 为 2 和 3.由此可知,我们所找到的相连的 7 个正整数中,那个可被 36 整除的数同时也能被 5 整除.于是那个被 36 除余 5 的数也可被 5 整除.在这两个可被 5 整除的数中,有一个是不能被 25 整除的,从而必具 $5z^2$ 的形式.如此一来,7 个相连的几乎平方数的存在性问题化归佩尔方程组

$$\begin{cases} 3y^2 - 2x^2 = 1, \\ 5z^2 - 2x^2 = 3 \end{cases} \quad \text{或} \quad \begin{cases} 3y^2 - 2x^2 = 1, \\ 5z^2 - 2x^2 = -2. \end{cases}$$

其中前一个方程组有解(1,1,1)或(11,9,7).由它们出发,得到两组相连的5个几乎平方数(1,2,3,4,5)和(241,242,243,244,245).但未能达到7个.

5. 67.5°.

法一 注意,A_1A 是 $\angle B_1A_1C_1$ 的平分线(三角形的高是垂足三角形的角平分线).我们来证明 $\angle B_1A_1C_1$ 是直角.事实上,$\angle B_1A_1C = \angle A$(此因 $\triangle B_1A_1C \backsim \triangle ABC$),同理可知 $\angle C_1A_1B = \angle A$.这样一来,便知 $\angle B_1A_1C_1 = 90°$,因而表明 $\angle AA_1C_1 = \angle AA_1B_1 = 45°$.

设直线 AA_1 与直线 CE 和直线 BD 的交点分别为 K 和 L,则由上所证,可知 $\angle KA_1E = \angle EA_1C = \angle BA_1D = \angle DA_1L = 45°$(作为 $\angle AA_1C_1 = \angle AA_1B_1$ 的对顶角).因此,A_1E 与 A_1D 分别为 $\angle KA_1C$ 和 $\angle BA_1L$ 的平分线.如此一来,点 D 与直线 AA_1 和直线 A_1B 的距离相等,而点 E 与直线 A_1C 和直线 AA_1 的距离相等.但由题中条件知,点 D 在 $\angle BAA_1$ 的平分线上,所以它到直线 AA_1 和直线 AB 的距离相等.这就意味着,点 D 是 $\triangle BAA_1$ 的旁切圆的圆心.因此,BD 是 $\angle ABC$ 的平分线.同理可证,点 E 是 $\triangle CAA_1$ 的旁切圆的圆心,而 CE 是 $\angle ACB$ 的外角平分线.

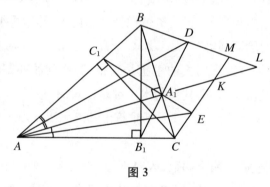

图 3

设 M 是直线 CE 与直线 BD 的交点.根据三角形的内角和定理,可知

$$\angle BMC = 180° - \frac{180° - \angle C}{2} - \frac{180° - \angle B}{2} = \frac{\angle B + \angle C}{2} = \frac{135°}{2} = 67.5°.$$

法二 记 $\angle BAA_1 = 2\beta, \angle CAA_1 = 2\gamma$,则 $2\beta + 2\gamma = 45°, \beta + \gamma = 22.5°$.

既然 $\angle AA_1B = \angle AB_1B = 90°$,所以点 A_1 和 B_1 都在以线段 AB 作为直径的圆周上,从而 $\angle AA_1B_1 = \angle ABB_1 = 45°$.

对 $\triangle ADA_1$ 运用外角定理,知 $\angle B_1DA = 45° - \beta = 2(\beta + \gamma) - \beta = 2\gamma + \beta = \angle B_1AD$.所以 $B_1A = B_1D$.而显然有 $B_1A = B_1B$,所以 $B_1B = B_1D$.

由 $\triangle AA_1B_1$,利用圆周角,可得 $\angle DB_1B = 180° - 2\gamma - 45° - 90° = 45° - 2\gamma = 2\beta$.由于 $\triangle BB_1D$ 是等腰三角形,所以

$$\angle BB_1D = \frac{180° - 2\beta}{2} = 90° - \beta.$$

再用圆周角,又得

$$\angle A_1BB_1 = 90° - 2\beta - 45° = 45° - 2\beta = 2\gamma,$$

亦即 $\angle A_1BD = 90° - \beta - 2\gamma$.

同理可得 $\angle A_1CE = 90° - \beta - 2\gamma$. 于是所求之角等于
$$180° - \angle A_1BD - \angle A_1CE = 3(\beta + \gamma) = 3 \times 22.5° = 67.5°.$$

6. 假设让所有术士坐成一行. 首先皇帝从第二个术士开始询问所有其余术士："第一个术士是否诚实"？哪怕只要有一个术士回答："是"（亦即第一个术士是诚实人），则皇帝就把其中第一个回答是的术士逐出门去.

存在以下两种不同的可能情况.

(1) 被逐出门去的术士是狡猾的. 这时, 狡猾的术士减少了一个, 而诚实的术士都没有被逐出门去. 于是问题转化为人数较少的情形. 而在仅有两个术士的情况下, 皇帝显然可以把所有狡猾的术士都驱逐出门.

(2) 被逐出门去的术士是诚实的. 此时该术士关于第一个术士的回答是真实的, 亦即第一个术士是诚实的. 于是皇帝问第一个术士："你的邻座（指第二个术士）是否诚实"？再问第二个术士："你的邻座（指第三个术士）是否诚实"？并如此一直问下去. 这时第一个被他的邻座回答"不是"的术士一定是狡猾的, 于是皇帝把他逐出门去. 然后再继续刚才的过程.

如果大家对第一个问题都回答"不是", 那么皇帝就把第一个术士逐出门去. 此时也存在两种不同的可能情况. 如果被逐出门去的术士是狡猾的, 则问题亦归结为人数较少的情形. 如果被逐出门去的术士是诚实的, 则其余的术士都是狡猾的.

7. 存在这样的正整数 n, 例如 $n = 99$, 不难算出: $99^2 = 9801, 99^3 = 970299$.

8. k 为偶数.

首先指出, 不可能相连放置两个偶数. 因若不然, 那么接下来一个数也应是偶数, 如此等等, 整个圆周上的数就应当都是偶数. 但事实上其中只有一半是偶数. 从而偶数与奇数交替放置, 故知 k 为偶数.

题目的条件意味着存在满足要求的排列, 所以题中未要求给出具体例子. 事实上, 这样的例子很容易列举, 例如只需让这 1000 个正整数依次排列在圆周上即可: $1, 2, \cdots, 1000$.

9. 乙最大能为自己切下尺寸为 $\frac{1}{3} \times \frac{1}{3}$ 的部分.

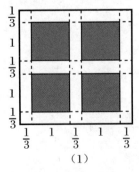 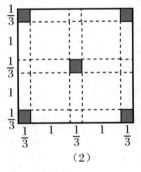

图 4

如果甲为自己切下 4 块尺寸为 1×1 的部分如图 4(1) 所示,则乙不可能得到边长大于 $\frac{1}{3}$ 的正方形部分. 下面只需说明,乙在任何情况下都可得到尺寸为 $\frac{1}{3}\times\frac{1}{3}$ 的部分.

法一 将大蛋糕划分为 81 块尺寸为 $\frac{1}{3}\times\frac{1}{3}$ 的正方形,甲每切下一块 1×1 的部分,至多破坏其中的 16 个小正方形,因此,至少会有 $81-4\times16=17$ 个小正方形保持完整,乙当然可以切下其中之一.

法二 在图 4(2) 中标出了 5 个尺寸为 $\frac{1}{3}\times\frac{1}{3}$ 的正方形,甲每切下一块 1×1 的部分,至多破坏其中的一个小正方形,所以其中必有一个小正方形保持完整,乙切下它即可.

10. $90°$.

将题目中所说的两个圆的圆心分别记作 I_B 和 I_C(参阅图 5). 我们注意到 $I_B I_C \parallel BC$,此因 I_B 和 I_C 到直线 BC 的距离相等. 故知 $\angle II_B I_C=\angle IBC$,$\angle II_C I_B=\angle ICB$,以及 $\triangle I_B I I_C \backsim \triangle BIC$. 如果将中线 IK 延长,使之与 BC 相交于点 M,则由相似性知 IM 是 $\triangle BIC$ 的中线. 而由题意知,该中线在直线 OI 上,亦即点 M、O、I 在同一条直线上. 这意味着,或者直线 OM 是线段 BC 的垂直平分线,或者点 M 与点 O 重合.

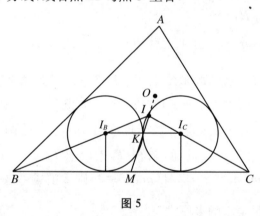

图 5

在第一种情况下,内心 I 位于边 BC 的垂直平分线上,由此推知 $\angle IBC=\angle ICB$,因而 $\angle B=\angle C$,从而 $\triangle ABC$ 为等腰三角形,与题意相矛盾.

在第二种情况下,边 BC 的中点 M 是 $\triangle ABC$ 的外心,从而 $\angle A$ 为直角.

11. 同第 6 题.

12. 存在.

法一 我们来观察多项式

$$P(x)=(1-x)\cdot(1-x^2)\cdot(1-x^4)\cdots(1-x^{2^{2016}}).\quad ①$$

在将它去括弧展开之后,共得 2^{2017} 个形如 $\pm x^n$ 的项,在它们之中没有同类项. 事实上,如果

$$\pm x^n = (-1)^m \cdot x^{2^{k_1}} \cdot x^{2^{k_2}} \cdots \cdot x^{2^{k_m}},$$

其中 $k_1, k_2, \cdots, k_m$ 是互不相同的非负整数,则 $n = 2^{k_1} + 2^{k_2} + \cdots + 2^{k_m}$,而这样的数组 $\{k_i\}$ 对于给定的 n 是唯一的,这是因为这就是 n 的二进制表示. 故知,对任何 $n < 2^{2017}$,方幂数 x^n 在去括弧后都仅出现一次,系数为 $+1$ 或 -1.

将式①右端的每一个因式都提取出一个因式 $1-x$,得到 $P(x) = Q(x) \cdot R(x)$,其中

$$Q(x) = (1-x)^{2017},$$

$$R(x) = (1+x) \cdot (1+x+x^2+x^3) \cdots (1+x+\cdots+x^{2^{2016}-1}).$$

容易看出,$Q(x)$ 展开式中 x 的系数为 -2017,而 $R(x)$ 展开式中 x 的系数为 2016. 所以这样的 $Q(x)$ 与 $R(x)$ 满足题中要求.

法二 假设我们找到多项式 $P_1(x) = Q_1(x) \cdot R_1(x)$,其中 P_1 没有绝对值大于 1 的系数,Q_1 却有绝对值大于 2015 的系数. 假设 P_1 的次数低于 n,那么 $Q(x) = Q_1(x^n) \cdot R_1(x)$ 和 $R(x) = Q_1(x) \cdot R_1(x^n)$ 即可满足要求. 事实上,它们的乘积就是 $P(x) = P_1(x^n) \cdot P_1(x)$,它的每一个系数都是 P_1 的某两项系数的乘积,所以绝对值都不超过 1. 另一方面,Q 的每一个系数都是多项式 $Q_1 R_1$ 的某两项系数的乘积,其中必有一项系数的绝对值大于 2015. 多项式 R 的情况类似.

下面就来寻找 Q_1 与 R_1. 令

$$T_s(x) = \frac{x^s - 1}{x - 1} = 1 + x + \cdots + x^{s-1}.$$

如果 m 与 n 是两个互质的正整数,那么 $T_m(x)$ 与 $T_n(x)$ 就是两个互质的多项式. 关于这一点,容易从下述事实推出:$(x^m - 1, x^n - 1) = x^{(m,n)} - 1$. 既然 $x^m - 1$ 与 $x^n - 1$ 都可整除 $x^{mn} - 1$,故 $T_m(x)$ 与 $T_n(x)$ 都可整除 $x^{mn} - 1$,假若 m 与 n 是两个互质的正整数,那么 $T_m(x) \cdot T_n(x)$ 可整除 $x^{mn} - 1$. 进而,乘积 $T_m(x) \cdot T_n(x)$ 的项 $x^{\min(m,n)-1}$ 的系数是 $\min\{m, n\}$. 因此,只要 $m, n > 2015$,且 $(m, n) = 1$,则多项式 $Q_1(x) = T_m(x) \cdot T_n(x)$ 与 $R_1(x) = \dfrac{x^{mn} - 1}{Q_1(x)}$ 即为满足要求的多项式.

13. 我们有

$$a_{n+1} - a_n = 1 + a_1 \cdots a_n - a_n.$$

对其变形,得

$$a_{n+1} - a_n = 1 - a_n + (a_1 \cdots a_{n-1}) a_n$$
$$= 1 - a_n + (a_n - 1) a_n = 1 - 2a_n + a_n^2 = (1 - a_n)^2.$$

14. 考察任一球队,假设它共得 x 分,而最后一场得了 a 分,根据题意,我们有

$$\frac{x - a}{2n - 2} = \frac{x}{2n - 1}.$$

由此解得 $x = a(2n - 1)$.

因而,如果某个球队在最后一场踢输($a=0$)了,那么它所得总分 $x=0$,亦即它在每一场比赛中都踢输了;如果它在每一场比赛中都踢赢($a=3$)了,那么它所得总分 $x=3(2n-1)$,亦即它在每一场比赛中都踢赢了;如果它在最后一场踢平($a=1$)了,那么它所得总分 $x=2n-1$,亦即它在每一场比赛中都踢平了.

显然,至多有一支球队每一场都踢赢了;也至多有一支球队每一场都踢输.这就表明,在最后一轮比赛中至多有一场比赛未踢平.于是,只能有两种结局:或者所有的 $2n$ 支球队所得总分都是 $2n-1$(若最后一轮比赛中全都踢平),或者有一支球队踢赢了其余所有球队,有一支球队败给了其余所有球队,剩下的 $2n-2$ 支球队各得 $2n-1$ 分(若最后一轮比赛中有一场未踢平).

我们来看,一支球队如何可在 $2n-1$ 场比赛中共得 $2n-1$ 分.假设它赢了 w 场比赛,输了 l 场比赛,平了 t 场比赛.则有 $w+l+t=2n-1$ 和 $3w+t=2n-1$.二式相减,得 $l=2w$.这说明,如果一支球队共得 $2n-1$ 分,那么它所败的场数是它所赢的场数的 2 倍(或者 $w=l=0$).

假设不是"所有的球队的各场比赛都是平局",我们来证明,所有球队所输的球队的数目之和大于所赢的球队数目之和.由于这两个数目本来是应当相等的,故可由此得出矛盾.

假定所得总分为 $2n-1$ 分的各支球队分别踢赢了 $w_1,w_2,\cdots$ 支球队,其中诸 w_i 不全为 0.根据上面所证,它们分别败给了 $2w_1,2w_2,\cdots$ 支球队.如果所有的球队各得 $2n-1$ 分,那么它们所败给的球队数目之和等于 $2(w_1+w_2+\cdots+w_{2n})$,而它们所踢赢的球队数目之和等于 $w_1+w_2+\cdots+w_{2n}$.在只有 $2n-2$ 支球队各得 $2n-1$ 分的情况下,这两个和数分别为 $2(w_1+w_2+\cdots+w_{2n-2})+2n-1$ 和 $w_1+w_2+\cdots+w_{2n-2}+2n-1$,在两种场合下,所有球队所输的球队的数目之和都严格大于所赢的球队数目之和,这就是所要证明的.

15. 首先证明,存在这样的三角形.任取一个结点 O 作为坐标原点,以经过点 O 的两条方格线作为坐标轴,以方格边长作为长度单位.作以点 O 为中心的位似系数为 $\sqrt{2}$ 的 $45°$ 旋转 F.易知,有 $F:(x,y)\mapsto(x-y,x+y)$,故而结点的像点仍然是结点.并且任何一个图形的像的面积是原来的 2 倍.故知原来三角形在变换 F 之下的像满足要求.

我们指出,单位正方形,不论其颜色如何,在变换 F 之下的像中都是黑白面积各占一半,亦即对于单位正方形题中结论成立.由此即知,对于任何顶点在结点上且边平行于坐标轴的矩形来说,题中结论都成立.我们指出,任何以结点为端点的线段在变换 F 之下的像的两个端点的坐标的差为偶数,因此其中点也是结点.这就表明,矩形在变换 F 之下的像的对称中心也是结点.而在关于任何结点的中心对称之下,黑色方格变为黑色方格,白色方格变为白色方格.因此,任何以结点为顶点且直角边平行于坐标轴的直角三角形在变换 F 之下的像中,黑色部分与白色部分的面积相等.而任何三角形可通过由直角三角形切去几个直角三角形得到.

16. 同第 6 题.

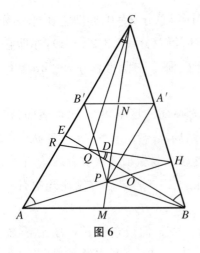

图 6

17. 经过点 P 作直线 PA' 和 PB',其中点 A'、B' 分别在 BC、AC 上,而直线 PA' 和 PB' 分别平行于 AC 和 BC (见图 6). 显然有 $\angle CAH = 90° - \angle ACH = \angle QBC$.

设直线 HQ 与 AC 相交于点 R. 将 HQ 与 CM 的交点记作 D, 将 BQ 与 AC 的交点记作 E. $\triangle RDC$ 与 $\triangle QER$ 都是直角三角形, 所以 $\angle ACP = 90° - \angle DRC = \angle HQB$. 故知 $\triangle APC \sim \triangle BHQ$.

设 $\triangle ABC$ 的垂心是 O. 于是由 $\angle OHB = 90° = \angle APB'$, $\angle PAB' = \angle OBH$, 知 $\triangle BHO \sim \triangle APB'$. 因此, $\dfrac{BO}{OQ} = \dfrac{AB'}{B'C}$. 进而, 我们指出四边形 $B'PA'C$ 是平行四边形, 因此, 线段 $A'B'$ 的中点在 PC 上. 但是, PC 在 $\triangle ABC$ 的中线上, 这意味着线段 $B'A'$ 平行于 AB, 因此 $\dfrac{BA'}{A'C} = \dfrac{AB'}{B'C}$. 于是, $\dfrac{BO}{OQ} = \dfrac{AB'}{B'C} = \dfrac{BA'}{A'C}$, 由平行线分线段成比例定理的逆定理, $A'O \parallel QC$. 我们来看 $\triangle OBA'$. 由于 $A'P \parallel AC$, 故 $A'P \perp BQ$. 因而, 由于 $OH \perp BA'$, 而 $A'P \perp BO$, 故知 P 是 $\triangle OBA'$ 的垂心, 因而 $BP \perp A'O$, 又因为 $A'O \parallel QC$, 故知 $BP \perp QC$, 这就是所要证明的.

18. 同第 12 题.

19. $a_{2015} = 17$.

注意到, 对一切正整数 n, 都有

$$a_{n+4} + a_n = a_{n+3} + a_{n-1} = \cdots = a_5 + a_1 = 25 + 1 = 26.$$

所以 $a_n = 26 - a_{n+4} = 26 - (26 - a_{n+8}) = a_{n+8}$, 故知数列 $\{a_n\}$ 以 8 为周期. 既然 2015 被 8 除的余数是 7, 所以 $a_{2015} = a_7 = 26 - a_3 = 26 - 9 = 17$.

20. 米沙买手机花了 4545 卢布或 4995 卢布.

设米沙买手机花了 $\overline{abcd}$ 卢布, 其中 a、b、c、d 为数字, 且 $a \neq 0$, $d \neq 0$. 由题意知 $1.2 \overline{abcd} = \overline{dcba}$, 亦即 $6 \overline{abcd} = 5 \overline{dcba}$. 该式右端是 5 的倍数, 所以 $d = 5$. 因而

$$6(1000a + 100b + 10c + 5) = 5(5000 + 100c + 10b + a),$$
$$6(200a + 20b + 2c + 1) = 5000 + 100c + 10b + a.$$

由此可知

$$1200a = 5000 + 88c - 110b + a - 6 \leqslant 5000 + 88 \times 9 + 3 = 5795 < 6000,$$

所以 $a < 5$. 另一方面,

$$1200a = 5000 + 88c - 110b + a - 6 \geqslant 5000 - 990 - 6 = 4004 > 3600,$$

所以 $a > 3$. 综合两方面, 知 $a = 4$. 下面只需再求出满足等式 $110b - 88c = 198$ 的所有 b 和 c. 该等式即为 $5b - 4c = 9 = 5 + 4$, 亦即 $5(b-1) = 4(c+1)$, 故知 $b = 5$、$c = 4$ 或 $b = 9$、$c = 9$.

两种情况下,都能得到满足题意的解:4545 卢布或 4995 卢布.

21. **法一** 如图 7 所示,点 P 在边 AB 上,而点 Q 在边 BC 上.因为四边形 $XPBQ$ 是平行四边形,所以 $BP = QX$,$\angle BAC = \angle QXC$.$\triangle ABC$ 是等腰三角形,所以 $\angle BAC = \angle BCA$,从而 $\angle QXC = \angle BCA$,$QX = QC$.由于 X 与 Y 关于直线 PQ 对称,所以 $QX = QY$.综合上述,知 X、C、Y 在同一个以点 Q 为圆心的圆上.所以 $\angle CYX = \dfrac{1}{2}\angle CQX = \dfrac{1}{2}\angle CBA$.同理可证,$\angle AYX = \dfrac{1}{2}\angle CBA$.因此,$\angle CYA = \angle CBA$,故知 A、B、C、Y 四点共圆.

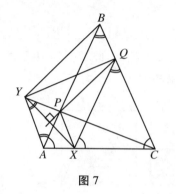

图 7

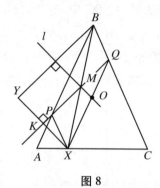

图 8

法二 设点 P 在边 AB 上,而点 Q 在边 BC 上.由题意知四边形 $PBQX$ 是平行四边形,故知线段 BX 与线段 PQ 相交且相互平分,它们的交点 M 就是它们的共同的中点.将线段 XY 与直线 PQ 的交点记作 K.由题意知,K 是线段 XY 的中点.如若点 K 与点 M 重合,则点 Y 与点 B 重合,此时点 Y 在 $\triangle ABC$ 的外接圆上.

如果点 K 与点 M 不重合,则线段 MK 是 $\triangle BXY$ 的中位线(参阅图 8).由于点 K 与点 M 在直线 PQ 上,所以 $MK \perp XY$,而 $PQ \parallel BY$.将线段 PQ 的垂直平分线记作 l.则直线 l 经过点 M 且平行于线段 XY,这表明它垂直于线段 BY 且平分该线段.因此,点 B 与点 Y 关于直线 l 对称.

记 $\triangle ABC$ 的外心为 O(参阅图 9).由于 $AB = BC$,所以 AC 的垂直平分线包含着 $\angle ABC$ 的平分线.所以点 P 关于该垂直平分线的对称点 R 在边 BC 上,并且 $BP = BR$,$OP = OR$.因为四边形 $PBQX$ 是平行四边形,所以 $PB = QX$,$\angle BAC = \angle QXC$.由于 $AB = BC$ 蕴含 $\angle BAC = \angle BCA$,所以可得 $\angle QXC = \angle BCA$,$QX = QC$.故知 $BR = QC$,而点 R 与点 Q 关于 BC 的垂直平分线对称,这表明 $OQ = OR = OP$,点 O 在直线 l 上.

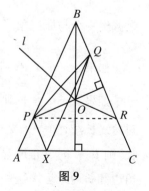

图 9

由上所证,在关于直线 l 的对称变换下,$\triangle ABC$ 的外接圆变为自己,而点 B 变为点 Y,这表明,点 Y 在该圆上.

法三 仍设点 P 在边 AB 上,而点 Q 在边 BC 上.$\triangle ABC$ 为等腰三角形,而直线 PX 与

BQ 平行(因为 $PBQX$ 为平行四边形),所以 $\angle BAC = \angle BCA = \angle PXA = \alpha$(参阅图 7).这意味着△$PXA$ 也是等腰三角形,$PA = PX$.但 $PX = PY$,这是因为点 X 与点 Y 关于直线 PQ 对称,因而△PYA 也是等腰三角形,故 $\angle YAP = \angle AYP = \beta$.

由于 $PY = PX = BQ$,$QY = QX = BP$,又 PQ 为公共边,所以△$YPQ \cong △BQP$.这意味着 B 和 Y 不仅位于直线 PQ 的同一侧,而且到该直线的距离相等,所以直线 BY 平行于直线 PQ,故知四边形 $BQPY$ 为等腰梯形,其在底边 BY 两端的底角相等,即 $\angle QBY = \angle PYB = \gamma$.

最终,在四边形 $AYBC$ 中,有
$$\angle ACB + \angle AYB = \alpha + \beta + \gamma = \angle CAY + \angle CBY,$$
亦即对角之和相等(因而都是 $180°$),故该四边形内接于圆,由此即得题中结论.

22. 对 $n = 2$ 和 $n = 3$ 可直接验证断言成立(参阅图 10).

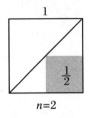
$n=2$
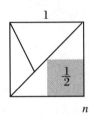
$n=3$
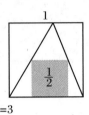

图 10

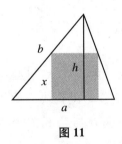

图 11

下设 $n \geq 4$.由单位正方形所分出的 n 个三角形的面积之和等于 1,所以其中必有一个三角形 T 的面积 $S \geq \dfrac{1}{n}$.我们来证明,三角形 T 可以盖住边长为 $\dfrac{1}{n}$ 的正方形.设 a 为三角形 T 的最长边,该边上的高为 h.将正方形的一条边置于三角形 T 的边 a 上,另有两个顶点分别在其余两边上(参阅图 11).记该正方形的边长为 x.正方形的对边从三角形 T 上截出一个与原三角形相似的三角形,其相似比为 $k = \dfrac{x}{a} = \dfrac{h-x}{h}$.由此解得 $x = \dfrac{ah}{a+h}$.

如果 $a + h \leq 2$,则由不等式 $S = \dfrac{ah}{2} \geq \dfrac{1}{n}$ 推知 $x \geq \dfrac{2}{n} \cdot \dfrac{1}{a+h} \geq \dfrac{1}{n}$,满足题中要求.

如果 $a + h > 2$,则因所分成的任何一个三角形的任何一条边长都不大于单位正方形的对角线长 $\sqrt{2}$,知 $h > 2 - a \geq 2 - \sqrt{2}$.又易知 $h \leq a$,事实上,假若 b 是三角形 T 的另一条边长,则 $b \leq a$,又很明显 $h \leq b$(因为只要它们不重合,它们就分别为同一个直角三角形的直角边和斜边).运用这些不等式,我们得到
$$x = \dfrac{1}{\dfrac{1}{a} + \dfrac{1}{h}} \geq \dfrac{h}{2} \geq \dfrac{2-\sqrt{2}}{2} = 1 - \dfrac{1}{\sqrt{2}} > \dfrac{1}{4} \geq \dfrac{1}{n},$$

仍可满足题中要求.

23. 假设存在满足要求的填法. 观察任意一个田字格（即 2×2 方格表）. 由于 $|ad-bc|=1$, 所以 ad 与 bc 的奇偶性不同, 从而在 a、b、c、d 四个数中, 至少有一个偶数和两个奇数. 而若其中有两个偶数, 那么这两个偶数在同一条对角线上. 这意味着, 偶数不能横向相邻也不可竖向相邻.

8×8 方格表可分成 16 个田字格, 因为在整数 1 至 64 中恰有 32 个奇数也有 32 个偶数, 所以每个田字格中都刚好两个偶数. 将这 16 个田字格按任一顺序编为 1 至 16 号. 对于 a 与 d 为偶数的田字格, 令其对应分数 $\dfrac{ad}{bc}$; 而对于 b 与 c 为偶数的田字格, 令其对应分数 $\dfrac{bc}{ad}$. 将第 j 号田字格所对应的分数记为 P_j. 为确定起见, 假定在第 j 号田字格中, a 与 d 为偶数. 于是由 $|ad-bc|=1$ 推知

$$\frac{ad}{bc}=1\pm\frac{1}{bc}\leqslant 1+\frac{1}{bc}<\left(1+\frac{1}{b}\right)\left(1+\frac{1}{c}\right)=\frac{(b+1)(c+1)}{bc}.$$

这表明, $P_j<Q_j$, 其中 Q_j 是那个所对应的分数的分母与第 j 号田字格相同, 而分子则是比分母的两个因数各大 1 的偶数的乘积.

一方面, 我们有

$$P_1\cdot P_2\cdot\cdots\cdot P_{16}=\frac{2}{1}\cdot\frac{4}{3}\cdot\cdots\cdot\frac{64}{63},$$

这是因为, 在分数 $P_1,P_2,\cdots,P_{16}$ 的分子中, 2 至 64 的各个偶数各出现一次, 而在它们的分母中, 1 至 63 的各个奇数各出现一次. 另一方面, 我们也有

$$Q_1\cdot Q_2\cdot\cdots\cdot Q_{16}=\frac{2}{1}\cdot\cdots\cdot\frac{64}{63},$$

这是因为, 在分数 $Q_1,Q_2,\cdots,Q_{16}$ 的分母中, 1 至 63 的各个奇数各出现一次; 而在它们的分子中, 2 至 64 的各个偶数各出现一次. 但是却存在矛盾, 因为根据所证, 我们有

$$P_1\cdot P_2\cdot\cdots\cdot P_{16}<Q_1\cdot Q_2\cdot\cdots\cdot Q_{16}.$$

24. 不一定.

法一 满足要求的与正方体不同的六面体, 我们称之为长方体, 可以由正四面体按照如下办法得到: 设 $ABCD-A_1B_1C_1D_1$ 是以 O 为中心的正方体, 于是四面体 ACB_1D_1 就是一个正四面体 (见图 12). 与正四面体 ACB_1D_1 的内切球相切的两个与平面 $ABCD$ 平行的平面, 从该四面体上截去两个部分. 四面体上剩下的部分就构成了我们的长方体 (图 12 中用粗线条勾勒的部分). 它的各个顶点分别是两个矩形 (正四面体的两个截面) 的顶点, 根据对称性, 它们到点 O 的距离相等, 点 O 是正四面体的内切球的球心, 因此, 点

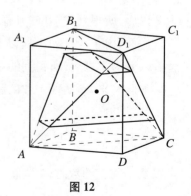

图 12

O 也是我们的长方体的内切球的球心,当然也是它的外接球的球心.

法二 任取一个以 O 为中心、两条边长分别为 a 和 $b(b \geqslant a)$ 的矩形,将它绕着点 O 旋转 $90°$,再提升到与原平面距离为 h 的高度(见图 13(1)),得到一个以 O' 为中心的新矩形.以两个矩形(新的和原来的)的八个顶点作为我们的长方体的顶点.这八个顶点都在一个以线段 OO' 的中点为球心的球面上.选取 h 使得以线段 OO' 的中点为球心、以 $\dfrac{h}{2}$ 为半径的球面与长方体的各个侧面都相切.为此,只需观察经过线段 OO' 的平行于矩形的某一对边的平面与长方体的截面,这是一个分别以 a 和 b 为上下底的梯形,它的内切圆的直径为 h.这个梯形的腰长为 $\dfrac{a+b}{2}$,所以(参阅图 13(2)),有

$$h = \sqrt{\left(\dfrac{a+b}{2}\right)^2 - \left(\dfrac{a-b}{2}\right)^2} = \sqrt{ab}.$$

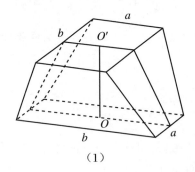
(1)

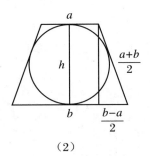
(2)

图 13

我们指出,解法一中的平截头正四面体和正方体都是所要构造的长方体的特例.当然还存在许多其他满足要求的多面体的例子.

25. 有可能.

假设开始的正整数为 32、32、32、4,它们的和数为 100.由于 $32^2 = 2^{10} > 10^3$,所以 $\lg 32 > \lg 10^{\frac{3}{2}} = 1.5$,另一方面,显然有 $\lg 32 < \lg 100 = 2$,所以当把 $\lg 32$ 的值四舍五入变为 2 以后,所得到的 10 的方幂数是 100.

进而,由于 $4^2 > 10$,所以 $\lg 4 > \lg 10^{\frac{1}{2}} = 0.5$,而因 $\lg 4 < \lg 10 = 1$,故当把 $\lg 4$ 的值四舍五入变为 1 以后,所得到的 10 的方幂数是 10.

如此一来,新的四个数的和为 310,超过了 300.

26. 1007 个.

我们知道,$\sin\dfrac{n\pi}{x} = 0$ 当且仅当 $\dfrac{n\pi}{x} = k\pi$,亦即 $x = \dfrac{n}{k}$,其中 $k \in \mathbf{Z}$.其中,当且仅当 x 等于 n 以及 n 的正约数时,k 为正整数.

将左式中所有形如 $\sin\dfrac{n\pi}{x}$ 的因子分成两组:第一组由 $n = 1,2,\cdots,1007$ 的所有因子组

成,第二组则由 $n=1008,1009,\cdots,2015$ 的所有因子组成.很明显,如果删去第二组中任何一个因子 $\sin\frac{n\pi}{x}$,那么原方程中那个等于 n 的正整数根将不复为新方程的根,因为此时,$x=n$ 不能使得任何一个剩下的因子变为 0,所以这种因子删去后不会不改变原方程的正整数根的个数.相反地,对于第一组中的任何一个因子 $\sin\frac{n\pi}{x}$,由于 n 是不超过 1007 的正整数,所以都能找到第二组中的一个因子 $\sin\frac{m\pi}{x}$,使得 m 是 n 的倍数,因而,那些凡是能使得 $\sin\frac{n\pi}{x}=0$ 的正整数 x,也都能使得 $\sin\frac{m\pi}{x}=0$.所以删去第一组中任何一个因子 $\sin\frac{n\pi}{x}$,都不会改变原方程的正整数根的数目,亦即可以删去的因子的个数等于 1007.

27. $a\neq\frac{2}{3}$.

如果 $a\leqslant 0.4$,那么只需由第一个容器往第二个容器中倾倒 $\frac{3a}{2}$ L 普通水,即可实现自己的目的.

现设 $0.4<a<\frac{2}{3}$.我们先由第一个容器往第二个容器中倾倒 $(1-a)$ L 普通水,然后再重复进行如下的反复倾倒:用第二个容器将第一个容器倒满,再用第一个容器将第二个容器倒满.如果在某次这种反复倾倒之前,在第二个容器中有 x L 活水和 $(1-x)$ L 普通水,而在第一个容器中则相应地有 $(a-x)$ L 活水和 x L 普通水,那么在用第二个容器将第一个容器倒满之后,第一个容器中有 $\left(a-x+(1-a)x\right)$ L $=(a-ax)$ L 活水,故第二个容器剩下 ax L 活水;而在再用第一个容器将第二个容器倒满之后,第二个容器中有 $\left(ax+(1-a)\cdot(a-ax)\right)$ L $=(a^2x+a-a^2)$ L 活水.

如此一来,便知,在进行了 n 轮反复倾倒之后,第二个容器中的活水数量 a_n 满足如下的递推关系:

$$a_n=a^2a_{n-1}+a-a^2,\quad a_0=a.$$

由图 14 可见,a_n 单调下降到曲线 $y=a^2x+a-a^2$ 与 $y=x$ 的交点的横坐标 $\frac{a}{1+a}$.

既然 $a<\frac{2}{3}$,故有 $\frac{a}{1+a}<0.4$,所以可找到某个 k,使得 $a_k\leqslant 0.4<a_{k-1}$.于是我们只要在适当时刻终止第 k 次反复倾倒,就可使得第二个容器中的活水所占比例刚好为 40%(此时第二个容器可能不满).

再设 $\frac{2}{3}<a<1$.此时,我们依次进行这样的反复倾倒:先用第一个容器将第二个容器倒满,再用第二个容器将第一个容器倒满.经过与上类似的分析,可知在进行了 n 轮这样的

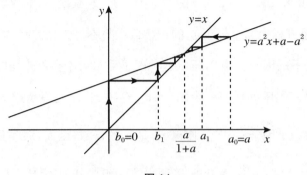

图 14

反复倾倒之后,第一个容器中的活水数量 b_n 满足如下的递推关系:
$$a_n = a^2 b_{n-1} + a - a^2, \quad b_0 = 0.$$

由图 14 可见,b_n 单调上升到曲线 $y = a^2 x + a - a^2$ 与 $y = x$ 的交点的横坐标 $\dfrac{a}{1+a}$. 由于 $a > \dfrac{2}{3}$,故有 $\dfrac{a}{1+a} > 0.4$,所以可找到某个 k,使得 $b_{k-1} < 0.4 \leqslant a_k$. 于是我们只要在适当时刻终止第 k 次反复倾倒,就可使得第一个容器中的活水所占比例刚好为 40%(此时第一个容器可能不满).

而如果 $a = \dfrac{2}{3}$,则在任何一个容器中都不可能实现所需的比例. 假设不然,在某次倾倒之后,在某个容器中,活水的比例刚好为 40%,不妨说首先在第一个容器中实现. 那么此时第二个容器中的活水的比例一定不是 40%,这是因为最后一次倾倒是由第二个容器往第一个容器倾倒的,而这种倾倒不会改变第二个容器中的活水比例. 但若在第一个容器中得到的是 x L 的 40% 的活水,那就意味着,在第一个容器中有 $0.4x$ L 的活水和 $0.6x$ L 的普通水,那么在第二个容器中就有 $\left(\dfrac{2}{3} - 0.4x\right)$ L 的活水和 $(1 - 0.6x)$ L 的普通水,其中活水的比例也是 40%. 此为矛盾.

28. 在 2047 年.

将每一年的元月份都对应一个由 $n = 31$ 个 0 和 1 所构成的有序数组 $(a_1, a_2, \cdots, a_n)$,其中 $a_k = 1$,如果该年元月 k 日是晴天,否则,就有 $a_k = 0$. 根据题意,每年的元月 1 日都是晴天,所以恒有 $a_1 = 1$. 我们来说明,如何根据今年元月所对应的数组 $\boldsymbol{a} = (1, a_2, \cdots, a_n)$ 来得到下一年元月所对应的数组. 根据安丘林国学者的理论,下一年元月所对应的数组是按如下方式得出的:
$$f_1(\boldsymbol{a}) = (1, 1 \oplus a_2, a_2 \oplus a_3, \cdots, a_{n-1} \oplus a_n),$$
其中 $x \oplus y$ 表示 $x + y$ 被 2 除的余数(亦即模 2 之和). 由于 $x \oplus x = 0$,所以再下一年元月所对应的数组是

$$f_2(\boldsymbol{a}) = f_1(f_1(\boldsymbol{a})) = (1, a_2, 1 \oplus a_3, a_2 \oplus a_4, \cdots, a_{n-2} \oplus a_n);$$

4 年之后的元月所对应的数组是

$$f_4(\boldsymbol{a}) = f_2(f_2(\boldsymbol{a})) = (1, a_2, a_3, a_4, 1 \oplus a_5, a_2 \oplus a_6, \cdots, a_{n-4} \oplus a_n);$$

8 年之后的元月所对应的数组是

$$f_8(\boldsymbol{a}) = f_4(f_4(\boldsymbol{a})) = (1, a_2, a_3, \cdots, a_8, 1 \oplus a_9, a_2 \oplus a_{10}, \cdots, a_{n-8} \oplus a_n).$$

这样的有序数组还不能等于数组 $\boldsymbol{a}$,这是因为 $1 \oplus a_{N+1} \neq a_{N+1}$.但若 $2N = 2^{m+1} \geqslant n$,我们就可得到

$$f_{2N}(\boldsymbol{a}) = f_N(f_N(\boldsymbol{a})) = (1, a_2, a_3, \cdots, a_n) = \boldsymbol{a},$$

亦即经过 $2N$ 年之后,天气的变化情况就与今年元月份一模一样,其中 $N = 2^m < n \leqslant 2^{m+1} = 2N$.

我们指出,如果 T 是使得 $\boldsymbol{a}$ 重复出现的最小周期,那么其他的任何周期 T_1 就都可被 T 整除.因若不然,$(T, T_1) < T$,并且也是周期,此与周期 T 的最小性相矛盾.特别地,$2N = 2^{m+1}$ 可被 T 整除,这表明 T 是 2 的方幂数.如上所证,小于 $2N$ 的 2 的方幂数不是周期,因此 $T = 2N$.故知,经过 $2N$ 年后,$\boldsymbol{a}$ 第一次重复出现.

对于 $n = 31$,有 $N = 2^4 = 16 < n = 31 \leqslant 2N = 32$,所以我们的描述 2015 年元月的有序数组在 32 年以后的 2047 年第一次重复出现.

注 也可以用下面的方式得到本题的答案:将今年的由 0 和 1 组成的有序数组 $\boldsymbol{a} = (1, a_2, \cdots, a_n)$ 对应为多项式 $P(x) = 1 + a_2 x + \cdots + a_n x^{n-1}$.那么下一年的有序数组就对应为多项式 $(1+x)P(x)$ 除以 x^n 的余式 $P_1(x)$(此处以及往下,多项式的系数均按模 2 理解,从而所有的偶数都换为 0),那么经过 k 年后所得的多项式 $P_k(x)$ 就是 $(1+x)^k P(x)$ 除以 x^n 所得的余式.于是问题归结为,寻找使得 $P_k(x) = P(x)$ 成立的最小正整数 k,亦即使得 $((1+x)^k - 1)P(x)$ 可被 x^n 整除的最小正整数 k.不难用归纳法证明:$(1+x)^{2^m} = 1 + x^{2^m}$.如果 $2^m < n$,则 $((1+x)^{2^m} - 1)P(x) = x^{2^m} P(x)$ 不可被 x^n 整除,这是因为 $P(x)$ 的常数项等于 1.而若 $2^{m+1} \geqslant n$,则 $((1+x)^{2^{m+1}} - 1)P(x) = x^{2^{m+1}} P(x)$ 已可被 x^n 整除,亦即 2^{m+1} 是周期.只需再指出,它是最小的周期.因为最小周期应当是其他任何周期的因子,而 2 的更小的方幂数并不是周期.

所考察的多项式 $P(x)$ 是生成函数的例子.这样的函数由所给的序列唯一确定,反之由这样的函数亦唯一确定相应的序列.通过研究生成函数的性质来研究序列的性质的方法广泛地应用于数学的各种不同领域.

29. 4 个.

如果用内接于球的正四面体的各个顶点表示四大洲,那么刚好就有 4 个特殊点,它们就

是由球心所作的经过四面体的各个侧面中心的半径的端点.

我们来证明,无论四大洲如何分布,都不存在 5 个甚至更多个特殊点.设 A 是一个特殊点,而 r 是由 A 到最近的陆地上的点的距离(根据题意,这样的点至少有 3 个,而且分布在不同的大洲上).海洋中的到 A 的距离小于 r 的等距点形成球面帽子 $H(A)$.在此,由不同的特殊点 A 和 B 出发的连向与它们最近的陆地上的点 X 与 Y 的球面上的弧 AX 与 BY 仅可能在端点处相交,亦即仅可能有 $X = Y$.

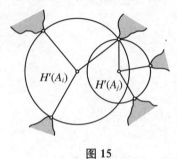

图 15

假设有 5 个不同的特殊点 $A_1, A_2, \cdots, A_5$,那么它们每一个都有最小的球面帽子 $H'(A_i)$,不与任何球面上的弧 $A_j X$ 相交,其中 $j \neq i$,而 X 是到 A_i 最近的陆地上的点(参阅图 15).可以认为,这些最小的球面帽子 $H'(A_i)$ 两两不交,且互不相切.

把每一个大洲都添入弧 $A_j X$ 上的所有由它的点 X 到帽子 $H'(A_j)$ 的边界之间的部分,得到新的大洲,这些新的大洲依然被海洋彼此隔开,而且对于它们,$A_1, A_2, \cdots, A_5$ 仍然还都是特殊点(其他的特殊点可能消失了),在此,新的球面帽子 $H'(A_j)$ 依然互不相交,亦互不相切.

对于 $A_1, A_2, \cdots, A_5$ 中的每个点,都固定直抵其新的球面帽子边界的 3 个大洲.由于 $C_4^3 = 4$,所以必有两个特殊点对应着相同的 3 个大洲,不妨设这两个特殊点为 A_1 和 A_2.这些大洲把帽子 $H'(A_1)$ 和 $H'(A_2)$ 中的圆所界定出来的区域分成 3 个甚至更多个子区域(如果在大洲内部有着海洋形成的孔,那么这样的子区域可有相当多个).第四个大洲整个地位于其中一个子区域中.将这个子区域称为 Ω.

特殊点 A_3、A_4、A_5 都在 Ω 中(其他子区域被海洋充满且至多与两个大洲接壤),并且它们都对应着相同的 3 个大洲(第四个大洲,以及前 3 个大洲中与 Ω 接壤的两个大洲).这 3 个大洲中的每一个都连接着帽子 $H'(A_3)$ 和 $H'(A_4)$ 的圆周上的某两个点,所以在差集 $\Omega \setminus (H'(A_3) \cup H'(A_4))$ 中的海洋被分隔为一些子区域,其中每个子区域至多与两个大洲接壤.A_5 不可能位于这些子区域中的任何一个里面.此为矛盾.

(苏 淳 翻译)

第66届罗马尼亚数学奥林匹克(决赛)(2015)

九 年 级

1. 证明:集合$\{\sqrt{1},\sqrt{2},\cdots,\sqrt{2015}\}$中不含有项数为45的非常值等差数列.

2. 二次函数f将任何长为1的区间映射为长度至少为1的区间$f(I)$.证明:对任意长度为2的区间J,$f(J)$的长度至少为4.

3. 如图1所示,点P是$\triangle ABC$内部一点,直线AP、BP、CP分别交BC、AC、AB于点A_1、B_1、C_1,已知$S_{\triangle PBA_1}+S_{\triangle PCB_1}+S_{\triangle PAC_1}=\dfrac{1}{2}S_{\triangle ABC}$,求证:$P$至少在$\triangle ABC$的一条中线上.

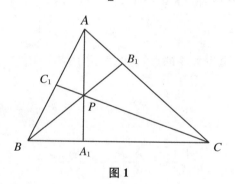

图1

4. 设a、b、c、$d \geqslant 0$,$a+b+c+d=1$.证明:
$$\sqrt{a+\dfrac{(b-c)^2}{6}+\dfrac{(c-d)^2}{6}+\dfrac{(d-b)^2}{6}}+\sqrt{b}+\sqrt{c}+\sqrt{d} \leqslant 2.$$

十 年 级

1. 求所有的非零三元复数组(a,b,c),它们的模长相等,满足$\dfrac{a}{b}+\dfrac{b}{c}+\dfrac{c}{a}+1=0$.

2. $k \geqslant 1$为正整数,$p_1,p_2,\cdots,p_k$为不同的素数,记$n=p_1p_2\cdots p_k$.函数$f:\{1,2,\cdots,n\}\to\{1,2,\cdots,n\}$,定义$p(f)=f(1)f(2)\cdots f(n)$.

(1) 求使得$p(f)\mid n$的函数f的个数;

(2) 对于$n=6$,求使得$p(f)\mid 36$的函数f的个数.

3. 求所有函数f、$g:\mathbf{Q}\to\mathbf{Q}$,使得对任意$x,y\in\mathbf{Q}$,有
$$f(g(x)+g(y))=f(g(x))+y, \quad g(f(x)+f(y))=g(f(x))+y.$$

4. 集合A为含有有限个实数的集合.我们定义$S=\{x+y\mid x,y\in A\}$,$D=\{x-y\mid x,y\in A\}$,证明:$|A|\cdot|D|\leqslant|S|^2$,其中$|X|$表示集合$X$含有的元素个数.

参 考 答 案

九 年 级

1. 若 m、n、$p \in \mathbf{N}$，$\sqrt{m}$、$\sqrt{n}$、$\sqrt{p}$ 构成等差数列，$p + m + 2\sqrt{pm} = 4n$，因此 $\sqrt{pm}$ 为有理数，进而可得 $m = a^2 d, p = c^2 d, n = b^2 d$，其中 a、b、c、$d \in \mathbf{N}$ 且 $a + c = 2b$. 回到本题，若可以选出 45 项构成等差数列，则每一项可写为 $a_1\sqrt{d}, a_2\sqrt{d}, \cdots, a_{45}\sqrt{d}$ 的形式，其中 $a_1, a_2, \cdots, a_{45}$ 与 d 皆属于整数，且 $a_1, a_2, \cdots, a_{45}$ 构成等差数列. 这样最大项至少为 $\sqrt{45^2 d} \geq \sqrt{2025}$，矛盾.

2. 设 $f(x) = ax^2 + bx + c$，该抛物线的对称轴为 $x_0 = -\dfrac{b}{2a}$. 我们取区间 $I = \left[x_0 - \dfrac{1}{2}, x_0 + \dfrac{1}{2}\right]$，那么 $f(I)$ 的长度为 $\dfrac{|a|}{4}$，因此 $|a| \geq 4$. 由抽屉原理，对于长度为 2 的区间 J，我们一定能取出 x、$y \in J$，使得 $x - y = 1, x_0 \in (y, x)$. 我们有

$$|f(x) - f(y)| = \left|a(x-y)\left(x + y + \dfrac{b}{a}\right)\right| \geq 4|x + y - 2x_0| \geq 4,$$

那么 $f(J)$ 中包含了两个差至少为 4 的点，这便得到了结论.

3. 我们记

$$S_{\triangle ABC} = s, \quad S_{\triangle BPC} = s_a, \quad S_{\triangle CPA} = s_b, \quad S_{\triangle APB} = s_c,$$

由于

$$\dfrac{PA_1}{AA_1} = \dfrac{S_{\triangle PBA_1}}{S_{\triangle ABA_1}} = \dfrac{S_{\triangle BPC}}{S_{\triangle ABC}},$$

运用前面的符号可得

$$\dfrac{S_{\triangle PBA_1}}{s_c + S_{\triangle PBA_1}} = \dfrac{s_a}{s},$$

整理知

$$S_{\triangle PBA_1} = \dfrac{s_a s_c}{s - s_a} = \dfrac{s_a s_c}{s_b + s_c}.$$

类似地得到另外两个式子后，可知

$$\dfrac{s_a s_c}{s_b + s_c} + \dfrac{s_b s_a}{s_c + s_a} + \dfrac{s_c s_b}{s_a + s_b} = \dfrac{s_a + s_b + s_c}{2},$$

这等价于 $s(s_a - s_b)(s_b - s_c)(s_c - s_a) = 0$，这便说明了原结论成立.

4. 由于

$$(\sqrt{b} + \sqrt{c})^2 = b + c + 2\sqrt{bc} \leq 2b + 2c \leq 2,$$

所以

$$(b-c)^2 = (\sqrt{b} + \sqrt{c})^2 (\sqrt{b} - \sqrt{c})^2 \leq 2(\sqrt{b} - \sqrt{c})^2,$$

那么

$$\sqrt{a+\frac{(b-c)^2}{6}+\frac{(c-d)^2}{6}+\frac{(d-b)^2}{6}} \leqslant \sqrt{a+\frac{(\sqrt{b}-\sqrt{c})^2}{3}+\frac{(\sqrt{c}-\sqrt{d})^2}{3}+\frac{(\sqrt{d}-\sqrt{b})^2}{3}}$$

$$=\sqrt{1-\frac{1}{3}(\sqrt{b}+\sqrt{c}+\sqrt{d})^2}.$$

记 $S=\sqrt{b}+\sqrt{c}+\sqrt{d}$,那么对于原命题只需证明 $S+\sqrt{1-\frac{S^2}{3}} \leqslant 2$. 由柯西不等式, $S=\sqrt{b}+\sqrt{c}+\sqrt{d} \leqslant \sqrt{3(b+c+d)} \leqslant \sqrt{3}<2$,所以前述不等式可两边平方,等价于 $1-\frac{S^2}{3} \leqslant 4-4S+S^2$,化简得 $(2S-3)^2 \geqslant 0$.

十 年 级

1. **法一** 由于 $|a|=|b|$,所以 $a\bar{a}=b\bar{b}$,进而 $\overline{\left(\frac{a}{b}\right)}=\frac{b}{a}$. 在给定的式子两边取共轭,可得 $\frac{b}{a}+\frac{c}{b}+\frac{a}{c}+1=0$,将这个式子与原式去分母后相加可得 $a^2b+b^2c+c^2a+ab^2+bc^2+ca^2+2abc=0$,分解因式知 $(a+b)(b+c)(c+a)=0$,所以 a、b、c 中有两个数之和为 0,不妨设 $a+b=0$,代入原式可得 $c=a$ 或 $c=b$. 所以所求的答案为 $(a,a,-a)$(以及其他排列),其中 $a \in \mathbf{C}\backslash\{0\}$.

法二 由于三个数模长相等,故 $\left|\frac{a}{b}\right|=\left|\frac{b}{c}\right|=\left|\frac{c}{a}\right|=1$,所以 $\frac{a}{b}+\frac{b}{c}+\frac{c}{a}+1=0$ 从几何上看,是说明四个向量 $\frac{a}{b}$、$\frac{b}{c}$、$\frac{c}{a}$、1 可首尾相连拼接成为菱形. 由于其中有一条是 $(1,0)$ 向量,所以其对边一定是 $(-1,0)$ 向量,进而说明 $\frac{a}{b}$、$\frac{b}{c}$、$\frac{c}{a}$ 中有一个数为 -1,接下来同证法一.

2. (1) 由于 $p(f)|n$,所以 $p(f)=p_1^{a_1}p_2^{a_2}\cdots p_k^{a_k}$,其中 $a_k \in \{0,1\}$. 所以对于每一个质因数 p_i,要么不整除 $p(f)$,要么恰整除 $f(1),f(2),\cdots,f(n)$ 中的一个. 所以对每个 p_i,我们有 $n+1$ 种安排方式,所以由乘法原理可知这样的函数 f 有 $(n+1)^k$ 个.

(2) 由于 $p(f)|36$,所以 $p(f)=2^a 3^b$,其中 $a,b \in \{0,1,2\}$. 若 $b=0$,则 a 的安排方式分别有 1 种($a=0$)、C_6^1 种($a=1$)、$C_6^1+C_6^2$ 种($a=2$,2 个 2 在不同或在同一个 $f(1),f(2),\cdots,f(6)$ 中). 若 $b=1$,则 3 个选择有 C_6^2 种,而 a 的安排方式分别有 1 种($a=0$)、C_6^1 种($a=1$)、$C_5^1+C_6^2$ 种($a=2$,2 个 2 在不同或在同一个 $f(1),f(2),\cdots,f(6)$ 但不能含有 3 的那个中). 若 $b=2$,则 3 个选择有 C_6^2 种,而 a 的安排方式分别有 1 种($a=0$)、C_6^1 种($a=1$)、$C_4^1+C_6^2$ 种($a=2$,2 个 2 在不同或在同一个 $f(1),f(2),\cdots,f(6)$ 但不能含有 3 的那两个中). 所以一共有 $(1+2C_6^1+C_6^2)+C_6^1(1+C_6^1+C_5^1+C_6^2)+C_6^2(1+C_6^1+C_4^1+C_6^2)=580$ 种.

3. 若 $g(y_1)=g(y_2)$,在第一个式子中取 $x=y_1,y=y_2$ 及 $x=y_2,y=y_1$,对比可得 $y_1=y_2$,所以 g 是单射,同理 f 也是单射. 令 $y=0$,代入第一个式子可得 $f(g(x)+g(0))=f(g(x))$,因此 $g(x)+g(0)=g(x)$,从而 $g(0)=0$,同理 $f(0)=0$. 现在在两个式子中均令

$x = 0$,可得对所有 y 均有 $f(g(y)) = g(f(y)) = y$,这便说明 f、g 均为双射且 $g = f^{-1}$.

这样,原来的等式可化为
$$f(g(x) + g(y)) = x + y, \quad g(f(x) + f(y)) = x + y,$$
进一步利用 f、g 互为反函数可化为
$$g(x) + g(y) = g(x + y), \quad f(x) + f(y) = f(x + y).$$
我们记 $a = f(1), b = g(1)$,由以上的线性递推得对所有 $x \in \mathbf{Q}, f(x) = ax, g(x) = bx$. 由于 $g = f^{-1}$,所以 $ab = 1$. 最终我们解得 $f(x) = ax, g(x) = \dfrac{x}{a}$,其中 $a \in \mathbf{Q} \setminus \{0\}$,很容易检验得它们符合题意.

4. 我们将构造一个单射 $f: A \times D \to S \times S$,方式如下. 对于 $a \in A, d \in D$,定义
$$f(a, d) = (a + x_d, a + y_d),$$
其中 $x_d, y_d \in A$ 且为满足 $x_d - y_d = d$ 中使 x_d 最大的两个数. 显然,对于给定的 d、x_d、y_d 是存在且唯一的.

若 $f(a, d) = f(a', d')$,则 $a + x_d = a' + x_{d'}, a + y_d = a' + y_{d'}$,那么 $x_d - y_d = x_{d'} - y_{d'}$,进而 $d = d', a = a'$.

至此我们可知 f 是单射,因为 $|A| \cdot |D| \leqslant |S \times S|$,所以 $|A| \cdot |D| \leqslant |S|^2$.

(武炳杰　翻译)

2015年美国哈佛—麻省理工数学竞赛

代 数 测 试

1. 设多项式
$$Q(x) = a_0 + a_1 x + a_2 x^2 + \cdots + a_n x^n,$$
其中 $a_0, a_1, a_2, \cdots, a_n$ 为非负整数,已知 $Q(1) = 4, Q(5) = 152$,求 $Q(6)$.

2. 分数 $\dfrac{1}{2015}$ 有唯一的如下形式的分解:
$$\frac{1}{2015} = \frac{a}{5} + \frac{b}{13} + \frac{c}{31},$$
其中,a、b、c 是整数且满足 $0 \leqslant a < 5$ 和 $0 \leqslant b < 13$. 试求 $a + b$.

3. 设 p 是正实数,c 是非零整数,且对任意实数 $x(0 < x < 10^{-100})$ 均有
$$c - 0.1 < x^p \left(\frac{1 - (1+x)^{10}}{1 + (1+x)^{10}} \right) < c + 0.1.$$
这里,10^{-100} 的具体数值大小并不重要,可以理解为很小的数.
求有序对 (p, c).

4. 求满足以下条件的整数数列 $(a_1, a_2, \cdots, a_{200})$ 的个数:

(a) $0 \leqslant a_1 < a_2 < \cdots < a_{200} \leqslant 202$;

(b) 存在正整数 N,使得对任意 $i \in \{1, 2, \cdots, 200\}$,均存在 $j \in \{1, 2, \cdots, 200\}$,满足 $a_i + a_j - N$ 被 203 整除.

5. 设 a、b、c 是正实数,满足 $a + b + c = 10, ab + bc + ca = 25$. 设 $m = \min\{ab, bc, ca\}$,求 m 的最大可能值.

6. 设 a、b、c、d、e 为非负整数,且满足 $625a + 250b + 100c + 40d + 16e = 15^3$. 试求 $a + b + c + d + e$ 的最大可能值.

7. 四元实数组 (a_1, a_2, a_3, a_4) 满足以下两个条件:

(a) $a_3 = a_2 + a_1, a_4 = a_3 + a_2$;

(b) 存在实数 a、b、c 满足 $an^2 + bn + c = \cos a_n \ (n \in \{1,2,3,4\})$.

求所有可能的四元实数组 (a_1, a_2, a_3, a_4) 中,$\cos a_1 - \cos a_4$ 的最大值.

8. 试求有序整数对 $(a, b) \in \{1, 2, \cdots, 35\}^2$ 的个数 (a, b 不必不同),使得 $ax + b$ 是模 $x^2 + 1$ 和 35 的二次剩余,即存在整系数多项式 $f(x)$,使得如下条件成立:存在整系数多项式 P, Q,使得 $(f(x))^2 - (ax + b) = (x^2 + 1)P(x) + 35Q(x)$;或等价地,多项式 $(f(x))^2 - (ax$

$+b)$ 被 x^2+1 除所得的余式的系数都能被 35 整除.

9. 设 $N=30^{2015}$,求满足以下条件的四元有序整数数组 $(A,B,C,D)\in\{1,2,\cdots,N\}^4$ 的个数(A、B、C、D 可以相同):对任意整数 n,$An^3+Bn^2+2Cn+D$ 均可被 N 整除.

10. 求所有满足以下方程组的四元有序整数数组 (a,b,c,d):
$$\begin{cases} a^2-b^2-c^2-d^2=c-b-2, \\ 2ab=a-d-32, \\ 2ac=28-a-d, \\ 2ad=b+c+31. \end{cases}$$

组 合 测 试

1. 伊万的钟表显示时刻 12:13,秒数没有显示.10 秒钟后,仍显示 12:13.还有多少秒到 12:14?求出秒数的期望.

2. 维克多的抽屉里有三种类型的六只袜子:两只复杂类型袜子,两只人造材料袜子,两只三角形状袜子.他每次从抽屉中随机抽取两只袜子,重复以上过程直至某次抽取抽中同一类型的两只袜子.然而,维克多不能分辨复杂类型和人造材料的袜子,所以当他一次抽取中抽到复杂类型和人造材料的袜子时也会停止抽取.

求维克多抽到两只相同类型袜子停止的概率.假设袜子每次抽完后放回.

3. 凯西按以下方式构造了一个无穷数列:从累计值 0 开始,每次从集合 $\{1,2\}$ 中等概率地随机选取一个数并与当前的数相加,设 p_m 为该无穷数列中出现过 m 的概率,求 $p_{20}-p_{15}$.

4. 现有 2015 块石头组成的石堆,艾里丝·莎康娜进行以下游戏:

每回合中,若石堆中有 N 块石头,她将移走其中的 k 块,其中 k 从 $\{1,2,3,\cdots,N\}$ 中等概率地选取.重复以上过程直至石堆全部被移走.

设 p 为每回合结束后石堆中的剩余石块数可以被 5 整除的概率.如果 p 可以表示成 $5^a\cdot 31^b\cdot\dfrac{c}{d}$ 的形式,其中 a、b 是整数;c、d 是正整数且与 5×31 互素.求 $a+b$.

5. 对正整数 x,定义函数 $g(x)$ 为 x 的二进制表示中连续的数字 1 的段数.例如,$g(19)=2$,这是因为 $19=10011_2$,在开头有一段连续的数字 1(一个 1),在末尾有一段数字 1(两个 1).类似地 $g(7)=1$,因为 $7=111_2$ 只有一段连续的数字 1(三个 1).

试计算 $g(1)+g(2)+g(3)+\cdots+g(256)$.

6. 试求满足以下条件的函数 $f:\mathbb{Z}\to\{$"绿色","蓝色"$\}$ 的个数:对所有整数 x,有 $f(x)=f(x+22)$,并且不存在整数 y,$f(y)=f(y+2)=$"绿色".

7. 2015 个人在餐厅就餐,其中每个人都有 $\dfrac{1}{2}$ 的概率点一份汤,也都有 $\dfrac{1}{2}$ 的概率点一份沙拉,并且这两个事件相互独立.问:点了一份汤的总人数比点了一份沙拉的总人数恰好多一个的概率是多少?

8. 设 S 是所有的每一位数字均属于集合 $\{1,2,\cdots,7\}$ 的十进制三位数的集合.

问:S 中有多少这样的元素 $\overline{abc}$,使得 $\overline{abc}$、$\overline{bca}$、$\overline{cab}$ 中至少有一个数能被 7 整除?

注 $\overline{abc}$ 表示十进制下的三位数,a、b、c 分别为百位、十位、个位上的数字.

9. 卡尔文有一个装有 50 个红球、50 个蓝球和 30 个黄球的袋子.已知他从袋子中无放回地随机取出 65 个球后发现,取出的红球比蓝球多 5 个,试求他下一个取出的球是红球的概率.

10. 将 16 个人随机编号为 $1,2,\cdots,16$,第 1 个人等可能地从区间 $[0,1]$ 中随机抽取一个数,第 2 个人等可能地从区间 $[0,2]$ 中随机抽取一个数……一般地,第 k 个人等可能地从区间 $[0,k]$ 中随机抽取一个数.问:这 16 个人抽取的数依次严格递增的概率是多少?

几 何 测 试

1. 矩形 R 的四个顶点在直角坐标系中的坐标分别为 $(0,0)$、$(2,0)$、$(2,1)$、$(1,0)$.如图 1 所示,R 可以分成两个边长为 1 的正方形.

图 1

普罗在 R 的内部等概率地选取一点 P,并过点 P 作斜率为 $\dfrac{1}{2}$ 的直线,试求这条直线穿过两个正方形的概率.

2. 已知 $\triangle ABC$ 的垂心为 H,设 $AB=13$,$BC=14$,$AC=15$,G_A、G_B、G_C 分别是 $\triangle HBC$、$\triangle HCA$、$\triangle HAB$ 的重心.试求 $\triangle G_A G_B G_C$ 的面积.

3. 在四边形 $ABCD$ 中,$\angle BAD = \angle ABC = 90°$,$AB=BC=1$,$AD=2$,$\triangle ABC$ 的外接圆分别与 AD、BD 交于点 E、F.设 AF 与 CD 交于 K,求线段 EK 的长度.

4. 在圆内接四边形 $ABCD$ 中,$AB=3$,$BC=2$,$CD=2$,$DA=4$.过 B、C 作 BC 的垂线分别与 AD 交于 B'、C',过 A、D 作 AD 的垂线分别与 BC 交于 A'、D'.

试求四边形 $BCC'B'$ 的面积与四边形 $DAA'D'$ 的面积之比.

5. 设 I 是平面直角坐标系中满足以下条件的点 (x,y) 的集合:
$$x > \left(\frac{y^4}{9} + 2015\right)^{\frac{1}{4}}.$$

定义 $f(r)$ 为圆盘 $x^2+y^2 \leq r^2 (r>0)$ 与 I 相交部分的面积.

求使得对所有 $r>0$ 均有 $f(r) < Lr^2$ 的 L 的最小值.

6. 在 $\triangle ABC$ 中,$AB=2$,$AC=1+\sqrt{5}$,$\angle CAB=54°$.延长 AC 到 D,使得 $CD=\sqrt{5}-1$.设 M 是 BD 的中点,求 $\angle ACM$.

7. 在高为 $\dfrac{1}{2}$ 的正四棱锥 $ABCDE$ 中,E 为顶点,底面正方形 $ABCD$ 的边长 $AB=12$.设面 ADE 和面 CDE 所成的二面角为 $\alpha(0° < \alpha < 90°)$,试求 $\tan\alpha$.

8. 设 S 是所有全部位于平面区域 $T = \{(x, y) | y < 0\}$ 内,且圆心位于曲线 $y = x^2 - \dfrac{3}{4}$ 上的圆盘的集合. 试求 S 中的元素覆盖的平面区域的面积.

9. 正四面体 $ABCD$ 的每条棱长均为 1,设 $\triangle BCD$ 内的点 X 满足 $S_{\triangle XBC} = 2S_{\triangle XBD} = 4S_{\triangle XCD}$. 设 Y 为线段 AX 上一点,且满足 $2AY = YX$. 设 M 是 BD 的中点,点 Z 为线段 AM 上一点使得直线 YZ 和 BC 有交点,求 $\dfrac{AZ}{ZM}$.

10. 在直角坐标系中,平面区域
$$\mathscr{G} = \{(x, y) | 0 \leq y < 8, (x-3)^2 + 31 = (y-4)^2 + 8\sqrt{y(8-y)}\}.$$
若存在唯一一条经过 $(0, 4)$ 的斜率为负的直线 l 与区域 $\mathscr{G}$ 相切,设 l 与 $\mathscr{G}$ 唯一的切点为 P. 求点 P 的坐标.

团 体 赛

1. (5分)设 x、y、z 为复数,满足
$$\begin{cases} xyz = -4, \\ (x+1)(y+1)(z+1) = 7, \\ (x+2)(y+2)(z+2) = -3. \end{cases}$$
试求 $(x+3)(y+3)(z+3)$.

2. (10分)设 P 是平面上非自相交的多边形. 圆 $C_1, C_2, \cdots, C_n$ 覆盖 P, $r_1, r_2, \cdots, r_n$ 分别是圆 $C_1, C_2, \cdots, C_n$ 的半径. 证明:存在半径为 $r_1 + r_2 + \cdots + r_n$ 的圆覆盖 P.

3. (15分)设 $z = a + b\mathrm{i}, a、b \in \mathbf{Z}$, p 是奇素数. 证明: p 整除 $z^p - z$ 的实部.

4. (15分)凸四边形 $ABCD$ 内接于圆 Ω,且 $BC = CD$,对角线 AC、BD 相交于 X. 设 $AD < AB$, $\triangle BCX$ 的外接圆交 AB 于 $Y(Y \neq B)$, CY 交圆 Ω 于 $Z(Z \neq C)$. 证明: DY 平分 $\angle ZDB$.

5. (20分)设 P 为凸四边形, D 为 P 的对角线长之和, S 为其周长,求 $\dfrac{S}{D}$ 的取值范围.

6. (30分)辛迪有100美元,分别由面值为1美分、5美分、10美分和25美分的四种硬币组成. 证明:辛迪可以把钱分成两堆,每堆50美元.

7. (35分)设 $f:[0,1] \to \mathbf{C}$ 是定义在 $[0,1]$ 上的非常数复值函数. 证明:存在 $\varepsilon > 0$(可能依赖于 f),对任意复系数多项式 P,存在复数 z, $|z| \leq 1$,使得 $|f(|z|) - P(z)| \geq \varepsilon$.

8. (40分)设 π 是从 $\{1, 2, \cdots, 2015\}$ 到自身的一个一一映射,求满足 $\pi(i)\pi(j) > ij, i < j$ 的有序数组 (i, j) $\big((i, j) \in \{1, 2, \cdots, 2015\}^2\big)$ 的个数的最大可能值.

9. (40分)设 $z = \mathrm{e}^{\frac{2\pi \mathrm{i}}{101}}, w = \mathrm{e}^{\frac{2\pi \mathrm{i}}{10}}$. 证明: $\prod\limits_{a=0}^{9} \prod\limits_{b=0}^{100} \prod\limits_{c=0}^{100} (w^a + z^b + z^c)$ 是整数,并求其被101除的余数.

10. (40分)实数列 $\{a_i\}_{i=1}^{\infty}$、$\{b_i\}_{i=1}^{\infty}$ 满足 $a_{n+1} = (a_{n-1} - 1)(b_n + 1)$, $b_{n+1} = a_n b_{n-1} -$

$1,n \geq 2$,其中 $a_1 = a_2 = 2015$,$b_1 = b_2 = 2013$,求 $\sum_{n=1}^{\infty} b_n \left(\dfrac{1}{a_{n+1}} - \dfrac{1}{a_{n+3}} \right)$ 的值.

接 力 赛

1. (4分)将矩形 R 置于平面直角坐标系中且其顶点坐标分别为$(0,0)$、$(2,0)$、$(2,1)$、$(0,1)$. 如图2所示,R 被分割为两个单位正方形. 最终图像由相连格点连成的7条单位线段构成. 请算出从$(0,1)$到$(2,0)$的可行路径的个数(只能沿着图中给出的7条线段,且每条线段至多经过一次).

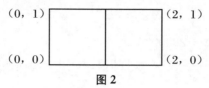

图2

2. (4分)在凸五边形 $ABCDE$ 中,$\angle ABC = \angle ACD = \angle ADE = 90°$,$AB = BC = CD = DE = 1$,求 AE 的长.

3. (4分)试求满足如下要求的并集/交集对$(\Box_1, \Box_2) \in \{\cup, \cap\}^2$ 的个数:对任意集合 S、T,定义映射 $f: S \to T$,若 X、Y、Z 为 S 的子集,则有

$$f(X) \Box_1 \big(f(Y) \Box_2 f(Z) \big) = f\big(X \Box_1 (Y \Box_2 Z)\big),$$

其中 $f(X)$ 表示集合 X 的像,即 $f(X) = \{f(x) | x \in X\} \subseteq T$.

4. (4分)函数 $z(x,y)$ 是抛物面 $z = (2x - y)^2 - 2y^2 - 3y$. 阿基米德与婆罗门根据该函数进行游戏. 首先由阿基米德给出 x 的值,而后婆罗门给出 y 的值. 游戏中阿基米德希望最终获得的函数值 z 最小,而婆罗门希望最终获得的函数值 z 最大. 如果婆罗门总能给出最理想的 y,那么本场游戏中阿基米德应该给出怎样的 x?

5. (5分)若 $\mathcal{H}$ 是四维单位超立方体且其顶点为(x,y,z,w),其中 x、y、z、$w \in \{0,1\}$. 一只臭虫从顶点$(0,0,0,0)$开始恰好沿着 $\mathcal{H}$ 的4条棱爬到顶点$(1,1,1,1)$,试问:它有多少种不同的爬行路线?

6. (5分)若 D 是边长为1的正十边形. 试问:如果取 D 的三个顶点构成三角形 T,那么可以得到多少个不同(非全等)的三角形 T?

7. (5分)将棱长为2的正方体 C 的六个面均染为蓝色,并将其分割为8块小的单位正方体. 试问:若将这8块小正方体随机拼成一个大正方体,则新的大正方体外表面仍全为蓝色的概率是多少?

8. (5分)计算 $\sin(\arcsin 0.4 + \arcsin 0.5) \cdot \sin(\arcsin 0.5 - \arcsin 0.4)$. 其中 $\arcsin x$ ($x \in [-1,1]$)表示唯一的实数 $y \in [-\pi, \pi]$ 使得 $\sin y = x$.

9. (6分)设函数 $f(x) = ax^2 + bx + c$,其中 a、b、c 为整数. 若存在两两不同的整数 u、v、w 使得 $f(u) = f(v) = 0$,$f(w) = 2$. 试求函数 f 的判别式 $b^2 - 4ac$ 的最大值.

10. (6分)已知 $b(x) = x^2 + x + 1$,多项式 $x^{2015} + x^{2014} + \cdots + x + 1$ 可以 $b(x)$ 为基唯一

地表示为

$$x^{2015} + x^{2014} + \cdots + x + 1 = \sum_{k=0}^{N} a_k(x)(b(x))^k$$

的形式,这里有:

(a) N 为非负整数;

(b) 每个系数 $a_k(x)(0 \leqslant k \leqslant N)$ 要么是零多项式,要么是次数小于 $\deg b = 2$ 的非零多项式;

(c) 首项系数 $a_N(x)$ 一定是非零多项式.

试求 $a_N(0)$ 的值.

11. (6分)计算 $\sum_{k=0}^{\infty} \left[\dfrac{1+\sqrt{\dfrac{2000000}{4^k}}}{2} \right]$ 的值,其中 $[x]$ 表示不大于 x 的最大正整数.

12. (6分)已知 a、b、c、d 为整数,定义 $f(a,b,c,d)$ 为使得 $ax+by$、$cx+dy$ 均能被 5 整除的有序数对 $(x,y) \in \{1,2,3,4,5\}^2$ 的个数.试求出 $f(a,b,c,d)$ 的所有可能取值之和.

13. (8分)已知多项式 $P(x) = x^3 + ax^2 + bx + 2015$ 的零点全为整数.假设对任意 $x \geqslant 0$ 均有 $P(x) \geqslant 0$,试求出 $P(-1)$ 的所有可能取值之和.

14. (8分)现有集合 $S = \{(x_1,y_1), (x_2,y_2), \cdots, (x_n,y_n)\}$,其中 $x_i, y_i \in \{1,2,3,4\}$,$i \in \{1,2,\cdots,n\}$ 且 $n \geqslant 5$.若对任意 $r, s \in \{1,2,\cdots,n\}$(可相同),存在 $t \in \{1,2,\cdots,n\}$ 使得 4 整除 $x_r + x_s - x_t$ 及 $y_r + y_s - y_t$,求满足条件的最小整数 n.

15. (8分)试求当 $H \cdot M \cdot M \cdot T = H + M + M + T$ 时,$H \cdot M \cdot M \cdot T$ 的最大值,其中 H、M、T 均为整数.

16. (8分)现有 $4 \times 4 \times 4$ 的点阵 $\{0,1,2,3\}^3 \subseteq \mathbf{R}^3$,试问:点阵中有多少个共线的三点组?

17. (11分)试求最小的满足如下性质的正整数 $N(N > 1)$:

(a) 存在正整数 a 使得 $N = a(2a - 1)$;

(b) 和式 $1 + 2 + \cdots + (N-1)$ 能够被任意 $k \in \{1,2,\cdots,10\}$ 整除.

18. (11分)已知函数 $f: \mathbf{Z} \to \mathbf{Z}$ 满足:对任意整数 x、y,有

$$f(x^2 - 3y^2) + f(x^2 + y^2) = 2(x+y)f(x-y).$$

若 $n > 0$,则 $f(n) > 0$,并且 $f(2015) \cdot f(2016)$ 是完全平方数,试求 $f(1) + f(2)$ 的最小可能值.

19. (11分)试求使得多项式 $(x+1)^n - 1$ 模 3 后能被 $x^2 + 1$ 整除的最小正整数 n,更明确地,多项式 $(x+1)^n - 1$ 需满足如下两个等价条件之一:

(a) 存在整系数多项式 P、Q,使得 $(x+1)^n - 1 = (x^2+1)P(x) + 3Q(x)$;

(b) 或者直观地讲,多项式 $(x+1)^n - 1$ 除以 $x^2 + 1$ 后的余式是系数均能被 3 整除的多项式.

20. (11分)试求使得 $\prod_{k=0}^{10} \cos 2^k \theta \neq 0$ 以及 $\prod_{k=0}^{10} \left(1 + \dfrac{1}{\cos 2^k \theta}\right) = 1$ 成立的最大实数 θ,其中

$\theta < \pi$.

21. (14 分) 整数列 $\{a_{i,j}\}$ 满足 $a_{1,n} = n^n(n \geqslant 1)$, $a_{i,j} = a_{i-1,j} + a_{i-1,j+1}$ (i、$j \geqslant 1$). 试求 $a_{128,1}$ 所取值的个位(十进制数).

22. (14 分) 设 $A_1, A_2, \cdots, A_{2015}$ 是单位圆 O 上互不相同的点. 对任意 $i, j \in \mathbf{Z}(i \neq j)$, 令 P_{ij} 为线段 A_iA_j 的中点. 试求 $\sum\limits_{1 \leqslant i < j \leqslant 2015} OP_{ij}^2$ 的最小值.

23. (14 分) 已知集合 $S = \{1, 2, 4, 8, 16, 32, 64, 128, 256\}$. 若 P 为 S 的非空子集且 P 中元素之和为完全平方数, 则称 P 为平方集. 同时, 若 Q 为平方集且不是任何平方集的真子集, 则称 Q 为超平方集. 试求所有超平方集的个数.

24. (14 分) 在圆内接四边形 $ABCD$ 中, $AB = 10$, $BC = 8$, $CD = 25$, $DA = 12$. 圆 ω 与 DA、AB、BC 均相切, 试求圆 ω 的半径.

25. (14 分) 若 $r_1, \cdots, r_n$ 是方程 $x^8 - 14x^4 - 8x^3 - x^2 + 1 = 0$ 的不同实根. 试求 $r_1^2 + \cdots + r_n^2$ 的值.

26. (17 分) 已知 $a = \sqrt{17}$ 和 $b = \sqrt{19}\mathrm{i}$, 其中 $\mathrm{i}^2 = -1$. 试求 $\left|\dfrac{a-z}{b-z}\right|$ 的最大可能值, 其中 z 是任意模为 1 的复数.

27. (17 分) 已知整数 a、$b \in \{0, 1, 2, \cdots, 80\}$, 若独立随机地选取 a、b, 试求二项式系数 C_a^b 被 3 除所得余数的期望 (其中 $\mathrm{C}_0^0 = 1$, $\mathrm{C}_a^b = 0$ $(a < b)$).

28. (17 分) 已知 w、x、y、z 为正实数且满足

$$0 \neq \cos w \cos x \cos y \cos z,$$
$$2\pi = w + x + y + z,$$
$$3\tan w = k(1 + \sec w),$$
$$4\tan x = k(1 + \sec x),$$
$$5\tan y = k(1 + \sec y),$$
$$6\tan z = k(1 + \sec z).$$

试求 k 的值 (其中 $\sec t = \dfrac{1}{\cos t}$, $\cos t \neq 0$).

29. (20 分) 已知 $\triangle ABC$ 的内切圆 I 与三条边 BC、CA、AB 分别相切于 D、E、F, X 为 $\triangle ABC$ 外接圆上弧 $\overparen{BAC}$ 的中点, P 为直线 XI 上一点且有 $DP \perp EF$. 假设 $AB = 14$, $AC = 15$, $BC = 13$, 试计算 DP 的长.

30. (20 分) 试计算出下列方程的所有互异复根的平方和:
$$0 = 4x^{10} - 7x^9 + 5x^8 - 8x^7 + 12x^6 - 12x^5 + 12x^4 - 8x^3 + 5x^2 - 7x + 4.$$

31. (20 分) 定义集合 $S_a = \{1, a, a^2, \cdots\}$, 其中 a 为整数. 试问: 至少需要构造多少个这样的集合 S_a, 才能保证对任意奇数 n, 均存在某个集合 S_a 中元素 k, 使得 $n \equiv k \pmod{1024}$.

32. (20 分) 富有的国王让他的铁匠给他打造了一个大酒杯, 酒杯内部形状是一个倒置

的高为9英寸,底部直径为6英寸的圆锥.在某次盛宴上,国王先将其酒杯倒满了蔓越莓汁.国王在每次享用饮料时会将饮料搅拌均匀而后轻轻地喝上一口,随后宫廷仆人会用某种纯营养液将酒杯再次倒满.如果国王在第n次品尝饮料时会喝掉高度为$\frac{1}{n^2}$英寸的饮料,并且从盛宴开始国王恰好每分钟品尝一次饮料,那么随着时间的推移国王一共会消耗多少立方英寸的蔓越莓汁?

33. (25分)记N为组合数C_{1000}^{100}在十进制数下各位数字之和,请估计N的值.如果你的答案是正整数A,那么你的得分将为$[25 \cdot (0.99)^{|A-N|}]$.

34. (25分)设$f(n)$表示满足方程$x^2 + xy + y^2 = n$的整数对(x,y)的个数,计算$\sum_{n=1}^{10^6} nf(n)$的值.请将答案的形式写成$a \cdot 10^b$的形式,其中b为整数,$1 \leq a < 10$.如果你将答案写成上述形式,那么你的得分为$\max\left\{0, \left[100\left|\lg\frac{A}{N}\right|\right]\right\}$,其中$A$为问题的实际结果,$N = a \cdot 10^b$为你给出的结果.

35. (25分)设P是由$\{1,2,\cdots,23\}$的所有子集组成的集合,集合$S \subseteq P$,若对任意A、$B \in S$均有$(A\backslash B)\cup(B\backslash A)\in S$,则称集合$S$是好集(其中$A\backslash B = \{x \mid x \in A \text{ 且 } x \notin B\}$).试求$P$的所有好集中元素个数在2015与3015之间(包含端点)的比例.

如果你的答案是一个十进制小数或分数(即形如$\frac{n}{m}$,m、$n \in \mathbb{N}^*$),那么你的得分为$\max\{0, 25 - [1000|A-N|]\}$,其中$A$为问题的实际结果,$N$为你给出的结果.

36. (25分)已知p为素数,若$p+2$和$p-2$中至少有一个为素数,则称p是孪生素数;若$p+6$和$p-6$中至少有一个为素数,则称p是六素数.试问:在10^9以内有多少个六孪生素数(即p同时为孪生素数和六素数)?如果你的答案为正整数,那么你的得分为$\max\left\{0, 25 - \left[\frac{1}{10000}|A-N|\right]\right\}$,其中$A$为问题的实际结果,$N$为你给出的结果.

参 考 答 案

代 数 测 试

1. 254.

因为a_i都是非负整数,$152 = Q(5) \equiv a_0 \pmod{5}$,$Q(1) = 4$,故可推知$a_i \leq 4$对每个$i$均成立.因此,$a_0 = 2$.同理,由$5^4 > 152 = Q(5)$,知$a_4, a_5, \cdots, a_n = 0$.

现在只需解如下方程组:
$$\begin{cases} 5a_1 + 5^2 a_2^2 + 5^3 a_3^3 = 150, \\ a_1 + a_2 + a_3 = 2, \end{cases}$$

化简得

$$a_2 + 6a_3 = 7.$$

因为 a_i 是非负整数,故 $a_2 = 1, a_3 = 1, a_1 = 0$.

因此,$Q(6) = 6^3 + 6^2 + 2 = 254$.

2. 14.

这个问题等价于 $1 = 13 \cdot 31a + 5 \cdot 31b + 5 \cdot 13c$ *.

两边模 5,得 $1 \equiv 3 \cdot 1a \pmod{5}$,故 $a \equiv 2 \pmod{5}$.

两边模 13,得 $1 \equiv 5 \cdot 5b = 25b \equiv -b \pmod{13}$,故 $b \equiv 12 \pmod{13}$.

根据 a、b 的取值范围,知 $a = 2, b = 12$,故 $a + b = 14$.

3. $(-1, -5)$.

这是一个极限问题. 考虑有理函数

$$f(x) = \frac{1-(1+x)^{10}}{1+(1+x)^{10}} = \frac{-10x + O(x^2)}{2 + O(x)}\text{**}.$$

直观地看,对很小的非零的 x,$f(x) \approx \dfrac{-10x}{2} = -5x$(我们可以更加精确,但是没有必要).

故对很小的非零的 x,$g(x) = x^p f(x) \approx -5x^{p+1}$.

(i) 如果 $p+1 > 0$,当 x 趋于 0 时,$g(x)$ 将趋于 0,故不可能对于所有极小的非零的 x 都始终大于 $c - 0.1$.

(ii) 如果 $p+1 < 0$,当 x 趋于 0 时,$g(x)$ 将趋于无穷,故不可能对于所有极小的非零的 x 都始终小于 $c + 0.1$.

(iii) 如果 $p+1 = 0$,当 x 趋于 0 时,$g(x)$ 将 ≈ 5,并趋于某一值,因为 c 是整数,故 $c = -5$. 这是因为 -5 是唯一在 -5 的 0.1 误差内的整数.

注 为什么 $(p, c) = (-1, -5)$ 实际上满足不等式呢?

这是因为对 10^{-100} 这样的小量,$g(x) \approx 5$ 的误差 $|g(X) - (-5)|$ 在 ± 0.1 的置信区间内.

(有兴趣的读者可以很容易完成上述过程的细节. 一般来讲,有理函数性质足够好,以至于通常可以依靠我们在这种情形下的直觉.)

4. 20503.

设 $m = 203$,这是一个不能被 3 整除的整数.

下面证明对于 m,问题的解为 $m\left\lceil\dfrac{m-1}{2}\right\rceil$.

设 x、y、z 为三个未取到的数. 则 N 符合要求当且仅当 $\{x, y, z\} \equiv \{N-x, N-y, N-z\}$. 这是因为 x、y、z 模 m 与 $N-x, N-y, N-z$ 有不同符号,故这个过程等价于 x、y、z 在模 m 的意义下的某种顺序或等差数列(或者可以表述为 $N \equiv 2x \equiv y+z, N \equiv 2y \equiv z+x, N$

---

* 由 Bezout 定理知,这个方程有整数解,因为 $(13 \cdot 31, 5 \cdot 31, 5 \cdot 13) = 1$.

** 举例来说,$O(x^2)$ 指当 x 趋于 0 时小于 $C|x|^2$ 的函数,C 为某一正数.

≡ $2z \equiv x+y$ 之一成立).

因为 $3 \nmid m$,以上三个同余关系至多有一个成立(否则 x、y、z 在模 m 的意义下将等距分布,即 $x-y \equiv y-z \equiv z-x$),故这样的三元集合的个数对应于不同的等差中项和公差的个数即 $m\left[\dfrac{m-1}{2}\right]$. 特别地,$m=203$ 是奇数,所求结果为 $m\dfrac{m-1}{2} = 203 \cdot 101 = 20503$.

5. $\dfrac{25}{9}$.

不失一般性,设 $c \geqslant b \geqslant a$,则 $3c \geqslant a+b+c = 10$. 因此,$c \geqslant \dfrac{10}{3}$. 由

$$0 \leqslant (a-b)^2 = (a+b)^2 - 4ab$$
$$= (10-c)^2 - 4(25 - c(a+b))$$
$$= (10-c)^2 - 4(25 - c(10-c))$$
$$= c(20 - 3c),$$

可解得 $c \leqslant \dfrac{20}{3}$.

因为 $bc \geqslant ca \geqslant ab$,故 $m = \min\{ab, bc, ca\} = ab$,而
$$ab = 25 - c(a+b) = 25 - c(10-c) = (c-5)^2,$$
结合 $\dfrac{10}{3} \leqslant c \leqslant \dfrac{20}{3}$,知 $ab \leqslant \dfrac{25}{9}$.

因此 $m \leqslant \dfrac{25}{9}$,当 $(a,b,c) = \left(\dfrac{5}{3}, \dfrac{5}{3}, \dfrac{20}{3}\right)$ 时取到等号.

6. 153.

直观上看,e 可以无限地大,但注意到 $16 \nmid 15^3$,故之前的结论是不对的.

由于系数的设定 $5^4 > 5^3 \cdot 2 > \cdots$,我们至少能够避免 a、b、c、d 过大(特别是大于或等于2),下面给出具体过程:首先,$(a_1, a_2, a_3, a_4, a_5) = (5,1,0,0,0)$ 是一个解,由以下方法可以计算得另外一个解. 用 $(a_i - 2, a_{i+1} + 5)$ 代替 (a_i, a_{i+1}),其中,$1 \leqslant i \leqslant 4$,给出一个解,其余解均可用这样的方式推出.

因此,为了增大和式,我们希望 a、b、c、$d \in \{0,1\}^4$,因为在这样的情形下,不能通过上述变换来增大和式. 变换过程为
$$(5,1,0,0,0) \to (1,1,1,0,150) \to (1,1,25,0,0) \to (1,1,1,0,150),$$
和式为 $1+1+1+0+150 = 153$.

为什么是最大值呢?设 (a,b,c,d,e) 为 $a+b+c+d+e$ 的最大值. 则 a、b、c、$d \leqslant 1$,否则可用 $(a_i, a_{i+1}) \to (a_i - 2, a_{i+1} + 5)$ 来调整使得和式更大. 模2可知,a 必为奇数,故 $a = 1$. 重复以上过程,$b=1$,$c=1$,$d=0$,最后得 $e = 150$.

7. $-9 + 3\sqrt{13}$.

设 $f(n) = \cos a_n$,$m=1$.

关于 $f(m)$、$f(m+1)$、$f(m+2)$、$f(m+3)$ 的条件(b)等价于
$$f(m+3) - 3f(m+2) + 3f(m+1) - f(m) = 0,$$
这又等价于
$$f(m+3) - f(m) = 3\big(f(m+2) - f(m+1)\big)$$
$$\Leftrightarrow \cos a_{m+3} - \cos a_m = 3(\cos a_{m+2} - \cos a_{m+1})$$
$$= -6\sin\frac{a_{m+2} + a_{m+1}}{2}\sin\frac{a_{m+2} - a_{m+1}}{2}$$
$$= -6\sin\frac{a_{m+3}}{2}\sin\frac{a_m}{2}.$$

设 $x = \sin\frac{a_m + 3}{2}$,$y = \sin\frac{a_m}{2}$,上式可化简为
$$(1 - 2x^2) - (1 - 2y^2) = -6xy \Leftrightarrow x^2 - y^2 = 3xy.$$

解得 $y = \frac{-3 \pm \sqrt{13}}{2} x$.

要使 $2(x^2 - y^2) = 6xy$ 最大,首先要使 x、y 同号,即 $y = \frac{-3 + \sqrt{13}}{2} x$. 又此时 $|y| \leq |x|$,$|x|$、$|y| \leq 1$,为使 $6xy$ 最大,只需取 $x = 1$. 故所求最大值为 $6 \cdot \frac{-3 + \sqrt{13}}{2} = -9 + 3\sqrt{13}$.

8. 225.

首先说明,所求的结果等于模 5 和模 7 的情形的乘积(即将问题中的 35 分别改为 5 和 7 的情形).

若 $(a_1, b_1) \in \{1, 2, \cdots, 5\}^2$,则存在整系数多项式 $f_1(x)$、$P_1(x)$、$Q_1(x)$,使得
$$\big(f_1(x)\big)^2 - (a_1 x + b_1) = (x^2 + 1)P_1(x) + 5Q_1(x). \quad ①$$

若 $(a_2, b_2) \in \{1, 2, \cdots, 7\}^2$,则存在整系数多项式 $f_2(x)$、$P_2(x)$、$Q_2(x)$,使得
$$\big(f_2(x)\big)^2 - (a_2 x + b_2) = (x^2 + 1)P_2(x) + 7Q_2(x). \quad ②$$

下面证明,当 $(a, b) \in \{1, 2, \cdots, 35\}^2$,且
$$\begin{cases} a \equiv a_1 \pmod 5, \\ b \equiv b_1 \pmod 5, \end{cases} \quad \begin{cases} a \equiv a_2 \pmod 7, \\ b \equiv b_2 \pmod 7 \end{cases} \quad ③$$
时,存在整系数多项式 $f(x)$、$P(x)$、$Q(x)$,使得
$$\big(f(x)\big)^2 - (ax + b) = (x^2 + 1)P(x) + 35Q(x).$$

事实上,由中国剩余定理,知存在整系数多项式 $f(x)$,它的各项系数在模 5 的意义下与 $f_1(x)$ 的各项系数同余,在模 7 的意义下与 $f_2(x)$ 的各项系数同余. 类似地,存在整系数多项式 $P(x)$,它的各项系数在模 5 的意义下与 $P_1(x)$ 的各项系数同余,在模 7 的意义下与 P_2 的意义下与 $P_2(x)$ 的各项系数同余. 此时式①、式②分别变成

$$(f(x))^2 - (ax+b) = (x^2+1)P(x) + 5Q_1^*(x),$$

$$(f(x))^2 - (ax+b) = (x^2+1)P(x) + 7Q_2^*(x).$$

这里, $Q_1^*(x)$、$Q_2^*(x)$ 都是整系数多项式. 故 $(f(x))^2 - (ax+b) - (x^2+1)P(x)$ 的系数既是 5 的倍数,也是 7 的倍数,从而即为 35 的倍数. 由中国剩余定理,知同余方程组③的解 (a,b) 唯一. 从而,一组 $(a_1,b_1) \in \{1,2,\cdots,5\}^2$ 和一组 $(a_2,b_2) \in \{1,2,\cdots,7\}^2$ 对应唯一一组 $(a,b) \in \{1,2,\cdots,35\}^2$ 满足条件. 反之,对任一组 $(a,b) \in \{1,2,\cdots,35\}^2$,存在唯一一组 $(a_1,b_1) \in \{1,2,\cdots,5\}^2$ 和 $(a_2,b_2) \in \{1,2,\cdots,7\}^2$ 使式③成立. 因此,它们构成一一对应的关系. 从而结论得证.

其次求整数对 $(a,b) \in \{1,2,\cdots,7\}^2$ 的个数,使得存在整系数多项式 $f(x)$、$P(x)$、$Q(x)$,使得

$$(f(x))^2 - (ax+b) = (x^2+1)P(x) + 7Q(x).$$

不妨设 $f(x)$、$Q(x)$ 为一次多项式(否则,多出的项可放入 $P(x)$ 中). 设 $f(x) = cx+d$ (c、$d \in \mathbf{Z}$),则

$$(cx+d)^2 - (ax+b) - 7Q(x) = (x^2+1)P(x),$$

从而

$$2cdx + d^2 - c^2 - (ax+b) - 7Q(x) = (x^2+1)(P(x) - c^2).$$

上式左边多项式的次数不超过 1,而右边为二次多项式,故

$$2cdx + d^2 - c^2 - (ax+b) - 7Q(x) = 0.$$

从而

$$\begin{cases} 2cd \equiv a \pmod{7}, \\ d^2 - c^2 \equiv b \pmod{7}. \end{cases}$$

显然, (c,d) 与 $(-c,-d)$ 对应同一组 (a,b).

下面证明,若

$$\begin{cases} 2c_1 d_1 \equiv 2c_2 d_2 \pmod{7}, \\ d_1^2 - c_1^2 \equiv d_2^2 - c_2^2 \pmod{7}, \end{cases} \quad ④$$

则 $(c_1,d_1) \equiv (c_2,d_2) \pmod{7}$,$(c_1,d_1) \equiv (-c_2,-d_2) \pmod{7}$.

事实上,由式④可得

$$c_1^2(c_1^2 + d_2^2 - c_2^2) \equiv c_2^2 d_2^2 \pmod{7},$$

即

$$c_1^2(c_1^2 - c_2^2) \equiv d_2^2(c_2^2 - c_1^2) \pmod{7}.$$

因此,或者有 $c_1^2 \equiv c_2^2 \pmod{7}$,或者有 $c_1^2 \equiv -d_2^2 \pmod{7}$. 若后者成立,且 $c_1 \not\equiv 0 \pmod{7}$,则由 -1 是模 7 的二次非剩余,知这不可能成立. 因此, $c_1 \equiv d_2 \equiv 0 \pmod{7}$,此时由式③,得 d_1^2

$\equiv -c_2^2 \pmod 7$. 同理,有 $d_1 \equiv c_2 \equiv 0 \pmod 7$,故 $c_1 \equiv c_2 \equiv d_1 \equiv d_2 \equiv 0 \pmod 7$,结论成立. 下面假设 $c_1^2 \equiv c_2^2 \pmod 7$. 从而, $d_1^2 \equiv d_2^2 \pmod 7$. 因此

$$\begin{cases} c_1 \equiv c_2 \pmod 7, \\ d_1 \equiv d_2 \pmod 7 \end{cases} \text{或} \begin{cases} c_1 \equiv -c_2 \pmod 7, \\ d_1 \equiv -d_2 \pmod 7 \end{cases}$$

$$\text{或} \begin{cases} c_1 \equiv -c_2 \pmod 7, \\ d_1 \equiv d_2 \pmod 7 \end{cases} \text{或} \begin{cases} c_1 \equiv -c_2 \pmod 7, \\ d_1 \equiv d_2 \pmod 7 \end{cases}.$$

对前两种情形,结论显然成立. 事实上,将后两种情形代入式④,可得 c_1 或 d_1 被 7 整除,不妨设 $c_1 \equiv 0 \pmod 7$,此时有 $d_1 \equiv d_2$ 或 $d_1 \equiv -d_2$,结论亦成立. 故满足要求的 (a,b) 的个数为 $\frac{7^2-1}{2}+1=25$(括号内的两项分别表示模 7 的非零二次剩余和 0).

最后求整数对 $(a,b) \in \{1,2,\cdots,5\}^2$ 的个数,使得存在整系数多项式 $f(x)$、$P(x)$、$Q(x)$,使得

$$\left(f(x)\right)^2 - (ax+b) = (x^2+1)P(x) + 5Q(x).$$

此即

$$\left(f(1)\right)^2 - (ax+b) = (x^2-4)P(x) + 5Q^*(x)$$

$$\Leftrightarrow \begin{cases} x+2 \mid \left(f(x)\right)^2 - (ax+b) - 5Q^*(x), \\ x-2 \mid \left(f(x)\right)^2 - (ax+b) - 5Q^*(x) \end{cases}$$

$$\Leftrightarrow \begin{cases} x+2 \mid \left(f(-2)\right)^2 - (-2a+b) - 5Q^*(-2), \\ x-2 \mid \left(f(2)\right)^2 - (2a+b) - 5Q^*(2), \end{cases}$$

由此可知

$$\begin{cases} \left(f(-2)\right)^2 \equiv -2a+b \pmod 5, \\ \left(f(2)\right)^2 \equiv 2a+b \pmod 5. \end{cases}$$

若 $\left(f(-2)\right)^2$ 与 $\left(f(2)\right)^2$ 确定,则 a、b 唯一确定,故满足要求的 (a,b) 的个数为 $\left(\left(\frac{5-1}{2}\right)^2+1\right)^2=9$(括号内的两项分别表示模 5 的非零二次剩余和 0).

综上所述,所求的整数对 (a,b) 的个数为 $25 \times 9 = 225$.

注 本题解答由南京信息工程大学杨全会提供.

9. 24.

注意到 $n^0 = C_n^0$, $n^1 = C_n^1$, $n^2 = 2C_n^2 + C_n^1$, $n^3 = 6C_n^3 + 6C_n^2 + C_n^1$,因此多项式可以写为

$$6AC_n^3 + (6A+2B)C_n^2 + (A+B+2C)C_n^1 + DC_n^0.$$

该整值多项式恒被 N 整除,当且仅当 $6A$、$6A+2B$、$A+B+2C$、D 都能被 N 整除. 我们可以不考虑 B、D,这是因为这个问题等价于同余方程组

$$\begin{cases} 6A \equiv 0 \pmod{N}, \\ 4A - 4C \equiv 0 \pmod{N}, \\ B \equiv -A - 2C \pmod{N}, \\ D \equiv 0 \pmod{N}. \end{cases}$$

考虑 (A, C) 的数目,要求满足 $A \equiv 0 \left(\bmod \dfrac{N}{6}\right), C \equiv A \left(\bmod \dfrac{N}{4}\right)$,故 A 有 6 种取法,每个 A 对应的 C 有 4 种取法. 故共有 $6 \cdot 4 \cdot 1^2 = 24$ 个满足条件的数值.

10. $(5, -3, 2, 3)$.

依题意,要满足

$$\begin{cases} a^2 - b^2 - c^2 = c - b - 2, & \text{①} \\ 2ab = a - d - 32, & \text{②} \\ 2ac = 28 - a - d, & \text{③} \\ 2ad = b + c + 31. & \text{④} \end{cases}$$

法一 将方程②代入方程③,化简得

$$a(c - b + 1) = 30.$$

方程②、方程③相加,得

$$2a(b + c) = -4 - 2d.$$

代入到方程④中,得

$$2a(2ad - 31) = -4 - 2d \Leftrightarrow a(31 - 2ad) = 2 + d \Leftrightarrow d = \dfrac{31a - 2}{2a^2 + 1},$$

由此可知 $a \not\equiv 1 \pmod{3}$.

由 a 是 30 的约数,化简可得关于 b、c 的方程组

$$\begin{cases} b + c = 2ad - 31, \\ c - b + 1 = \dfrac{30}{a}. \end{cases}$$

注意到 $b + c$ 是奇数,故 $c - b + 1$ 是偶数,从而,故 a 一定是奇数,又 $a \not\equiv 1 \pmod{3}$,所以 $a \in \{-1, \pm 3, 5, \pm 15\}$.

我们只需检验 $(a, d) = (5, 3), (-1, -11), (-3, -5)$ 和对应的 $(b, c) = (-3, 2), (11, -20), (5, -6)$. 可得符合条件 $a^2 - b^2 - c^2 - d^2 = c - b - 2$ 的唯一的解为 $(a, b, c, d) = (5, -3, 2, 3)$.

法二 由 $2ad = b + c + 31$,可知 $b + c$ 是奇数. 故 b、c 奇偶性不同. 因此,$b^2 + c^2 \equiv 1 \pmod{4}$,代入方程①,得到 a、d 奇偶相同. 故

$$a^2 - b^2 - c^2 - d^2 \equiv -1 \pmod{4}.$$

因此,$c - b - 2 \equiv -1 \pmod{4}, c \equiv b + 1 \pmod{4}$.

由方程②和方程③模 a 可得 $a\mid d+32, a\mid 28-d$. 故 $a\mid 60$.

若 a 为偶数，$a=2k, d=2m$. 代入方程②、方程③，得
$$2kc = 14-k-m, \quad 2kb = k-m-16.$$

故 $k(c-b) = 15-k$.

于是，$k\neq 0$. 故
$$c-b = \frac{15-k}{k} = \frac{15}{k} - 1.$$

但 $c-b\equiv 0\pmod 4$，所以 $\frac{15}{k}-1\equiv 1\pmod 4$ 或者 $\frac{15}{k}\equiv 2\pmod 4$，矛盾.

故 a 是奇数，又 $a\mid 60$，故 $a\mid 15$. 后续过程同上.

组 合 测 试

1. 25.

一开始，时间均匀分布在 12:13:00 到 12:13:50 之间，10 秒钟后，时间均匀分布在 12:13:10 到 12:14:00 之间，因此，到 12:14:00 平均需要 25 秒.

2. $\frac{3}{7}$.

设 6 只袜子为：$C_1、C_2、S_1、S_2、T_1、T_2$，其中字母 $C、S、T$ 分别代表复杂类型、人造材料和三角形状的. 停止抽取的情况包括抽到同一类型的两只袜子以及抽到复杂类型和人造材料的袜子各一只，共 7 种情形，故答案为 $\frac{3}{7}$.

3. $\frac{11}{2^{20}}$.

由题意可知，n 不出现在数列中等价于数列中出现 $n-1$，并且 $n+1$ 紧随其后出现. 于是，
$$p_0 = 1, \quad p_n = 1 - \frac{1}{2}p_{n-1} \quad (n>0).$$

变形得
$$p_n - \frac{2}{3} = -\frac{1}{2}\left(p_{n-1} - \frac{2}{3}\right),$$

因此，
$$p_n = \frac{2}{3} + \frac{1}{3}\cdot\left(-\frac{1}{2}\right)^n.$$

所以
$$p_{20} - p_{15} = \frac{1-(-2)^5}{3\cdot 2^{20}} = \frac{11}{2^{20}}.$$

4. -501.

首先，我们证明 $p = \frac{1}{5}\cdot\frac{6}{10}\cdot\frac{11}{15}\cdot\frac{16}{20}\cdot\cdots\cdot\frac{2006}{2010}\cdot\frac{2011}{2015}$.

将一开始有 n 块石头且每回合结束后石堆中剩余的石头数都能被 5 整除的概率设为 p_n,易得如下递推关系:

$$p_{5k} = \frac{p_{5k-5} + p_{5k-10} + \cdots + p_5 + p_0}{5k}, \quad k \geqslant 1.$$

对于 $k \geqslant 2$,用 $k-1$ 代替 k,可得

$$p_{5k-5} = \frac{p_{5k-10} + p_{5k-15} + \cdots + p_5 + p_0}{5k-5}$$

$$\Rightarrow (5k-5)p_{5k-5} = p_{5k-10} + p_{5k-15} + \cdots + p_5 + p_0.$$

将式②代入式①,可得

$$5kp_{5k} = p_{5k-5} + (p_{5k-1} + p_{5k-15} + \cdots + p_5 + p_0) = p_{5k-5} + (5k-5)p_{5k-5},$$

即

$$p_{5k} = \frac{5k-4}{5k} p_{5k-5},$$

又 $p_0 = 1$,从而前述结论成立.

上式中分母中 5 的幂次为 $v_5(2015!) = 403 + 80 + 15 + 3 = 502$,分子的素因子分解中不包含因子 5,因此 $a = -502$.

由于 $2015 = 31 \cdot 65$,分子中被 31 整除的一定是形如 $31 + 155k$ 的数,其中 $0 \leqslant k \leqslant 12$,这包括 $31^2 = 961$;在分母中应为形如 $155k$ 的数,其中 $1 \leqslant k \leqslant 13$.

因此, $b = (13+1) - 13 = 1$,多余的 1 来自分母中的 31^2.

综上, $a + b = -501$.

5. 577.

法一 我们首先证明,对所有正整数 n,有

$$g(1) + g(2) + \cdots + g(2^n) = 1 + 2^{n-2}(n+1).$$

若上式成立,则所求结果为 $1 + 2^6 \cdot 9 = 577$.

注意到 $g(2^n) = 1$,我们将 $0, 1, \cdots, 2^n - 1$ 写成 n 位二进制数的形式(如需要可适当地在前面补充).

当 $0 \leqslant x \leqslant 2^n - 1$ 时, x 和 $2^n - 1$ 是互补的二进制数, x 的二进制表示中的 1(或 0)对应着 $2^n - x$ 的二进制表示中相同位数的 0(或 1).

可以推知 $g(x) + g(2^n - x)$ 要比 x 的二进制表示中数字变化次数(即 x 的二进制表示中 01 和 10 的出现次数)多 1. 在所有的 n 位二进制数中,恰有一半满足其第 k 和 $k+1$ 位分别为 0、1 或 1、0(这里 $1 \leqslant k \leqslant n-1$ 是固定的). 所以, $g(x) + g(2^n - x)$ 的平均值为 $1 + \frac{n-1}{2} = \frac{n+1}{2}$,所求 $g(x)$ 的总和为 $\frac{1}{2} \cdot 2^n \cdot \frac{n+1}{2} = (n+1) \cdot 2^{n-2}$.

法二 我们可以证明 $g(1) + g(2) + \cdots + g(2^n - 1) = 2^{n-2}(n+1)$.

用每个连续为 1 的子列的最后一位来标记该子列,问题简化为计算最后一位的 1 的个数. 对每个 $1 \leqslant k \leqslant n-1$,第 k 位为连续为 1 的子列的最后一位当且仅当第 k 位和第 $k+1$

位分别为 1、0. 因此共有 2^{n-2} 个可能的数; 对最后一位, 它是某个连续为 1 的子列的最后一位当且仅当它的数字为 1, 故有 2^{n-1} 种可能的数字. 求和即得所求和式的值为 $(n-1)2^{n-2} + 2^{n-1} = 2^{n-2}(n+1)$.

6. 39601.

显然 f 是由 $f(0), \cdots, f(21)$ 确定的, 奇数和偶数的取值是相互独立的, 这是因为奇数与偶数的差不可能为 2.

首先我们考虑如何给"偶数"染色, $f(0)$ 可以是"绿色"或者"蓝色".

如果 $f(0)$ 是"绿色", 则 $f(2) = f(20) =$"蓝色". 剩余 8 个偶数的染色方法, 与 8 位二进制数形成双射, 其中该二进制数中没有两个连续的数字为 1. 容易知道这样的长度为 n 的二进制数的个数为 F_{n+2} (其中, $F_0 = 0, F_1 = 1, F_{n+2} = F_{n+1} + F_n$, 这可由递推方法证明).

因此这种情形下偶数的染色方式共有 $F_{10} = 55$ 种.

如果 $f(0)$ 是蓝色, 其余 10 个偶数的染色方式与 10 位前述的二进制数形成双射, 因此共有 $F_{12} = 144$ 种.

综上, 偶数的染色方法有 $55 + 144 = 199$ 种.

奇数的染色方法与偶数的相同.

综上, 所有整数的染色方法有 $199^2 = 39601$ 种.

7. $\dfrac{C_{4030}^{2016}}{2^{4030}}$.

2015 位顾客在餐馆用餐. 每人点一份汤的概率为 $\dfrac{1}{2}$, 每人点一份沙拉的概率为 $\dfrac{1}{2}$. 并且这两个事件相互独立. 试求点一份汤的人数恰比点一份沙拉的人数多一倍的概率.

法一 注意到点了一份汤的总人数比点了一份沙拉的总人数恰好多一个, 等价于点了一份汤的总人数与未点沙拉的总人数的和为 2016, 因此, 所求事件的样本点的个数为 $C_{2015+2015}^{2016}$, 而样本空间中样本点的总数为 $\dfrac{1}{2^{2015+2015}}$. 故所求概率为 $\dfrac{C_{4030}^{2016}}{2^{4030}}$.

法二 为计算样本点的个数, 只需求和 $\sum_{i=0}^{2014} C_{2015}^{i} C_{2015}^{i+1}$, 注意到 $C_{2015}^{i+1} = C_{2015}^{2014-i}$, 由范德蒙德恒等式, 可得

$$\sum_{i=0}^{2014} C_{2015}^{i} C_{2015}^{2014-i} = C_{2015+2015}^{2014} = C_{4030}^{2014} = C_{4030}^{2016}.$$

8. 127.

注意到每一位数字都属于 $\{1,2,3,4,5,6,7\}$, 这恰好是一个模 7 的完全剩余集.

注意到 $7 \mid \overline{abc}$ 当且仅当 $100a + 10b + c \equiv 0 \pmod 7$, 即 $2a + 3b + c \equiv 0 \pmod 7$. 所以, 我们希望三元组 (a,b,c) 满足下列式子中的一个:

$$2a + 3b + c \equiv 0 \pmod 7,$$
$$2b + 3c + a \equiv 0 \pmod 7,$$

$$2c + 3a + b \equiv 0 \pmod 7.$$

设这三个方程的解集分别为 S_1、S_2、S_3，则根据对称性和容斥原理，知 $3|S_1| - 3|S_1 \cap S_2| + |S_1 \cap S_2 \cap S_3|$ 即为所求.

显然 $|S_1| = 7^2$，这是因为对于固定的 a、b、c 的取值唯一.

对于 $S_1 \cap S_2$，我们可以消去 a，得 $0 \equiv 2(2b + 3c) - (3b + c) = b + 5c$. $2a \equiv -2b - 3c \pmod 7$，可以得出有 7 个解（每个解对应不同的 C 的取值）. 对于 $S_1 \cap S_2 \cap S_3 \subseteq S_1 \cap S_2$，由上述等式推出 $b \equiv -5c$ 和 $a \equiv 10c - 3c \equiv 0$. 由对称性知 b, $c \equiv 0$，故只有一解.

综上，所求结果为 $3 \times 7^2 - 3 \times 7 + 1 = 127$.

9. $\dfrac{9}{26}$.

法一 我们可以看出，袋子中剩余的黄球的个数是偶数. 由一一对应关系，知剩余 k 个黄球的概率和剩余 $30-k$ 个黄球的概率相等（不考虑红球和蓝球的颜色，将取出的球和未被取出的球建立对应关系）. 所以剩余黄球的个数的期望为 15. 于是，剩余红球的个数的期望为 22.5. 故所求结果为 $\dfrac{22.5}{65} = \dfrac{45}{130} = \dfrac{9}{26}$.

法二 设 $w(b) = C_{50}^b C_{50}^r C_{30}^{60-2b}$ $(r = b + 5)$ 为 b 个蓝球被选出的可能情况数（$15 \le b \le 30$），对于固定的 b，下一个取出的球是红球的概率为 $\dfrac{50 - r}{50 + 50 + 30 - 65} = \dfrac{45 - b}{65}$. 所以我们只需计算

$$\dfrac{\sum\limits_{b=15}^{30} w(b) \cdot \dfrac{45-b}{65}}{\sum\limits_{b=15}^{30} w(b)}.$$

注意到

$$w(45-b) = C_{50}^{45-b} C_{50}^{50-b} C_{30}^{2b-30} = C_{50}^{b+5} C_{50}^{b} C_{30}^{60-2b} = w(b),$$

故 $\dfrac{45-b}{65}$ 与 $\dfrac{45-(45-b)}{65}$ 对所求表达式的贡献相等.

因此所求结果为 $\dfrac{1}{2} \times \dfrac{45}{65} = \dfrac{9}{26}$.

10. $\dfrac{17^{15}}{(16!)^2}$.

法一 设 X 是从 $[0,17]^{16}$ 中等可能地随机选取的一个 16 元数组（用于定义事件 A、B、C），Z 是从 $\{1, 2, \cdots, 17\}^{16}$ 中等可能地随机选取的一个 16 元数组（用于定义事件 D）. 我们考虑如下一些相关的事件.

(1) 事件 A：数组 X 的各分量单调递增.

(2) 事件 B：数组 X 属于矩体 $[0,1] \times \cdots \times [0,16]$.

(3) 事件 C：将数组 X 的各分量按递增顺序重排后得到的数组 Y（例如，若 $X = (1, 3.2, 3, 2, 5, 6, \cdots, 16)$，则 $Y = (1, 2, 3, 3.2, 5, 6, \cdots, 16)$）属于上述矩体.

(4) 事件 D：将数组 Z 的各分量按递增顺序重排后得到的数组 W 属于上述矩体. 事实上，满足该条件的数组 Z 被称为泊车函数.

事实上，本题要求的概率即为 $P(A|B)$，这是因为事件 B 中的 X 满足上述矩体中的均匀分布. 我们有

$$P(A|B) = \frac{P(AB)}{P(B)} = \frac{P(AB)}{P(A)} \cdot \frac{P(A)}{P(B)} = P(B|A) \cdot \frac{P(A)}{P(B)}.$$

注意到事件 C 与 X 中各分量的排列顺序无关，故

$$\frac{1}{16!} = P(A|C) = \frac{P(AC)}{P(C)} = \frac{P(AB)}{P(C)}.$$

由 $P(A) = \frac{1}{16!}$，知

$$P(B|A) = \frac{P(AB)}{P(A)} = P(C).$$

易知事件 C 只与 X 的各分量向上取整后的值有关，从而 $P(C) = P(D)$，故

$$P(A|B) = P(C) \cdot \frac{P(A)}{P(B)} = P(D) \cdot \frac{P(A)}{P(B)}. \quad ①$$

对给定的 $\{1,2,\cdots,17\}^{16}$ 中的 16 元数组 Z，记 $Z+n$ ($n \in \mathbf{Z}$) 为将 Z 中各分量加上 n 并模 17 后得到的数组，其各分量的值属于 $[1,17]$.

引理 数组 $Z, Z+1, \cdots, Z+16$ 中恰有一个是泊车函数.

引理的证明 考虑如下过程.

现有一个有 17 个停车位的环形停车场，每个停车位按顺时针方向依次标记为 $1, 2, \cdots, 17$. 开始时所有的停车位都是空的. 有 16 辆车，依次标记为 $1, 2, \cdots, 16$，先后开进该停车场. 第 i 辆车试图停放在 Z 的第 i 个分量所对应的停车位中. 如果该停车位被占据，那么这辆车继续沿顺时针方向行驶，并停放到第一个空的停车位中. 因为车的数目是 16 辆，所以结束时恰有一个停车位是空的.

假设第 17 个停车位是空的. 对任意整数 n ($1 \le n \le 16$)，最终停放在停车位 1 到 n 的 n 辆车对应的分量至多为 n. 从而，Z 中第 n 小的分量不超过 n，即将 Z 按递增顺序重排为 W 后，W 属于上述矩体.

假设事件 D 发生. 对任意整数 n ($1 \le n \le 16$)，数组 W 中的第 n 个分量不超过 n，亦即 Z 中第 n 小的分量不超过 n，故至少有 n 辆车对应的分量不超过 n. 在这些车中，至少有一辆没有停放在停车位 $1, \cdots, n-1$ 中. 考虑其中的第一辆车，它或者停放在停车位 n 中，或者停放在编号超过 n 的停车位中（若停车位 n 已经被占据）. 不论是何种情况，第 n 个停车位中总是有车停放. 这对任意 $1 \le n \le 16$ 都成立. 因此，第 17 个停车位是空的.

综上可知，Z 是泊车函数当且仅当停车位 17 是空的. 对 $Z+1, \cdots, Z+16$ 也是如此.

注意到 $Z+1$ 对应的停车过程相当于将 Z 对应的过程沿顺时针方向移动一个位置，特别地，其对应的空车位的编号比 Z 对应的空车位的编号大 1（在模 17 的意义下）. 因此，Z, $Z+1, \cdots, Z+16$ 中恰有一个满足空车位的编号是 17，即恰有一个泊车函数. 引理证毕.

回到原题.根据引理,显然有 $P(D)=\frac{1}{17}$,将其与 $P(A)=\frac{1}{16!}$、$P(B)=\frac{16!}{17^{16}}$ 代入式①,可得 $P(A|B)=\frac{17^{15}}{(16!)^2}$.

法二 假设第 i 个人抽取的数在区间 $[b_i-1,b_i]$ 中,其中 b_i 是不超过 i 的整数,$i=1,2,\cdots,16$.则 $b_1\leqslant b_2\leqslant\cdots\leqslant 16$.设 c_i 是使得 $b_j=i$ 的 b_j 的个数,则对某个满足要求的序列 $b_1,b_2,\cdots,b_{16}$,所求事件发生的概率为 $\frac{1}{c_1!\cdot c_2!\cdots c_{16}!}$,这是因为若有 c_i 个元素抽取自区间 $[i-1,i]$,则它们构成单调递增的序列的概率为 $\frac{1}{c_i!}$.因此,所求概率为

$$\frac{1}{16!}\sum_{\substack{b_i\leqslant i\\b_1\leqslant\cdots\leqslant b_{16}}}\frac{1}{c_1!c_2!\cdots c_{16}!}=\frac{1}{(16!)^2}\sum_{\substack{b_i\leqslant i\\b_1\leqslant\cdots\leqslant b_{16}}}\binom{c_1+\cdots+c_{16}}{c_1,c_2,\cdots,c_{16}}.$$

这里,$\binom{c_1+\cdots+c_{16}}{c_1,c_2,\cdots,c_{16}}$ 表示将 $c_1+\cdots+c_{16}$ 分成 16 个不同的组,且第 i 组有 c_i 个元素的多组组合数.从而只需证明

$$\sum_{\substack{b_i\leqslant i\\b_1\leqslant\cdots\leqslant b_{16}}}\binom{c_1+\cdots+c_{16}}{c_1,c_2,\cdots,c_{16}}=17^{15}.$$

上式左边即为使得其第 n 小的分量不超过 n 的 16 元数组的个数,即长度为 16 的泊车函数的个数.类似法一可知长度为 n 的泊车函数的个数为 $\frac{1}{n+1}\cdot(n+1)^n=(n+1)^{n-1}$,因此结论成立.

注 关于泊车函数的更详细资料,请参阅 http://www-math.mit.edu/~rstan/transparencies/parking.pdf.

几 何 测 试

1. $\frac{3}{4}$.

如图 3 所示,中间的两块区域满足所求,计算可得 $\frac{3}{4}$.

图 3

2. $\frac{28}{3}$.

设边 BC、CA、AB 的中点分别为 D、E、F.以 H 为位似中心,$\triangle G_A G_B G_C$ 与 $\triangle ABC$ 的位似比为 $\frac{2}{3}$.以重心 G 为位似中心,$\triangle DEF$ 与 $\triangle ABC$ 的位似比为 $-\frac{1}{2}$.于是,$\triangle G_A G_B G_C$ 与 $\triangle ABC$ 的相似比为 $-\frac{1}{3}$,故 $\triangle G_A G_B G_C$ 与 $\triangle ABC$ 的面积比为 $\frac{1}{9}$.根据海伦公式,$\triangle ABC$ 的面积为 $\sqrt{21\times 8\times 7\times 6}=84$,故 $\triangle G_A G_B G_C$ 的面积为 $\frac{84}{9}=\frac{28}{3}$.

3. $\dfrac{\sqrt{2}}{2}$.

以 B 为坐标原点建立直角坐标系,使得 $A(0,1)$、$C(1,0)$.显然,$E(1,1)$.

易知 $\triangle ABC$ 的外接圆的圆心为 $\left(\dfrac{1}{2},\dfrac{1}{2}\right)$,故 $\triangle ABC$ 的外接圆的方程为

$$\left(x-\dfrac{1}{2}\right)^2+\left(y-\dfrac{1}{2}\right)^2=\dfrac{1}{2}.$$

直线 BD 的方程为 $x=2y$,可求得 F 的坐标为 $\left(\dfrac{6}{5},\dfrac{3}{5}\right)$.

通过计算可得 AF 与 CD 交于 $K\left(\dfrac{3}{2},\dfrac{1}{2}\right)$,故 K 为 CD 的中点.因此 $EK=\dfrac{\sqrt{2}}{2}$.

4. $\dfrac{37}{76}$.

设 $BC\cap AD=X$,由 $AB>CD$,可知 X 位于射域 BC 和射域 AD 上.由 $\triangle XCD\backsim\triangle XAB$,知

$$XC:XD:2=(XD+4):(XC+2):3.$$

故有方程组

$$\begin{cases}3XC=2XD+8,\\ 3XD=3XC+4.\end{cases}$$

由此可得 $9XC=6XD+24=4XC+32$,解得 $XC=\dfrac{32}{5},XD=\dfrac{28}{5}$.

容易计算得

$$\dfrac{S_{\text{四边形}BC'B'C}}{S_{\text{四边形}AA'D'D}}=\dfrac{BC(BB'+CC')}{AD(AA'+DD')}=\dfrac{BC}{AD}\cdot\dfrac{XC+XB}{XA+XD}$$

$$=\dfrac{BC}{AD}\cdot\dfrac{XC+\dfrac{BC}{2}}{XD+\dfrac{AD}{2}}=\dfrac{2}{4}\cdot\dfrac{\dfrac{32}{5}+1}{\dfrac{28}{5}+2}=\dfrac{37}{76}.$$

5. $\dfrac{\pi}{3}$.

用 $B(P,r)$ 表示圆心为 P、半径为 r 的圆盘,注意到对所有 $(x,y)\in I, x>0$,有

$$x>\left(\dfrac{y^4}{9}+2015\right)^{\frac{1}{4}}>\dfrac{|y|}{\sqrt{3}}.$$

定义 $I'=\{(x,y):\sqrt{3}x>|y|\}$,则 $I\subseteq I'$,I' 与 $B((0,0),r)$ 相交部分的面积为 $\dfrac{\pi}{3}r^2$.因此,I 与 $B((0,0),r)$ 相交部分的面积小于 $\dfrac{\pi}{3}r^2$.因此,$L=\dfrac{\pi}{3}$ 满足条件.

另一方面,若 $x>\dfrac{|y|}{\sqrt{3}}+7$,则

$$x > \frac{|y|}{\sqrt{3}} + 7 > \left(\left(\frac{|y|}{9}\right)^4 + 7^4\right)^{\frac{1}{4}} > \left(\frac{y^4}{9} + 2015\right)^{\frac{1}{4}}.$$

定义 $I'' = \{(x,y) \mid \sqrt{3}(x-7) > |y|\}$,则 $I'' \subseteq I'$.

当 $r > 7$ 时,$I'' \cap B((7,0), r-7)$ 的面积为 $\frac{\pi}{3}(r-7)^2$. 又 $I'' \subseteq I$,$B((7,0), r-7) \subseteq B((0,0), r)$,故 $f(r) > \frac{\pi}{3}(r-7)^2$ 对所有 $r > 7$ 均成立.

综上,对所有 r 大于 0,均有 $f(r) < Lr^2$ 的 L 的最小值为 $\frac{\pi}{3}$.

6. 63.

设 E 为线段 AD 的中点,则 $EC = \sqrt{5} + 1 - \sqrt{5} = 1$. 由 EM 是 $\triangle ABD$ 的中位线,可知 $EM = 1$.

从而,$\triangle ECM$ 是等腰三角形,且 $\angle CEM = 54°$,故 $\angle ACM = \angle ECM = \frac{180° - 54°}{2} = 63°$.

7. $\frac{17}{144}$.

设 X 为点 A 在 DE 上的投影,设 $b = AB = 12$. 设 Y 为点 A 在平面 CDE 上的投影,则由三垂线定理,知 Y 在 DE 上的投影和 A 在 DE 上的投影(即 X)重合. 计算可知

$$AY = \frac{b}{\sqrt{b^2+1}}, \quad AX = \frac{2S_{\triangle AED}}{ED} = \frac{b\sqrt{b^2+1}}{\sqrt{2b^2+1}}.$$

设 $\angle AXY = \alpha$,故由等式 $(b^2+1)^2 - (\sqrt{2b^2+1})^2 = (b^2)^2$,解得

$$\tan\alpha = \frac{\sqrt{2b^2+1}}{b^2} = \frac{17}{144}.$$

8. $\frac{2\pi}{3} + \frac{\sqrt{3}}{4}$.

法一 点 $(x_0, y_0) \in S$ 等价于存在曲线 $\left(x, x^2 - \frac{3}{4}\right)$ 上的点 (x,y) 满足

$$(x-x_0)^2 + (y-y_0)^2 < y^2,$$

这是因为圆的半径为点 (x,y) 到 x 轴的距离. 经计算可知上式即为

$$x^2 - 2y_0\left(x^2 - \frac{3}{4}\right) - 2xx_0 + x_0^2 + y_0^2 < 0.$$

注意到 $(x_0, y_0) \in S$ 当且仅当上式左端关于 x 的最小值小于 0. 事实上,该最小值在 $x = \frac{x_0}{1-2y_0}$ 时取到,将其代入上式左端并化简,得

$$-\frac{x_0^2}{1-2y_0} + x_0^2 + y_0^2 + \frac{3}{2}y_0 < 0.$$

由 $y_0 < 0$ 及 $1 - 2y_0 > 0$,上式可化简为

$$-2x_0^2 - 2y_0^2 + \frac{3}{2} - 2y_0 > 0 \Leftrightarrow 1 > x_0^2 + \left(y_0 + \frac{1}{2}\right)^2.$$

故 S 为下半平面与圆心为 $\left(0, \frac{1}{2}\right)$、半径为 1 的圆的相交部分，它包含一个圆心角为 $\frac{4\pi}{3}$ 的扇形和一个顶角为 $\frac{2\pi}{3}$ 的等腰三角形.

故 S 的面积是 $\frac{2\pi}{3} + \frac{\sqrt{3}}{4}$.

法二 分别以 $O\left(0, -\frac{1}{2}\right)$ 和 $l: y = -1$ 为焦点和准线作抛物线，由定义可知这是题中所述的抛物线. 用直线 l' 表示 x 轴.

点 P' 属于集合 S 当且仅当存在下半平面上的位于抛物线上的一点 P, 满足
$$d(P, P') < d(P, l').$$

而对于所有这样的 P 点，有
$$d(P, l') = 1 - d(P, l) = 1 - d(P, O),$$

即点 P' 属于集合 S, 当且仅当存在下半平面上的位于抛物线上的一点 P, 满足
$$d(P', P) + d(P, O) < 1.$$

不难看出，圆心位于 O 点的单位圆和下半平面的相交部分即为所求. 以下与解法一相同.

9. $\frac{4}{7}$.

法一 以正四面体 $ABCD$ 为参照建立三维重心坐标系，则由条件可知
$$X = (0:1:2:4), \quad Y = (14:1:2:4), \quad M = (0:1:0:1), \quad Z = (t:1:0:1).$$

其中, t 为实数. 归一化即得 $Y\left(\frac{14}{21}, \frac{1}{21}, \frac{2}{21}, \frac{4}{21}\right)$, $Z\left(\frac{t}{t+2}, \frac{1}{t+2}, 0, \frac{1}{t+2}\right)$.

若 YZ 和 BC 相交，则存在和为 1 的实数 α、β, 使得 $\alpha Y + \beta Z$ 的 A、D 分量为 0, 即

$$\begin{cases} \frac{14}{21}\alpha + \frac{t}{t+2}\beta = 0, \\ \frac{4}{21}\alpha + \frac{1}{t+2}\beta = 0, \\ \alpha + \beta = 1. \end{cases}$$

解得 $\alpha = -22, \beta = 21, t = \frac{7}{2}$, 因此 $t = \frac{7}{2}$, $Z = (7:2:0:2)$, $\frac{AZ}{ZM} = \frac{2+2}{7} = \frac{4}{7}$.

法二 设直线 XM 与 BC 交于点 N, 则点 N 在平面 AMX 内. 联结 YN, 则 YN 与 AM 的交点即为点 Z.

在平面 BCD 中，设 DX 与 BC 交于点 P, 则
$$\frac{DX}{XP} = \frac{S_{\triangle XBD} + S_{\triangle XCD}}{S_{\triangle XBC}} = \frac{3}{4} \Rightarrow \frac{XD}{DP} = \frac{3}{7}.$$

对 $\triangle BDP$ 与截线 NMX 应用梅涅劳斯定理，得

$$\frac{BN}{NP} \cdot \frac{PX}{XD} \cdot \frac{DM}{MB} = 1.$$

结合 $DM = MB$,可得 $\frac{BN}{NP} = \frac{XD}{PX} = \frac{3}{4}$,故 $\frac{PB}{BN} = \frac{1}{3}$.

对 $\triangle PNX$ 与截线 BMD 应用梅涅劳斯定理,得

$$\frac{XP}{DP} \cdot \frac{PB}{BN} \cdot \frac{NM}{MX} = 1.$$

于是,$\frac{NM}{MX} = 7$. 从而,$\frac{MN}{NX} = \frac{7}{8}$.

在平面 $\triangle AMX$ 中,对 $\triangle AMX$ 与截线 NZY 应用梅涅劳斯定理,得

$$\frac{MN}{NX} \cdot \frac{XY}{YA} \cdot \frac{AZ}{ZM} = 1.$$

结合 $2AY = XY$,可得 $\frac{AZ}{ZM} = \frac{4}{7}$.

10. $\left(\frac{12}{5}, \frac{8}{5}\right)$.

设 G 是 $\mathcal{G}$ 在 $0 \leqslant y \leqslant 4$ 内的部分(事实上,我们只需关注此区域,这是因为 l 经过 $(0, 4)$ 且斜率为负值).对原方程配方,可得

$$(x-3)^2 + \left(\sqrt{y(8-y)} - 4\right)^2 = 1.$$

考虑平面上的双射 $\Phi: (x, y) \mapsto \left(x, \sqrt{y(8-y)}\right)$,其逆映射为 $\Phi^{-1}: (x, y) \mapsto (x, 4 - \sqrt{16 - y^2})$.一般地,$\Phi$ 将曲线进行如下变换:

$$\Phi(\{(x, y) \mid f(x, y) = c\}) = \{\Phi(x, y) \mid f(x, y) = c\}$$
$$= \{(x', y') \mid f(\Phi^{-1}(x', y')) = c\}.$$

设直线 l 的方程为 $y - 4 = -mx (m > 0)$,则

$$\Phi(G) = \{(x-3)^2 + (y-4)^2 = 1 \mid 0 \leqslant y \leqslant 4\},$$
$$\Phi(\{4 - y = mx \mid 0 \leqslant y \leqslant 4\}) = \{\sqrt{16 - y^2} = mx \mid 0 \leqslant y \leqslant 4\}.$$

由 l 是唯一的,知 m 也是唯一的.显然,$m = 1$ 可给出一个切点.设原来的切点为 (u, v),则在此变换下新的切点为

$$\left(u, \sqrt{v(8-v)}\right) = \frac{4}{5}(3, 4) = \left(\frac{12}{5}, \frac{16}{5}\right),$$

因此 $(u, v) = \left(\frac{12}{5}, \frac{8}{5}\right)$.

团 体 赛

1. **法一** 考虑三次多项式 $f(t) = (x+t)(y+t)(z+t)$,f 是首项系数为 1 的多项式,由有限差分原理知

$$f(3) - 3f(2) + 3f(1) - f(0) = 3! = 6,$$

故而

$$f(3) = 6 + 3f(2) - 3f(1) + f(0) = 6 + 3 \times (-3) - 3 \times 7 + (-4) = -28.$$

法二 转化已知条件为

$$\begin{cases} xyz = -4, \\ 1 + (x+y+z) + (xy+yz+zx) + xyz = 7, \\ 8 + 4(x+y+z) + 2(xy+yz+zx) + xyz = -3. \end{cases}$$

待求式为 $27 + 9(x+y+z) + 3(xy+yz+zx) + xyz$,令 $\omega = xyz, v = xy+yz+zx, u = x+y+z$,求关于 ω、v、u 的线性方程组.解得 $(u,v,\omega) = \left(-\dfrac{27}{2}, \dfrac{47}{2}, -4\right)$,代入 $27 + 9u + 3v + \omega$ 得 -28.

注 注意 $f(0) < -4, f(1) > 0, f(2) < 0, f(+\infty) > 0$,由介值定理知 $f(t)$ 的零点分别在区间 $(0,1)$、$(1,2)$、$(2, +\infty)$ 上,易知其根为三次多项式 $x^3 - \dfrac{27}{2}x^2 + \dfrac{47}{2}x - 4 = 0$ 的根,近似值分别为 0.191、1.825、11.484.

2. $n = 1$ 时,结论显然成立;下面考虑 $n > 1$.由于 P 是连通的,P 的内部至少有一点 x 同时被两个圆包含,不妨记这两个圆为 C_i、C_j,圆心为 O_i、O_j,半径为 r_i、r_j.显然 $O_i O_j < r_i + r_j$,则在 $O_i O_j$ 上一定存在一点 O 使得 $O_i O \leq r_j$,$O_j O \leq r_i$,则圆心在点 O 处,半径为 $r_i + r_j$ 的圆 C 覆盖圆 C_i、C_j,故可用圆 C 替代圆 C_i、C_j.依此,由数学归纳法得证.

3. 法一 $\operatorname{Re}(z^p - z) = \operatorname{Re}\big((a+bi)^p - (a+bi)\big) = [a^p - C_p^2 a^{p-2} b^2 + C_p^4 a^{p-4} b^4 - \cdots] - a$.

因为 $p \mid C_p^i, i = 2, 4, 6, \cdots (1 \leq i \leq p-1)$,由费马小定理得 $a^p \equiv a \pmod{p}$,故 $[a^p - C_p^2 a^{p-2} b^2 + C_p^4 a^{p-4} b^4 - \cdots] - a \equiv a^p - a \equiv 0 \pmod{p}$,即 p 整除 $z^p - z$ 的实部.

法二 由特征为素数 p 的可交换环上的 Frobenius 自同态定理,$z^p = (a+bi)^p \equiv a^p + (bi)^p = a^p \pm b^p i \equiv a \pm bi \pmod{p}$,这里用到高斯整数(实部、虚部都是整数的复数)的同余性质($u \equiv v \pmod{p}$ 当且仅当 $\dfrac{u-v}{p}$ 是高斯整数).上述结论亦等价于实部与虚部分别关于 p 同余,所以 $\operatorname{Re}(z^p) \equiv a = \operatorname{Re}(z) \pmod{p}$,故 p 整除 $z^p - z$ 的实部.

评论 事实上,$p \mid C_p^i (1 \leq i \leq p-1)$ 本质上等价于多项式同余 $(rX + sY)^p \equiv rX^p + sY^p \pmod{p}$(系数是关于 p 同余的),一个基本的结果常被称作 Frobenius 自同态.

4. 此问题主要是证明角相等.细心观察图形结构,比如 DY 可能是 $\angle ZDB$ 的外角平分线,条件 $AD < AB (\angle ABD < \angle ADB)$ 及 $Z \in CY$ 并不至关重要,但更易使图形形象化.

Y、Z 分别在线段 AB、弧 $\overparen{AB}$ 上,我们尝试证明 Y 是 $\triangle ZDB$ 的内心,此时待证结论显然,只需说明下面两个条件成立即可.

(i) BY 平分 $\angle DBZ$.

(ii) ZY 平分 $\angle BZD$.因为 $CB = CD$,故 $\angle BZC = \angle CZD$,所以 YZ 平分 $\angle BZD$.

5. $1 < \dfrac{S}{D} < 2$.

设凸四边形为 $ABCD$, 对角线 AC、BD 相交于 E(凸性即交点 E 在 AC、BD 内部(内分点)).

(1) 先证下界. 由三角形不等式, $AB + BC > AC$, $AD + DC > AC$, 得 $S > 2AC$, 同理 $S > 2BD$, 故而 $2S > 2(AC + BD) = 2D$, 所以 $\dfrac{S}{D} > 1$.

(2) 再证上界. 方法同上. 由三角形不等式, $AE + EB > AB$, $CE + BE > BC$, $CE + DE > DC$, $DE + AE > AD$, 相加得 $2(AE + BE + CE + DE) > AB + BC + CD + DA = S$, 四边形 $ABCD$ 是凸的, E 在其内部, 故而 $AE + EC = AC$, $BE + ED = BD$, 所以 $2(AC + BD) = 2D > S$, 即 $\dfrac{S}{D} < 2$.

下面说明上、下界均是最佳的(即 1 是最大的下界, 2 是最小的上界).

(1) $ABCD$ 为正方形时, $\dfrac{S}{D} = \sqrt{2}$. 今取矩形 $ABCD$, 其中 $AB = CD = 1$, $BC = AD = x$, $0 < x < 1$, $\lim\limits_{x \to 0^+} \dfrac{S}{D} = \lim\limits_{x \to 0^+} \dfrac{1+x}{\sqrt{1+x^2}} = 1$(相当于压缩了矩形的宽), 由介值定理知 $\dfrac{S}{D} \in (1, \sqrt{2}]$.

(2) 记 $\theta = \angle ABE$, $\theta \in [0°, 45°]$. 在菱形 $ABCD$ 中, $AC = 2\sin\theta$, $BD = 2\cos\theta$, $S = 4$, $D = 2(\sin\theta + \cos\theta)$. 当 $\theta = 45°$ 时, $\dfrac{S}{D} = \sqrt{2}$. $\lim\limits_{\theta \to 0^+} \dfrac{S}{D} = \lim\limits_{\theta \to 0^+} \dfrac{2}{\sin\theta + \cos\theta} = 2$(相当于压缩了菱形的一条对角线), 由介值定理知 $\dfrac{S}{D} \in [\sqrt{2}, 2)$.

综上所述, $\dfrac{S}{D} \in (1, 2)$.

6. 法一 首先 1 美分硬币的数量一定是 5 的倍数. 因为 5、10、25、10000 $\equiv 0 \pmod 5$, 故而可以把每堆的 5 枚 1 美分硬币视作 1 枚 5 美分硬币. 只需考虑有 5 美分、10 美分、25 美分三种硬币的情形即可.

设辛迪的这堆硬币中分别含有 q 枚 25 美分的硬币, d 枚 10 美分硬币, n 枚 5 美分硬币, 由题意知 $25q + 10d + 5n = 10000 \Leftrightarrow 5q + 2d + n = 2000$.

当 $q \geq 200$, $d \geq 500$, $n \geq 1000$ 中有 1 个成立时(显然不可能有 2 个或 3 个同时成立), 结论显然.

下面考虑 $q \leq 199$, $d \leq 499$, $n \leq 999$ 的情形. 此时 $5q + 2d < 2000$, $5q + n < 2000$, $2d + n < 2000$, 表明这堆硬币中三种币值的硬币都存在. 我们把所有的 25 美分硬币放在第一堆, 此时第一堆最多有 $199 \times 0.25 = 49.75$ 美元.

(i) 如果可能, 我们往第一堆添加 10 美分硬币, 直到总币值恰好大于或等于 50 美元. 若恰好是 50 美元, 则证明完成. 否则此时总币值一定是 50.05 美元, 我们用一枚 5 美分硬币替换出一枚 10 美分硬币, 则此时币值总和为 50 美元.

(ii) 若上述操作不能实现, 即 10 美分硬币全部添加到第一堆后总币值小于 50 美元, 此时币值总和的末位数字非 0 则 5,我们持续添加 5 美分硬币直到总币值为 50 美元.

法二 首先 1 美分硬币的数量一定是 5 的倍数,因为 5、10、25、10000≡0(mod 5).因此,我们可以把每组的 5 枚 1 美分硬币看做 1 枚 5 美分硬币,问题简化为不含 1 美分硬币.同样的,我们把每组的 2 枚 5 美分硬币视作 1 枚 10 美分硬币,则问题简化为不含 5 美分硬币或至多含有 1 枚.

(i) 若不含 5 美分硬币.此时 100 美元仅由 10 美分硬币和 25 美分硬币构成.至少有一种硬币的币值总和大于等于 50 美元,把超过 50 美元的硬币全部移到第二堆,则分成两堆,每堆 50 美元.

(ii) 有且仅有一枚 5 分硬币,因为 $\left[\dfrac{10000-5}{25}\right]=399$,$10000-399\times25-5=20$,表明至少含有 2 枚 10 分硬币,把这枚 5 分硬币与 2 枚 10 分硬币视作一枚 25 美分硬币,则转化为上述已解决的情形.

注 (1) 对于该问题,存在许多可能的方法或算法.许多团队在消除 1 美分硬币的影响后,分类平行地讨论了 q、d、n.

(2) 了解问题的实际背景是有意义的(背包问题、划分问题).例如如果有一些从 1 到 n 的数的和不小于 $2\cdot n!$,那么,其中存在一些数,其和恰为 $n!$.

(3) 供题人(Carl Lian)声称这是一道来自于代数几何方向的问题.

7. 令 $\varepsilon(f)=\dfrac{\max|f(x_1)-f(x_2)|}{2}$,固定 P,假设对任意 $z(|z|\leqslant 1)$,都有 $|f(|z|)-P(z)|<\varepsilon$.

设 $z=re^{i\theta}$,则上式转化为 $|f(r)-P(re^{i\theta})|<\varepsilon$.

令 $p>\deg(P)$,且 p 为素数,得 $\theta=0,\dfrac{2\pi}{p},\dfrac{4\pi}{p},\cdots$,代入上式,由三角形不等式有

$$\left|f(r)-\dfrac{1}{p}\sum_{k=0}^{p-1}P\left(re^{\frac{2\pi i k}{p}}\right)\right|<\varepsilon,$$

其中 $\dfrac{1}{p}\sum_{k=0}^{p-1}P\left(re^{\frac{2\pi i k}{p}}\right)$ 为单位根.因为 $p>\deg(P)$,其为 P 的常数项,记为 P_0,故对任意 r,有 $|f(r)-P_0|<\varepsilon$,则 $|f(x_1)-f(x_2)|\leqslant|f(x_1)-P_0|+|f(x_2)-P_0|<2\varepsilon$,即 $2\varepsilon<2\varepsilon$,矛盾,得证.

注 (1) 这或多或少是复分析中龙格逼近定理(解析函数可用有理函数逼近)的应用.

(2) 证明中"单位根过滤器"主要是运用了以下引理:

$$\dfrac{1}{k}\sum_{\omega^k=1}\omega^n=\begin{cases}1,&k\mid n;\\0,&k\nmid n.\end{cases}$$

8. 设 $n=2015$,对于每个排列 π,我们可以这样把它分解成若干个圈:把 $1,2,\cdots,n$ 中的每个数看作一个点,从点 i 出发做一个箭头指向 $\pi(i)$,$i=1,2,\cdots,n$.这样,每个点恰好出发一个箭头,也恰好接收一个箭头.于是,从每个点出发,我们总能顺着箭头一直走下去.但是点的个数是有限的,于是我们走过的路径总构成圈,所以整个图形其实是若干个圈的

并集.

对于图中的每个箭头 $i \to \pi(i)$,我们把比值 $z(i) = \dfrac{\pi(i)}{i}$ 写在连线上. 显然所有 $z(i), i = 1, 2, \cdots, n$ 的乘积为 1. 要求的是满足 $z(i)z(j) > 1, i < j$ 的有序数组 (i, j) 个数的最大可能值.

考虑如下的例子:$1 \to 2 \to 3 \to \cdots \to n \to 1$,即 n 个点按通常的顺序构成一个大圈,则很明显 $z(1), z(2), \cdots, z(n-1)$ 都大于 1,而 $z(n) = \dfrac{1}{n}$ 非常小. 因此在这种情况下,满足 $z(i)z(j) > 1, i < j$ 的 (i, j) 恰有 C_{n-1}^2 个.

对于一般情形的 π,我们重新构造一个图:如果 $z(i)z(j) > 1$,就在 i 与 j 之间连一条线. 这样得到 n 个顶点的图 G. 满足要求的 (i, j) 的个数就是图 G 的边数.

如果图 G 中有一个圈,则显然圈中这些数对应的 $z(i)$ 之积大于 1. 由于 $z(1) \cdot z(2) \cdot \cdots \cdot z(n) = 1$,所以图 G 中不存在 Hamilton 圈(即经过所有顶点的一个圈). 由 Ore 定理,若图中每对不相邻顶点的度数之和不小于 n,则图中含有 Hamilton 圈. 所以,在目前的情形,图 G 中一定存在两个不相邻的顶点 u 和 v,其度数之和不超过 $n - 1$,这表明图 G 的边数不超过 $C_{n-2}^2 + (n - 1) = C_{n-1}^2 + 1$.

如果图 G 的边数等于 $C_{n-1}^2 + 1$,则 G 中含有 $n - 2$ 阶完全图,而 u、v 向这 $n - 2$ 个顶点恰连出 $n - 1$ 条线. 当 $n > 5$ 时,不妨设 u 的邻居数比 v 多,则 u 的邻居数至少为 3. 设 w 是 v 的邻居,这时可取 u 的邻居 a、b,使得 w 不同于 a、b. 由于 w、a、b 属于 $n - 2$ 阶完全图,所以从这个完全图中去掉 w 以后,存在一条路径,从 a 出发,经过所有其他顶点,到达 b. 这条路径的基础上添加顶点 u(和两边的 ua、ub),就得到了一个圈,相应的 $z(i)$ 之积大于 1. 同时,剩下的两个顶点 v 和 w 相邻,相应有 $z(v)z(w) > 1$,因此所有数相应的 $z(i)$ 之积大于 1,这是一个矛盾. 也就是说,图 G 的边数不能等于 $C_{n-1}^2 + 1$,故最多只能为 C_{n-1}^2.

9. 取 $101 = p, 10 = r$,则 $(p, r) = 1$.

由于 $\displaystyle\sum_{k \pmod p}(x - z^k) = x^p - 1$,所以 $z^k(k = 0, 1, 2, \cdots, p - 1)$ 构成的代数基本式为整数. 由于关于 $z^0, z^1, \cdots, z^{p-1}$ 的对称整系数多项式一定能写成关于其代数基本式的整系数多项式,所以一定为整数值多项式. 同理 $w^j(j = 0, 1, 2, \cdots, r - 1)$ 也有这样的性质.

对于 $w^a + z^b + z^c$,先固定一组 (b, c). 计算 $\displaystyle\prod_{a=0}^{9}\left(w^a + (z^b + z^c)\right)$,由于关于 w^a 对称,故一定化为关于 $z^b + z^c$ 的整系数多项式. 进一步分别对 $b = 0, 1, \cdots, 100$ 与 $c = 0, 1, \cdots, 100$ 一一处理知该乘积为整数值.

下面计算原式 mod p 的余数. 主要运用单位根恒等式 $\displaystyle\prod_{k \pmod p}(x - z^k) = x^p - 1$, $\displaystyle\prod_{j \pmod r}(x - w^j) = x^r - 1$ 以及 $(u + v)^p \equiv u^p + v^p \pmod p$. 我们有

$$\prod_{a,b,c}(w^a + z^b + z^c) = \prod_{a,b}\prod_c(-1)\left((-w^a - z^b) - z^c\right)$$

$$= \prod_{a,b}(-1)^p(-w^a - z^b)^{p-1}$$

$$\equiv \prod_{a,b}(w^{pa} + z^{pb} - (-1)^p)$$

$$= \prod_{a,b}(w^{pa} + z^{pb} + 1) \quad （这里用到 p 为奇数）$$

$$= \prod_{a}(w^{pa} + 2)^p \quad （这里用到 z^{pb} = 1）$$

$$= \prod_{a}(-1)^p(-2 - w^{pa})^p$$

$$= \prod_{a}(-1)^p(-2 - w^a)^p \quad （这里用到 \{pa \pmod r\} = \{a \pmod r\}）$$

$$= (-1)^{pr}\big((-2)^r - 1\big)^p$$

$$\equiv (-1)^{pr}\big((-2)^r - 1\big) \pmod p.$$

故所求值为 $(-1)^{101} \times 10\big((-2)^{10} - 1\big) = 1023 \equiv 13 \pmod{101}$.

注 本题主要体现了代数数对和、差、积运算封闭性的证明.

10. 首先易知 $\{a_n\}$、$\{b_n\}$ 单调不减且趋于 $+\infty$,特别地,$a_n、b_n \notin \{0, -1, 1\}(n \geq 1)$.

对 $n \geq 1$,有

$$a_{n+3} = (a_{n+1} - 1)(b_{n+2} + 1) = (a_{n+1} - 1)(a_{n+1}b_n)$$

$$\Rightarrow \frac{b_n}{a_{n+3}} = \frac{1}{a_{n+1}(a_{n+1} - 1)} = \frac{1}{a_{n+1} - 1} - \frac{1}{a_{n+1}},$$

因此

$$\sum_{n=1}^{\infty}\left(\frac{b_n}{a_{n+1}} - \frac{b_n}{a_{n+3}}\right) = \sum_{n=1}^{\infty}\left[\frac{b_n}{a_{n+1}} - \left(\frac{1}{a_{n+1} - 1} - \frac{1}{a_{n+1}}\right)\right]$$

$$= \sum_{n=1}^{\infty}\left(\frac{b_n + 1}{a_{n+1}} - \frac{1}{a_{n+1} - 1}\right).$$

而

$$b_n + 1 = \frac{a_{n+1}}{a_{n-1} - 1}, \quad n \geq 2.$$

故对 $n \geq 2$,有

$$\sum_{n=2}^{\infty}\left(\frac{1}{a_{n-1} - 1} - \frac{1}{a_{n+1} - 1}\right) = \lim_{N \to \infty}\sum_{n=2}^{N}\left(\frac{1}{a_{n-1} - 1} - \frac{1}{a_{n+1} - 1}\right)$$

$$= \frac{1}{a_1 - 1} + \frac{1}{a_2 - 1} - \lim_{N \to \infty}\left(\frac{1}{a_{N-1} - 1} + \frac{1}{a_{N+1} - 1}\right)$$

$$= \frac{1}{a_1 - 1} + \frac{1}{a_2 - 1},$$

因此

$$\sum_{n=1}^{\infty} b_n \left(\frac{1}{a_{n+1}} - \frac{1}{a_{n+3}} \right) = \sum_{n=2}^{\infty} b_n \left(\frac{1}{a_{n+1}} - \frac{1}{a_{n+3}} \right) + \frac{b_1+1}{a_2} - \frac{1}{a_2-1}$$

$$= \frac{1}{a_1-1} + \frac{1}{a_2-1} + \frac{b_1+1}{a_2} - \frac{1}{a_2-1}.$$

代入 $a_1 = a_2 = 2015$，$b_1 = b_2 = 2013$，则结果为 $1 + \frac{1}{2014 \times 2015}$.

接 力 赛

1. 4.

直接列出所有可能，若第一步向右，则有两种不同路径；若第一步向下，则同样有两种不同路径. 因此共有 4 种不同的可行路径.

2. 2.

由勾股定理，得 $AE^2 = AD^2 + 1 = AC^2 + AB^2 + 3 = 4$，所以 $AE = 2$.

3. 1.

当且仅当 $\square_1 = \square_2 = \cup$ 时满足条件. 理论依据：若 X、Y、f 均如题中所定义，则有：

(i) $f(X \cup Y) = f(X) \cup f(Y)$. 事实上对任意 $m \in f(X \cup Y)$，存在 $n \in X \cup Y$ 使得 $f(n) = m$. 若 $n \in X \Rightarrow f(n) \in f(X)$，或 $n \in Y \Rightarrow f(n) \in f(Y)$. 因此只要 $n \in X \cup Y$，就有 $f(n) = m \in f(X) \cup f(Y)$，从而 $f(X \cup Y) \subseteq f(X) \cup f(Y)$. 另一方面 $f(X) \cup f(Y) \subseteq f(X \cup Y)$ 也是容易证明的.

(ii) $f(X \cap Y) \subseteq f(X) \cap f(Y)$，当 f 为单射时相等.

4. $-\frac{3}{8}$.

若将 x 视为参数，y 视为主元，则

$$z = 4x^2 - 4xy + y^2 - 2y^2 - 3y = -y^2 - (4x+3)y + 4x^2$$

$$= -\left(y + \frac{4x+3}{2}\right)^2 + \left(\frac{4x+3}{2}\right)^2 + 4x^2.$$

若婆罗门想函数值 z 最大，则不论 x 为何值，他将给出 $y = -\frac{4x+3}{2}$. 此时 $z = 8x^2 + 6x + \frac{9}{4}$. 因此通过配方，阿基米德只能给出 $x = -\frac{3}{8}$.

注 易知 z 是关于 x 的凸函数、关于 y 的凹函数，因此根据极大极小值原理可改变 x、y 的取值顺序. 如果由婆罗门先给出 y 的值，那么阿基米德只能给出 $x = \frac{y}{2}$ 使函数值 z 最大. 此时 $z = -2y^2 - 3y$，因此为满足双方要求，$y = -\frac{3}{4}$，$x = -\frac{3}{8}$.

5. 24.

如图 4（四维超立方体的二维线架投影）所示，当臭虫从顶点 $(0,0,0,0)$ 出发选择第一条棱爬行时有 4 条棱可供选择，第二条棱时有 3 种，第三条时有 2 种，因此共有 $4! = 24$ 种.

6. 8.

如图 5 所示,取 △ABC,容易发现 AB 对应正十边形的 3 条边,而 AC 对应正十边形的 6 条边,BC 对应正十边形的 1 条边.那么三元集 {1,3,6} 唯一确定 △ABC(全等三角形视为同一三角形).由此,问题转化为整数分划问题.

由整数 10 的三元划分 {1,1,8},{1,2,7},{1,3,6},{1,4,5},{2,2,6},{2,3,5},{2,4,4},{3,3,4} 知可构造 8 种非全等的三角形.

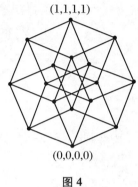

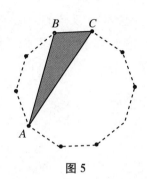

图 4

图 5

7. $\left(\dfrac{1}{8}\right)^8 = \dfrac{1}{16777216}$.

注意到要拼出满足要求的大正方体,那么原先正方体 C 的顶点仍需是新的大正方体的顶点.因此最终概率为 $\left(\dfrac{1}{8}\right)^8 = \dfrac{1}{16777216}$.

8. 0.09.

根据公式 $\sin(a-b)\sin(a+b) = \sin^2 a - \sin^2 b$,原式为 $0.5^2 - 0.4^2 = 0.09$.

9. 16.

根据因式定理有 $f(x) = a(x-u)(x-v)$,因此 $f(w) = 2 = a(w-u)(w-v)$,易知 $a|2$.其中 $u \neq v$ 并非必需的.根据韦达定理,判别式可变形为

$$b^2 - 4ac = a^2\big((u+v)^2 - 4uv\big) = a^2(u-v)^2 = a^2\big((w-v)-(w-u)\big)^2.$$

若 $a > 0$,则 $a = 1, 2$.当 $a = 1$ 时,$(w-u)(w-v) = \dfrac{2}{a} = 2$,故 $|u-v| = (w-v) - (w-u) \leqslant 1$;当 $a = 2$ 时,$(w-u)(w-v) = \dfrac{2}{a} = 1$,故 $|u-v| \leqslant 0$.此时,$b^2 - 4ac = a^2(u-v)^2 \leqslant 1$.

另一方面,若 $a < 0$,则 $a = -1, -2$.当 $a = -1$ 时,$|u-v| = 3$,此时 $b^2 - 4ac = a^2(u-v)^2 = 9$;当 $a = -2$ 时,$|u-v| = 2$,此时 $b^2 - 4ac = a^2(u-v)^2 = 16$.

综上,f 的判别式 $b^2 - 4ac$ 的最大值为 16.

10. −1006.

比较等式两端最高项次数,容易发现 $N=1007$.通过忽略次数低于 2013 的项,可得
$$a_N(x)(x^2+x+1)^{1007} \in x^{2015}+x^{2014}+O(x^{2013}).$$
根据题目描述,不妨假设 $a_N(x)=ux+v$,因此
$$a_N(x)(x^2+x+1)^{1007} \in (ux+v)\left(x^{2014}+1007x^{2013}+O(x^{2012})\right)$$
$$\subseteq ux^{2015}+(v+1007u)x^{2014}+O(x^{2013}).$$

最终比较各项系数可得 $u=1, v+1007u=1$,从而 $v=-1006$.值得注意的是该问题实际上是整数中进制数向多项式的类比,非常数多项式 $b(x)=x^2+x+1$ 与正整数 $b \geq 1$ 作用相同.特别地,当 $b=2$ 时就是我们常见的二进制数.

11. $[10\sqrt[3]{2}]=1414$.

由 $\left[\dfrac{1+\sqrt{\dfrac{2000000}{4^k}}}{2}\right]=\left[\dfrac{10\sqrt[3]{2}}{2^{k+1}}+\dfrac{1}{2}\right] \geq 1$ 解得 $k \leq 10$,因此

$$\sum_{k=0}^{\infty}\left[\dfrac{1+\sqrt{\dfrac{2000000}{4^k}}}{2}\right]=\sum_{k=0}^{\infty}\left[\dfrac{1+\sqrt{\dfrac{2000000}{4^k}}}{2}\right]=1414.$$

实际上若令原式中第 k 项为 x,则有 $4^k(2x-1)^2 \leq 2 \cdot 10^6$,其中 $k \geq 0, x \geq 1$.由此所求结果即为不等式 $2^k(2x-1) \leq 10\sqrt[3]{2}$ 的正整数解的个数.同时注意到每个正整数均可表示为 2 的幂次乘上一个奇数,故共有 $[10\sqrt[3]{2}]$ 个正整数解.

12. 31.

在域 F_5(由数字 0、1、2、3、4 构成,按模 5 相加相乘)中解齐次线性方程组.解空间的维数为 0、1 或 2 三种,并且三种情况均存在.因此,最终结果为 $1+5+5^2=31$.

注 本题结论可以被推广到更加一般的情形.

13. 9496.

因 $P(x)$ 零点全为整数,所以 $P(x)$ 可因式分解为 $P(x)=(x-r)(x-s)(x-t)$,其中 r,s,t 为整数.根据韦达定理,$rst=-2015$,为此需要寻找 3 个整数使得它们的乘积为 -2015.

首先 $P(x)$ 不可能有两个互不相同的正零点 $u<v$,否则 $P(x)$ 或者在 $(0,u) \bigcup (v,+\infty)$ 的某些区域小于 0,或者在 (u,v) 上小于 0.因此,若要 $P(x)=0$ 有两个正根,则必定为重根.由于 $2015=3 \times 13 \times 31$,故唯一的正重根为 $x=1$,此时 $P(x)=(x-1)^2(x+2015)$.

接下来考虑 $P(x)$ 的三个零点全为负数的情况,有 $(-1,-1,-2015)$、$(-1,-5,-403)$、$(-1,-13,-155)$、$(-1,-31,-65)$、$(-5,-13,-31)$ 四种可能.此时对应多项式

$P(x)$ 完全确定. 计算 $P(-1)$ 时注意到当 $P(x)$ 有零点 -1 时,$P(-1)=0$. 因此最终结果为 $(-1-1)^2(2011-1)+(5-1)(13-1)(31-1) = 8056+1440 = 9496$.

14. 8.

根据题意所要求集合 $S \subseteq (\mathbf{Z}/4\mathbf{Z})^2$ 关于加法运算封闭. 因为 $1+1+1+1 \equiv 0 \pmod 4$,同时由 $1+1+1 \equiv -1 \pmod 4$ 且 $(0,0) \in S$ 知 S 关于加法逆运算也封闭,因此 S 为 $(\mathbf{Z}/4\mathbf{Z})^2$ 的子群. 通过拉格朗日定理 $[(\mathbf{Z}/4\mathbf{Z})^2 : S] = \dfrac{|(\mathbf{Z}/4\mathbf{Z})^2|}{|S|}$ 知 $n \mid 4^2$,故而 $n \geqslant 8$. 为获得 n 的最小值,可构造 $S = \{1,2,3,4\} \times \{2,4\}$,从而 n 的最小值为 8.

注 实际上,S 为有限阿贝尔群. 阿贝尔群有着较为明确的分类,任何阿贝尔群均可以分解为一些整数群和剩余类群的直和,并且分解是唯一的. 从模的角度来理解,阿贝尔群就是整数环上的模.

15. 8.

若 H、M、T 任何一个为 0,那么 $H \cdot M \cdot M \cdot T = 0$. 因此接下来重点关注 $H \cdot M \cdot T \neq 0$ 的情形. 首先考虑 $M \in \{-2,-1,1,2\}$,此时 (H,M,T) 仅有 $(2,1,4)$、$(4,1,1)$、$(-1,-2,1)$、$(1,-2,-1)$ 四种取值. 证明如下.

(i) 若 $M = -2$,则 $H - 4 + T = 4HT$,即 $-15 = (4H-1)(4T-1)$. 因此 $4H-1 \in \{\pm 1, \pm 3, \pm 5, \pm 15\}$(仅 $-1,+3,-5,+15$ 满足),对应的 $4T-1 \in \{\mp 15, \mp 5, \mp 3, \mp 1\}$(仅 $+15, -5, +3, -1$ 满足). 但由于 H、T 是非零的,$4H-1 \in \{+3,-5\}$,此时 (H,M,T) 取值有 $(-1,-2,1)$ 和 $(1,-2,-1)$ 两种可能,$H \cdot M \cdot M \cdot T = 2$.

(ii) 若 $M = +2$,则 $H + 4 + T = 4HT$,即 $17 = (4H-1)(4T-1)$. 因此 $4H-1 \in \{\pm 1, \pm 17\}$(仅 $-1,+17$ 满足),对应的 $4T-1 \in \{\mp 17, \mp 1\}$(仅 $+17, -1$ 满足). 但由于 H、T 是非零的,此时无解.

(iii) 若 $M = -1$,则 $H - 2 + T = HT$,即 $-1 = (H-1)(T-1)$. 因此 $H-1 \in \{\pm 1\}$,此时无解.

(iv) 若 $M = +1$,则 $H + 2 + T = HT$,即 $3 = (H-1)(T-1)$. 因此 $H-1 \in \{\pm 1, \pm 3\}$,由于 H、T 是非零的,故 $H-1 \in \{+1,+3\}$,此时 (H,M,T) 取值有 $(4,1,2)$ 和 $(2,1,4)$ 两种可能,$H \cdot M \cdot M \cdot T = 8$.

最后考虑 $|M| \geqslant 3$.

根据 $H \cdot M^2 \cdot T = H + 2M + T$,有 $(H \cdot M^2 \cdot T) \cdot M^2 = (H + 2M + T) \cdot M^2$,从而等式等价于 $|2M^3 + 1| = |M^2H - 1| \cdot |M^2T - 1| \geqslant \min\{(M^2-1)^2, (M^2+1)^2\} = (M^2-1)^2 > 2|M|^3 + 1$,矛盾.

16. 376.

如图 6 所示,在空间直角坐标系 O-xyz 中,定义主平面为 xOy、yOz、zOx. 将共线但不

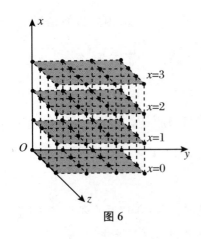

图 6

平行于主平面的点构成的集合成为空间对角线. 接下来对共线的点进行分类讨论.

(i) 考虑共线的点所在直线平行于坐标轴的情况(垂直于主平面). 注意到平面 $v=k$ 可以确定 8 条, 其中 $v \in \{x,y,z\}, k \in \{0,1,2,3\}$. 从图像容易发现每个平面(如 $x=1$)恰有 8 条线, 整个点阵共有 $4 \times 3 = 12$ 个这样的平面. 但是每条线均是两个平面的交线, 因此共有 $\frac{8 \times 4 \times 3}{2} = 48$ 条线. 此时有 $C_4^3 \times 48 = 192$ 组共线三点组.

(ii) 考虑平行于主平面且包含 4 个点的对角线. 平面 $v=k$ 中有两条包含 4 个点的对角线, 此时有 $12 \times 2 \times C_4^3 = 96$ 组共线三点组.

(iii) 考虑平行于主平面且恰有 3 个点的对角线. 平面 $v=k$ 中有 4 条恰有 3 个点的对角线, 此时有 $12 \times 4 = 48$ 组共线三点组.

(iv) 考虑主对角线. 点阵共有 4 条主对角线且每个对角线包含 4 个点, 此时共 $4 \times C_4^3 = 16$ 组共线三点组.

(v) 考虑包含 3 个点的空间对角线. 选择点集 $\{1,2\}^3$ 作为共线三点组的中间点. 例如 $(1,1,1)$, 共有 4 条空间对角线穿过这个点, 但其中有一条是主对角线. 此时共 $8 \times 3 = 24$ 组.

综上, 共 $192 + 96 + 48 + 16 + 24 = 376$.

17. 2016.

第二个条件表明 $16 \mid a(2a-1)(2a^2-a-1)$, 故而 $a \equiv 0 \pmod{16}$ 或 $a \equiv 1 \pmod{16}$. 当 $a=1$ 时, $N=1$ 矛盾. 同时, $a \neq 16$, 因为 7 不能整除 $a(2a-1)(2a^2-a-1)$; $a \neq 17$, 因为 9 不能整除 $a(2a-1)(2a^2-a-1)$. 因此可以直接验证 $a=32$ 是最小的满足条件的正整数, 此时 $1+2+\cdots+(N-1) = 2^4 \cdot 3^2 \cdot 5 \cdot 7 \cdot 13 \cdot 31$ 可以被 $1,2,\cdots,10$ 整除. 故 $N = 2016$.

18. 246.

首先, 有
$$f(2015)f(2016) = 2015\alpha \cdot 1008\beta = 2^4 \cdot 3^2 \cdot 5 \cdot 7 \cdot 13\alpha\beta.$$
将方程中 y 替换为 $-y$, 有
$$f(x^2-3y^2) + f(x^2+y^2) = 2(x-y)f(x+y),$$
结合原方程, 有
$$(x-y)f(x+y) = (x+y)f(x-y).$$
这表明当 $a, b \in \mathbf{Z} \setminus \{0\}$ 且 $a \equiv b \pmod 2$ 时, 可得 $\frac{f(a)}{a} = \frac{f(b)}{b}$. 这表明存在常数 $\alpha = f(1)$

$\in \mathbf{N}^*, \beta = f(2) \in \mathbf{N}^*$ 使得 $f(n)$ 定义如下：
$$f(n) = \begin{cases} n \cdot \alpha, & 2 \nmid n, \\ \dfrac{n}{2} \cdot \beta, & 2 \mid n. \end{cases}$$

因此, $\alpha\beta = 5 \cdot 7 \cdot 13 \cdot t^2$ (其中 $t \in \mathbf{N}^*$). 至此可断言 $(\alpha, \beta, t) = (5 \cdot 31, 7 \cdot 13, 1)$ 确定了最小的 $\alpha + \beta = 246$, 接下来证明 $\alpha + \beta \geq 246$.

当 $t \geq 2$ 时, 由基本不等式有 $\alpha + \beta \geq 2\sqrt{\alpha\beta} > 246$; 当 $t = 1$ 时, $\alpha + \beta = 246$, 得证.

最后, 当 n 为奇数时定义函数 $f(n) = 91n$; 当 n 为偶数时定义函数 $f(n) = \dfrac{155}{2}n$. 易验证 $f(n)$ 恰好满足条件 $f(1) + f(2) = 246$.

19. 8.

法一 因为 $(x+1)^2 = x^2 + 2x + 1 \equiv 2x$, $(x+1)^4 \equiv (2x)^2 \equiv -4 \equiv -1$, 同时 $(x+1)^8 \equiv (-1)^2 \equiv 1 \pmod{x^2+1, 3}$. 又因为在 $\mathbf{F}_3[x]$ 中 $(x^2+1, x+1) = 1$, 所以阶 $n \mid 8$. 通过计算 $n = 1、2、4$ 均不满足, 因此阶 $n = 8$.

注 实际上本题是整数向多项式的类比(特别地, 此处为定义在有限域 $\mathbf{F}_3$ 上的多项式). 题目中 $x^2 + 1 \pmod{3}$ 与整数中素数相似. 实际上, 我们有类似费马小定理的结论：
$$f(x)^{3^{\deg(x^2+1)}} \equiv f(x) \pmod{x^2+1, 3}$$
对任何多项式 $f(x) \in \mathbf{F}_3[x]$ 均成立(请读者自己证明或查阅相关资料). 这类问题中的 3 可以推广为任意素数 p, 同时 $x^2 + 1$ 可以替换为 $\mathbf{F}_p[x]$ 上任意不可约多项式. 因此, 本题和有限域理论是密切相关的.

法二 为了避免阐述群和域这样的术语, 不妨假设 $R(x) = (x+1)^n - 1 - P(x)(x^2+1)$, 则 $R(x) = 3Q(x)$. 其中 $P(x)$ 为商, $R(x)$ 为余数且系数均为 3 的倍数. 现考虑 $R(i)$ (i 为虚数单位). 因为 $R(x)$ 的奇次项系数及偶次项系数均能被 3 整除, 所以 $R(i)$ 的实部和虚部均能被 3 整除. 通过计算 $(1+i)^2 = 2i$, $(1+i)^4 = -4$, $(1+i)^6 = -8i$, $(1+i)^8 = 16$ 有 $(1+i)^8 - 1 = 15$ 恰好实部和虚部能被 3 整除. 又因为 $1+i$ 的偶次幂为实数或纯虚数且其系数不能被 3 整除, 故而乘上 $1+i$ 后虚部仍然不能被 3 整除. 检验 $n = 8$, 有
$$(x+1)^8 - 1 = x^8 + 8x^7 + 28x^6 + 56x^5 + 70x^4 + 56x^3 + 28x^2 + 8x$$
$$\equiv x^8 - x^7 + x^6 - x^5 + x^4 - x^3 + x^2 - x$$
$$\equiv (x^2+1)(x^6 - x^5 + x^2 - x) \pmod{3}.$$

20. $\dfrac{2046\pi}{2047}$.

为使等式成立, 故 θ 不能为 π 的整数倍, 否则 $\sin\theta = 0$, $\cos\theta = \pm 1$. 不妨令 $z = e^{\frac{i\theta}{2}} \neq \pm 1$, 那么在复数范围内有 $\displaystyle\prod_{k=0}^{10}\left(1 + \dfrac{2}{z^{2^{k+1}} + z^{-2^{k+1}}}\right) = \displaystyle\prod_{k=0}^{10} \dfrac{(z^{2^k} + z^{-2^k})^2}{z^{2^{k+1}} + z^{-2^{k+1}}}$, 将等式右边展开相消可

得

$$\prod_{k=0}^{10} \frac{(z^{2^k}+z^{-2^k})^2}{z^{2^{k+1}}+z^{-2^{k+1}}} = \frac{z+z^{-1}}{z^2+z^{-2}} \cdot \frac{z^2+z^{-2}}{z^4+z^{-4}} \cdot \cdots \cdot \frac{z^{2^9}+z^{-2^9}}{z^{2^{10}}+z^{-2^{10}}} \cdot \frac{z^{2^{10}}+z^{-2^{10}}}{z^{2^{11}}+z^{-2^{11}}} \prod_{k=0}^{10}(z^{2^k}+z^{-2^k})$$

$$= \frac{z+z^{-1}}{z^{2^{11}}+z^{-2^{11}}} \prod_{k=0}^{10}(z^{2^k}+z^{-2^k}).$$

对 $\prod_{k=0}^{10}(z^{2^k}+z^{-2^k})$ 进行化简,由于 $z-z^{-1}\neq 0$,故

$$\prod_{k=0}^{10}(z^{2^k}+z^{-2^k}) = \frac{(z-z^{-1})\cdot\prod_{k=0}^{10}(z^{2^k}+z^{-2^k})}{z-z^{-1}} = \frac{z^{2^{11}}-z^{-2^{11}}}{z-z^{-1}}.$$

从而 $\prod_{k=0}^{10}\left(1+\frac{1}{\cos 2^k\theta}\right) = \frac{z+z^{-1}}{z^{2^{11}}+z^{-2^{11}}} \cdot \frac{z^{2^{11}}-z^{-2^{11}}}{z-z^{-1}} = \frac{\tan 2^{10}\theta}{\tan\frac{\theta}{2}} = 1$. 由于 $\tan x$ 的周期为

π,且在任意给定周期上为单射,故 $\frac{\theta}{2}+l\pi = 1024\theta$,其中 $l\in\mathbf{Z}$. 因此 $\theta = \frac{2l\pi}{2047}$. 当 $l=1023$

时,θ 取得最大值 $\frac{2046\pi}{2047}$.

注 本题不使用复数也是可解的,但方法缺乏系统性. 利用恒等式 $2\cos x = \frac{\sin 2x}{\sin x}$ 以及 $1+\sec 2^k\theta = \frac{1+\cos 2^k\theta}{\cos 2^k\theta} = \frac{2\cos^2 2^{k-1}\theta}{\cos 2^k\theta}$ 可求解,步骤与答案相同.

21. 4.

通过递推关系有 $a_{1,1}=1$, $a_{2,n}=n^n+(n+1)^{n+1}$ 以及 $a_{3,n}=n^n+2(n+1)^{n+1}+(n+2)^{n+2}$. 据此归纳可得

$$a_{n,m} = \sum_{k=0}^{m-1} C_{m-1}^k (n+k)^{n+k} = \sum_{k\geq 0} C_{m-1}^k (n+k)^{n+k} \quad \text{(可用数学归纳法证明)}.$$

检验:当 $k=0$ 时,$C_m^0 = C_{m-1}^0$ 成立,并由恒等式 $C_m^k = C_{m-1}^k + C_{m-1}^{k-1}$, $k\geq 1$ 可归纳得证. 令 $m=128$,根据 Lucas 定理有 $C_{m-1}^k = C_{127}^k \equiv 1 \pmod{2}$,其中 $1\leq k\leq 127$,同时 $C_{127}^k \equiv 0 \pmod{5}$,其中 $3\leq k\leq 124$. 因此,

$$a_{128,1} = \sum_{k=0}^{127} C_{127}^k (k+1)^{k+1} \equiv \sum_{k=0}^{127} (k+1)^{k+1} \equiv 0 \pmod{2},$$

$$a_{128,1} = \sum_{k\in\{0,1,2\}\cup\{125,126,127\}} C_{127}^k (k+1)^{k+1} \equiv 4 \pmod{5}.$$

综上,$a_{128,1} \equiv 4 \pmod{10}$.

22. $\frac{2015\times 2013}{4} = \frac{4056195}{4}$.

令 $\overrightarrow{OA_i} = a_i$, $i\in\{1,2,\cdots,2015\}$,根据题意,a_i 为单位向量. 通过向量运算有

$$\sum_{1\leqslant i<j\leqslant 2015} OP_{ij}^2 = \sum_{1\leqslant i<j\leqslant 2015} |\overrightarrow{OP_{ij}}|^2, \quad \overrightarrow{OP_{ij}} = \frac{\overrightarrow{OA_i}+\overrightarrow{OA_j}}{2} = \frac{\boldsymbol{a}_i+\boldsymbol{a}_j}{2}.$$

故

$$\sum_{1\leqslant i<j\leqslant n}\left(\frac{\boldsymbol{a}_i+\boldsymbol{a}_j}{2}\right)^2 = \sum_{1\leqslant i<j\leqslant n}\frac{2+2\boldsymbol{a}_i\cdot\boldsymbol{a}_j}{4} = \frac{1}{2}C_{2015}^2 + \frac{1}{4}\left(\left|\sum_{i=1}^{2015}\boldsymbol{a}_i\right|^2 - \sum_{i=1}^{2015}|\boldsymbol{a}_i|^2\right)$$
$$\geqslant 2015\cdot\frac{2014}{4} - \frac{2015}{4}.$$

当且仅当 $\left|\sum_{i=1}^{2015}\overrightarrow{\boldsymbol{a}_i}\right| = 0$ 时等号成立(例如 $A_1,A_2,\cdots,A_{2015}$ 为圆上等分点).

23. 5.

显然通过将 1 到 $2^0+\cdots+2^8=511$ 之间的完全平方数表示为二进制数即可确定出平方集.因此共有 22 个平方集,对应的元素之和为 $n^2(n=1,2,\cdots,22)$.为方便叙述,若 $N=n^2$ 是某个(超)平方集元素之和,则称 N 为(超)平方数.

接下来逐一检验以排除不满足要求的平方数.因为 $(2k)^2$ 的二进制表示可由 k^2 的二进制数末端添两个零获得,所以 $1^2,3^2,5^2,7^2,9^2$ 不可能是超平方数.由 $11^2=(1111001)_2$ 可知不超过 9^2 的 N 均不可能是超平方数.同时,由 $22^2=4\times11^2$ 可知不超过 20^2 的偶平方数 N 也不可能是超平方数.

最终剩下 $11^2,13^2,15^2,17^2,19^2,21^2,22^2$.检验其二进制表示 001111001,010101001,011100001,100100001,101101001(排除掉 17^2),110111001(排除掉 13^2),111100100.从而有 11^2、15^2、19^2、21^2、22^2 共 5 个超平方数.

24. $\sqrt{\dfrac{1209}{7}} = \dfrac{\sqrt{8463}}{7}$.

延长 AD、BC 交于 E.设 $EA=x,EB=y$.因为四边形 $ABCD$ 为圆内接四边形,所以 $\triangle EAB$ 与 $\triangle ECD$ 相似.从而

$$\frac{y+8}{x}=\frac{25}{10}, \quad \frac{x+12}{y}=\frac{25}{10},$$

解得 $x=\dfrac{128}{21}, y=\dfrac{152}{21}$.易知圆 ω 为 $\triangle EAB$ 的旁切圆,故 $S_{\triangle EAB}=r_\omega\cdot\dfrac{x+y-10}{2}$.利用海伦定理可求得 $S_{\triangle EAB}=\sqrt{p(p-x)(p-y)(p-10)}$,其中 p 为 $\triangle EAB$ 周长的一半.故

$$r_\omega = \frac{S_{\triangle EAB}}{p-AB} = \sqrt{\frac{p(p-x)(p-y)}{p-10}} = \sqrt{\frac{1209}{7}}.$$

25. 8.

容易发现

$$x^8-14x^4-8x^3-x^2+1 = (x^8+2x^4+1)-(16x^4+8x^3+x^2)$$
$$= (x^4+4x^2+x+1)(x^4-4x^2-x+1).$$

由于 $x^4 + 4x^2 + x + 1 = x^4 + \frac{15}{4}x^2 + \left(\frac{x}{2} + 1\right)^2$,故 $x^4 + 4x^2 + x + 1 = 0$ 无实数根. 另一方面,令 $p(x) = x^4 - 4x^2 - x + 1$. 又 $p(-\infty) = +\infty$, $p(-1) = -3$, $p(0) = 1$, $p(1) = -3$, $p(+\infty) = +\infty$, 因此由零点存在性定理知 $p(x) = 0$ 存在四个不同实根, 恰好是 8 次方程所有实根. 根据韦达定理有

$$r_1^2 + r_2^2 + r_3^2 + r_4^2 = (r_1 + r_2 + r_3 + r_4)^2 - 2 \cdot \left(\sum_{1 \leq i < j \leq 4} r_i r_j\right) = 8.$$

26. $\dfrac{4}{3}$.

法一 不妨设 $\left|\dfrac{a-z}{b-z}\right| = k$, 则有

$$|a - z|^2 = |b - z|^2 \cdot k^2,$$

即

$$|a|^2 - 2a \cdot z + 1 = (|b|^2 - 2b \cdot z + 1) \cdot k^2.$$

整理得

$$|a|^2 + 1 - (|b|^2 + 1)k^2 = 2(a - bk^2) \cdot z,$$

两边取模, 得

$$\left||a|^2 + 1 - (|b|^2 + 1)k^2\right| \leq 2|(a - bk^2)|.$$

两边同时平方, 得

$$(|a|^2 - 1)^2 + (|b|^2 - 1)^2 k^4 + 2(4a \cdot b - (|a|^2 + 1)(|b|^2 + 1))k^2 \leq 0.$$

整理后有

$$\left((|a|^2 - 1) - (|b|^2 - 1)k^2\right)^2 - 4|a - b|^2 k^2 \leq 0$$
$$\Rightarrow \left|(|a|^2 - 1) - (|b|^2 - 1)k^2\right| \leq 2|a - b|k.$$

不妨令 $A = |a^2 - 1|$, $B = |b^2 - 1|$, $C = |a - b|$. 故有 $|A - Bk^2| \leq 2Ck$. 若 $B = 0$, 那么 $k \geq \left|\dfrac{A}{2C}\right|$. 否则考虑

$$C^2 + AB = (|a|^2 - 2a \cdot b + |b|^2) + (|a|^2 - 1)(|b|^2 - 1) = |ab|^2 - 2a \cdot b + 1,$$

又 C、B、A 均为实数, 因此

$$C^2 + AB = |\bar{a}b|^2 - \text{Re}(2\bar{a} \cdot b) + 1 = |\bar{a}b - 1|^2.$$

令 $D = |\bar{a}b - 1| = \sqrt{C^2 + AB}$. 假设 $B > 0$(另一种情况将 A、B 替换为 $-A$、$-B$). 那么由不等式组 $Bk^2 + 2Ck - A \geq 0$ 以及 $Bk^2 - 2Ck - A \leq 0$ 确定. 解得 $\left|\dfrac{C - D}{B}\right| \leq k \leq \left|\dfrac{C + D}{B}\right|$.

综上，若 $|b|=1$，则最小值为 $\left|\dfrac{A}{2C}\right|$，最大值为 $+\infty$；否则最小值为 $\left|\dfrac{C-D}{B}\right|$，最大值为 $\left|\dfrac{C+D}{B}\right|$．本题中 $A=16,B=18,C=6,D=18$，因此其最大值为 $\dfrac{4}{3}$．

法二 如图 7 所示．

利用复数的几何意义，在复平面中 z 为复平面中以原点为圆心的单位圆上的点，$a(\sqrt{17},0)$，$b(0,\sqrt{19})$．因此 $\left|\dfrac{a-z}{b-z}\right|=\dfrac{|AZ|}{|BZ|}$．不妨设点 $Z(\cos\theta,\sin\theta)$．则有
$$|AZ|^2=(\cos\theta-\sqrt{17})^2+(\sin\theta)^2=18-2\sqrt{17}\cos\theta,$$
$$|BZ|^2=(\cos\theta)^2+(\sin\theta-\sqrt{19})^2=20-2\sqrt{19}\sin\theta.$$
若令 $\left|\dfrac{a-z}{b-z}\right|=\dfrac{|AZ|}{|BZ|}=k$，则
$$k^2=\left(\dfrac{|AZ|}{|BZ|}\right)^2=\dfrac{9-\sqrt{17}\cos\theta}{10-\sqrt{19}\sin\theta}.$$

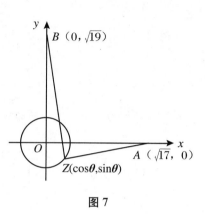

图 7

化简整理后可得
$$10k^2-9=\sqrt{19}k^2\sin\theta-\sqrt{17}\cos\theta\Rightarrow\dfrac{10k^2-9}{\sqrt{19k^4+17}}=\sin(\theta+\varphi)\in[-1,1].$$

从而有
$$0\leqslant\dfrac{(10k^2-9)^2}{19k^4+17}\leqslant 1\Rightarrow 19k^4+17\geqslant(10k^2-9)^2$$
$$\Rightarrow(9k^2-16)(9k^2-4)\leqslant 0$$
$$\Rightarrow\dfrac{2}{3}\leqslant k\leqslant\dfrac{4}{3}.$$

故其最大值为 $\dfrac{4}{3}$．

27. $\dfrac{1816}{6561}$．

由 Lucas 定理有 $C_a^b=\prod_{i=1}^{4}C_{a_i}^{b_i}$，其中 a_i、b_i 分别为 a、b 化为 3 进制数后的第 i 位数．若存在 $a_i<b_i$，则乘积模 3 余 0．其他可能的余数为 $C_2^0=1,C_2^1=2,C_2^2=1,C_1^0=1,C_1^1=1,C_0^0=1$．容易发现 $C_{a_i}^{b_i}$ 有 $\dfrac{1}{3}$ 的概率为 0．假设 $C_a^b=\prod_{i=1}^{4}C_{a_i}^{b_i}$ 中每项均不为 0，那么 $C_{a_i}^{b_i}=2$ 的概率为 $\dfrac{1}{6}$，$C_{a_i}^{b_i}=1$ 的概率为 $\dfrac{5}{6}$．因此
$$P(C_a^b\equiv 1(\bmod\ 3))=C_4^0\cdot\left(\dfrac{5}{6}\right)^4+C_4^2\cdot\left(\dfrac{5}{6}\right)^2\cdot\left(\dfrac{1}{6}\right)^2+C_4^4\cdot\left(\dfrac{1}{6}\right)^4=\dfrac{97}{162};$$

$$P\left(C_a^b \equiv 2 \pmod 3\right) = C_4^1 \cdot \left(\frac{5}{6}\right)^3 \cdot \frac{1}{6} + C_4^3 \cdot \left(\frac{5}{6}\right)^1 \cdot \left(\frac{1}{6}\right)^3 = \frac{65}{162}.$$

因此最终期望为 $\left(\frac{2}{3}\right)^4 \cdot \left(\frac{97}{162} \cdot 1 + \frac{65}{162} \cdot 2\right) = \frac{1816}{6561}$.

28. $\sqrt{19}$.

利用三角恒等式 $\tan \frac{u}{2} = \frac{\sin u}{1 + \cos u}$ 可将条件转化为

$$3\tan \frac{w}{2} = 4\tan \frac{x}{2} = 5\tan \frac{y}{2} = 6\tan \frac{z}{2} = k.$$

令 $a = \tan \frac{w}{2}, b = \tan \frac{x}{2}, c = \tan \frac{y}{2}, d = \tan \frac{z}{2}$,由恒等式 $\tan(M+N) = \frac{\tan M + \tan N}{1 - \tan M \tan N}$,有

$$\tan\left(\frac{w+x}{2} + \frac{y+z}{2}\right) = \frac{\tan \frac{w+x}{2} + \tan \frac{y+z}{2}}{1 - \tan \frac{w+x}{2} \tan \frac{y+z}{2}} = \frac{\frac{a+b}{1-ab} + \frac{c+d}{1-cd}}{1 - \left(\frac{a+b}{1-ab}\right)\left(\frac{c+d}{1-cd}\right)}$$

$$= \frac{a+b+c+d - abc - abd - bcd - acd}{1 + abcd - ab - ac - ad - bc - bd - cd}.$$

由 $x + y + z + w = 2\pi$,$\tan \frac{w+x+y+z}{2} = 0$,得 $a+b+c+d = abc + abd + bcd + acd$.

将 $a、b、c、d$ 用 k 替换有 $k^3 - 19k = 0$. 因此 k 可取 $0、-\sqrt{19}、\sqrt{19}$. 检验后 k 仅可取 $\sqrt{19}$.

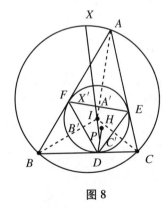

图 8

29. $\frac{4\sqrt{5}}{5}$.

设 $\triangle DEF$ 的垂心为 H,接下来将说明 P 为 DH 的中点. 实际上,以 $\triangle ABC$ 的内切圆为反演基圆作反演变换(如图 8 所示). 容易知道 $\triangle ABC$ 各顶点所对应的反演点均在 $\triangle DEF$ 的九点圆上.

又 $\angle IAX = 90°$,故 $\angle A'X'I = 90°$,从而 XI 必定经过九点圆中 A' 所在直径的另外一个端点(恰为 DH 的中点).

根据海伦公式 $S_{\triangle ABC} = \sqrt{p(p-a)(p-b)(p-c)} = p \cdot r$ (其中 $p = \frac{a+b+c}{2}$) 可知 $\triangle ABC$ 的内径 $r = 4$. 又有 $EF = 2 \cdot \frac{AF \cdot r}{AI}$,所以

$$DP^2 = \left(\frac{1}{2}DH\right)^2 = \frac{1}{4}(4r^2 - EF^2) = \frac{16}{5} \Rightarrow DP = \frac{4\sqrt{5}}{5}.$$

30. $-\frac{7}{16}$.

令 $P(x) = 4x^{10} - 7x^9 + 5x^8 - 8x^7 + 12x^6 - 12x^5 + 12x^4 - 8x^3 + 5x^2 - 7x + 4$,因式分解

后有 $P(x) = (4x^4 - 3x^3 - 2x^2 - 3x + 4)(x^6 - x^5 + x^4 - x^3 + x^2 - x + 1)$. 由于 $x = 0$ 不是 $P(x)$ 的零点,所以

$$4x^4 - 3x^3 - 2x^2 - 3x + 4 = 0 \Leftrightarrow 4\left(x + \frac{1}{x}\right)^2 - 3\left(x + \frac{1}{x}\right) - 10 = 0.$$

由此解出 $x + \dfrac{1}{x} = 2$ 或 $-\dfrac{4}{5}$,因此 $x = 1$ 或 $-5 \pm \dfrac{\sqrt{39}}{8}$i. 综上 $P(x) = 0$ 的所有互异的复根为 $e^{\frac{\pi}{7}i}$、$e^{\frac{3\pi}{7}i}$、$e^{\frac{5\pi}{7}i}$、$e^{\frac{9\pi}{7}i}$、$e^{\frac{11\pi}{7}i}$、$e^{\frac{13\pi}{7}i}$、1、$-5 \pm \dfrac{\sqrt{39}}{8}$i. 故其平方和为 $-\dfrac{7}{16}$.

31. 10.

法一 将模 1024 的奇数剩余分为 10 种情形:

(1) 情形 1 $1 (\bmod 4)$;

(2) 情形 $n (2 \leqslant n \leqslant 9)$ $2^n - 1 (\bmod 2^{n+1})$;

(3) 情形 10 $-1 (\bmod 1024)$.

若 $a \equiv 1 (\bmod 4)$,则 $a^m \equiv 1 (\bmod 4) (m \in \mathbf{Z})$,故此时 S_a 所有元素均为情形 1 中的数.

若 $a \equiv 2^n - 1 (\bmod 2^{n+1})$,$2 \leqslant n \leqslant 9$,则当 m 为奇数时,$a^m \equiv (2^n - 1)^m \equiv 2^n - 1 (\bmod 2^{n+1})$,当 m 为偶数时,$a^m \equiv (2^n - 1)^m \equiv 1 (\bmod 2^{n+1})$.

若 $a \equiv -1 (\bmod 2^{10})$,则 $a^m \equiv \pm 1 (\bmod 2^{10}) (m \in \mathbf{Z})$. 因此 S_a 中不能同时包含如下剩余中的两种:$5, 2^2 - 1, \cdots, 2^{10} - 1$,因此至少需要 10 个这样的集合.

同时,注意到 $5^{128} - 1 = (5-1)(5+1)(5^2+1)\cdots(5^{64}+1)$ 恰好有因子 2^9,从而 $5^{256} - 1$ 能够被 1024 整除,因此 5 模 1024 的阶为 256. 容易发现 $5^0, 5^1, \cdots, 5^{255}$ 模 1024 是两两不同余的,且恰好覆盖了情形 1 的 256 个剩余.

类似地,当 $2 \leqslant n \leqslant 9$ 时,若 $a = 2^n - 1$,则 a 模 1024 的阶为 2^{10-n}. 同时 $a^1, a^3, \cdots, a^{2^{10-n}-1}$ 模 2^{n+1} 两两不同余,且恰好覆盖了情形 n 的 2^{9-n} 个剩余.

情形 10 取 $S_{-1} = \{-1, 1\}$ 即可,故可找到 10 个集合 S_5、S_{-1}、$S_a (a = 2^n - 1, 2 \leqslant n \leqslant 9)$ 满足要求.

法二 **引理** 若 $n \geqslant 3$,$n \in \mathbf{N}^*$,则存在奇数 x 使得 x 模 2^n 的阶为 2^{n-2}.

引理的证明 对 n 数学归纳法证明,显然 $n = 3, 4$ 时可取 $x = 3$,故假设 $n = k - 1$ ($k \geqslant 5, k \in \mathbf{N}$),若当 $n = k$ 时不存在满足要求的奇数 x,则对所有奇数 x 有 $x^{2^{k-3}} \equiv 1 (\bmod 2^k)$ (因为 x 模 2^k 阶只能为 $\varphi(2^k) = 2^{k-1}$ 的因子). 从而 $(x^{2^{k-4}} - 1)(x^{2^{k-4}} + 1) \equiv 0 (\bmod 2^k)$,由于 $k - 4 \geqslant 1$ 故 $x^{2^{k-4}} + 1 \equiv 2 (\bmod 4)$,因此 $2^{k-1} | (x^{2^{k-4}} - 1)$ 对任意奇数 x 成立. 根据归纳假设存在奇数 x 模 2^{k-1} 的阶数为 2^{k-3},从而产生矛盾,引理得证.

现取模 2^{10} 阶数为 2^8 的奇数 x. 易知若 $x^k \equiv -1 (\bmod 2^{10})$,则 $x^{2k} \equiv 1 (\bmod 2^{10})$,因此 $2^7 | k$. 此时 x 为奇数,k 为偶数,$x^k \equiv 1 (\bmod 4)$. 又 $-1 + 1024m \equiv -1 (\bmod 4) (m \in \mathbf{Z})$,故

对任意 k，x^k 与 -1 模 1024 不同余. 令 $S_x = \{1, x, x^2, \cdots\}$，则集合 S_x 与 $-S_x$ 中任意两个元素模 1024 不同余. 由于 x 的阶为 256 且模 1024 有 512 个奇数剩余，故而对任意整数 x 均存在 $1 \leq k \leq 256$ 使得 $x \equiv x^k \pmod{1024}$ 或 $x \equiv -x^k \pmod{1024}$.

显然，由 $x, -x, -x^2, -x^4, \cdots, -x^{2^7}, -x^{2^8}$ 生成的 10 个集合恰好满足. 接下来将说明不存在更少的集合满足要求. 如果存在 9 个集合即可满足要求，那么要使得 $-x^{2^k}$ 与某个集合中的元素模 1024 同余，该集合一定是由 $-x^{2^k a} \pmod{1024}$ 的剩余生成的，其中 a 为奇数. 因此生成 9 个集合的整数分别为 $-x^{a_1}, -x^{2a_2}, \cdots, -x^{256 a_9} \pmod{1024}$ 的剩余，然而 3 并不在这些集合中，因此矛盾，从而至少需要 10 个集合.

32. $\dfrac{216\pi^3 - 2187\sqrt{3}}{8\pi^2}$.

为了方便表述，设酒杯容积为 V，则 m 分钟后酒杯中剩下蔓越莓汁的体积为

$$V \prod_{n=1}^{m} \left(\frac{9 - \frac{1}{n^2}}{9} \right)^3 = V \left(\prod_{n=1}^{m} \left(1 - \frac{1}{9n^2}\right) \right)^3 = V \left(\prod_{n=1}^{m} \frac{(3n-1)(3n+1)}{9n^2} \right)^3$$

$$= V \left(\frac{(3m+1)!}{3^{3m} (m!)^3} \right)^3.$$

接下来根据 Stirling 逼近有

$$\lim_{m \to \infty} \frac{(3m+1)!}{3^{3m}(m!)^3} = \lim_{n \to \infty} \frac{\left(\frac{3n+1}{e}\right)^{3n+1} \cdot \sqrt{2\pi(3n+1)}}{\left(\frac{3n}{e}\right)^{3n} \cdot \sqrt{(2\pi n)^3}}$$

$$= \lim_{n \to \infty} \frac{(3n+1)\sqrt{3}}{2\pi n e} \left(\frac{3n+1}{3n} \right)^{3n} = \frac{3\sqrt{3}}{2\pi}.$$

最终国王消耗的蔓越莓汁总量为 $V - V \left(\dfrac{3\sqrt{3}}{2\pi} \right)^3 = \dfrac{216\pi^3 - 2187\sqrt{3}}{8\pi^2}$.

此题还可以从另一个角度求极限，令 $f(m) = \dfrac{(3m+1)!}{3^{3m}(m!)^3}$，则 $f(m+1) = \dfrac{(3m+4)!}{3^{3m+3}((m+1)!)^3}$. 此时

$$f(m+1) = f(m) \frac{\left(m + \frac{2}{3}\right)\left(m + \frac{4}{3}\right)}{(m+1)^2},$$

因此

$$f(m) = \frac{c\Gamma\left(m + \frac{2}{3}\right)\Gamma\left(m + \frac{4}{3}\right)}{\left(\Gamma(m+1)\right)^2},$$

其中 c 为常数. 令 $m=0$, 则有 $f(0)=1=\dfrac{c\Gamma\left(\frac{2}{3}\right)\Gamma\left(\frac{4}{3}\right)}{(\Gamma(1))^2}$, 从而 $c=\dfrac{(\Gamma(1))^2}{\Gamma\left(\frac{2}{3}\right)\Gamma\left(\frac{4}{3}\right)}=\dfrac{3\sqrt{3}}{2\pi}$.

又 $\lim\limits_{m\to\infty}f(m)=\dfrac{3\sqrt{3}}{2\pi}\lim\limits_{m\to\infty}\dfrac{\Gamma\left(m+\frac{2}{3}\right)\Gamma\left(m+\frac{4}{3}\right)}{(\Gamma(m+1))^2}$, 因 $\lim\limits_{n\to\infty}\dfrac{\Gamma(n+\alpha)}{\Gamma(n)n^\alpha}=1$, 故 $\lim\limits_{m\to\infty}f(m)=\dfrac{3\sqrt{3}}{2\pi}$.

33. 621.

根据计算机可以计算出精确值: C_{1000}^{100} 共 140 位数字, 其中 0、1、2、3、4、5、6、7、8、9 分别出现 20、10、12、13、12、10、16、17、17、13 次, 所以各位数字之和为 621.

实际上可以先估计出 C_{1000}^{100} 写成十进制数大约有 150 位, 同时假设这些数字是随机分布的, 因此各位数字和的近似值为 $150\times 4.5=675$, 这样的估计离正确答案已经很接近了, 而我们知道 C_{1000}^{100} 的十进制数是 140 位, 因此结果可以更正确 $140\times 4.5=630$.

34. $1.813759629294\cdot 10^{12}$.

根据题意有 $\sum\limits_{n=1}^{10^6}nf(n)=\sum\limits_{x^2+xy+y^2\leqslant 10^6}(x^2+xy+y^2)$, 又因为 $x^2+xy+y^2\geqslant\dfrac{3}{4}x^2$, 等式右端和式每一项均可以找到上界, 故 $\dfrac{3}{4}x^2\leqslant n\leqslant 10^6$, 所以 $|x|\leqslant\dfrac{2}{\sqrt{3}}10^3$, $|y|\leqslant\dfrac{2}{\sqrt{3}}10^3$. 因此等式右端和式的项至多为 $\left(\dfrac{4}{\sqrt{3}}10^3+1\right)^2\approx 10^6$ (大胆地将"较小的部分"舍去), 不过非常遗憾, 当这么做之后, 会发现所求和至多为 1×10^{12}, 你仍然只能得 0 分.

为了得到更好的结果可以采用积分估计:
$$\sum_{x^2+xy+y^2\leqslant 10^6}(x^2+xy+y^2)\approx\iint_{x^2+xy+y^2\leqslant 10^6}(x^2+xy+y^2)\mathrm{d}y\mathrm{d}x.$$

通过 $(u,v)=\left(\dfrac{\sqrt{3}}{2}x,\dfrac{1}{2}x+y\right)$ 换元并进一步转换为极坐标 $(r,\theta)=\left(\sqrt{u^2+v^2},\arctan\dfrac{v}{u}\right)$, 则
$$\iint_{x^2+xy+y^2\leqslant 10^6}(x^2+xy+y^2)\mathrm{d}y\mathrm{d}x=\dfrac{2}{\sqrt{3}}\iint_{u^2+v^2\leqslant 10^6}(u^2+v^2)\mathrm{d}v\mathrm{d}u$$
$$=\dfrac{2}{\sqrt{3}}\int_0^\pi\int_0^{10^3}r^3\mathrm{d}r\mathrm{d}\theta=\dfrac{\pi 10^{12}}{\sqrt{3}}.$$

最终估计值为 1.8138×10^{12}, 实际上只要估计到 1.8×10^{12} 就可以得到满分了.

35. $\dfrac{1883918387767004194221830714712250060123 5}{4769168484048619242205701784512492731212}\approx 0.3950203047068107$.

显然 $(A\setminus B)\cup(B\setminus A)$ 就是大家熟悉的对称差. 设 $A\in S$, 如果 A 在 S 中只包含空集和它本身, 则称其为极小的. 取出 S 中的所有极小元, 则 S 是好集等价于 S 由极小元组合生成,

所以 S 的元素个数为 2 的幂次. S 对应于向量空间 V 的子空间,极小元是它的一组向量基. 设极小元的个数为 l,则 S 是 l 维子空间. 所有的 l 维子空间是由有序的 l 个线性无关的向量生成. 而同一个 l 维线性空间被重复计算了 $l!$ 次,所以要除掉.

选择 l 个线性无关的向量的方法是:先选一个 V_1,只要不为 0 就行了;选 V_2,只要不在 V_1 生成的空间中;选 V_3,只要不在 V_1、V_2 生成的空间中;如此下去……根据高斯二项式系数可知 n 维线性空间的 m 维线性子空间的个数为 $\begin{bmatrix} n \\ m \end{bmatrix}_2 = \dfrac{(2^n-2^0)(2^n-2^1)\cdots(2^n-2^{m-1})}{(2^m-2^0)(2^m-2^1)\cdots(2^m-2^{m-1})}$. 接下来估算 $\dfrac{\begin{bmatrix} n \\ l \end{bmatrix}_2}{\sum_{m=0}^{n}\begin{bmatrix} n \\ m \end{bmatrix}_2} = \dfrac{1}{2}\dfrac{\begin{bmatrix} 23 \\ 11 \end{bmatrix}_2}{\sum_{m=0}^{n}\begin{bmatrix} 23 \\ m \end{bmatrix}_2}$,其中 $l = \left[\dfrac{n}{2}\right] = 11$. 容易发现 $\begin{bmatrix} n \\ m \end{bmatrix}_2 = \begin{bmatrix} n \\ n-m \end{bmatrix}_2$,故直观地,高斯二项式系数成指数衰减,实际上,如果 $m \leq \dfrac{n}{2}$,那么

$$\dfrac{\begin{bmatrix} n \\ m-1 \end{bmatrix}_2}{\begin{bmatrix} n \\ m \end{bmatrix}_2} = \dfrac{(2^m-2^0)\cdot 2^{m-1}}{(2^n-2^{m-1})} \approx 2^{2m-1-n}.$$

因此高斯二项式系数是超指数衰减,如果只用前两项进行估计有 $\dfrac{1}{2}\cdot\dfrac{1}{1+\dfrac{1}{4}} = \dfrac{2}{5} = 0.4$,那么已经可以保证获得 20 分了;如果用前三项进行估计有 $\dfrac{32}{81}\approx 0.3950617$,那么就可以保证得满分了.

36. 1462105.

哈代-李特尔伍德定理表明对给定的整数集合 A,记集合 $B = \{x \mid x+a \text{ 为素数}, a \in A\}$,则 B 中的元素个数为

$$\dfrac{x}{(\ln x)^{|A|}} \prod_{p>3} \dfrac{1-\dfrac{w(p;A)}{p}}{\left(1-\dfrac{1}{p}\right)^k}(1+o(1)),$$

这里,$w(p;A)$ 表示 A 中元素模 p 后不同剩余的个数,$o(1)$ 表示无穷小量. 注意到 $(0, \pm 2, \pm 6)$ 共有 4 组,$w(p;A) = 3$,利用近似估计

$$\dfrac{1-\dfrac{p}{k}}{\left(1-\dfrac{1}{p}\right)^k} \approx 1-\dfrac{C_k^2}{p^2} \approx \left(1-\dfrac{1}{p^2}\right)^{C_k^2}$$

有

$$\prod_{p>3}\frac{1-\dfrac{k}{p}}{\left(1-\dfrac{1}{p}\right)^k}\approx\left(\frac{6}{\pi^2}\right)^{C_k^2}\cdot\left(\frac{4}{3}\right)^{C_k^2}\cdot\left(\frac{9}{8}\right)^{C_k^2}\approx\left(\frac{9}{10}\right)^{C_k^2}.$$

将此应用到四种可能的集合 $A=(0,\pm 2,\pm 6)$ 上,令 $x=10^9(\ln x\approx 20)$,由此计算出 $p=2,3$,可以得到估计结果:

$$4\cdot\frac{10^9}{20^3}\cdot\frac{1-\dfrac{1}{2}}{\left(\dfrac{1}{2}\right)^4}\cdot\frac{1-\dfrac{2}{3}}{\left(\dfrac{1}{3}\right)^4}\cdot\left(\frac{9}{10}\right)^3=1640250.$$

对此通过减去那些被重复计算的部分可以对结果做一些改进,例如当集合取 $A=\{0,6,-6,2\}$ 或 $A=\{0,6,-6,-2\}$ 时.此时,利用相同的估计方法有:

$$2\cdot\frac{10^9}{20^4}\cdot\frac{1-\dfrac{1}{2}}{\left(\dfrac{1}{2}\right)^4}\cdot\frac{1-\dfrac{2}{3}}{\left(\dfrac{1}{3}\right)^4}\cdot\left(\frac{9}{10}\right)^6\approx 9000,$$

所以 1550000 是个更好的估计结果,但是很明显结果仍然有很多改进余地,因为 $\ln 10^9\approx 20.7$,$\dfrac{1-\dfrac{p}{k}}{\left(1-\dfrac{1}{p}\right)^k}<\left(1-\dfrac{1}{p^2}\right)^{C_k^2}$.

(白晶晶　闫伟锋　李　伟　翻译　李　潜　武炳杰　审校)

2014—2015 年度美国数学人才搜索

第 一 轮

1. 把如图 1 所示的正方形网格划分成($n \geqslant 2$)个区域,且满足下列条件:

(a) 每个小正方形方格恰好位于一个区域内;

(b) 每个区域是一个由小正方形方格的边连接成的单块;

(c) 每个区域包含的小正方形方格数目相同;

(d) 每个区域内小正方形方格标有的数字之和相同.

					6	5	6
4			2			4	
	3		3		4		
				4			
		4				3	
				4			4
1	1	1					

图 1

2. 求所有的三元数组(x,y,z),使得 x、y、z、$x-y$、$y-z$、$x-z$ 都是素数.

3. 一组人按顺序排成一行,使得位于左边的人身高不会比位于他右边的任何一个人高出 8.例如,如果有 5 个人身高分别为 160、165、170、175、180,那他们可以排成一排从左至右身高依次为 160、170、165、180、175.

(1) 如果有 10 个人,身高分别为 140、145、150、155、160、165、170、175、180、185,那么共有多少种排列方式?

(2) 如果有 20 个人,身高分别为 120、125、130、135、140、145、150、155、160、164、165、170、175、180、185、190、195、200、205、210,那么共有多少种排列方式?

4. ω_P 和 ω_Q 是两个半径为 1 的圆,相交于 A、B 两点.P、Q 分别是 ω_P、ω_Q 的内接正 n 边形($n \geqslant 4$),且 A、B 分别是 P、Q 中的一个顶点.若第三个半径为 1 的圆 ω 交 P 于 P 的两个顶点 C、D,交 Q 于 Q 的两个顶点 E、F,且 A、B、C、D、E、F 都是不同的点,A 在 ω 外,B 在 ω 内.证明:存在正 $2n$ 边形使得 C、D、E、F 是其 4 个顶点.

5. $a_0,a_1,a_2,\cdots$是一个非负整数列,$a_2=5$,$a_{2014}=2015$,并且对所有正整数 n,$a_n=a_{a_{n-1}}$.求 a_{2015}的所有可能值.

第 二 轮

1. 如图 2 所示的 20 个三角形网格可以折叠成一个正二十面体. 在每一个三角形中, 写下 $1,2,\cdots,20$ 中的一个数, 每个数只能填写一次. 使得折成二十面体后, 每对相邻的数所在的三角形有公共边, 且 1 和 20 所在三角形也有公共边. 图中已经给出了一些数.

你不需要证明答案只有一个, 只需要给出一个答案即可. (注: 仅仅是本题不用给出证明, 对于其他的题目你都需要给出完整的证明.)

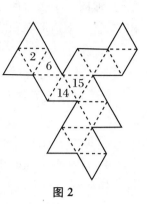

图 2

2. 设 a、b、c、x、y 是正实数, 满足
$$ax + by \leq bx + cy \leq cx + ay.$$
证明: $b \leq c$.

3. 设 P 是一个四棱锥, 其顶点为 $(1,1,3)$, 底面是以点 $(0,0,0)$、$(3,0,0)$、$(3,3,0)$、$(0,3,0)$ 为顶点的正方形, Q 也是四棱锥, 其顶点为 $(2,2,3)$, 底面与 P 的底面相同. 求 P、Q 相交部分的体积.

4. 在欧式空间中, 凸多面体内的一点 P 称为这个多面体的枢轴点, 如果过点 P 的任一直线或者不含多面体的顶点, 或者含有多面体的两个顶点. 确定并证明多面体内最多有多少个枢轴点.

5. 求满足以下要求的最小正整数 n: 可以从 n 种颜色中选一种对每一个正整数染色, 使得任何颜色相同的正整数 w、x、y、z 都不是方程
$$w + 6x = 2y + 3z$$
的解. (注: 这里 w、x、y、z 不需要不相同, 如 5 和 7 一定要染成不同的颜色, 因为 $(5,5,7,7)$ 是方程的解.)

第 三 轮

1. 在如图 3 所示的每个空白方格中填入一个不超过 100 的正整数, 使得每行每列连续的方格中的数成等差数列.

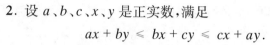

图 3

你不需要证明答案只有一个, 只需要给出一个答案即可. (注: 仅仅是本题不用给出证明, 对于其他的题目你都需要给出完整的证明.)

2. 如图 4 所示,延长边长为 1 的正五边形 $A_1A_2A_3A_4A_5$ 的每条边,形成一个十边形.求四边形 $A_2A_5B_2B_5$ 的面积(阴影部分的面积)与整个十边形面积的比值.

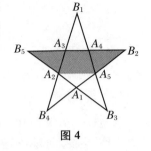

图 4

3. 设 $a_1, a_2, a_3, \cdots$ 是正实数序列,满足:

(a) 对所有正整数 m、n,都有 $a_{mn} = a_m a_n$;

(b) 存在正实数 B 使得对所有正整数 m、n,当 $m < n$ 时,$a_m < Ba_n$.

求 $\log_{2015} a_{2015} - \log_{2014} a_{2014}$ 的所有可能值.

4. 将 9 个不同的正整数排列在一个圆上,使得任何不相邻的两个数的积是 n 的倍数,且任何相邻的两个数的积不是 n 的倍数,其中 n 是给定的正整数.求 n 的最小可能值.

5. 从一个很大的由单位方格构成的网格中选出有限个单位方格构成区域 S.将一些斜边长为 2 的等腰直角三角形铺在 S 上,使得 S 被这些三角形完全覆盖,并且这些三角形两两不重叠,也不超出 S.此外,三角形的斜边在网格线上,顶点在方格顶点上.证明:三角形的个数是 4 的倍数.

参考答案

第 一 轮

1. 设每个区域内的小正方形方格数为 a,数字之和为 s.注意到共有 56 个小方格,所有数字之和为 63.因而 $na = 56, ns = 63$.由于 n、a、s 是整数,$n > 1$,从而 n 是 56 和 63 的公约数.故 $n = 7, a = 8, s = 9$.因而要将网格划分为 7 个区域,每个区域包含 8 个小方格,且每个区域内的数字和为 9.

更进一步,由于每个区域内的数字和为 9,则区域内不可能同时含有 5 和 6.另外,每个区域只含有 8 个小方格,则区域内也不可能同时含有 5 和 1.因而含有 6 的区域只能含有 6 和 3,含 5 的区域内只能含有 5 和 4.所以可以确定有两个区域分别包含 3、6 和 4、5;剩下的数为 1、1、1、2、3、4、4、4、4、4、4.在这些数中,要使包含 1 的区域内数字和为 9,则只可能这个区域内的数为 1、4、4.最后一个区域里的数为 2、3、4.这样我们得到七个区域,包含的数分别为 1、4、4;1、4、4;1、4、4;2、3、4;3、6;3、6;4、5.

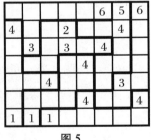

图 5

至此,只需要试验便可得到如图 5 所示的划分.

2. 注意到 $x - y$、$y - z$、$x - z$ 都是正数,则 $x > y > z$.

由于只有一个偶素质数 2,因而 x、y、z 中至多有一个偶数.如果 x、y、z 都是奇数,则 $x - y$、$y - z$、$x - z$ 是偶素数,因此 $x - y = y - z = x - z = 2$,矛盾.因而 x、y、z 中只有一个是偶数,从而 $z = 2$.且 x、y 是奇数,而 $x - y$ 是偶素数,故有 $x - y = 2$.因此所求三元数组可表

示为$(y+z,y,z)$.

另一方面,由于$y+2$、y、$y-2$中必有一个是3的倍数,且是素数,则只能是3,只可能$y-2=3$,因此$y=5$.

因而,所求三元数组只有$(x,y,z)=(7,2,5)$.

3.(1)我们首先证明下面的引理:

引理 如果有n个人,其身高分别为$a,a+5,\cdots,a+5(n-1)$,则有F_{n+1}种排列方式,其中F_k是第k个斐波那契数,定义为$F_0=0$,$F_1=1$,$F_k=F_{k-1}+F_{k-2}(k\geqslant 2)$.

引理的证明 我们对n归纳证明.

$n=1$和$n=2$时分别对应$F_2=1$,$F_3=2$,结论成立.

给定$n>2$,假设结论对于小于n的整数都成立.记L是n个人的一种排列方式.若最高的人在L的最右端,那么由归纳假设前面的$n-1$个人有F_n种排列方式.若最高的人不在L的最右端,则由于他比右边的人不高出8,而比他矮8以内的只有第二高的人,因而最高的人位于L的右数第二个,第二高的人位于L最右端.

由归纳假设,前$n-2$个人有F_{n-1}种排列方式.

结合两种情形,n个人共有$F_n+F_{n-1}=F_{n+1}$种排列方式.

根据引理,10个人共有$F_{11}=89$种排列方式.

(2)首先,注意到若身高为164的人位于身高为165的人左边,身高为h的人位于他们之间,则有$164<h+9$,即$155<h<174$,因而h只能为160或170.若身高为164的人位于身高为165的人之间,则$165<h+9$,同样可得到h只能为160或170.因而只有身高为160和170的人才能位于身高为164与165的人之间.现在考虑下面4种情形.

情形1 没人位于身高164和165的人之间.由引理,身高为$140,145,\cdots,205,210$(不包含164)的19个人有$F_{20}=6765$种排列方式.现在将身高164的人直接添加到这19人中,由于身高164的人可以位于身高165的人左边,也可以是右边,因而这种情形下共有$2\times 6765=13530$种排列方式.

情形2 只有身高160的人位于身高164和身高165的人之间.若身高164的人在身高165的人左边,则所有身高155或低于155的人必须位于身高164的人左边,且所有身高170或超过170的人必须位于身高165的人右边.由引理,最左边8个人有$F_9=34$种排列方式,最右边的9个人有$F_{10}=55$种排列方式.因而有$34\times 55=1870$种排列方式.同理,若身高165的人位于身高164的人左边也有1870种排列方式.因此这种情形下,共有$2\times 1870=3740$种排列方式.

情形3 只有身高170的人位于身高164和165的人之间.类似于情形2,这种情形下共有3740种排列方式.

情形4 身高160和170的人都位于身高164和165的人之间.则身高160的人只能位于身高170的人左边,因而这四人只有两种排列方式,分别为164,160,170,165和165,160,170,164.若身高164的人位于身高165的人左边,则所有身高155或低于155的人必须位于身高 164 的人左边,所有身高 175 或 175 以上的人必须在身高 165 的右边. 由引理,左边的 8 个人有 $F_9 = 34$ 种排列方式,右边的 8 人也有 $F_9 = 34$ 种排列方式. 因而有 $34 \times 34 = 1156$ 种排列方式. 同样的,若身高 165 的人位于身高 164 的人左边,也有 1156 种排列方式. 因此,这种情形下共有 $2 \times 1156 = 2312$ 种排列方式.

因此,4 种情形加起来,共有 $13530 + 3740 + 3740 + 2312 = 23322$ 种排列方式.

4. 因为 B 在 ω 内,由条件可知 C、D 之一在 ω_Q 内,E、F 之一在 ω_P 内. 不妨设 D 在 ω_Q 内,F 在 ω_P 内,如图 6 所示.

令 $s = \dfrac{2\pi}{n}$,s 是正 n 边形任意两相邻点形成的弧长. A、B、C、D 是正 n 边形的顶点,则 $\overset{\frown}{AD}$、$\overset{\frown}{DB}$、$\overset{\frown}{BC}$ 的长度都是 s 的正整数倍. 同样的,$\overset{\frown}{AF}$、$\overset{\frown}{FB}$、$\overset{\frown}{BE}$ 也是 s 的正整数倍.

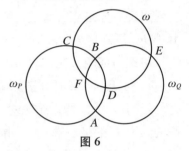

图 6

设 x、y、z 分别为 $\overset{\frown}{CF}$、$\overset{\frown}{FD}$、$\overset{\frown}{DE}$ 的弧长. 因为在正 $2n$ 边形中,任意两相邻点形成的弧长是 $\dfrac{s}{2}$,因而要证明结论,只需证明 x、y、z 是 $\dfrac{s}{2}$ 的整数倍.

注意到 $\overset{\frown}{CD}$ 是 ω_P 的弧,也是 ω 的弧,且两圆半径相等,因而在两个圆中的弧长也相等. 在圆 ω_P 中,这段弧长是 s 的倍数,因而它在 ω 中也是 s 的倍数. 因此 $x + y$ 是 s 的整数倍.

进一步,$\angle BDF + \angle DFB + \angle FDB = \pi$. 又由弧长公式有 $\overset{\frown}{FC} + \overset{\frown}{CB} = 2\angle BDF$. 类似地,计算 $\triangle BDF$ 的其他两个角,整理可得

$$\overset{\frown}{FC} + \overset{\frown}{CB} + \overset{\frown}{BE} + \overset{\frown}{ED} + \overset{\frown}{DA} + \overset{\frown}{AF} = 2\pi.$$

而 $\overset{\frown}{FC} + \overset{\frown}{DE} = x + z$,且其他四段弧长都是 s 的整数倍,$2\pi = ns$,因此 $x + z$ 是 s 的整数倍.

最后,注意

$$x = \frac{(x+y) + (x+z) - (y+z)}{2},$$

上式中分子是 s 的整数倍,则 x 是 $\dfrac{s}{2}$ 的整数倍. 同理可得,y、z 也是 $\dfrac{s}{2}$ 的整数倍. 这就证明了结论.

5. 设 $a_3 = x$,$a_4 = y$. 注意到

$$x = a_3 = a_{a_2} = a - 5 = a_{a_4} = a_y, \quad \text{①}$$

且

$$y = a_4 = a_{a_3} = a_x, \quad \text{②}$$

我们断言:对所有 $n \geqslant 3$,

$$a_n = \begin{cases} x, & \text{如果 } n \text{ 是奇数}; \\ y, & \text{如果 } n \text{ 是偶数}. \end{cases}$$

下面我们用数学归纳法证明断言.

$n = 3$ 和 $n = 4$ 时,显然成立.

假设 $n > 4$ 时,对所有 a_k,$3 \leqslant k < n$,断言成立.

若 n 是奇数,则由式①,$a_n = a_{a_{n-1}} = a_y = x$.

若 n 是偶数,则由式②,$a_n = a_{a_{n-1}} = a_x = y$.

因此,断言对于 a_n 成立,故 $n \geqslant 3$ 时,断言成立.

从而由 $a_{2014} = 2015$ 得,$y = 2015$,则序列可表示为
$$a_0, a_1, 5, x, 2015, x, 2015, x, \cdots.$$

其中,$a_x = 2015$,$a_{2015} = x$.

更进一步,必有 $a_1 = a_2 = 5$,这由下列 4 种情形得出.

情形 1 a_1 是大于 1 的奇数,且 $x = 5$.但 $a_x = a_5 = x = 5$,与 $a_x = 2015$ 矛盾.因而这种情形不可能出现.

情形 2 a_1 是大于 2 的偶数.但由于 $a_{a_1} = 2015$,矛盾.

情形 3 $a_1 = 2$,则 $a_1 = a_{a_0} = 2$.此时有两种情形.

(i) $a_0 = 1$,则序列为
$$1, 2, 5, x, 2015, x, 2015, x, \cdots.$$

由于 $a_x = 2015$,则 $x = 2015$ 或 x 是一个大于 2 的偶数.

(ii) a_0 是大于 1 的奇数,且 $x = 2$.但必有 $a_2 = 2015$,与 $a_2 = 5$ 矛盾.

情形 4 $a_1 = 0, a_0 = 5$.此时满足 $a_2 = a_{a_1} = a_0 = 5$.然而,$a_1 = a_{a_0} = a_5 = x = 0$,$a_x = a_0 = 5$,与 $a_x = 2015$ 矛盾.

综上所述,$a_{2015} = 2015$ 或是大于 2 的任何偶数.

第 二 轮

1. 结果如图 7 所示.

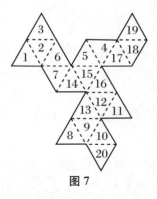

图 7

2. 第一个不等式等价于
$$(b-c)y \leqslant (b-a)x.$$

第二个不等式等价于
$$(b-c)x \leqslant (a-c)y.$$

若 $b > c$,则

$$0 < (b-c)y \leqslant (b-a)x, \quad 0 < (b-c)x \leqslant (a-c)y.$$

因而 $b-a > 0, a-c > 0$，即有 $b > a > c$. 进而得到, $ax > cx, by > ay$, 故 $ax + by > cx + ay$. 矛盾.

因此, $b \leqslant c$.

3. 考虑 P、Q 被平面 $z = c (0 \leqslant c \leqslant 3)$ 所截得到的截面.

P 被 $z = c$ 所截得到的截面是一个正方形, 其顶点为

$$\left(\frac{c}{3}, \frac{c}{3}, c\right), \quad \left(3 - \frac{2c}{3}, \frac{c}{3}, c\right), \quad \left(3 - \frac{2c}{3}, 3 - \frac{2c}{3}, c\right), \quad \left(\frac{c}{3}, 3 - \frac{2c}{3}, c\right).$$

Q 被 $z = c$ 所截得到的截面是一个正方形, 其顶点为

$$\left(\frac{2c}{3}, \frac{2c}{3}, c\right), \quad \left(3 - \frac{c}{3}, \frac{2c}{3}, c\right), \quad \left(3 - \frac{c}{3}, 3 - \frac{c}{3}, c\right), \quad \left(\frac{2c}{3}, 3 - \frac{c}{3}, c\right).$$

因此, 点 (x, y, z) 都在 P、Q 内当且仅当

$$\begin{cases} \frac{z}{3} < x < 3 - \frac{2z}{3}, \text{且} \frac{2z}{3} < x < 3 - \frac{z}{3}, \\ \frac{z}{3} < y < 3 - \frac{2z}{3}, \text{且} \frac{2z}{3} < y < 3 - \frac{z}{3}. \end{cases}$$

结合这些条件, 得到

$$\frac{2z}{3} < x < 3 - \frac{2z}{3}, \quad \frac{2z}{3} < y < 3 - \frac{2z}{3}.$$

这等价于点 (x, y, z) 在以 P、Q 的底面为底面、以 $\left(\frac{3}{2}, \frac{3}{2}, \frac{9}{4}\right)$ 为顶点的四棱锥内. (注意到以上两个不等式只有 $z < \frac{9}{4}$ 时有解, 且 x、y 是对称的.) 这个四棱锥底面积是 9, 高为 $\frac{9}{4}$, 因此体积为

$$\frac{1}{3} \times 9 \times \frac{9}{4} = \frac{27}{4}.$$

4. 多面体可以有 1 个枢轴点：例如, 正方体的中心是枢轴点.

然而, 我们断言, 多面体最多有 1 个枢轴点.

首先, 我们证明下面的引理.

引理 令 X 是多面体 P 的一个枢轴点, Γ 是任意一个过 X 的平面. 则 P 在 Γ 两侧的顶点个数相等.

引理的证明 设 f 是从 P 的顶点集到 P 的顶点集的映射, 定义为: A 为 P 的顶点, $f(A)$ 为在直线 AX 上 P 的另一个顶点 (由枢轴点的定义, 这个顶点一定存在且唯一). 注意到 f 的逆映射是本身, 所以 f 是双射.

如果 A 是 P 的顶点, 则在 X 和 A 之间的点都在 P 的内部, 因此 $f(A)$ 不在 X 和 A 之间. 同理, A 不在 X 与 $f(A)$ 之间. 从而, X 在 A 与 $f(A)$ 之间. 进而, 线段 $Af(A)$ 在 Γ 上或穿过 Γ. 也就是说 P 在 Γ 两侧的顶点一一对应. 因此, P 在 Γ 两侧的顶点个数相等.

现在, 我们证明我们的断言. 假设存在某个多面体 P 有两个不同的枢轴点 X 和 Y. 令

Γ_X 和 Γ_Y 分别是各自过 X 和 Y 的两个不同的平行平面,且 Γ_X 至少过 P 的一个顶点. 设 x、y 分别为在 Γ_X 和 Γ_Y 上 P 的顶点个数,z 为在 Γ_X 和 Γ_Y 之间 P 的顶点个数,x' 为在 Γ_X 不含 Γ_Y 那一侧 P 的顶点个数,y' 为在 Γ_Y 不含 Γ_X 那一侧 P 的顶点个数,示意图如图8所示.

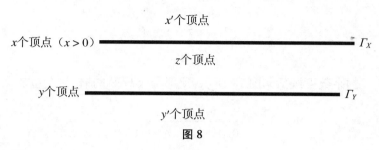

图 8

则由引理,有
$$x' = z + y + y',$$
$$y' = z + x + x'.$$

由上面两式可得
$$2z + x + y = 0.$$

注意到 $x > 0, y, z \geqslant 0$,因而 $2z + x + y > 0$,矛盾.

因此,凸多面体最多有一个枢轴点.

5. n 的最小值是 4.

首先我们说明用 4 种颜色可以满足要求. 我们用 4 种颜色,根据每个正整数在 3 进制下的形式采取如表 1 所示的方式染色.

表 1

3进制下末尾 0 的个数	3进制下最右边的非零数字	颜色
偶数	1	红
偶数	2	蓝
奇数	1	绿
奇数	2	黄

现在我们证明,按照上述方式染色,任何颜色相同的 4 个正整数都不是方程的解. 如若不然,存在 (w,x,y,z) 是方程的一组解,并且着色相同. 若 (w,x,y,z) 是一组蓝色解(即 w、x、y、z 满足方程,且它们被染为蓝色,以下类似),则 $(2w,2x,2y,2z)$ 是红色解. 若 (w,x,y,z) 是一组绿色解,则 $(3w,3x,3y,3z)$ 是红色解. 若 (w,x,y,z) 是一组黄色解,则 $(6w,6x,6y,6z)$ 是红色解. 因而,若假设成立,总有一组红色解.

如果给定红色解 (w,x,y,z),则将 w、x、y、z 用 3 进制表示,其末尾为 00、01、11、21 中的一个,因此它们模 9 余 0、1、4 或 7. 进而,$w + 6x$ 模 9 的余数可概括如图 9 所示(顶部是 w 模 9 的值,最左边是 x 模 9 的值).

	0	1	4	7
0	0	1	4	7
1	6	7	1	4
4	6	7	1	4
7	6	7	1	4

图 9

$2y+3z$ 模 9 的余数可概括如图 10 所示(顶部是 y 模 9 的值,最左边是 z 模 9 的值).

	0	1	4	7
0	0	2	8	5
1	3	5	2	8
4	3	5	2	8
7	3	5	2	8

图 10

因此,$w+6x \equiv 0$、1、4、6 或 7(mod 9),$2y+3z \equiv 0$、2、3、5、6(mod 9).要使 $w+6x = 2y+3z$,则 $w+6z \equiv 2y+3z \equiv 0 \pmod 9$,故由上面的表可得 w、x、y、z 都是 9 的倍数.

现设 (w,x,y,z) 是红色解,且它是所有红色解中 w 最小的那组解.则 $\left(\dfrac{w}{9}, \dfrac{x}{9}, \dfrac{y}{9}, \dfrac{z}{9}\right)$ 也是红色解,与 w 最小矛盾.因此,任何颜色相同的 4 个正整数都不是方程的解.

接下来,我们说明用 3 种(或更少)颜色不能满足要求.注意到,对任意正整数 k,四元数组 $(2k,k,k,2k)$、$(3k,k,3k,k)$、$(3k,2k,3k,2k)$ 都是方程的解,因而 k、$2k$、$3k$ 一定被染为不同色,这说明至少需要 3 种颜色.

设有 3 种颜色(红,蓝,绿).因为 $\{1,2,3\}$ 被染为不同色,则不妨设 1、2、3 分别被染为红色、蓝色、绿色.$\{2,4,6\}$ 和 $\{3,6,9\}$ 也被染为不同色,则 6 与 2、3 颜色不同,故 6 被染为红色,进而 4 被染为绿色,9 被染为蓝色.

可以得到如图 11 所示的染色结果.

1	2	3	4	5	6	7	8	9
红	蓝	绿	绿		红			蓝

图 11

接着,注意到 $\{4,8,12\}$ 和 $\{6,12,18\}$ 被染为不同色,则 12 与 4、6 不同色,因而 12 被染为蓝色.8 与 4、12 不同色,因而 8 被染为红色,如图 12 所示.

1	2	3	4	5	6	7	8	9	10	11	12
红	蓝	绿	绿		红		红	蓝			蓝

图 12

至此,我们无法用这三种颜色给 5 染色,因为:

(i) 若 5 被染为红色,则(1,5,8,5)是红色解.

(ii) 若 5 被染为绿色,则(5,3,4,5)是绿色解.

(iii) 若 5 被染为蓝色,则(9,5,12,5)是蓝色解.

因此,用 3 种(或更少)颜色不能满足要求.因而 n 的最小值为 4.

第 三 轮

1. 结果如图 13 所示.

3	6	9	12	15	18		59	71	83	95
		13	18		20	35	50	65		
3	10	17	24		22		41	59	77	95
27			30		24		32			77
51	46	41	36	31	26		23	35	47	59

图 13

2. 将十边形分成 8 个面积为 x、y、z 的三角形(由于 $\triangle A_3A_4A_5 \cong \triangle A_5A_1A_2$,因而它们有相同的面积 y),如图 14 所示.

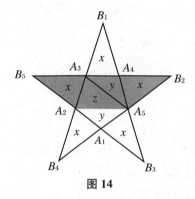

图 14

正五边形的内角为 $108°$,因而

$$\angle A_4A_3A_5 = \frac{1}{2}(180° - 108°) = 36°,$$

因此

$$\angle A_2A_3A_5 = 108° - 36° = 72°.$$

由此得到,面积为 z 的三角形是底角为 $72°$ 的等腰三角形.而外部面积为 x 的三角形也都是底角为 $72°$ 的等腰三角形.易知这些三角形全等.因此,$x = z$.

从而,阴影部分的面积为 $3x + y$,整个十边形的面积为 $6x + 2y$.故所求比值为 $\frac{1}{2}$.

3. 由条件(a),对 k 归纳可得,对所有正整数 n 和 k,$a_n^k = a_{n^k}$. 因此

$$a_n^k = a_{n^k} < Ba_{(n+1)^k} = Ba_{n+1}^k,$$

因而 $\left(\dfrac{a_n}{a_{n+1}}\right)^k < B$. 由于 k 可以任意大,从而 $\dfrac{a_n}{a_{n+1}} \leq 1$,即 $a_n \leq a_{n+1}$.

此即说明，$a_1, a_2, a_3, \cdots$ 是递增数列．在条件(a)中令 $m = 1$ 有 $a_n = a_1 a_n$，所以 $a_1 = 1$．

若 $a_2 = 1$，则对所有正整数 k，$a_{2^k} = 1^k = 1$，因此对所有正整数 n，$a_n = 1$．进而得到，$\log_{2015} a_{2015} - \log_{2014} a_{2014} = 0$．

若 $a_2 = \lambda > 1$，断言对 $n \leqslant 2$，$\log_n a_n = \log_2 \lambda$．为了证明断言，设 p 是使 $2^p > n$ 成立的正整数，则存在唯一的正整数 q 使

$$n^q < 2^p \leqslant n^{q+1}.$$

则 $a_{n^q} \leqslant a_{2^p} \leqslant a_{n^{q+1}}$，因此 $a_n^q \leqslant a_2^p \leqslant a_n^{q+1}$．即

$$a_n^q \leqslant \lambda^p \leqslant a_n^{q+1}.$$

从而，

$$0 < q \log_2 n < p \leqslant (q+1) \log_2 n,$$
$$0 < q \log_2 a_n \leqslant p \log_2 \lambda \leqslant (q+1) \log_2 a_n.$$

进而，

$$\frac{q \log_2 a_n}{(q+1) \log_2 n} \leqslant \log_2 \lambda \leqslant \frac{(q+1) \log_2 a_n}{q \log_2 n}.$$

故

$$\frac{q}{q+1} \log_n a_n \leqslant \log_2 \lambda \leqslant \frac{q+1}{q} \log_n a_n.$$

令 $p \to \infty$，则 $q \to \infty$，且 $\frac{q}{q+1} \to 1$，$\frac{q+1}{q} \to 1$．

因而，$\log_n a_n = \log_2 \lambda$，这就证明了断言．

因此，$\log_{2015} a_{2015} - \log_{2014} a_{2014} = \log_2 \lambda - \log_2 \lambda = 0$．

综上，$\log_{2015} a_{2015} - \log_{2014} a_{2014} = 0$．

4. 对任意的正整数 m 和质数 p，令 $v_p(m)$ 是 m 的素因数分解中 p 的幂次．

注意到 v_p 满足对任意的正整数 a、b，$v_p(ab) = v_p(a) + v_p(b)$．

设 n 满足题目条件，且圆上的数依次为 $x_1, x_2, x_3, \cdots, x_9$．

令 $x_{10} = x_1, x_{11} = x_2$．对每个 $1 \leqslant i \leqslant 9$，由于 n 不整除 $x_i x_{i+1}$，则必有一个素数 p_i 使 $v_{p_i}(x_i x_{i+1}) < v_{p_i}(n)$，则 $v_{p_i}(x_i) + v_{p_i}(x_{i+1}) < v_{p_i}(n)$．设有不相邻的下标 i、j，使 $p_i = p_j$（其中，1 和 9 视为相邻）．注意到 x_i、x_{i+1}、x_j、x_{j+1} 都是不同的，令 $p = p_i = p_j$，且令 $v_p(n) = k$，则有 $v_p(x_i) + v_p(x_{i+1}) < k$ 以及 $v_p(x_j) + v_p(x_{j+1}) < k$．故有

$$v_p(x_i) + v_p(x_{i+1}) + v_p(x_j) + v_p(x_{j+1}) < 2k. \qquad ①$$

另一方面，x_i 和 x_j 是不相邻的，所以 $x_i x_j$ 是 n 的倍数，因此 $v_p(x_i) + v_p(x_j) \geqslant k$．类似地，$x_{i+1}$ 和 x_{j+1} 是不相邻的，所以 $x_i x_j$ 是 n 的倍数，因此 $v_p(x_{i+1}) + v_p(x_{j+1}) \geqslant k$．故

$$v_p(x_i) + v_p(x_j) + v_p(x_{i+1}) + v_p(x_{j+1}) \geqslant 2k. \qquad ②$$

式①、式②矛盾．因而对任意不相邻的 i、j，$p_i \neq p_j$．

现设 $p_i = p_{i+1}$，再令 $p = p_i = p_{i+1}$．如果 $v_p(n) = 1$，则 $x_i x_{i+1}$ 和 $x_{i+1} x_{i+2}$ 都不是 p 的倍数．所以 x_i、x_{i+1}、x_{i+2} 中没有一个是 p 的倍数．但 $x_i x_{i+2}$ 一定是 n 的倍数，因此 x_i 和 x_{i+2}

有一个是 n 的倍数. 矛盾.

因而 $v_p(n) \geq 2$, 即 p^2 整除 n.

概括起来:一个素数在 $p_1, p_2, \cdots, p_9$ 中最多出现两次. 由于 $v_{p_i}(n) > 0$, 则 $p_1, p_2, \cdots, p_9$ 都能整除 n. 如果一个素数在 $p_1, p_2, \cdots, p_9$ 出现两次, 则这个素数的平方整除 n. 所以 $p_1 p_2 \cdots p_9$ 整除 n. 故 $n \geq p_1 p_2 \cdots p_9 \geq 2^2 \cdot 3^2 \cdot 5^2 \cdot 7^2 \cdot 11^1$. 故 n 的最小可能值为 $n = 2^2 \cdot 3^2 \cdot 5^2 \cdot 7^2 \cdot 11^1 = 485100$. 将以下数依次排列在圆上可满足要求:

$$\frac{n}{2 \cdot 11},\ \frac{n}{2^2},\ \frac{n}{2 \cdot 3},\ \frac{n}{3^2},\ \frac{n}{3 \cdot 5},\ \frac{n}{5^2},\ \frac{n}{5 \cdot 7},\ \frac{n}{7^2},\ \frac{n}{7 \cdot 11}.$$

5. 把这些三角形的斜边视为反射镜,直角边视为透明玻璃. 从某个三角形的斜边中点朝它的一条直角边的中点发出一束光. 由于包含这条直角边的方格一定被另一个三角形覆盖, 因而另一个三角形在这条直角边的另一侧, 并且光将射向那个三角形斜边的中点, 然后被反射. 当光第一次返回到开始的发射位置时形成一条光路. 我们证明光路通过方格的个数是 4 的倍数.

设 a、b、c、d 分别是朝西北、东北、西南、东南方向的光通过的方格个数. 因为朝北的光和朝南的光通过的方格个数一样多, 所以, $a + b = c + d$. 同理, $a + c = b + d$. 又由于朝西北或东南的光和朝东北或西南的光是交替的. 所以, 这两对类型的光之间一一对应, 从而, $a + d = b + c$. 由此可得

$$a + b = c + d,\quad a + c = b + d,\quad a + d = b + c.$$

故 $a = b = c = d$. 因此光通过方格的个数为 $4a$, 是 4 的倍数.

为了完成证明, 在一个三角形斜边中点朝它的一条直角边的中点发出一束光, 把光通过的所有三角形去掉, 去掉的部分是完整的方格, 并且去掉的方格数是 4 的倍数. 重复这个过程: 在剩下的一个三角形上发射一束光, 然后去掉光通过的三角形. 经过有限次后该过程可以去掉所有的三角形, 并且每次去掉的三角形个数是 4 的倍数, 因而三角形的总数是 4 的倍数, 得证.

(迟锦贵 翻译)

清华大学 2015 年优秀中学生数学科学体验营试题

数学进阶测试

2015 年 10 月 16 日   14:00 – 17:00

1. 给定正整数 n. 设实数 $a_1, a_2, \cdots, a_n, x_1, x_2, \cdots, x_n, y_1, y_2, \cdots, y_n$ 满足 $a \leqslant a_i \leqslant b$ $(i = 1, 2, \cdots, n)$,

$$\sum_{i=1}^{n} x_i^2 = \sum_{i=1}^{n} y_i^2 = 1.$$

证明:

$$\left| \sum_{i=1}^{n} a_i x_i^2 - \sum_{i=1}^{n} a_i y_i^2 \right| \leqslant (b - a) \sqrt{1 - \left(\sum_{i=1}^{n} x_i y_i \right)^2}.$$

2. 设凸五边形 $A_1 A_2 A_3 A_4 A_5$ 的面积为 S,$\triangle A_5 A_1 A_2$、$\triangle A_1 A_2 A_3$、$\triangle A_2 A_3 A_4$、$\triangle A_3 A_4 A_5$、$\triangle A_4 A_5 A_1$ 的面积分别为 S_1、S_2、S_3、S_4、S_5. 证明:

$$S_1 + S_2 + S_3 + S_4 + S_5 > S.$$

3. 给定正整数 n. 设实数 $x_1, x_2, \cdots, x_n$ 满足 $|x_i - x_j| \geqslant 1 (1 \leqslant i < j \leqslant n)$. 证明:所有 n^3 个表达式 $x_i x_j + x_k$(其中 $1 \leqslant i, j, k \leqslant n$)至少能取到 $\dfrac{n(n-1)}{2}$ 个不同的值.

4. 设 a、b、n 与 $\dfrac{n!}{a! \, b!}$ 都是正整数. 证明:

$$a + b \leqslant n + 1 + 2\log_2 n.$$

5. 给定正整数 n. 称集合 $\{1, 2, \cdots, n\}$ 的子集族 $\mathscr{D}$ 是向下封闭的,如果它满足如下条件:若 A 是子集族 $\mathscr{D}$ 中的元素,B 是 A 的子集,则 B 也是 $\mathscr{D}$ 中的元素. 对于向下封闭的子集族 $\mathscr{D}$,求表达式 $\sum_{A \in \mathscr{D}} (-1)^{|A|}$ 所能取到的最大值. 这里 $|A|$ 表示集合 A 的元素个数(约定 $|\varnothing| = 0$),$\sum_{A \in \mathscr{D}}$ 表示对子集族 $\mathscr{D}$ 的所有元素 A 求和.

注 所谓集合 X 的一个子集族是指由若干个 X 的子集所构成的集合.

6. 设 $p > 5$ 是素数且 $p \equiv 1 \pmod{4}$. 对于整数 a,若存在整数 x 使得 $x^2 \equiv a \pmod{p}$,则称 a 是模 p 二次剩余的. 证明:对每个整数 a,存在整数 b、c,使得 $a = b + c$,且 b、c 都不是模 p 二次剩余的.

数学基础测试

2015 年 10 月 16 日 19：00－22：00

7. 已知函数 $f(x) = 4\sin^3 x \cdot \cos x - 2\sin x \cdot \cos x - \dfrac{1}{2}\cos 4x$.

（1）求 $f(x)$ 的最小正周期及最大值；

（2）求 $f(x)$ 的单调递增区间.

8. 设函数 $f(x) = (2x^2 - 4ax)\ln x + x^2$.

（1）求函数 $f(x)$ 的单调区间；

（2）若不等式 $f(x) > 0$ 对任意 $x \in [1, +\infty)$ 恒成立，求 a 的取值范围.

9. 袋中有若干枚均匀硬币，其中一部分是普通硬币，其余的两面均为正面. 已知普通硬币占总硬币数的比例为 $\theta(0 < \theta < 1)$. 从袋中任取一枚硬币，在不查看它属于哪种硬币的前提下，将其独立地连掷两次.

（1）以 X 表示掷出的正面数，求 X 的分布列；

（2）将上述试验独立重复地进行 n 次，以 Y 表示这 n 次试验中不出现正面的次数，求 Y 的分布列.

10. 已知椭圆 $L: \dfrac{x^2}{a^2} + \dfrac{y^2}{b^2} = 1(a > b > 0)$ 的离心率为 $\dfrac{\sqrt{2}}{2}$，F_1、F_2 分别为椭圆 L 的左、右焦点，点 $\left(0, \dfrac{\sqrt{2}}{2}\right)$ 在椭圆 L 上. 设 A 为椭圆 L 上的一个动点，弦 AB、AC 分别过焦点 F_1、F_2，且 $\overrightarrow{AF_1} = \lambda_1 \overrightarrow{F_1 B}$，$\overrightarrow{AF_2} = \lambda_2 \overrightarrow{F_2 C}$.

（1）求椭圆 L 的方程；

（2）求 $\lambda_1 + \lambda_2$ 的值；

（3）求 $\triangle F_1 AC$ 的面积 S 的最大值.

11. 已知数列 $\{a_n\}$ 满足：$a_n > 0$，$a_n + a_n^2 + \cdots + a_n^n = \dfrac{1}{2}(n = 1, 2, \cdots)$. 证明：

（1）$a_n > a_{n+1}(n = 1, 2, \cdots)$；

（2）对于任意给定的 $0 < \varepsilon < 1$，总存在正整数 m，当 $n > m$ 时，$0 < a_n - \dfrac{1}{3} < \varepsilon$.

12. 已知集合 $S_n = \{X | X = (x_1, x_2, \cdots, x_n), x_i \in \{0, 1\}, i = 1, 2, \cdots, n\}(n \geqslant 2)$. 对于 $A = (a_1, a_2, \cdots, a_n) \in S_n$，$B = (b_1, b_2, \cdots, b_n) \in S_n$，定义 A 与 B 的差为 $A - B = (|a_1 - b_1|, |a_2 - b_2|, \cdots, |a_n - b_n|)$，$A$ 与 B 之间的距离为 $d(A, B) = \sum\limits_{i=1}^{n} |a_i - b_i|$.

（1）对任意 A、B、$C \in S_n$，证明：$d(A - C, B - C) = d(A, B)$，且 $d(A, B)$、$d(A, C)$、$d(B, C)$ 三个数中至少有一个是偶数；

(2) 设 $P \subseteq S_n$，P 中有 $m(m \geqslant 2)$ 个元素，记 P 中所有两元素间距离的平均值为 $\bar{d}(P)$，证明：$\bar{d}(P) \leqslant \dfrac{mn}{2(m-1)}$；

(3) 当 $n=3$ 时，若 M 满足 $M \subseteq S_3$ 且 M 中元素间的距离均为 2，试写出含有元素个数最多的所有集合 M.

参考答案

1. 设 $S_j = \sum\limits_{i=1}^{j}(x_i^2 - y_i^2)$，则 $S_n = 0$. 首先证明，对任意 $j \in \{1,2,\cdots,n\}$，有

$$|S_j| \leqslant \sqrt{1 - \left(\sum_{i=1}^{n} x_i y_i\right)^2}. \qquad ①$$

事实上，由柯西不等式，得

$$\left(\sum_{i=1}^{n} x_i y_i\right)^2 = \left(\sum_{i=1}^{j} x_i y_i + \sum_{i=j+1}^{n} x_i y_i\right)^2$$

$$\leqslant \left(\sqrt{\left(\sum_{i=1}^{j} x_i^2\right)\left(\sum_{i=1}^{j} y_i^2\right)} + \sqrt{\left(\sum_{i=j+1}^{n} x_i^2\right)\left(\sum_{i=j+1}^{n} y_i^2\right)}\right)^2$$

设 $X_j = \sum\limits_{i=1}^{j} x_i^2$，$Y_j = \sum\limits_{i=1}^{j} y_i^2$，$j=1,2,\cdots,n$. 则 $X_j、Y_j \in [0,1]$，$\sum\limits_{i=j+1}^{n} x_i^2 = 1 - X_j$，$\sum\limits_{i=j+1}^{n} y_i^2 = 1 - Y_j$，$S_j = X_j - Y_j$. 从而，只需证明，对任意 $j \in \{1,2,\cdots,n\}$，有

$$|X_j - Y_j| \leqslant \sqrt{1 - \left(\sqrt{X_j Y_j} + \sqrt{(1-X_j)(1-Y_j)}\right)^2}.$$

这等价于

$$(X_j - Y_j)^2 + \left(\sqrt{X_j Y_j} + \sqrt{(1-X_j)(1-Y_j)}\right)^2 \leqslant 1$$

$$\Leftrightarrow X_j(1-X_j) + Y_j(1-Y_j) \geqslant 2\sqrt{X_j Y_j (1-X_j)(1-Y_j)}.$$

上式由均值不等式易得，从而式①成立.

法一 由阿贝尔变换，得

$$\left|\sum_{i=1}^{n} a_i x_i^2 - a_i y_i^2\right| = \left|\sum_{i=1}^{n} a_i (x_i^2 - y_i^2)\right|$$

$$= \left|\sum_{j=1}^{n-1} S_j (a_j - a_{j+1}) + a_n S_n\right| = \left|\sum_{j=1}^{n-1} S_j (a_j - a_{j+1})\right|$$

$$\leqslant \sum_{j=1}^{n-1} |S_j| \cdot |a_j - a_{j+1}|$$

$$\leqslant \sum_{j=1}^{n} \sqrt{1 - \left(\sum_{i=1}^{n} x_i y_i\right)^2} \cdot |a_j - a_{j+1}|$$

$$= \sqrt{1-\left(\sum_{i=1}^{n} x_i y_i\right)^2} \sum_{j=1}^{n} |a_j - a_{j+1}|$$

$$\leq \sqrt{1-\left(\sum_{i=1}^{n} x_i y_i\right)^2} |a_1 - a_n|$$

$$\leq (b-a)\sqrt{1-\left(\sum_{i=1}^{n} x_i y_i\right)^2}.$$

从而结论成立.

法二 由于 $\left|\sum_{i=1}^{n} a_i(x_i^2 - y_i^2)\right|$ 关于每个 a_i 都是线性函数,因此,其最大值一定在 a_1, $a_2,\cdots,a_n$ 中一部分取 a,另一部分取 b 时取到. 不妨设 $\left|\sum_{i=1}^{n} a_i(x_i^2 - y_i^2)\right|$ 取到最大值时, $a_1 = a_2 = \cdots = a_j = a, a_{j+1} = \cdots = a_n = b(1 \leq j \leq n)$,则

$$\left|\sum_{i=1}^{n} a_i x_i^2 - \sum_{i=1}^{n} a_i y_i^2\right| = \left|\sum_{i=1}^{n} a_i(x_i^2 - y_i^2)\right|$$

$$\leq \left|a \sum_{i=1}^{j}(x_i^2 - y_i^2) + b \sum_{i=j+1}^{n}(x_i^2 - y_i^2)\right|$$

$$= \left|a \sum_{i=1}^{j}(x_i^2 - y_i^2) - b \sum_{i=1}^{j}(x_i^2 - y_i^2)\right|$$

$$= (b-a)\left|\sum_{i=1}^{j}(x_i^2 - y_i^2)\right| = (b-a)|S_j|.$$

结合式①即得结论成立.

2. 我们将证明

$$S^2 - (S_1 + S_2 + S_3 + S_4 + S_5)S + (S_1 S_2 + S_2 S_3 + S_3 S_4 + S_4 S_5 + S_5 S_1) = 0, \quad ①$$

从而易得原不等式成立.

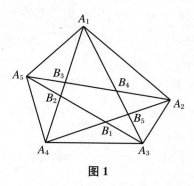

图1

如图1所示,设五边形 $A_1 A_2 A_3 A_4 A_5$ 的五条对角线两两交点分别为 B_1、B_2、B_3、B_4、B_5,则

$$\frac{A_5B_2}{B_2A_3} = \frac{S_{\triangle A_4A_5A_1}}{S_{\triangle A_1B_3A_4}} = \frac{S_5}{S - S_5 - S_2}.$$

类似地,有

$$\frac{A_1B_4}{B_4A_3} = \frac{S_1}{S - S_1 - S_4} \Rightarrow \frac{A_3A_1}{A_1B_4} = \frac{S - S_4}{S_1}.$$

类似地,还有

$$\frac{A_2B_4}{A_2A_5} = \frac{S_2}{S - S_4}, \quad \frac{A_5B_3}{A_2A_5} = \frac{S_5}{S - S_3},$$

从而

$$\frac{B_4B_3}{B_3A_5} = \frac{A_2A_5 - A_2B_4 - B_3A_5}{B_3A_5} = \frac{1 - \dfrac{A_2B_4}{A_2A_5} - \dfrac{B_3A_5}{A_2A_5}}{\dfrac{B_3A_5}{A_2A_5}} = \frac{1 - \dfrac{S_2}{S-S_4} - \dfrac{S_5}{S-S_3}}{\dfrac{S_5}{S-S_3}}.$$

对 $\triangle A_5A_3B_4$ 与截线 $A_1B_3B_2$ 应用梅涅劳斯定理,得

$$\frac{A_5B_2}{B_2A_3} \cdot \frac{A_3A_1}{A_1B_4} \cdot \frac{B_4B_3}{B_3A_5} = 1 \Rightarrow \frac{S_5}{S-S_5-S_2} \cdot \frac{S-S_4}{S_1} \cdot \frac{1 - \dfrac{S_2}{S-S_4} - \dfrac{S_5}{S-S_3}}{\dfrac{S_5}{S-S_3}} = 1,$$

整理即得式①.

注 式①即为莫比乌斯-高斯(Möbius-Gauss)公式.

3. 不妨设 $x_1 < x_2 < \cdots < x_n$,$\max\{|x_1|, |x_2|, \cdots, |x_n|\} = a$,则 $x_n = a$ 或 $x_1 = -a$,$x_i \in [-a, a]$($i = 1, 2, \cdots, n$).

将 $x_1, x_2, \cdots, x_n$ 分成三类,第一类为负数,第二类为正数,第三类为0.显然,第三类至多有一个数,从而第一类或第二类中有一类至少有 $t = \left\lceil \dfrac{n-1}{2} \right\rceil$ 个数.不妨设第一类数不少于 t 个(若为第二类,证明完全类似),即 $-a \le x_1 < x_2 < \cdots < x_t < 0$.

若 $x_n = a$,考虑 nt 个数 $x_nx_j + x_k = ax_j + x_k$($j = 1, 2, \cdots, n; k = 1, 2, \cdots, t$).假设存在两个不同的数组 (j_1, k_1)、(j_2, k_2)($1 \le j_1、j_2 \le n, 1 \le k_1、k_2 \le t$),使得

$$ax_{j_1} + x_{k_1} = ax_{j_2} + x_{k_2} \Leftrightarrow a(x_{j_1} - x_{j_2}) = -(x_{k_1} - x_{k_2}),$$

则 $j_1 \ne j_2$(否则会有 $(j_1, k_1) = (j_2, k_2)$,矛盾),从而

$$a \le |a(x_{j_1} - x_{j_2})| = |x_{k_1} - x_{k_2}| < a,$$

矛盾.因此,nt 个数 $x_nx_j + x_k = ax_j + x_k$($j = 1, 2, \cdots, n; k = 1, 2, \cdots, t$)两两不同.

若 $x_1 = -a$,类似可证 nt 个数 $x_1x_j + x_k = -ax_j + x_k$($j = 1, 2, \cdots, n; k = 1, 2, \cdots, t$)两两不同.

综上所述,所有 n^3 个表达式 $x_ix_j + x_k$(其中 $1 \le i、j、k \le n$)至少能取到 $nt \ge \dfrac{n(n-1)}{2}$ 个不同的值.

4. 设正整数 m 在二进制表示下的数字和为 $s_2(m)$，其素因子分解中 2 的幂次为 $v_2(m)$. 则

$$s_2(m) = m - v_2(m).\quad ①$$

设 n、a、b 在二进制表示下的位数分别为 k、i、j，则 $k = [\log_2 n]$，且由 $\dfrac{n!}{a!\,b!}$ 是整数，知 $k \geqslant i, k \geqslant j, v_2(n) \geqslant v_2(a) + v_2(b)$. 于是有

$$n - s_2(n) \geqslant a - s_2(a) + b - s_2(b).$$

从而

$$\begin{aligned}a + b &\leqslant n + s_2(a) + s_2(b) - s_2(n) \leqslant n + i + j - 1\\ &\leqslant n + 2k - 1 \leqslant n + 2(\log_2 n + 1) - 1\\ &= n + 2\log_2 n + 1.\end{aligned}$$

注 式①的证明如下.

设 m 的二进制表达式分别为 $m = (\overline{m_k \cdots m_1 m_0})_2 = m_k \cdot 2^k + m_{k-1} \cdot 2^{k-1} + \cdots + m_1 \cdot 2 + m_0$，其中，$m_k = 1, m_{k-1}, \cdots, m_0 \in \{0,1\}$. 由勒让德定理，知

$$\begin{aligned}v_2(m) &= \left[\frac{m}{2}\right] + \left[\frac{m}{2^2}\right] + \cdots + \left[\frac{m}{2^k}\right]\\ &= (\overline{m_k \cdots m_1})_2 + (\overline{m_k \cdots m_2})_2 + \cdots + (\overline{m_k})_2\\ &= m - (m_k + \cdots + m_1 + m_0) = m - s_2(m).\end{aligned}$$

从而，式①成立.

5. 设 $\mathscr{D}$ 是任一向下封闭的子集族. 用 $f(k)$ 表示 $\max\limits_{A \in \mathscr{D}}|A| = k$ 时 $\sum\limits_{A \in \mathscr{D}}(-1)^{|A|}$ 的最大值，则要求的是 $\max\limits_{0 \leqslant k \leqslant n} f(k)$ 的最大值.

当 k 是奇数时，设使 $f(k)$ 达到最大的子集族为 $\mathscr{D}$，这时，设 $\mathscr{D}$ 中所有不超过 $k-1$ 元的子集形成的子集族为 $\mathscr{D}'$，则

$$f(k) = \sum_{A \in \mathscr{D}}(-1)^{|A|} < \sum_{A \in \mathscr{D}'}(-1)^{|A|} \leqslant f(k-1).$$

因此，当 $f(k)$ 是奇数时，不可能取到最大值 $\max\limits_{0 \leqslant k \leqslant n} f(k)$.

下面用数学归纳法证明：当 k 为偶数且 $k \leqslant n$ 时，$f(k) = \sum\limits_{i=0}^{k}(-1)^i C_n^i (0 \leqslant k \leqslant n)$，记 $\{1, 2, \cdots, n\}$ 的所有不超过 k 元的子集组成的集族为 $\mathscr{D}_k$，当 $\mathscr{D} = \mathscr{D}_k$ 时，$\sum\limits_{A \in \mathscr{D}}(-1)^{|A|}$ 达到最大值 $f(k)$.

当 $k = 2$ 时，易知结论成立. 假设当 $k - 2 \geqslant 2$ 时结论成立，考虑 k 的情况.

设 $\mathscr{D}$ 是使得 $\max\limits_{A \in \mathscr{D}}|A| = k$ 的任一个向下封闭的子集族，记 $\mathscr{D} = \mathscr{D}' \cup \mathscr{D}''$，其中，$\mathscr{D}'$ 中的元素为不超过 $k-2$ 元的子集，$\mathscr{D}''$ 中的元素为 $k-1$ 元或 k 元的子集. 则

$$\sum_{A\in\mathscr{D}}(-1)^{|A|} = \sum_{A\in\mathscr{D}'}(-1)^{|A|} + \sum_{A\in\mathscr{D}''}(-1)^{|A|},$$

由归纳假设知

$$\sum_{A\in\mathscr{D}}(-1)^{|A|} \leqslant f(k-2) + \sum_{A\in\mathscr{D}''}(-1)^{|A|}.$$

现设 $\mathscr{D}''$ 中有 $l(l \leqslant C_n^k)$ 个 $\{1,2,\cdots,n\}$ 的 k 元子集,由于一个 $k-1$ 元子集至多被包含于 $n-k+1$ 个 $\{1,2,\cdots,n\}$ 的 k 元子集中,而一个 k 元子集包含 C_k^{k-1} 个 $k-1$ 元子集,故 l 个 k 元子集至少产生 $\dfrac{lC_k^{k-1}}{n-k+1}$ 个不同的 $k-1$ 元子集,从而

$$\sum_{A\in\mathscr{D}''}(-1)^{|A|} \leqslant l - \frac{lC_k^{k-1}}{n-k+1} \leqslant C_n^k\left(1 - \frac{k}{n-k+1}\right) = C_n^k - C_n^{k-1},$$

因此

$$\sum_{A\in\mathscr{D}}(-1)^{|A|} \leqslant f(k-2) - C_n^{k-1} + C_n^k = f(k).$$

即结论对 k 也成立,且当 $\mathscr{D}=\mathscr{D}_k$ 时取等号. 因此,当 $k \leqslant n$ 且 k 为偶数时,结论都成立. 即当 $k \leqslant n$ 且 k 为偶数时,

$$f(k) = \sum_{i=0}^{k}(-1)^i C_n^i,$$

结合组合数的性质,知

$$\max_{0\leqslant k\leqslant n} = f\left(2\left[\frac{n}{4}\right]\right) = \sum_{i=0}^{2\left[\frac{n}{4}\right]}(-1)^i C_n^i.$$

6. 用反证法. 假设结论不成立. 取 $b_1, b_2, \cdots, b_{\frac{p-1}{2}}$ 为模 p 互不同余的一组二次非剩余,则存在模 p 互不同余的一组二次剩余 $c_1, c_2, \cdots, c_{\frac{p-1}{2}}$ 使得 $b_i + c_i = a\left(1 \leqslant i \leqslant \dfrac{p-1}{2}\right)$. 由于 $b_1, b_2, \cdots, b_{\frac{p-1}{2}}, c_1, c_2, \cdots, c_{\frac{p-1}{2}}$ 遍历模 p 的简化剩余系,因此

$$\frac{p-1}{2}a = \sum_{i=1}^{\frac{p-1}{2}}b_i + \sum_{i=1}^{\frac{p-1}{2}}c_i \equiv \sum_{i=1}^{p-1}i \equiv 0 \pmod{p}.$$

从而 $a \equiv 0 \pmod{p}$. 此时,由于 -1 为模 p 的二次剩余,故 $b_1 \equiv -c_1 \pmod{p}$ 为模 p 的二次剩余,矛盾.

因此,存在整数 b、c 使得 $a = b + c$,且 b、c 都不是模 p 的二次剩余.

7. 化简易得 $f(x) = -\dfrac{\sqrt{2}}{2}\sin\left(4x + \dfrac{\pi}{4}\right)$.

故 $f(x)$ 的最小正周期 $T = \dfrac{2\pi}{4} = \dfrac{\pi}{2}$,最大值为 $\dfrac{\sqrt{2}}{2}$.

由 $2k\pi + \dfrac{\pi}{2} \leqslant 4x + \dfrac{\pi}{4} \leqslant 2k\pi + \dfrac{3\pi}{2}$ $(k \in \mathbf{Z})$,解得 $f(x)$ 的单调递增区间为

$\left[\dfrac{k\pi}{2}+\dfrac{\pi}{16},\dfrac{k\pi}{2}+\dfrac{5\pi}{16}\right](k\in\mathbf{Z})$.

8. (1) $f(x)$的定义域为 $x>0$, $f'(x)=4(x-a)(\ln x+1)$.

(i) 若 $a\leqslant 0$,则当 $x\in\left(0,\dfrac{1}{\mathrm{e}}\right)$时,$f'(x)<0$,$f(x)$单调递减;当 $x\in\left(\dfrac{1}{\mathrm{e}},+\infty\right)$时, $f'(x)>0$,$f(x)$单调递增.

(ii) 若 $0<a\leqslant\dfrac{1}{\mathrm{e}}$,则当 $0<x<a$ 时,$f'(x)>0$,$f(x)$单调递增;当 $a<x<\dfrac{1}{\mathrm{e}}$时, $f'(x)<0$,$f(x)$单调递减;当 $x>\dfrac{1}{\mathrm{e}}$时,$f'(x)>0$,$f(x)$单调递增.

(iii) 若 $a>\dfrac{1}{\mathrm{e}}$,则当 $0<x<\dfrac{1}{\mathrm{e}}$时,$f'(x)>0$,$f(x)$单调递增;当 $\dfrac{1}{\mathrm{e}}<x<a$ 时, $f'(x)<0$,$f(x)$单调递减;当 $x>a$ 时,$f'(x)>0$,$f(x)$单调递增.

(2) 由上述讨论知:当 $a\leqslant 1$ 时,$f(x)$在区间$[1,+\infty)$上单调递增,故而对 $x\in[1,+\infty)$,恒有 $f(x)\geqslant f(1)=1>0$. 当 $a>1$ 时,$f(x)$在$(1,a)$上单调递减;在$(a,+\infty)$上单调递增,只需使得 $f(x)$在$[1,+\infty)$上的最小值 $f(a)>0$ 即可. $f(a)=a^2(1-\ln a^2)>0\Leftrightarrow 1-\ln a^2>0\Rightarrow 0<a^2<\mathrm{e}$,结合 $a>1$,得 $1<a<\sqrt{\mathrm{e}}$.

综上所述,当 $a<\sqrt{\mathrm{e}}$时,对任意 $x\in[1,+\infty)$,恒有 $f(x)>0$.

9. (1) 设"取出的一枚硬币为普通硬币"为事件 A,"取出的一枚硬币为两面均为正面的硬币"为事件 B. X 的可能取值为 $0,1,2$,根据全概率公式,得

$$P\{X=0\}=P(A)P\{X=0\mid A\}+P(B)P\{X=0\mid B\}=\dfrac{1}{4}\theta,$$

$$P\{X=1\}=P(A)P\{X=1\mid A\}+P(B)P\{X=1\mid B\}=\dfrac{1}{2}\theta,$$

$$P\{X=2\}=P(A)P\{X=2\mid A\}+P(B)P\{X=2\mid B\}=1-\dfrac{3}{4}\theta.$$

(2) 一次试验中不出现正面的概率为 $p=\dfrac{1}{4}\theta$,易知 $Y\sim B(n,p)$,则 Y 的概率分布为 $P\{Y=k\}=\mathrm{C}_n^k p^k(1-p)^{n-k}$, $k=0,1,2,\cdots,n$.

10. (1) 椭圆 L 的方程为 $x^2+2y^2=1$.

(2) 设 $A\left(\cos\theta,\dfrac{\sqrt{2}}{2}\sin\theta\right)$,则 $F_1\left(-\dfrac{\sqrt{2}}{2},0\right)$、$F_2\left(\dfrac{\sqrt{2}}{2},0\right)$,于是直线 AF_1 的方程为

$$y=\dfrac{\sqrt{2}\sin\theta}{2\cos\theta+\sqrt{2}}\left(x+\dfrac{\sqrt{2}}{2}\right),$$

与椭圆 L 的方程联立,化简得

$$(2\sqrt{2}\cos\theta+3)x^2+2\sqrt{2}\sin^2\theta\,x-(3\cos^2\theta+2\sqrt{2}\cos\theta)=0.$$

根据韦达定理,得

$$x_A \cdot x_B = -\frac{3\cos^2\theta + 2\sqrt{2}\cos\theta}{2\sqrt{2}\cos\theta + 3} \Rightarrow x_B = -\frac{3\cos\theta + 2\sqrt{2}}{2\sqrt{2}\cos\theta + 3},$$

同理,$x_C = \frac{3\cos\theta - 2\sqrt{2}}{2\sqrt{2}\cos\theta - 3}$. 于是有

$$\lambda_1 = \frac{|AF_1|}{|F_1B|} = \left|\frac{x_A + \frac{\sqrt{2}}{2}}{x_B + \frac{\sqrt{2}}{2}}\right|,$$

不妨设 $\cos\theta \geq 0$,化简得 $\lambda_1 = 3 + 2\sqrt{2}\cos\theta$. 同理,$\lambda_2 = 3 - 2\sqrt{2}\cos\theta$.

所以,$\lambda_1 + \lambda_2 = 6$.

(3) 当 $AC \perp x$ 轴时,$S_{\triangle F_1 AC} = \frac{\sqrt{2}}{2}$. 否则,设直线 AC 的斜率为 k,则直线 AC 的方程为 $y = k\left(x - \frac{\sqrt{2}}{2}\right)$,与椭圆 L 的方程联立,得

$$(2k^2 + 1)y^2 + \sqrt{2}ky - \frac{1}{2}k^2 = 0,$$

从而有

$$S_{\triangle F_1 AC} = \frac{1}{2}|F_1F_2| \times |y_A - y_C| = \frac{\sqrt{2}}{2} \times \frac{\sqrt{2k^2(2k^2+2)}}{2k^2+1}.$$

令 $t = 2k^2 + 1 \geq 1$,则 $S_{\triangle F_1 AC} = \frac{\sqrt{2}}{2} \times \sqrt{1 - \frac{1}{t^2}}$ 是关于 t 的增函数,当 $t \to +\infty$ 时,$S_{\triangle F_1 AC} \to \frac{\sqrt{2}}{2}$.

所以当 $AC \perp x$ 轴时,$\triangle F_1 AC$ 的面积取到最大值 $\frac{\sqrt{2}}{2}$.

11. (1) 用反证法. 假设存在 n,使得 $a_{n+1} \geq a_n$,则

$$\frac{1}{2} = a_{n+1} + a_{n+1}^2 + \cdots + a_{n+1}^n + a_{n+1}^{n+1} \geq a_n + a_n^2 + \cdots + a_n^n + a_n^{n+1}$$

$$= \frac{1}{2} + a_n^{n+1} > \frac{1}{2},$$

矛盾. 故 $a_n > a_{n+1}$ $(n = 1, 2, \cdots)$.

(2) **法一** 本题等价于证明 $\lim\limits_{n \to \infty} a_n = \frac{1}{3}$,由(1)易知 $0 < a_n \leq \frac{1}{2}$,应用单调有界收敛原理知 $\lim\limits_{n \to \infty} a_n = x$ 存在.

对 $\frac{1}{2} = a_n + a_n^2 + \cdots + a_n^n = \frac{a_n(1 - a_n^n)}{1 - a_n}$ 两边关于 n 取极限,注意到 $0 \leq x < \frac{1}{2}$,则有

$\frac{x}{1-x} = \frac{1}{2}$,解得 $x = \frac{1}{3}$.结论得证.

法二 首先证明 $a_n > \frac{1}{3}(n=1,2,\cdots)$.事实上,若 $a_n \leqslant \frac{1}{3}$,则

$$\frac{1}{2} = a_n + a_n^2 + \cdots + a_n^n \leqslant \frac{1}{3} + \frac{1}{3^2} + \cdots + \frac{1}{3^n} = \frac{1}{2} - \frac{1}{2 \times 3^n} < \frac{1}{2},$$

矛盾.从而

$$\left(a_n - \frac{1}{3}\right) + \left(a_n^2 - \frac{1}{3^2}\right) + \cdots + \left(a_n^n - \frac{1}{3^n}\right) = \frac{1}{2} - \sum_{k=1}^{n} \frac{1}{3^k}$$

$$\Rightarrow \left(a_n - \frac{1}{3}\right)(1 + *) = \frac{1}{2 \times 3^n} \Rightarrow a_n - \frac{1}{3} < \frac{1}{2 \times 3^n} < \frac{1}{3^n},$$

其中,$*$ 为一些大于 0 的项的和.

对任意 $\varepsilon > 0, \frac{1}{3^n} < \varepsilon \Leftrightarrow n > -\log_3 \varepsilon$.令 $m = [-\log_3 \varepsilon] + 1$,则当 $n > m$ 时,恒有 $0 < a_n - \frac{1}{3} < \varepsilon$.

12. (1) 设 $A = (a_1, a_2, \cdots, a_n), B = (b_1, b_2, \cdots, b_n), C = (c_1, c_2, \cdots, c_n)$.因为 a_i、b_i $\in \{0, 1\}$,所以 $|a_i| = a_i, |b_i| = b_i, |a_i - b_i| \in \{0, 1\}(i = 1, 2, \cdots, n)$.从而

$$A - B = (|a_1 - b_1|, |a_2 - b_2|, \cdots, |a_n - b_n|) \in S_n.$$

又

$$d(A - C, B - C) = \sum_{i=1}^{n} \left| |a_i - c_i| - |b_i - c_i| \right|.$$

当 $c_i = 0$ 时,$\left| |a_i - c_i| - |b_i - c_i| \right| = \left| |a_i| - |b_i| \right| = |a_i - b_i|$;当 $c_i = 1$ 时,$\left| |a_i - c_i| - |b_i - c_i| \right| = \left| |1 - a_i| - |1 - b_i| \right| = |(1 - a_i) - (1 - b_i)| = |a_i - b_i|$.所以

$$d(A - C, B - C) = \sum_{i=1}^{n} |a_i - b_i| = d(A, B).$$

设 $d(A, B) = k, d(A, C) = l, d(B, C) = h$,记 $O = (0, 0, \cdots, 0)$,由上述论证知

$$d(A, B) = d(A - A, B - A) = d(O, B - A) = k,$$
$$d(A, C) = d(A - A, -A) = d(O, C - A) = l,$$
$$d(B, C) = d(B - A, C - A) = h.$$

所以 $|b_i - a_i|(i = 1, 2, \cdots, n)$ 中 1 的个数为 k,$|c_i - a_i|(i = 1, 2, \cdots, n)$ 中 1 的个数为 l.

设 t 是使 $|a_i - b_i| = |c_i - a_i| = 1$ 成立的 i 的个数,则 $h = l + k - 2t$,即 $k + l - h = 2t$ (偶数),由此可知 k, l, h 三个数不可能都是奇数.

(2) $\overline{d}(P) = \frac{1}{C_m^2} \sum_{A, B \in P} d(A, B)$,其中 $\sum_{A, B \in P} d(A, B)$ 表示 P 中所有两个元素间距离的总

和.设 P 中所有元素的第 i 个位置的数字中共有 t_i 个 1、$m - t_i$ 个 0,则

$$\sum_{A,B \in P} d(A,B) = \sum_{i=1}^{n} t_i(m - t_i) \leqslant \sum_{i=1}^{n} \frac{m^2}{4} = \frac{nm^2}{4},$$

所以

$$\overline{d}(P) = \frac{1}{C_m^2} \sum_{A,B \in P} d(A,B) \leqslant \frac{nm^2}{4C_m^2} = \frac{mn}{2(m-1)}.$$

(3) $M = \{(0,0,0),(0,1,1),(1,0,1),(1,1,0)\}$ 或 $M = \{(1,1,1),(1,0,0),(0,1,0),(0,0,1)\}$.

(许康华 闫伟锋 李 潜 杨全会 严文兰 等供解)

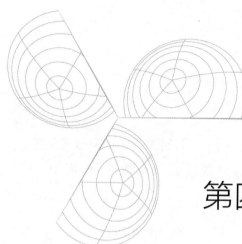

第四篇　模拟训练

《学数学》高中数学竞赛训练题

《学数学》高中数学竞赛训练题

一 试

一、填空题(每小题8分,共64分)

1. 已知 $\min\{\log_3(10x+1), \sqrt{x^2-8x+7}\} < 4$,则实数 x 的取值范围是_____.

2. 用 $[x]$ 和 $\{x\}$ 分别表示实数 x 的整数部分和小数部分,例如 $[-2.3] = -3$, $\{-2.3\} = 0.7$.那么方程 $\{x\} = \dfrac{10}{[x]} - \dfrac{10}{x}$ 的解集为_____.

3. 已知实数 x, y 满足 $2^x + 2^y = 4^x + 4^y$,则 $z = 8^x + 8^y$ 的范围为_____.

4. 设集合 $M = \{z \mid |z| \leqslant 1\}$ 和 $P = \{z \mid |z-1| \leqslant 1\}$ 都是由复数构成的集合,则在集合 $M \cup P$ 中任取一个元素,恰好属于集合 $M \cap P$ 的概率为_____.

5. 已知点 $A(1,-1)$、$B(4,0)$、$C(2,2)$. 平面区域 D 由所有满足 $\overrightarrow{AP} = \lambda \overrightarrow{AB} + \mu \overrightarrow{AC}$ ($1 < \lambda \leqslant a, 1 < \mu \leqslant b$)的点 $P(x,y)$ 组成. 若区域 D 的面积为 8,则 $a+b$ 的最小值为_____.

6. $\triangle ABC$ 中,$\angle A$、$\angle B$、$\angle C$ 的对边分别为 a、b、c,若 $\dfrac{a}{2\cos A} = \dfrac{b}{3\cos B} = \dfrac{c}{6\cos C}$,则 $\cos A \cos B \cos C = $ _____.

7. 若正实数 a、b、c、d 满足 $a^2 = b^2 + c^2 + d^2 + 1$,则 $4a - 3b - 2c - d$ 的取值范围是_____.

8. 方程 $x_1^2 + x_2^2 + \cdots + x_{10}^2 = x_1 x_2 + x_2 x_3 + \cdots + x_9 x_{10} + 2$ 的整数解共有_____组.

二、解答题(共56分)

9. (16分)求方程 $x^2 + x = y^4 + y^3 + y^2 + y$ 的整数解.

10. (20分)数列 $\{a_n\}$ 的首项 a_1 满足 $1 < a_1 < 2$,且 $a_{n+1} = a_n + \dfrac{n}{a_n} (n \in \mathbf{N}^*)$.

证明:至多只有一个正整数对 $(i, j)(i \leqslant j)$ 使得 $a_i + a_j \in \mathbf{N}^*$.

11. (20分)抛物线 $y^2 = 2px (p > 0)$ 的焦点为 F,抛物线上有两个动点 A、B 及一个定点 M,使得 AF、MF、BF 的长度成等差数列.

(1) 证明:AB 的垂直平分线经过一个定点 Q;

(2) 若 $|MF| = 2$,且 (1) 中的定点 Q 到坐标原点 O 的距离为 3,求 $\triangle QAB$ 面积的最大值.

加 试

一、(40分)求最大正整数 n，使得当正整数 $k < \sqrt[3]{n}$ 时，都有 k 整除 n.

二、(40分)定义一个数集的和就是该集合中所有元素的和.设集合 $S \subseteq \{1, 2, \cdots, 15\}$，且 S 的任意两个不相交的子集有不同的和.问：具有这个性质的集合 S 的和的最大值是多少？

三、(50分)已知 $\triangle ABC$ 为锐角三角形，O、H 分别为其外心、垂心，点 D 为 $\triangle ABC$ 外接圆中劣弧 $\overparen{BC}$ 上一点，且 DH 的垂直平分线分别交直线 AB、AC 于点 P、Q.

证明：$\angle POQ = \angle BOC$.

四、(50分)给定正整数 n，求最大的实数 $\lambda(n)$，使得对任意模长为 1 的复数 z，都有
$$\sum_{k=1}^{n}(n-k+1)|1+z^k| \geq \lambda(n) \cdot |1-z|.$$

参 考 答 案

一 试

一、填空题

1. $\left(-\dfrac{1}{10}, 1\right] \cup [7, 9)$.

定义域为 $\left(-\dfrac{1}{10}, 1\right] \cup [7, +\infty)$. 当 $x \in \left(-\dfrac{1}{10}, 1\right]$ 时，不等式显然成立.

当 $x \geq 7$ 时，令 $\log_3(10x+1) = 4$，得 $x = 8$. 令 $\sqrt{x^2 - 8x + 7} = 4$，得 $x = 9$.

所以所求 x 的取值范围为 $\left(-\dfrac{1}{10}, 1\right] \cup [7, 9)$.

2. $\{x \mid x \in \mathbf{Z}, x \neq 0\} \cup \left\{\dfrac{10}{3}\right\}$.

注意到 $x - [x] = \{x\}$，去分母后得 $x[x]\{x\} = 10\{x\}$.

若 $\{x\} = 0$，则 $x \in \mathbf{Z}$ 且 $x \neq 0$.

若 $\{x\} \neq 0$，则 $[x] \leq x = \dfrac{10}{[x]} < [x] + 1$，解得 $[x] = 3$，从而 $x = \dfrac{10}{3}$.

综上所述，所求解集为 $\{x \mid x \in \mathbf{Z}, x \neq 0\} \cup \left\{\dfrac{10}{3}\right\}$.

3. $1 < z \leq 2$.

令 $a = 2^x, b = 2^y$，则

$$\left(a - \dfrac{1}{2}\right)^2 + \left(b - \dfrac{1}{2}\right)^2 = \left(\dfrac{\sqrt{2}}{2}\right)^2 \quad (a, b > 0).$$

从而可得到 $t = a + b \in (1, 2]$，且

$$ab = \dfrac{(a+b)^2 - (a^2+b^2)}{2} = \dfrac{t^2 - t}{2}.$$

于是
$$z = a^3 + b^3 = (a+b)^3 - 3ab(a+b) = -\frac{1}{2}t^3 + \frac{3}{2}t^2 \quad (1 < t \leq 2).$$

而 $z'_t = -\frac{3}{2}t^2 + 3t = -\frac{3}{2}t(t-2) \geq 0$,所以 z 在 $(1,2]$ 上单调递增.

所以 $1 < z \leq 2$.

4. $\dfrac{4\pi - 3\sqrt{3}}{8\pi + 3\sqrt{3}}$.

如图 1 所示,集合 M、P 分别表示圆心在原点和 $(1,0)$ 点的两个单位圆.

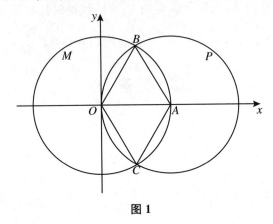

图 1

集合 $M \cup P$ 的面积为
$$2 \times \left(\frac{1}{2} \cdot \frac{4\pi}{3} \cdot 1^2\right) + 2 \times \left(\frac{\sqrt{3}}{4} \cdot 1^2\right) = \frac{8\pi + 3\sqrt{3}}{6}.$$

而集合 $M \cap P$ 的面积为
$$2 \times \pi \cdot 1^2 - \frac{8\pi + 3\sqrt{3}}{6} = \frac{4\pi - 3\sqrt{3}}{6}.$$

所以所求概率为
$$\frac{4\pi - 3\sqrt{3}}{8\pi + 3\sqrt{3}}.$$

5. 4.

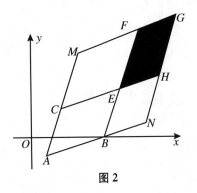

图 2

如图 2 所示,延长 AB 至点 N,延长 AC 至点 M,使得 $|AN| = a|AB|$,$|AM| = b|AC|$.四边形 $ABEC$、$ANGM$、$EHGF$ 均为平行四边形.

由条件知,区域 D 为图中的阴影部分,即四边形 $EHGF$(不含边界 EH、EF).

由题意,$\overrightarrow{AB} = (3,1)$,$\overrightarrow{AC} = (1,3)$,$\overrightarrow{BC} = (-2,2)$.故
$$|AB| = \sqrt{10}, \quad |AC| = \sqrt{10}, \quad |BC| = 2\sqrt{2}.$$

从而
$$\cos\angle CAB = \frac{10+10-8}{2\times\sqrt{10}\times\sqrt{10}} = \frac{3}{5}, \quad \sin\angle CAB = \frac{4}{5}.$$

四边形 $EHGF$ 的面积为 $(a-1)\sqrt{10}\times(b-1)\sqrt{10}\times\frac{4}{5}=8$，于是 $(a-1)(b-1)=1$.

所以 $a+b=(a-1)+\dfrac{1}{a-1}+2\geqslant 4$，当且仅当 $a=b=2$ 时取最小值 4.

6. $\dfrac{1}{10}$.

由题意可设
$$\tan A = 2k, \quad \tan B = 3k, \quad \tan C = 6k, \quad k>0.$$

而在 $\triangle ABC$ 中，$\tan A+\tan B+\tan C=\tan A\tan B\tan C$，于是 $k=\dfrac{\sqrt{11}}{6}$. 从而
$$\cos A\cdot\cos B\cdot\cos C = \frac{3}{\sqrt{20}}\cdot\frac{2}{\sqrt{15}}\cdot\frac{1}{\sqrt{12}} = \frac{1}{10}.$$

7. $[\sqrt{2},+\infty)$.

由 Cauchy 不等式，得
$$(3b+2c+d+\sqrt{2})^2 \leqslant (9+4+1+2)(b^2+c^2+d^2+1^2),$$
变形后即得 $4a-3b-2c-d\geqslant\sqrt{2}$.

8. 1980.

原方程整理后得
$$(-x_1)^2+(x_1-x_2)^2+(x_2-x_3)^2+\cdots+(x_9-x_{10})^2+x_{10}^2=4.$$

注意到这 11 个数都是整数，且和为 0，故其中恰有两个 1 和两个 -1，故共有 $C_{11}^2 C_9^2 = 1980$ 组解.

二、解答题

9. 由于
$$(2x+1)^2 = (2y^2+y)^2+3y^2+4y+1 = (2y^2+y+1)^2+(-y^2+2y).$$

当 $\begin{cases}3y^2+4y+1>0,\\ -y^2+2y<0,\end{cases}$ 即 $y<-1$ 或 $y>2$ 时，原方程没有整数解.

当 $-1\leqslant y\leqslant 2$ 时，可解得 (x,y) 的六组解：
$$(-6,2), \quad (-1,-1), \quad (-1,0), \quad (0,-1), \quad (0,0), \quad (5,2).$$

10. 令 $a_n=b_n+n(n\in\mathbf{N}^*)$. 则
$$b_{n+1}+(n+1) = a_{n+1} = a_n+\frac{n}{a_n} = b_n+n+\frac{n}{b_n+n}.$$

即
$$b_{n+1} = b_n-1+\frac{n}{b_n+n} = b_n-\frac{b_n}{b_n+n} = b_n\left(1-\frac{1}{b_n+n}\right).$$

因 $b_1 = a_1 - 1 \in (0,1)$，由上式知 $\{b_n\}$ 各项均属于 $(0,1)$，且单调递减. 而 $b_2 = b_1\left(1 - \dfrac{1}{b_1+1}\right) < 1 - \dfrac{1}{1+1} = \dfrac{1}{2}$，所以 $\dfrac{1}{2} > b_2 > b_3 > \cdots$.

因此，假如 $(i,j)(i \le j)$ 使 $a_i + a_j \in \mathbf{N}^*$，则只可能 $b_i + b_j = 1$，且只可能 $i = 1$，而根据单调性，不可能有两个 j 使得 $b_i + b_j = 1$.

这样至多只有一个正整数对 $(i,j)(i \le j)$ 使得 $a_i + a_j \in \mathbf{N}^*$.

11. (1) 设 A、B、M 的坐标分别为 $A(x_1, y_1)$、$B(x_2, y_2)$、$M(m, n)$，则 $y_i^2 = 2px_i (i = 1,2)$，

$$x_1 + \frac{p}{2} + x_2 + \frac{p}{2} = |AF| + |BF| = 2|MF| = 2\left(m + \frac{p}{2}\right),$$

即 $x_1 + x_2 = 2m$ 为定值.

AB 的垂直平分线经过点 $\left(\dfrac{x_1 + x_2}{2}, \dfrac{y_1 + y_2}{2}\right)$，斜率为 $-\dfrac{x_2 - x_1}{y_2 - y_1}$，所以垂直平分线方程是 $y = -\dfrac{x_2 - x_1}{y_2 - y_1}\left(x - \dfrac{x_1 + x_2}{2}\right) + \dfrac{y_1 + y_2}{2}$. 令 $y = 0$ 得

$$x = \frac{x_1 + x_2}{2} + y = m + \frac{y_2 - y_1}{x_2 - x_1} \cdot \frac{y_1 + y_2}{2} = m + \frac{y_2^2 - y_1^2}{2(x_2 - x_1)} = m + p.$$

所以垂直平分线经过定点 $Q(m + p, 0)$（假如还有其他定点，那么当 A、B 运动时，垂直平分线不动，这不可能）.

(2) $|MF| = m + \dfrac{p}{2} = 2$，$|OQ| = m + p = 3$，故 $m = 1, p = 2$.

设 $\dfrac{y_1 + y_2}{2} = t$，则 AB 的中点为 $(1, t)$，AB 斜率为

$$\frac{y_2 - y_1}{x_2 - x_1} = \frac{y_2 - y_1}{\frac{1}{2p}(y_2^2 - y_1^2)} = \frac{4}{y_1 + y_2} = \frac{2}{t},$$

$$l_{AB}: y = \frac{2}{t}(x - 1) + t.$$

又抛物线方程是 $y^2 = 4x$. 联立消去 x，得 $y^2 - 2ty + 2t^2 - 4 = 0$.

由 $\Delta = 4t^2 - 4(2t^2 - 4) = 16 - 4t^2 > 0$，得 $-2 < t < 2$.

记 AB 与 x 轴交于点 R，由直线方程，易得 $x_R = 1 - \dfrac{t^2}{2}$，故

$$|QR| = |3 - x_R| = 2 + \frac{t^2}{2},$$

$$S_{\triangle QAB} = \frac{|QR| \cdot |y_1 - y_2|}{2} = \frac{1}{2} \cdot \left(2 + \frac{t^2}{2}\right)\sqrt{16 - 4t^2}$$

$$= \frac{1}{2\sqrt{2}} \cdot \sqrt{(8 - 2t^2)(4 + t^2)^2} \le \frac{1}{2\sqrt{2}} \cdot \sqrt{\left(\frac{(8 - 2t^2) + 2(4 + t^2)}{3}\right)^3}$$

$$= \frac{1}{2\sqrt{2}} \cdot \sqrt{\left(\frac{16}{3}\right)^3} = \frac{16\sqrt{6}}{9}.$$

当 $8-2t^2=4+t^2$，即 $t=\pm\dfrac{2}{3}\sqrt{3}\left(l_{AB}:y=\pm\sqrt{3}\left(x-\dfrac{1}{3}\right)\right)$ 时，$(S_{\triangle QAB})_{\max}=\dfrac{16\sqrt{6}}{9}$.

加　　试

一、设 $k^3<n\leqslant(k+1)^3$，且 n 能被 $1,2,\cdots,k$ 整除. 于是 n 能被 $1,2,\cdots,k$ 的最小公倍数整除.

易知 $(k,k-1)=1,(k-1,k-2)=1,(k-2,k-3)=1$.

(1) 若 k 为奇数，则 $(k,k-2)=1$，从而 $k(k-1)(k-2)\mid n$.

注意到当 $k\geqslant 9$ 时，
$$k(k-1)(k-2)<k^3<n\leqslant(k+1)^3<2k(k-1)(k-2).$$
所以此时 n 不可能是 $k(k-1)(k-2)$ 的倍数.

当 $k=7$ 时，$1,2,3,\cdots,7$ 的最小公倍数 420，满足题意.

(2) 若 k 为偶数，则 $(k-1,k-3)=1$，从而 $(k-1)(k-2)(k-3)\mid n$.

而当 $k\geqslant 14$ 时，
$$(k-1)(k-2)(k-3)<n<2(k-1)(k-2)(k-3),$$
矛盾.

当 $k=8,10,12$ 时，$1,2,\cdots,k$ 的最小公倍数都大于 $(k+1)^3$，与题设不符.

综上所述，n 的最大值为 420.

二、最大值为 61.

构造五元集 $\{15,14,13,11,8\}$ 满足要求.

注意若相交两子集有相同的和，则去掉公共元素后的不相交两子集和也相同. 故 S 的所有子集和均不相同.

若 S 元素不少于 6 个，则不多于 4 个元素的非空子集个数不少于 $C_6^1+C_6^2+C_6^3+C_6^4=56$ 个. 每个的和不多于 $12+13+14+15=54$，必有两个相同.

而对五元以下的集合，若不同时含 15、14，则和不超过 $15+13+12+11+10=61$.

若同时含 15、14，则 $(13,12)$、$(11,10)$、$(9,8)$ 中必须都要去掉一个，和最大为 $15+14+13+11+9=62$，且等于 62 时只有唯一情况 $\{15,14,13,11,9\}$.

显然上述情况不满足要求，故和最大为 61.

三、如图 3 所示，联结 BH 并延长交外接圆于点 F，联结 CH 并延长交外接圆于点 E. 则由垂心的基本性质可得 $PE=PH$.

而又由于 PQ 为 DH 的垂直平分线，从而可得 $PH=PD$. 故而我们有 $PD=PE$.

而又因为 O 为 $\triangle ABC$ 的垂心可得 $OD=OE$. 从而 OP 是 DE 的垂直平分线，即得 $\angle OMD=90°$. 同理可得 $\angle OND=90°$.

故我们得到了 D、M、O、N 四点共圆. 从而
$$\angle POQ=\angle MON=180°-\angle EDF$$

$$= (90° - \angle ABE) + (90° - \angle ACF)$$
$$= 2\angle A = \angle BOC.$$

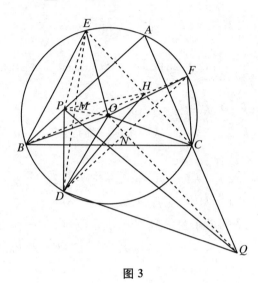

图 3

四、$\lambda(n)$ 的最大值为 $\left[\dfrac{n}{2}\right]\left(n - \left[\dfrac{n}{2}\right]\right)$.

一方面,令 $z = -1$ 可得

$$\lambda(n) \leqslant (n-2+1) + (n-4+1) + \cdots + \left(n - 2\left[\dfrac{n}{2}\right] + 1\right) = \left[\dfrac{n}{2}\right]\left(n - \left[\dfrac{n}{2}\right]\right).$$

另一方面,我们由复数中的距离不等式可得

$$\sum_{k=1}^{n}(n-k+1)|1+z^k| \geqslant \sum_{k=1}^{\left[\frac{n}{2}\right]}\left((n-(2k-1)+1)|1+z^{2k-1}| + (n-2k+1)|1+z^{2k}|\right)$$

$$\geqslant \sum_{k=1}^{\left[\frac{n}{2}\right]}\left((n-2k+1)|1+z^{2k-1}| + (n-2k+1)|1+z^{2k}|\right)$$

$$= \sum_{k=1}^{\left[\frac{n}{2}\right]}(n-2k+1)(|1+z^{2k-1}| + |1+z^{2k}|)$$

$$\geqslant \sum_{k=1}^{\left[\frac{n}{2}\right]}(n-2k+1)|z^{2k-1} - z^{2k}|$$

$$= \sum_{k=1}^{\left[\frac{n}{2}\right]}(n-2k+1)|z-1|.$$

综上所述,$\lambda(n)$ 的最大值为 $\left[\dfrac{n}{2}\right]\left(n - \left[\dfrac{n}{2}\right]\right)$.

(李 红 编拟)

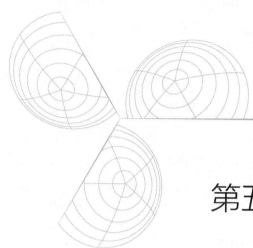

第五篇　探究问题与解答

自2015年起,《学数学》将以丛书的形式,由中国科学技术大学出版社正式出版发行,仍为每季度一册。为顺应这一变化,自2015年起,数学贴吧问题将在每季度初通过网络发布,解答将公布在当季的《学数学》中。欢迎读者提供解答,请将解答发送邮件至xsx@omaths.com,我们将择优发表。

探究问题与解答——2015年第四季

1. 已知 $n\in \mathbf{N}^*$,求证:
$$\frac{1}{2+1}+\frac{2}{2^2+2}+\frac{3}{2^3+3}+\cdots+\frac{n}{2^n+n}<\frac{3}{2}.$$

(广东省广雅中学　杨志明　供题)

2. 已知函数 $f:\mathbf{N}^*\to\mathbf{N}^*$ 满足:对任意 $n\in\mathbf{N}^*$,都有 $f(n+1)\geqslant f(n)+a$(a 为不小于 1 的常数),且 $f(f(n))=kn(k\in\mathbf{N}^*)$.求证:对任意 $n\in\mathbf{N}^*$,都有
$$\frac{(a+1)kn}{k+a}\leqslant f(n)\leqslant \frac{(k+a)n}{a+1}.$$

(浙江省富阳二中　许康华　供题)

3. 如图 1 所示,点 O 是锐角 $\triangle ABC$ 的外心,M 是边 BC 的中点,过点 A 作以 O 为圆心、OM 为半径的圆的两条切线,切点分别为 S、T.联结 BT、CS,相交于点 X.

证明:$\angle BAX=\angle CAM$.

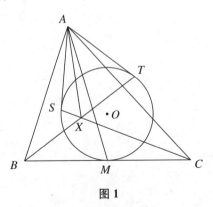

图 1

(上海　曹珏赟　供题)

4. 设 n 为正整数,$\tau(n)$ 表示正整数的正约数的个数.称 n 为好数,如果对任意满足 $k\mid n$ 的正整数 k,均有 $\tau(k)\mid n$.将不超过 n 的好数的个数记为 $\omega(n)$.

(1) 证明:存在无穷多个好数;

(2) 试求 $\omega(2015)$ 的值.

(南通大学理学院数学系　刘凯峰　供题)

5. 已知实数 $a_1,a_2,\cdots,a_n$ 满足 $a_1+a_2+\cdots+a_n=0$.求证:

$$\frac{a_1^4+a_2^4+\cdots+a_n^4}{n^2-3n+3} \leqslant \frac{(a_1^2+a_2^2+\cdots+a_n^2)^2}{n(n-1)} \leqslant \frac{(n+1)(a_1^4+a_2^4+\cdots+a_n^4)}{n^2+1-2\cdot(-1)^n}.$$

(宁波大学数学系 陈 计 供题)

6. 有 $n(n>1)$ 个小孩一起做游戏,他们分别持有 $1,2,\cdots,n$ 枚棋子.如果存在两个小孩,他们的棋子数至少相差 2,那么这两个小孩中棋子数多的一个小孩将自己持有的棋子分一枚给棋子数较少的那个小孩,称为一次操作.求最少的操作次数,使各个小孩的棋子数达到一种平衡状态,即任何两个小孩的棋子数都至多相差 1.

(广东省深圳高级中学 冯跃峰 供题)

探究问题解答

1. 设 $a_n=\dfrac{n}{2^n+n}, b_n=\dfrac{n}{2^n}$,数列 $\{a_n\}$ 的前 n 项和为 S_n;数列 $\{b_n\}$ 的前 n 项和为 T_n.对于任意 $n\in\mathbf{N}^*$,都有 $a_n<b_n$.依题意得

$$T_n=\frac{1}{2}+\frac{2}{2^2}+\frac{3}{2^3}+\cdots+\frac{n-1}{2^{n-1}}+\frac{n}{2^n}, \qquad ①$$

$$\frac{1}{2}T_n=\frac{1}{2^2}+\frac{2}{2^3}+\frac{3}{2^4}+\cdots+\frac{n-1}{2^n}+\frac{n}{2^{n+1}}, \qquad ②$$

式①减式②,得

$$\frac{1}{2}T_n=\frac{1}{2}+\frac{1}{2^2}+\frac{1}{2^3}+\cdots+\frac{1}{2^n}-\frac{n}{2^{n+1}}=1-\frac{1}{2^n}-\frac{n}{2^{n+1}}.$$

所以 $T_n=2-\dfrac{2+n}{2^n}$.

又

$$a_1+a_2+a_3+a_4+a_5=\frac{1}{3}+\frac{2}{6}+\frac{3}{11}+\frac{4}{20}+\frac{5}{37}=\frac{7781}{6105},$$

$$b_1+b_2+b_3+b_4+b_5=\frac{1}{2}+\frac{2}{4}+\frac{3}{8}+\frac{4}{16}+\frac{5}{32}=\frac{57}{32},$$

$$\frac{57}{32}-\frac{7781}{6105}=\frac{98993}{195360}>\frac{1}{2},$$

所以

$$S_n<(a_1+a_2+a_3+a_4+a_5)+T_n-(b_1+b_2+b_3+b_4+b_5)$$
$$=\left(2-\frac{2+n}{2^n}\right)-\left(\frac{57}{32}-\frac{7781}{6105}\right)<2-\frac{2+n}{2^n}-\frac{1}{2}=\frac{3}{2}-\frac{2+n}{2^n}<\frac{3}{2},$$

得证.

注 此解答由上海市延安中学周海宁提供.

2. 由题意,$f(n+1)\geqslant f(n)+a$,所以,对 $m\in\mathbf{N}^*$,有
$$f(n+m)\geqslant f(n)+ma.$$

所以,对 $m \geqslant n$ 的正整数,有
$$f(m) = f(n + m - n) \geqslant f(n) + (m - n)a,$$
即有
$$f(m) - ma \geqslant f(n) - na.$$
因为 $f(1) \geqslant 1$,所以
$$f(n) \geqslant f(1) + (n-1)a \geqslant 1 + (n-1) \geqslant n.$$
取 $m = f(n) \geqslant n$,得
$$f(f(n)) - af(n) \geqslant f(n) - na,$$
即有
$$f(n) \leqslant \frac{1}{a+1}\Big(f(f(n)) + an\Big) = \frac{1}{a+1}(kn + an) = \frac{(k+a)n}{a+1}.$$

用 $f(n)$ 代替上式中的 n,有 $f(f(n)) \leqslant \dfrac{k+a}{a+1} \cdot f(n)$.

又 $kn = f(f(n)) \leqslant \dfrac{k+a}{a+1} \cdot f(n)$,即有 $f(n) \geqslant \dfrac{(a+1)kn}{k+a}$.

因此,$\dfrac{(a+1)kn}{k+a} \leqslant f(n) \leqslant \dfrac{(k+a)n}{a+1}$.

注 满足题意的函数 $f(n)$ 是存在的,如令 $f(n) = [a+1]n$, $k = [a+1]^2$,这里 $[x]$ 表示不超过 x 的最大整数. 此解答由供题者提供.

3. **法一** 如图 2 所示,设 $\triangle ABC$ 外接圆为 Γ_1,记以 O 为圆心,OM 为半径的圆为 Γ_2,记以 AO 为直径的圆为 Γ_3,记 $\triangle BOC$ 外接圆为 Γ_4,由题意,S、T 为 Γ_2、Γ_3 的交点. 过点 A 作 Γ_1 的切线交 BC 于点 D,设 Γ_3、Γ_4 交于除 O 外另一点 E(若两圆外切,则 $AB = AC$,由对称性即得 A、X、M 共线,结论成立).

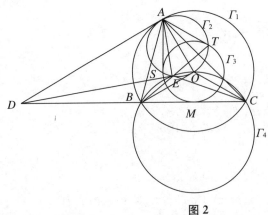

图 2

由根心定理，O、E、D 三点共线.

又 $\triangle OAT \cong \triangle OCM$，故 $\angle DEB = \angle OCB = \angle OAT = \angle OET$，从而 B、E、T 三点共线.

同理，C、E、S 三点共线，故 E、X 重合.

又 $\angle DEB = \angle OCB = \angle OBC = \angle OEC$，$\angle DBE = \angle EOC$，所以 $\triangle DBE \sim \triangle COE$，即得
$$\frac{BE}{OE} = \frac{DE}{CE}.$$

又 $\angle DAO = \angle AEO = 90°$，所以 $AE^2 = DE \cdot EO = BE \cdot EC$，又 $\angle AEB = 90° + \angle DEB = 90° + \angle CEO = \angle AEC$，故 $\triangle EBA \sim \triangle EAC$. 所以
$$\frac{\sin\angle BAE}{\sin\angle CAE} = \frac{BE}{AE} = \frac{BA}{AC} = \frac{\sin\angle CAM}{\sin\angle BAM}.$$

又 $\angle BAE + \angle CAE = \angle CAM + \angle BAM$，所以 $\angle BAE - \angle BAM = \angle CAM - \angle CAE$，故
$$\cos(\angle BAE + \angle BAM) = \cos(\angle CAE + \angle CAM)$$
即得
$$\angle BAE + \angle BAM = \angle CAM + \angle CAE.$$
结合 $\angle BAE + \angle CAE = \angle CAM + \angle BAM$，故 $\angle BAE = \angle CAM$，即 $\angle BAX = \angle CAM$.

法二 如图 3 所示，联结 OA、OB、OC、OS、OT、OM、OX.

易知 $Rt\triangle OMB$、$Rt\triangle OMC$、$Rt\triangle OSA$、$Rt\triangle OTA$，A、S、O、T 四点共圆于 OA 为直径的圆，设为圆 ω.

设 SC 与圆 ω 交于另一点 X_1，则有 $\angle OX_1S = \angle OAS = \angle OBM$. 所以 O、B、C、X_1 四点共圆. 所以 $\angle OX_1B = \angle OCB = \angle OAT = 180° - \angle OX_1T$. 所以 B、X_1、T 三点共线，即 X_1 与 X 重合.

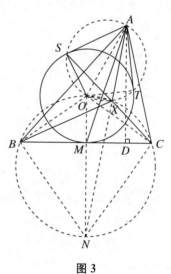

图 3

分别过 B、C 作 OB、OC 的垂线交于 N，联结 MN、XN. 过 A 作 BC 的垂线，垂足为 D. 易知 O、B、N、C 四点共圆，O、M、N 三点共线，所以 O、B、N、C、X 五点共圆，因此
$$\angle AXN = \angle AXC + \angle CXN = 180° - \angle AXS + \angle CON$$
$$= 180° - \angle AOS + \angle CON = 180° - \angle AOS + \angle AOS = 180°.$$
故 A、X、N 三点共线.

由于 $OB \perp BN$，$ON \perp BM$，所以 $OA^2 = OB^2 = OM \cdot ON$，因此 $\triangle AON \sim \triangle MOA$，则有 $\angle OAM = \angle ONA = \angle NAD$，即 $\angle OAX = \angle DAM$.

又易知 $\angle OAB = \angle CAD = 90° - \angle ACB$，所以 $\angle BAX = \angle BAO + \angle OAX = \angle CAD + \angle DAM = \angle CAM$.

注 此题中，法一由湖北省武汉外国语学校高二(1)班张睿桐提供，法二由广西钦州市

新兴街 30 号祥和景都 2 栋 2 单元卢圣提供.

4. (1) 容易验证形如 $2^5 \cdot 3 \cdot 5 \cdot p$(其中 p 为大于 5 的素数)的正整数都是好数,由于大于 5 的素数有无穷多个,因此,好数有无穷多个.

(2) 设 $n = p_1^{\alpha_1} p_2^{\alpha_2} \cdots p_k^{\alpha_k}$ 为 n 的标准分解,则 $\tau(n) = (\alpha_1 + 1)(\alpha_2 + 1)\cdots(\alpha_k + 1)$.

显然 1 是个好数. 假设 $n > 1$,设 p 是 n 的一个素因子. 又 $\tau(p) = 2$ 且 $p | n$,则有 $2 | n$,即 n 必有素因子 2.

(i) 若 n 只有 1 个素因子,即 $n = 2^\alpha(\alpha \in \mathbf{N}^*)$.

当 $\alpha = 1$ 时,$n = 2$ 是一个好数;

当 $\alpha > 1$ 时,$4 | n$,又 $\tau(4) = 3$,但 3 不整除 n,此时 n 不是好数.

(ii) 若 n 只有 2 个素因子,即 $n = 2^\alpha q^\beta (q > 2$ 且素,$\alpha,\beta \in \mathbf{N}^*)$.

由于 $2q | n$ 且 $\tau(2q) = 4$,所以 $4 | n$,故 $\alpha \geq 2$. 又 $\tau(4) = 3$,因此 $3 | n$,故 $q = 3$. 由于 $2^k | n(1 \leq k \leq \alpha, k \in \mathbf{N}^*)$,且 $\tau(2^k) = k+1$,故 $2,3,\cdots,\alpha+1$ 均为 n 的因数,注意到 n 只有 2 个素因子 2 和 3,所以 $\alpha + 1 \leq 4$,即 $2 \leq \alpha \leq 3$.

另一方面,若 $\beta \geq 3$ 时,$2 \cdot 3^3 | n$,而 $\tau(2 \cdot 3^3) = 2^3 | n$,此时 $\alpha = 3$,进而 $2^3 \cdot 3^3 | n$,但 $\tau(2^3 \cdot 3^3) = 2^4$ 不整除 n,所以 $1 \leq \beta \leq 2$.

因此,只有 2 个素因子且不超过 2015 的好数有 4 个,即 12,24,36,72.

(iii) 若 n 只有 3 个素因子,即 $n = 2^\alpha q^\beta v^\gamma (v > q > 2$ 均素,$\alpha,\beta,\gamma \in \mathbf{N}^*)$.

由前一种情形所证易知,$\alpha \geq 2$,$q = 3$,所以 $n = 2^\alpha 3^\beta v^\gamma$. 因为 $\tau(2 \cdot 3 \cdot v) = 2^3 | n$,所以 $\alpha \geq 3$. 从而 $\tau(2^3 \cdot 3 \cdot v) = 2^4 | n$,因此 $\alpha \geq 4$. 进而 $\tau(2^4 \cdot 3 \cdot v) = 2^2 \cdot 5 | n$,故 $v = 5$. 易知 $2,3,\cdots,\alpha+1$ 均为 n 的因数,注意到 n 只有 3 个素因子 2、3 和 5,所以 $\alpha + 1 \leq 6$,即 $4 \leq \alpha \leq 5$.

若 $\gamma \geq 2$,则 $\tau(2^2 \cdot 5^2) = 3^2 | n$,从而 $\beta \geq 2$,此时,$n \geq 2^4 \cdot 3^2 \cdot 5^2 = 3600 > 2015$.

容易验证,只有 3 个素因子且不超过 2015 的好数有 4 个:

$$2^4 \cdot 3 \cdot 5 = 240,\quad 2^5 \cdot 3 \cdot 5 = 480,\quad 2^4 \cdot 3^2 \cdot 5 = 720,\quad 2^5 \cdot 3^2 \cdot 5 = 1440.$$

(iv) 若 n 有至少 4 个素因子,由前面的讨论易知,n 必含有素因子 2,3 和 5,设 $n = 2^\alpha 3^\beta 5^\gamma s(s$ 为大于 5 且不能被 2、3、5 整除的正整数,$\alpha、\beta、\gamma \in \mathbf{N}^*)$,并设 s 的最小素因子为 w,类似可得 $\alpha \geq 4$,$\tau(2^3 \cdot 3 \cdot 5 \cdot w) = 2^5 | n$,故 $\alpha \geq 5$.

于是,$n \geq 2^5 \cdot 3 \cdot 5 \cdot w \geq 2^5 \cdot 3 \cdot 5 \cdot 7 > 3000$.

综上所述,不超过 2015 的好数为:1、2、12、24、36、72、240、480、720、1440.

因此,$\omega(2015) = 10$.

注 此解答由供题者提供.

5. 首先证明原不等式右边部分.

当 n 为偶数时,所证结论即为

$$(a_1^2 + a_2^2 + \cdots + a_n^2)^2 \leqslant n(a_1^4 + a_2^4 + \cdots + a_n^4).$$

由均值不等式知上式显然成立.

当 n 为奇数时,所证结论即为

$$a_1^4 + a_2^4 + \cdots + a_n^4 \geqslant \frac{n^2+3}{n(n^2-1)}(a_1^2 + a_2^2 + \cdots + a_n^2)^2. \qquad ①$$

设 $n = 2m + 1$(m 是非负整数),则式①即为

$$(2m+1)((2m+1)^2 - 1)(a_1^4 + a_2^4 + \cdots + a_{2m+1}^4)$$
$$\geqslant ((2m+1)^2 + 3)(a_1^2 + a_2^2 + \cdots + a_{2m+1}^2)^2$$

$$\Leftrightarrow m(m+1)(2m+1)\left[\sum_{i=1}^{2m+1} a_i^4\right] \geqslant (m^2 + m + 1)\left[\sum_{i=1}^{2m+1} a_i^2\right]^2$$

$$\Leftrightarrow m(m+1)(2m+1)(m^2+m+1)\left[(m+1)^2\left[\sum_{i=1}^{2m+1} a_i^4\right]\right]$$
$$\geqslant \left[(m+1)(m^2+m+1)\left[\sum_{i=1}^{2m+1} a_i^2\right]\right]^2.$$

其中,$a_1 + a_2 + \cdots + a_{2m+1} = 0$.

易知 $a_1, a_2, \cdots, a_{2m+1}$ 中一定存在 $m+1$ 个数同号,不妨设 $a_1, a_2, \cdots, a_{m+1} \geqslant 0$. 于是,由柯西不等式,可得

$$m(m+1)(2m+1)(m^2+m+1)\left[(m+1)^2\left[\sum_{i=1}^{2m+1} a_i^4\right]\right]$$

$$= m(m+1)(m+(m+1))(m^2+m+1)\left[(m+1)^2\left[\sum_{i=1}^{2m+1} a_i^4\right]\right.$$
$$\left. + m\left[\sum_{i=m+2}^{2m+1} a_i^4\right] + \sum_{i=m+2}^{2m+1}(m^2+m+1)a_i^4\right]$$

$$= \left(m^2(m+1)(m^2+m+1) + (m+1)^2(m^2+m+1)\right)$$
$$\cdot \left[(m+1)^2\left[\sum_{i=1}^{m+1} a_i^4\right] + m\left[\sum_{i=m+2}^{2m+1} a_i^4\right] + \sum_{i=m+2}^{2m+1}(m^2+m+1)a_i^4\right]$$

$$\geqslant \left[m\sqrt{(m+1)(m^2+m+1)\left[(m+1)^2\left[\sum_{i=1}^{m+1} a_i^4\right] + m\left[\sum_{i=m+2}^{2m+1} a_i^4\right]\right]}\right.$$
$$\left. + (m+1)(m^2+m+1)\left[\sum_{i=m+2}^{2m+1} a_i^2\right]\right]^2.$$

从而只需证明

$$m^2(m+1)^2\left[\sum_{i=1}^{m+1}a_i^4\right] + m^3\left[\sum_{i=m+2}^{2m+1}a_i^4\right] \geqslant (m+1)(m^2+m+1)\left[\sum_{i=1}^{m+1}a_i^2\right]^2.$$

由 Hölder 不等式，得

$$m^3\left[\sum_{i=m+2}^{2m+1}a_i^4\right] \geqslant \left[\sum_{i=m+2}^{2m+1}a_i^4\right] = \left[\sum_{i=1}^{m+1}a_i\right]^4,$$

从而只需证明，对非负实数 $a_1, a_2, \cdots, a_{m+1}$，有

$$m^2(m+1)^2\left[\sum_{i=1}^{m+1}a_i^4\right] + \left[\sum_{i=1}^{m+1}a_i\right]^4 \geqslant (m+1)(m^2+m+1)\left[\sum_{i=1}^{m+1}a_i^2\right]^2 \qquad ②$$

$$\Leftrightarrow m^2(m+1)\left[(m+1)\left[\sum_{i=1}^{m+1}a_i^4\right] - \left[\sum_{i=1}^{m+1}a_i^2\right]^2\right]$$

$$\geqslant (m+1)^2\geqslant \left[\sum_{i=1}^{m+1}a_i^2\right]^2 - \left[\sum_{i=1}^{m+1}a_i\right]^4. \qquad ③$$

由拉格朗日恒等式，可知式③左边为

$$A = m^2(m+1)\left[\sum_{1\leqslant i<j\leqslant m+1}(a_i^2-a_j^2)^2\right],$$

式③右边为

$$B = \left[(m+1)\left[\sum_{i=1}^{m+1}a_i^2\right] + \left[\sum_{i=1}^{m+1}a_i\right]^2\right]\left[(m+1)\left[\sum_{i=1}^{m+1}a_i^2\right] - \left[\sum_{i=1}^{m+1}a_i\right]^2\right]$$

$$= \left[(m+1)\left[\sum_{i=1}^{m+1}a_i^2\right] + \left[\sum_{i=1}^{m+1}a_i\right]^2\right] \cdot \left[\sum_{1\leqslant i<j\leqslant m+1}(a_i-a_j)^2\right].$$

则有

$$A - B = \sum_{1\leqslant i<j\leqslant m+1}S_{ij}(a_i-a_j)^2,$$

其中，

$$S_{ij} = m^2(m+1)(a_i+a_j)^2 - (m+1)\left[\sum_{i=1}^{m+1}a_i^2\right] - \left[\sum_{i=1}^{m+1}a_i\right]^2.$$

令

$$T_{ij} = \sum_{\substack{k=1\\k\neq i,j}}^{m+1}(a_k-a_i)(a_k-a_j) = \sum_{\substack{k=1\\k\neq i,j}}^{m+1}a_k^2 - (a_i+a_j)\sum_{\substack{k=1\\k\neq i,j}}^{m+1}a_k + a_ia_j(n-1),$$

由

$$3\sum_{1\leqslant i<j\leqslant m+1}T_{ij}(a_i-a_j)^2$$

$$= \sum_{1\leqslant i,j,k\leqslant m+1}(a_i-a_j)(a_i-a_j)(a_j-a_k)^2 + \sum_{1\leqslant i,j,k\leqslant m+1}(a_j-a_i)(a_j-a_k)(a_i-a_k)^2$$

$$+ \sum_{1 \leqslant i, j, k \leqslant m+1} (a_k - a_i)(a_k - a_j)(a_i - a_j)^2$$

$$= \sum_{1 \leqslant i < j < k \leqslant m+1} \left[\sum_{\text{cyc}} (a_i - a_j)(a_i - a_k)(a_j - a_k)^2 \right]$$

$= 0$ （这里用到了熟悉的结论：$\sum_{\text{cyc}} (a-b)(a-c)(b-c)^2 = 0$），

可知

$$\sum_{1 \leqslant i < j \leqslant m+1} S_{ij}(a_i - a_j)^2 = \sum_{1 \leqslant i < j \leqslant m+1} \left(S_{ij} + (4m+2)T_{ij} \right)(a_i - a_j)^2.$$

从而只需证明

$$S_{ij} + (4n+2)T_{ij} \geqslant 0.$$

利用恒等式

$$\left(\sum_{i=1}^{m+1} a_i \right)^2 = (a_i + a_j)^2 + 2(a_i + a_j)\left[\sum_{\substack{k=1 \\ k \neq i, j}}^{m+1} a_k \right] + \left[\sum_{\substack{k=1 \\ k \neq i, j}}^{m+1} a_k \right]^2,$$

得

$$S_{ij} + (4m+2)T_{ij}$$

$$= m^2(m+1)(a_i + a_j)^2 - (m+1)\left[\sum_{i=1}^{m+1} a_i^2 \right] - \left[\sum_{i=1}^{m+1} a_i \right]^2$$

$$+ (4m+2)\left[\sum_{\substack{k=1 \\ k \neq i, j}}^{m+1} a_k^2 - (a_i + a_j) \sum_{\substack{k=1 \\ k \neq i, j}}^{m+1} a_k + a_i a_j (n-1) \right]$$

$$= (2m+2)\left[(m-1)(a_i + a_j)^2 + \sum_{\substack{k=1 \\ k \neq i, j}}^{m+1} a_k^2 - 2(a_i + a_j)\left[\sum_{\substack{k=1 \\ k \neq i, j}}^{m+1} a_k \right] \right]$$

$$+ (n-1)\left[\sum_{\substack{k=1 \\ k \neq i, j}}^{m+1} a_k^2 \right] - \left[\sum_{\substack{k=1 \\ k \neq i, j}}^{m+1} a_k \right]^2 + M_{ij}.$$

其中，

$$M_{ij} = m(m^2 - m + 1)(a_i + a_j)^2 + 4m^2 a_i a_j \geqslant 0.$$

故

$$S_{ij} + (4m+2)T_{ij} \geqslant (2m+2)\left[\sum_{\substack{k=1 \\ k \neq i, j}}^{m+1} (a_i + a_j - a_k)^2 \right] + (m-1)\left[\sum_{\substack{k=1 \\ k \neq i, j}}^{m+1} a_k^2 \right] - \left[\sum_{\substack{k=1 \\ k \neq i, j}}^{m+1} a_k \right]^2 \geqslant 0.$$

因此，式①成立. 当 $a_1 = a_2 = \cdots = a_{m+1} = m$, $a_{m+2} = a_{m+3} = \cdots = a_{2m+1} = -(m+1)$ 时，等号成立.

下面证明原不等式左边部分，即证

$$\sum_{i=1}^{n} a_i^4 \leqslant \frac{n^2 - 3n + 3}{n(n-1)} \left(\sum_{i=1}^{n} a_i^2 \right)^2. \quad \text{④}$$

当 $n=1$、2 时,结论显然成立.

当 $n \geqslant 3$ 时,设 $x = \sum_{i=1}^{n-1} a_i^2$,则

$$\sum_{i=1}^{n-1} a_i^4 = \left(\sum_{i=1}^{n-1} a_i^2\right)^2 - 2 \sum_{1 \leqslant i < j \leqslant m+1} a_i^2 a_j^2$$

$$= x^2 - 2 \sum_{1 \leqslant i < j \leqslant n-1} a_i^2 a_j^2$$

$$\leqslant x^2 - \frac{4}{(n-1)(n-2)} \left[\sum_{1 \leqslant i < j \leqslant n-1} a_i a_j\right]^2$$

$$= x^2 - \frac{1}{(n-1)(n-2)} \left[\left(\sum_{i=1}^{n-1} a_i\right)^2 - \sum_{i=1}^{n-1} a_i^2\right]^2$$

$$= x^2 - \frac{1}{(n-1)(n-2)} \left[(-a_n)^2 - \sum_{i=1}^{n-1} a_i^2\right]^2$$

$$= x^2 - \frac{1}{(n-1)(n-2)} (a_n^2 - x)^2.$$

从而只需证明

$$x^2 - \frac{1}{(n-1)(n-2)}(a_n^2 - x)^2 + a_n^4 \leqslant \frac{n^2 - 3n + 3}{n(n-1)} \left(\sum_{i=1}^{n} a_i^2\right)^2$$

$$\Leftrightarrow x^2 - \frac{1}{(n-1)(n-2)}(a_n^2 - x)^2 + a_n^4 \leqslant \frac{n^2 - 3n + 3}{n(n-1)}(x + a_n^2)^2$$

$$\Leftrightarrow n(n-1)(n-2)x^2 - n(a_n^2 - x)^2 + n(n-1)(n-2)a_n^4$$

$$\leqslant (n-2)(n^2 - 3n + 3)(x + a_n^2)^2,$$

上式展开整理,得

$$(n-3)\bigl((n-1)x - a_n^2\bigr)\bigl((n-1)a_n^2 - x\bigr) \leqslant 0. \qquad ⑤$$

由均值不等式,得

$$(n-1)x = (n-1)\sum_{i=1}^{n-1} a_i^2 \geqslant \left(\sum_{i=1}^{n-1} a_i\right)^2 = a_n^2,$$

$$(n-1)a_n^2 = (n-1)\left(\sum_{i=1}^{n-1} a_i\right)^2 \geqslant \sum_{i=1}^{n-1} a_i^2 = x,$$

从而式⑤成立.因此,式④成立,结论得证.

注 此解答由山西大学附中王永喜提供.另浙江省杭州二中赵斌给出了式②的如下证明.

证明 当 $m=0$、1 时,可直接验证式②成立.

当 $m=2$ 时,式②等价于
$$36(a^4+b^4+c^4)+(a+b+c)^4 \geq 21(a^2+b^2+c^2)^2,$$
即
$$16\sum_{cyc}a^4+4\sum_{sym}a^3b+12\sum_{cyc} \geq 36\sum_{cyc}a^2b^2.$$

由舒尔不等式 $\sum_{cyc}a^4+\sum_{sym}a^2bc \geq \sum_{sym}a^3b$ 易知上式成立.

当 $m \geq 3$ 时,由均值不等式和 Hölder 不等式,得
$$2(m+1)^3\left(\sum_{i=1}^{m+1}a_i^4\right)+\left(\sum_{i=1}^{m+1}a_i\right)^4 \geq 3\left((m+1)^6 \cdot \left(\sum_{i=1}^{m+1}a_i^4\right)^2 \cdot \left(\sum_{i=1}^{m+1}a_i\right)^4\right)^{\frac{1}{3}}$$
$$\geq 3(m+1)^2\left(\sum_{i=1}^{m+1}a_i^2\right)^2,$$

又易知
$$(m+1)^2(m^2-2m-2)\left(\sum_{i=1}^{m+1}a_i^4\right) \geq (m^2-2m-2)\left(\sum_{i=1}^{m+1}a_i^2\right)^2,$$

两式相加即得式②.

6. 用 $A=(a_1,a_2,\cdots,a_n)$ 表示 n 个小孩分别持有 $a_1,a_2,\cdots,a_n$ 枚棋子的状态,最初状态 $A_0=(1,2,3,\cdots,n)$,令 $S=a_1+a_2+\cdots+a_n$.

操作可以表示为 $(a,b)(b \geq a+2) \to (a+1,b-1)$,易知,操作具有如下的两个性质:

(1) 操作中,A 的各数的和 S 保持不变;

(2) 平衡状态中最多有 2 个不同值.

其中(1)是显然的,下面证明(2).

假设平衡状态中至少有 3 个不同值,选取其中 3 个不同值 a、b、c,不妨设 $a<b<c$,那么,$b \geq a+1$,$c \geq b+1 \geq a+2$,于是,$c-a \geq 2$,矛盾.

由此可见,平衡状态中要么所有数都相同,要么恰有 2 个不同值.什么情况下平衡状态中所有数都相同呢? 我们先看看特例.

当 $n=2$ 时,最初状态 $A=(1,2)$,它本身就是平衡状态.

当 $n=3$ 时,最初状态 $A=(1,2,3)$,操作一次便得到平衡状态 $(2,2,2)$,其操作方式是将最小数增加 1,最大数减少 1,中间的数不变.

当 $n=4$ 时,最初状态 $A=(1,2,3,4)$,操作一次便得到平衡状态 $(2,2,3,3)$,其操作方式是将最小数增加 1,最大数减少 1,中间两个数不变.

当 $n=5$ 时,最初状态 $A=(1,2,3,4,5)$,操作 3 次便得到平衡状态 $(3,3,3,3,3)$,其操作方式是将小于 3 的数逐步增加 1,直到达到 3 为止;大于 3 的数逐步减少 1,直到达到 3 为止,等于 3 的数不变.

由此发现,当 n 为奇数时,平衡状态中所有数都相同,都为 $1,2,\cdots,n$ 的平均值,即

$\frac{n+1}{2}$;当 n 为偶数时,平衡状态中恰有 2 个不同值,分别为与 $1,2,\cdots,n$ 的平均值 $\frac{n+1}{2}$ 最接近的两个整数: $\frac{n}{2}$、$\frac{n+2}{2}$.

进而发现关键元素:小于平均值的数都要增加到与平均值 $\frac{n+1}{2}$ 最接近的整数,由此即可知道最少的操作次数.

(i) 当 n 为奇数时,我们先证明各棋子数达到的平衡状态必定是全等状态.

实际上,反设平衡状态 A 中恰有 2 个不同值,设 2 个不同值是 a、$a+1$.

若 $a < \frac{n+1}{2}$,则 $a \leqslant \frac{n-1}{2}$,状态 A 中各数的和 S 满足:

$$\frac{n(n+1)}{2} = S \leqslant a + (n-1)(a+1) < n(a+1) \leqslant n \cdot \frac{n+1}{2} = \frac{n(n+1)}{2},$$

矛盾.

若 $a \geqslant \frac{n+1}{2}$,则状态 A 中各数的和 S 满足:

$$\frac{n(n+1)}{2} = S \geqslant (a+1) + (n-1)a > na \geqslant n \cdot \frac{n+1}{2} = \frac{n(n+1)}{2},$$

矛盾.

所以,平衡状态 A 中所有数都相等,此时

$$A = \left(\frac{n+1}{2}, \frac{n+1}{2}, \cdots, \frac{n+1}{2}\right).$$

因为每个数都要操作到 A 中各数的平均值 $\frac{n+1}{2}$,这样,小于平均值的数都要增加,大于平均值的数都要减少.进而发现,只需将所有小于平均值的数都增加到平均值 $\frac{n+1}{2}$ 即可,此时,不能有大于 $\frac{n+1}{2}$ 的数,从而各数必定相等.

我们称小于 $\frac{n+1}{2}$ 的数为轻数,每次操作至多使一个轻数增加 1,而轻数: $1,2,\cdots,\frac{n-1}{2}$ 分别要增加 $\frac{n-1}{2}, \frac{n-3}{2}, \cdots, 1$ 次方可达到平均值 $\frac{n+1}{2}$,于是,操作次数不少于

$$\frac{n-1}{2} + \frac{n-3}{2} + \cdots + 1 = \frac{n^2-1}{8}.$$

另一方面,将 A 中除 $\frac{n+1}{2}$ 外的数分成 $\frac{n-1}{2}$ 组:

$$(i, n+1-i) \quad \left(i=1,2,\cdots,\frac{n-1}{2}\right),$$

对第 i 组连续操作 $\frac{n+1}{2} - i$ 次,使之变成 $\left(\frac{n+1}{2}, \frac{n+1}{2}\right)$,此时各组一共操作

$$\frac{n-1}{2} + \frac{n-3}{2} + \cdots + 1 = \frac{n^2-1}{8}$$

次,所以操作的最少次数为 $\frac{n^2-1}{8}$ (n 为奇数).

(ii) 当 n 为偶数时,我们先证明各棋子数达到的平衡状态 A 恰有 2 个不同值.

实际上,反设平衡状态 A 中各数相等,设为 a,则

$$na = S = 1 + 2 + \cdots + n = \frac{n(n+1)}{2},$$

解得 $n = 2a - 1$,从而 n 为奇数,矛盾.

于是,平衡状态 A 中恰有 2 个不同值,设 2 个不同值是 a、$a+1$.

若 $a \leqslant \frac{n}{2} - 1$,则状态 A 中的数的和 S 满足:

$$\frac{n(n+1)}{2} = S \leqslant a + (n-1)(a+1) < n(a+1) \leqslant n \cdot \frac{n}{2} < \frac{n(n+1)}{2},$$

矛盾.

若 $a \geqslant \frac{n}{2} + 1$,则状态 A 中的数的和 S 满足:

$$\frac{n(n+1)}{2} = S \geqslant (a+1) + (n-1)a > na \geqslant n \cdot \frac{n+2}{2} > \frac{n(n+1)}{2},$$

矛盾.

所以 $a = \frac{n}{2}$,即 2 个不同值是 $\frac{n}{2}$、$\frac{n+2}{2}$.

设 A 中共有 r 个 $\frac{n}{2}$,则有 $n-r$ 个 $\frac{n+2}{2}$,于是

$$r \cdot \frac{n}{2} + (n-r)\frac{n+2}{2} = S = \frac{n(n+1)}{2},$$

$$nr + n^2 + (2-r)n - 2r = n^2 + n,$$

解得 $r = \frac{n}{2}$. 此时 $A = (\underbrace{k, k, \ldots, k}_{k \text{ 个 } k}, \underbrace{k+1, k+1, \ldots, k+1}_{k \text{ 个 } k+1})$,其中 $k = \frac{n}{2}$.

类似地,称小于 $\frac{n}{2}$ 的数为轻数,每次操作至多使一个轻数增加 1,而轻数 $1, 2, \cdots, \frac{n}{2} - 1$

分别要增加 $\frac{n}{2} - 1, \frac{n}{2} - 2, \cdots, 1$ 次方可达到 $\frac{n}{2}$,于是,操作次数不少于

$$\left(\frac{n}{2} - 1\right) + \left(\frac{n}{2} - 2\right) + \cdots + 1 = \frac{n^2 - 2n}{8}.$$

另一方面,将 S 中除 $\frac{n}{2}$、$\frac{n}{2} + 1$ 外的数分成 $\frac{n}{2} - 1$ 组:

$$(i, n+1-i) \quad \left(i=1,2,\cdots,\frac{n}{2}-1\right),$$

对第 i 组连续操作 $\frac{n}{2}-i$ 次,使之变成 $\left(\frac{n}{2},\frac{n}{2}+1\right)$,此时共操作

$$\left(\frac{n}{2}-1\right)+\left(\frac{n}{2}-2\right)+\cdots+1=\frac{n^2-2n}{8}$$

次,所以操作的最少次数为 $\frac{n^2-2n}{8}$(n 为偶数)次.

注 此解答由供题者提供.

读书要细心

收到哈尔滨工业大学出版社的《数学奥林匹克与数学文化(第五辑)》,翻了翻,其中有梁开华的《对一道数论问题的解的商榷》(第600—601页),谈的是我写的《初等数论的知识与问题》第二编的第100题.原题如下:

题目 求所有的整系数多项式 $P(x)$,使得若 a、b 是正整数,$a+b$ 是完全平方数,则 $P(a)+P(b)$ 也是完全平方数.

结论是仅一次多项式 $P(x)=h^2x(h\in\mathbf{Z})$ 满足要求.

梁开华认为我的解法与结论是错误的.他说:"一次多项式 $P(t)=t+2d\left(\sqrt{a+b}+d\right)$ 也可以是解."他并且认为题目应改编为:"证明存在整系数任意次的多项式 $P(x)$,使得:若 a,b 是正整数,$a+b$ 是完全平方数,则 $P(a)+P(b)$ 也是完全平方数."

我仔细看了梁开华的文章,他的解法是错的,他根本没有细读我的解答.而且,不得不说一句不客气的话:他太不细心了,竟然连题目都未看懂,就匆匆出手写文章.

问题中"使得若 a、b 是正整数,$a+b$ 是完全平方数,则……",说的 a、b 乃是**任一对**满足 $a+b$ 为完全平方数的正整数,它们并不是预先设定好的一对,当然与 $P(x)$ 无关.而梁开华所列的多项式 $P(t)=t+2d(\sqrt{a+b}+d)$,a、b 只是在 $P(t)$ 的表达式中出现的两个固定的数,并不是任意的.后面梁说的高次多项式及改编的问题,当然也都是错误的,没有懂得"a,b 是**任一对**满足 $a+b$ 为完全平方数的正整数".

任何人都有可能犯错,像我这样过了七十的人更在所难免,但总应当少犯错误,不犯太低级的错误.在指摘别人不对时,更要细心一点,想一想,会不会是自己错了?

联想起一件往事,若干年前,哈尔滨工业大学出版社准备出版我译的《近代欧氏几何学》.出书前,刘培杰先生告诉我:"有一位青年发现书中的不少错误,是否可将他的文章附在书后?"Johnson 的这本书流行多年,是本名著,我翻译时也比较细心,上海教育出版社已经出版过,除极少数印刷错误外,似乎没有大的问题.但这位青年竟能发现错误,而且"不少",我不敢轻信,便请刘先生将文章发过来看看再定.寄来一看,所说错误并非错误,而是那位青年朋友未曾看懂.于是,我写信给刘先生说:"对于经典名著应有一点敬畏之心,不要轻易断言书上错了,当然也不应盲从."

读书要细心.

(单 墫)

第三届"学数学"数学奥林匹克邀请赛(秋季赛)获奖名单

一等奖(43名)

学校	姓名	学校	姓名
广东省深圳中学	齐文轩	广东省深圳中学	尹 航
湖北省襄阳四中	郑云汉	广东省深圳中学	许哲豪
广东省深圳中学	郑含之	河南省郑州一中	李元泽
广东省深圳中学	吴天昊	山东省寿光市现代中学	丁凯林
河南省郑州一中	薛冰晓	河北省衡水中学	顾树锴
广东省深圳中学	程佳文	山东省寿光市现代中学	王树全
山东省寿光市现代中学	裴 森	广东省深圳中学	李晟昊
江苏省天一中学	陈智康	山东省寿光市现代中学	赵凌波
广东省深圳中学	张坤隆	河南省郑州一中	张 钧
浙江省金华一中	范浩程	河北省衡水中学	赵博阳
广东省深圳中学	戴一民	河南省郑州市桐柏一中	陈泰杰
江苏省天一中学	张毅航	河北省衡水中学	吕 克
四川省绵阳东辰国际学校	刘佳鑫	河北省衡水中学	田 玥
江苏省天一中学	卢久尧	四川省绵阳东辰国际学校	黄一轩
四川省成都七中	钟梓源	四川省绵阳东辰国际学校	任俊霖
哈师大附中	范文骏	浙江省金华一中	姜宸杨
广东省深圳中学	季一尘	陕西省西安铁一中	黄 钰
河北省衡水中学	王浩南	哈师大附中	韩昊辰
广东省深圳中学	黄家齐	河南省郑州一中	石 霖
广东省深圳中学	贺 强	广东省深圳中学	陈华聪
河北省衡水中学	赵希远	江苏省常州高级中学	徐天航
哈师大附中	姜 岩		

二等奖(58名)

学校	姓名	学校	姓名
河北省衡水中学	袁铭泽	陕西省西安铁一中	王佳安
河北省衡水中学	谷政泽	哈师大附中	郭文清
陕西省西安铁一中	赵钰迪	广东省深圳中学	王浩翔

学校	姓名	学校	姓名
广东省深圳中学	袁李松	广东省深圳中学	沈逸洋
四川省绵阳东辰国际学校	冉本立	广东省深圳中学	邓可瑶
江苏省前黄高级中学	冯晟宇	河北省衡水中学	陈冠名
河北省衡水中学	曹信一	广东省深圳中学	钟培垚
江苏省天一中学	樊箫	广东省深圳中学	张鹏程
哈师大附中	史宇辰	广东省深圳中学	钟瀚
四川省绵阳东辰国际学校	彭博	江苏省淮阴中学	马行宇
江苏省常州高级中学	张梓毅	哈师大附中	孙拓
河北省衡水中学	王修远	四川省绵阳东辰国际学校	曾诚鹏
浙江省浦江中学	季俊晔	河北省衡水中学	张溟楠
陕西省西安铁一中	陈百良	广东省深圳中学	朱恩廷
江苏省常州高级中学	唐寅	浙江省金华一中	胡晨刚
四川省绵阳东辰国际学校	余林峰	河北省衡水中学	张沛旺
安徽省芜湖一中	闻顺	江苏省扬州中学	刘天浩
江苏省常州高级中学	仇嘉寅	广东省深圳中学	肖逸群
河南省郑州一中	张超	河北省衡水中学	吴卓睿
江苏省常州高级中学	向洋	江苏省常州高级中学	王翌宇
四川省绵阳东辰国际学校	廖鸣霄	安师大附中	张明月
山东省实验中学	张中一	河北省衡水中学	李岩
江苏省常州高级中学	吴昊	河北省衡水中学	韩建星
河北省衡水中学	刘泽远	哈师大附中	王凤旭
四川省绵阳东辰国际学校	黄堃栩	山东省实验中学	吕亚龙
河北省衡水中学	杨少桢	四川省绵阳东辰国际学校	叶超前
安徽省芜湖一中	李铭	河北省衡水中学	王泽宇
河北省衡水中学	李睿增	安师大附中	龚瑞平
安师大附中	俞昭峰	四川省绵阳东辰国际学校	冯逸飞

三等奖(81名)

学校	姓名	学校	姓名
河北省衡水中学	李泽堂	北京十一学校	陈康安
四川省成都外国语学校	刘洵孜	陕西省西安铁一中	刘雨佳
陕西省西安铁一中	申文旭	河北省衡水中学	刘卓乾
江苏省苏州中学	于炳麟	哈师大附中	付警锋
四川省绵阳东辰国际学校	刘毅	河北省衡水中学	冯浩轩

河北省衡水中学	段可爽	四川省成都外国语学校	陈 澈
江苏省淮阴中学	朱舜卿	江苏省常州高级中学	杨航源
四川省绵阳东辰国际学校	冯昱杰	河北省衡水中学	宋凌睿
河北省衡水中学	王可欣	山东省实验中学	张伯骏
江苏省宜兴中学	丁云浩	山东省实验中学	唐润石
河北省衡水中学	闫顺兴	河北省衡水中学	王琳娇
广东省广雅中学	莫湛锋	山东省实验中学	王伟舟
江苏省常州高级中学	范裕达	浙江省金华一中	赵 丞
山东省实验中学	卢天驰	广东省深圳中学	叶浩宇
河南省郑州一中	王昭博	河北省衡水中学	王乔志
四川省绵阳东辰国际学校	唐子杰	河北省衡水中学	付 彬
江苏省常州高级中学	屠林峰	河北省衡水中学	佟 毅
四川省绵阳东辰国际学校	潘梓丞	河北省衡水中学	赵世宇
江苏省常州高级中学	李宇杰	哈师大附中	武靖淞
江苏省常州高级中学	李 雄	广东省深圳中学	汪悦晨
广东省深圳中学	柳 政	四川省绵阳东辰国际学校	刘旭铠
山东省实验中学	李 峥	江苏省常州高级中学	薛清越
陕西省西安铁一中	张 森	安师大附中	陈天乐
安师大附中	王冠林	安师大附中	潘新宇
四川省绵阳东辰国际学校	何泓杰	江苏省天一中学	邓智暄
江苏省常州高级中学	王梓丞	广东省深圳中学	王南舟
江苏省常州高级中学	谢 宇	江苏省宜兴中学	白林枭
河北省衡水中学	刘 帅	江苏省常州高级中学	陈青江
陕西省西安铁一中	雒鑫瑞	山东省实验中学	朱彦卓
哈师大附中	曹 亮	陕西省西安铁一中	侯韫韬
江苏省常州高级中学	高 杰	江苏省宜兴中学	缪喆宇
浙江省浦江中学	何志强	安师大附中	吴 凡
河北省衡水中学	李水木	哈师大附中	王哲威
江苏省常州高级中学	高烨正	江苏省常州高级中学	杨 真
哈师大附中	王子维	江苏省常州高级中学	张雨欣
江苏省常州高级中学	戴 翼	江苏省常州高级中学	张嘉晔
江苏省常州高级中学	陆 炎	陕西省西安铁一中	宁子巍
浙江省金华一中	吕家晋	四川省绵阳东辰国际学校	周 权
江苏省常州高级中学	唐吟煦	河北省衡水中学	王健聪
陕西省西安铁一中	刘士祺	陕西省西安铁一中	艾泽林
四川省绵阳东辰国际学校	高 远		

中国科学技术大学出版社中学数学用书

高中数学竞赛教程/严镇军　单墫　苏淳　等
中外数学竞赛/李炯生　王新茂　等
第51—76届莫斯科数学奥林匹克/苏淳　申强
中学数学潜能开发/蒋文彬
高考数学高频考点与题型分类解析/胡全勇

同中学生谈排列组合/苏淳
趣味的图论问题/单墫
有趣的染色方法/苏淳
组合恒等式/史济怀
集合/冯惠愚
不定方程/单墫　余红兵
概率与期望/单墫
组合几何/单墫
算两次/单墫
几何不等式/单墫
解析几何的技巧/单墫
构造法解题/余红兵
重要不等式/蔡玉书
高等学校过渡教材读本:数学/谢盛刚
有趣的差分方程(第2版)/李克正　李克大
抽屉原则/常庚哲
母函数(第2版)/史济怀
从勾股定理谈起(第2版)/盛立人　严镇军
三角恒等式及其应用(第2版)/张运筹
三角不等式及其应用(第2版)/张运筹
反射与反演(第2版)/严镇军
数列与数集/朱尧辰
同中学生谈博弈/盛立人
趣味数学100题/单墫

向量几何/李乔
面积关系帮你解题(第3版)/张景中　彭翕成
磨光变换/常庚哲
周期数列(第2版)/曹鸿德
微微对偶不等式及其应用(第2版)/张运筹
递推数列/陈泽安
根与系数的关系及其应用(第2版)/毛鸿翔
怎样证明三角恒等式(第2版)/朱尧辰
帮你学几何(第2版)/臧龙光
帮你学集合/张景中
向量、复数与质点/彭翕成
初等数论/王慧兴
漫话数学归纳法(第4版)/苏淳
从特殊性看问题(第4版)/苏淳
凸函数与琴生不等式/黄宣国
国际数学奥林匹克240真题巧解/张运筹
Fibonacci数列/肖果能
数学奥林匹克中的智巧/田廷彦
极值问题的初等解法/朱尧辰
巧用抽屉原理/冯跃峰

学数学.第1卷/李潜
学数学.第2卷/李潜
学数学.第3卷/李潜
学数学.第4卷/李潜

研究特例/冯跃峰
考察极端/冯跃峰
更换角度/冯跃峰
逐步逼近/冯跃峰
巧妙分解/冯跃峰
充分条件/冯跃峰
引入参数/冯跃峰
图表转换/冯跃峰